大数据环境下的
智能信用评价
理论与方法

Theory and Method of Intelligent Credit Evaluation Under Big Data Environment

蒋翠清 王 钊等 著

科学出版社

北京

内 容 简 介

本书从智能信用评价体系构建、大数据信用特征构造、智能信用评价模型设计、数据缺失与非均衡数据处理等方面系统地研究了大数据环境下的智能信用评价理论与方法。研究内容包括智能信用评价体系构建理论、基于文本信息的信用特征构造方法、基于关系网络的信用特征构造方法、基于社会资本的信用特征构造方法、动态信用评价模型构建方法、可解释智能信用评价模型构建方法、数据缺失与非均衡数据处理方法及信用评价系统的评估与优化方法等，并将研究成果运用到普惠金融和中小微企业信用风险管理实践中，较好地解决了大数据环境下普惠金融和中小微企业信用评价中的关键科学问题。

本书可供相关领域的研究开发人员阅读，也可作为相关专业研究生的教学参考书。

图书在版编目（CIP）数据

大数据环境下的智能信用评价理论与方法/蒋翠清等著. —北京：科学出版社，2022.12

ISBN 978-7-03-071096-3

Ⅰ. ①大… Ⅱ. ①蒋… Ⅲ. ①智能技术-应用-信用评估 Ⅳ. ①F830.5-39

中国版本图书馆 CIP 数据核字（2021）第 265048 号

责任编辑：王丹妮 陶 璇／责任校对：张亚丹
责任印制：张 伟／封面设计：有道设计

科 学 出 版 社 出版
北京东黄城根北街 16 号
邮政编码：100717
http://www.sciencep.com

北京建宏印刷有限公司 印刷
科学出版社发行 各地新华书店经销

*

2022 年 12 月第 一 版 开本：720×1000 1/16
2022 年 12 月第一次印刷 印张：24 1/2
字数：500 000
定价：268.00 元
（如有印装质量问题，我社负责调换）

序　一

社会信用体系是社会主义市场经济体制和社会治理体制的重要组成部分,是社会经济系统良序运行的基石。加快社会信用体系建设对完善社会主义市场经济环境、提升国家治理能力、增强社会成员诚信意识、营造优良信用环境、提高国家整体竞争力、促进社会发展与文明进步具有重要意义。

信用评价是社会信用体系建设的核心内容之一,是守信激励、失信惩戒、优化资源配置、防控信用风险的根本依据。改革开放四十多年来,我国信用评价体系建设取得了巨大成就,但与西方发达国家相比在评价体系的完备性、信息采集的合规性、信用服务的规范性等方面还存在一定的距离。近年来,大数据、云计算、人工智能、物联网和区块链等新一代信息技术的快速发展与普及应用为信用评价提供了海量的数据、多维的特征、超强的算力及智能的算法,为解决信用评价体系完备性差、数据获取难,评价过程规范性差、成本高,评价结果主观性强、时效性低等问题提供了可能。这也使得我国和发达国家几乎站在同一起跑线上开展大数据环境下的智能信用评价理论、方法与应用研究。我们应该抓住这一历史机遇,采取有力措施,建立起具有中国特色的智能信用评价理论方法体系,服务社会主义现代化强国建设。蒋翠清教授及其团队结合我国信用风险管理实践,研究大数据环境下的智能信用评价理论方法及其应用,不仅可以为政府、企业和金融机构信用管理决策提供科学的依据,对于提高资源配置效率、降低信用风险损失、减少信用风险管理成本、提升运营效率和客户满意度等方面具有积极作用,同时对于提高我国信用服务业的整体竞争力、建设信用强国,也具有十分重要的意义。

大数据环境下的智能信用评价涉及数据科学、应用经济学、信息科学和计算机科学等学科,是一个交叉研究领域。蒋翠清教授及其团队按照理论与实践相结合、学科交叉融合的思路,以我国中小微企业和普惠金融为研究对象与应用场景,从智能信用评价体系构建、全息信用特征构造、动态智能评价模型构建、多方协同信用评价模式设计、数据缺失与非均衡数据处理、信用评价系统的评估与优化六个方面系统深入地展开研究工作。在智能信用评价体系构建理论方面,从数据驱动的信用评价分析框架、全息信用特征体系、动态智能信用评价模型体系等方面展开深入研究;在全息信用特征构造方面,重点对基于文本信息的信用特征构造、基于关系网络的信用特征构造、基于社会资本的信用特征构造等内容进行系统研究；在动态协同智能评价模型构建方面，主要研究基于混合生存分析的动态信用评价模型、融入面板数据的动态信用评价模型、基于多任务集成学习的智能信用评价模型、融合软硬信息的智能信用评价模型等内容；在多方协同信用评价模式设计方面，研究隐私保护环境下基于联邦学习的协同智能信用评价模型；在数据缺失与非均衡数据处理方面，研究基于深度学习的非均衡数据处理、属性值缺失下的信用评价模型构建、类别标签缺失下的信用评价模型构建等内容；在信用评价系统的评估与优化方面，重点探讨面向样本总体的优化方法、面向特征的优化方法和面向宏观环境的优化方法。

　　该书从全息、动态、智能和协同四个方面提炼关键科学问题，精心组织研究内容，形成鲜明研究特色，取得了非常有意义的理论成果和应用效果。期待该书的出版对推动我国智能信用评价理论方法的发展及其应用做出贡献。

中国工程院院士
复旦大学教授
2021 年 11 月 30 日

序　二

改革开放四十多年来，我国的经济社会发展取得了举世瞩目的成就，我国已全面建成小康社会，正向着全面建成社会主义现代化强国的奋斗目标迈进。但尚有诸多因素仍在严重制约着我国经济社会的高质量发展，其中，信用缺失就是一个突出的问题。现代市场经济本质是建立在法制基础上的信用经济，信用是现代市场经济的通行证。建立完善的信用体系不仅是整顿和规范市场经济秩序、营造良好市场经济环境、防范市场经济风险、促进我国经济与世界经济进一步接轨的重要举措，同时也是加强和创新社会治理、加快完善社会主义市场经济体制、建成富强民主文明和谐美丽的社会主义现代化强国的迫切要求。

我国正在进入以大数据、物联网、云计算、人工智能、区块链等新一代信息产业为主导的新经济发展时期。一方面，新一代信息技术的创新发展在加快产业结构优化升级、促进经济社会发展方式转变的同时，也在改变着传统的商业模式与消费行为。这些转变使得信用风险的隐蔽性、复杂性、传染性更强，管理成本更高。另一方面，依托新一代信息技术，公共部门、行业组织、平台企业、征信机构、信用主体自身所形成的信用大数据基本实现对信用主体信息的全覆盖。信用大数据为解决传统信用评价存在的体系完备性差、数据获取难、主观性强、时效低等问题提供了海量、多维、动态的信用信息。但是，信用大数据所具有的多源异构、价值稀疏、多维流式等特点也给信用评价体系构建、评价特征构造、评价模型设计及评价结果的可解释性等带来了新的挑战。因此，研究大数据环境下的信用评价理论与方法，构建起数字化、智能化的信用大数据分析、评估和应用体系，实现集征信、评信、用信于一体的信用生态链，提供科学高效的信用风险预警和管理服务，对于推动信用评价理论和方法创新及应用具有重要的理论价值与实践意义。

蒋翠清教授及其科研团队长期从事信用评价理论与方法、大数据分析与商务智能及其在管理中的应用等方面的研究工作。他们在研究工作中，一方面持之以恒地发现信用及信用评价实际问题，提炼其中的科学技术难题，进而通过深入的理论研究，获得了一批有价值的理论成果；另一方面又坚持不懈地将研究所形成的思想、理论与方法用于解决信用及信用评价中遇到的难题，很好地应用于普惠金融和中小微企业信用风险管控过程。

面向新时代信用管理的新需求，针对大数据环境下信用风险和信用评价涌现出的新特点，蒋翠清教授及其科研团队系统地研究了智能信用评价体系构建、非结构化信用信息挖掘与特征构造、动态信用评价、智能信用评价、多方协同信用评价及数据缺失与非均衡数据处理等科学问题。为了对信用评价系统进行持续改进与完善，发挥信用评价在整个信用体系中的核心作用，促进信用体系在实际场景中得到更好的应用，该书还对信用评价模型性能评估、信用评价系统稳健性检验及信用评价系统优化等问题进行了深入探讨。

　　该书是在开展大量信用评价理论、方法及其应用实践的基础上编撰而成。书中有关智能信用评价体系构建、信用信息挖掘与特征构造、信用评价模型构建与优化的理论都建立在科学严谨的系统工程原理与方法之上。由于作者团队有着深厚的理论基础及长期与企业的合作经验，该书内容不仅科学性、条理性、系统性强，而且具有很好的应用基础。

　　信用评价是一个涉及多领域、多学科的科学问题，新技术、新应用、新事物层出不穷，一时很难达到完备的境地。期待该书的出版对于进一步健全与完善我国社会信用体系、促进大数据智能信用评价应用落地起到很好的借鉴作用。

中国工程院院士
中南大学商学院名誉院长
湖南工商大学党委书记
2021 年 12 月 2 日

前　　言

　　信用是社会行为的规范、现代文明的标志、市场运行的基础和政府公信力的源泉。信用评价则是对信用主体履约意愿和能力的一种综合分析与测度，是市场经济重要的风险防范机制、政府行政监管的主要手段、企业商业风险管理的关键依据、金融机构风险决策和控制的核心基础。因此，研究信用评价理论、方法与应用，不仅能为政府、企业和金融机构精准度量信用水平、防范管控信用风险提供理论、方法与工具，而且对推动我国经济高质量发展、服务新发展格局构建具有极其重要的意义。

　　新一代信息技术正在改变市场的商业模式、人们的消费习惯和商品的交易方式，同时在新一轮科技革命、产业变革和外部不确定性的共同影响下，信用和信用评价涌现出众多的新特征，暴露出一系列新问题。例如：交易环境虚拟化，信用风险隐蔽性更强；违约损失长尾化，信用管理成本更高；信用业务泛在化，信用评价个性化需求更普遍；信用信息孤岛现象严重，隐私保护问题更突出等。另外，在构建新发展格局过程中，无论是生产侧还是消费侧，金融机构及其服务都起着重要的作用。为此国家出台了一系列政策，要求金融机构提高服务实体经济的能力，尤其要加大对中小微企业的信贷投放力度。然而中小微企业信息不对称突出、抗风险能力弱、贷后违约风险管理难度大等问题，使得金融机构在增加信贷规模的同时，承担的违约风险和监管成本也显著提高。这些都给信用评价提出了新要求，催生着信用评价理论和方法变革。

　　随着各行各业数字化转型的深入推进，信用主体的行为模式、交易过程、信用历史、关系网络、风险事件等信息都被实时记录并存储在相关的信息系统中，形成了信用大数据，为解决传统信用评价存在的体系完备性差、数据获取难、主观性强、时效低等问题提供了全息、多模态、动态的海量信用信息，而大数据与新一代人工智能技术则为信用大数据的高效智能处理及面向全生命周期的信用智能评价提供了智能化技术手段和方法论支持。但信用大数据的海量动态、多源异构、多维流式等特点及大量的非结构化信息给信用评价体系构建、评价特征构造、评价模型设计及评价结果可解释性等带来巨大的挑战。

　　近年来国内外学者从不同的角度对信用评价理论、方法与应用进行了探索性研究，取得了一批有价值的研究成果，但还存在一些关键科学问题需要进一步研究。例如：①现有的信用评价体系构建理论不能完全适用于大数据环境下信用的新特征和信用评价的新需求，大数据环境下信用评价体系构建理论需要进一步研究；②信用大数据呈现多模态和非结构化等特征，如何从信用大数据中构造有价值的信用特征需要进一步探讨；③新发展格局下信用消费频次高、周期短及信用风险扩散快，且信用信息价值密度低、局部变量风险判别能力弱、概念漂移复杂等，对违约风险判别的动态性和智能化提出了新要求，需要进一步研究动态智能信用评价方法；④大数据的跨平台共享对信用评价模式与隐私保护提出了新的挑战，需要深入研究考虑隐私保护的协同信用评价模式、创新隐私保护机制。因此，研究大数据环境下的信用评价理论、方法及其应用，构建大数据环境下的信用评价理论和方法体系，对推动信用评价理论和方法创新、促进大数据信用评价应用落地具有重要的理论价值与实践意义。

　　作者所在的科研团队长期从事信用评价理论与方法、大数据分析与商务智能、知识工程及其在管理中的应用等方面的研究工作，并且得到了国家自然科学基金重点项目、面上项目及安徽省科技攻关项目和企业委托项目的大力支持。在信用评价理论与方法方面，团队在前人研究工作基础上，面向新时代信用管理的新需求，针对新一代信息技术环境下信用风险和信用评价涌现出的新特点，在系统分析信用评价理论与方法面临的机遇和挑战的基础上，从大数据环境下智能信用评价体系构建理论、基于文本信息的信用特征构造方法、基于关系网络的信用特征构造方法、基于社会资本的信用特征构造方法、动态信用评价模型、可解释智能信用评价模型、基于联邦学习的多方协同信用评价模式、数据缺失与非均衡数据处理方法及大数据环境下信用评价系统的评估与优化等方面展开了深入的研究，并将研究过程中形成的理论、模型、方法和技术成果运用到普惠金融与中小微企业信用风险管理实践中，较好地解决了普惠金融和中小微企业信用评价中的关键科学问题，获得了比较满意的效果。

　　本书是在团队最近十年来在信用评价与风险管理领域研究成果的基础上整理而成的。蒋翠清教授主持了与本书相关的课题研究工作，提出了本书中的主要思想和学术观点，制定了本书的详细大纲，组织了本书的撰写和整理过程，并对全书进行了统稿、修改和最终定稿。杨善林院士对课题的研究进行了全方位的指导，对本书的撰写提供了宝贵的意见。王钊、殷畅、龙晶晶、王建飞、芦旺和何浩然等参加了相关课题研究与书稿整理工作，并协助蒋翠清教授对全书进行了认真细致的审查。梁坤博士、刘士喜博士、段锐博士参加了相关课题研究，丁勇副教授和陈波副教授为本书的撰写提供了许多宝贵的建议。本书在撰写过程中还参考了大量的国内外相关研究成果。

　　在此，衷心感谢国家自然科学基金委员会，以及省、部的相关科研管理部门和相关企业对团队科研工作的大力支持！本书的出版得到了国家自然科学重点项目"大数据环境下的微观信用评价理论与方法"（项目编号：71731005）的资助。

衷心感谢美国威斯康星大学密尔沃基分校（University of Wisconsin-Milwaukee）的赵惠民（Huimin Zhao）教授、田纳西大学查塔努加分校（University of Tennessee at Chattanooga）的赫曼特·简（Hemant K Jain）教授、北卡罗来纳大学夏洛特分校（University of North Carolina at Charlotte）的周丽娜（Lina Zhou）教授及加拿大滑铁卢大学（University of Waterloo）的斯坦科·季米特洛夫（Stanko Dimitrov）教授等对团队成员的悉心指导！衷心感谢所有参考文献的作者！衷心感谢科学出版社，出版社为本书的出版做了大量细致的工作！

信用评价是一个在理论和实践两方面要求都很高的研究领域且相关技术与方法发展迅速，加上作者水平有限，书中定有不足之处，恳请读者不吝赐教。

作　者

2021 年 12 月 18 日于合肥

目　录

第1章 绪　　论

1.1　大数据环境下的信用与信用评价

1.1.1　大数据环境下信用和信用评价涌现的新特征

信用是指个人或组织在社会经济活动过程中所形成的一种相互信任的生产关系和社会关系，是人类社会重要的行为规范、现代文明的标志、市场经济良序运行的基础和政府公信力的源泉。狭义的信用则是指对约定规则或契约的遵守，即"有约必履""有诺必践"。信用包括宏观的国家信用、中观的地方政府信用及微观的商业与消费信用等。在市场经济环境下，各类经济主体的社会经济活动都离不开信用，借、贷、购、销等各类经济业务往来，均以信用为基础。本书研究内容聚焦市场经济环境下的商业和消费信用，属于狭义的信用范畴。

信用评价（又称信用评估、信用评级）是专门机构根据规范的指标体系和科学的评估方法，对市场参与主体履约意愿和履约能力的一种综合分析与测度，是市场经济不可缺少的风险防范机制和管控手段。按照评价对象，可以分为国家主权信用评价、企业信用评价、平台信用评价、个人信用评价、债券信用评价等。本书聚焦企业信用评价、平台信用评价和个人信用评价。

在以物联网、大数据、云计算、移动互联与人工智能等信息技术为主要特征的数字经济时代，市场的商业模式、人们的消费习惯和资金的融通方式正在发生深刻变化；同时，西方国家的产业链、供应链脱钩和逆全球化现象频频出现，导致全球商业环境的不确定性增加。在上述因素共同作用下，信用和信用风险涌现出一系列新特征，暴露出一些突出问题，信用违约事件时有发生且发生频率呈上升态势。例如，部分"高评级"企业接连发生违约；再如，一些电商平台的产业链上滋生着大量的"刷单蚂蚁"，商家通过购买"刷单"，制造虚假销量和好评，误导客户购买。具体而言，交易平台的虚拟化、交易主体的多元化、交易领域的广泛化、信用风险的泛在化和信用信息的不对称性，使得信用风险及其评价呈现出一系列新的特征。

（1）交易环境虚拟化，信用风险隐蔽性强。传统信用管理以实体经济中的企业和个人为主，交易主体和交易过程真实，信用信息相对透明，信用相对稳定。而网络环境下信用主体和交易过程虚拟化、信贷周期相对较短，信息不对称突出，信用风险隐蔽性强、动态性高。因此,信用评价体系和评价方法需要适应虚拟化交易环境下的信用评价需求,尤其是互联网金融业务的信用评价需求。

(2)违约损失长尾化,信用管理成本高。传统环境下信用主体主要是大中型企业,且单笔信贷金额较大,采用基于专家经验的信用管理成本相对较低。而普惠金融背景下小微企业和个人消费者成为信贷市场的主体,单笔信贷额度较小,但信贷总规模大,信用管理成本高,具有典型的长尾特征。因而,需要通过智能评价提高评价绩效,降低信用管理成本。

(3)信用业务泛在化,信用评价需求个性化强。新环境下各类企业和消费群体都可能成为信用业务的主体,信用业务涉及各类生产经营和投资活动,以及衣、食、住、行、游等各类消费领域,信用业务涵盖面广,尤其在普惠金融场景下,信用业务涉及民生的方方面面。不同类型的信用主体和信用产品,其信用风险存在显著差异,需要针对不同信用主体、不同信用产品,开发个性化的信用评价方法。

(4)信用孤岛现象严重,隐私保护问题突出。万物互联环境下,相关交易平台或中介机构基于可获得的信息,对信用主体进行信用评价,但评价结果只在特定场景下使用,难以共享,形成了大量的"信用孤岛"。同时,还可能存在大量的信息采集不合规问题。例如,淘宝网、拍拍网和易趣网都有各自的信用评价体系及评价方法,应用在各自的相关信用业务中,但互不共享。而工商、税务、公安和司法等公共信息共享也不充分;另外,上述各类信息的集成和融合还会产生隐私暴露问题,需要相应的机制和模型来解决信息共享与隐私保护问题。

1.1.2　数字经济时代对信用评价理论与方法提出的新要求

当今世界正在经历百年未有之大变局,新一轮科技革命和产业变革迅猛发展,促进了以数据资源为关键要素的数字经济快速发展。数字经济所催生出的各种新业态,如"新零售""新制造""新金融""新农业",正成为中国经济新的重要增长点,同时对信用评价理论与方法提出了新要求。

(1)普惠信用。数字的产业化和产业的数字化是数字经济的核心,赋能中小微企业提质增效,但中小微企业普遍存在着融资难、融资贵等问题,特别是在不确定环境下,众多中小微企业生产经营活动受到严重冲击,资金供给压力剧增。而在消费侧,消费信贷最大的风险是信用风险,特别是我国个人信用体系不完善,缺乏统一的、完备的个人资信系统,使消费信贷的发展面临制度性约束。这些都需要普惠信用体系来支持中小微企业和个体消费者的普惠金融,即需要基于大数据资源和大数据技术提供普惠信用评分和风险管理。

（2）平台信用。数字经济的一种主要表现形式是平台经济。平台经济对优化资源配置、降低交易成本、扩大市场需求起到了积极的促进作用，但也出现了虚假宣传、虚假销售、数据滥用、大数据杀熟等问题，积聚了一定的信用风险。基于平台的大数据资源优势，精准刻画平台和平台参与者的信用水平及其变化趋势是推动平台经济规范、健康、持续发展的基本保证。

（3）智能信用。普惠信用和平台信用对信用评价体系的构建和评价模型的设计提出了新要求。首先是信用信息处理和信用特征抽取的智能化，大数据环境下描述履约意愿和履约能力的海量非结构信息只有采用智能化的信息处理技术才能抽取出刻画信用特征的多维度结构化信息。其次是评价模型及其优化的智能化，信用特征的多维性、信用关系的非线性和信用状态的高度动态性对评价模型及其优化方法的智能性提出了更高的要求。

（4）安全信用。信用评价是信用大数据的二次开发和利用，涉及隐私保护和商业竞争等诸多信息安全保护问题，基于单一数据中心的信息共享与建模方法无法满足这一要求。因此，如何在利用多源信用数据建模的同时，保护各原始数据中的隐私信息和商业秘密是数据经济时代对大数据信用评价提出的新要求。

1.2　大数据环境下信用评价理论与方法变革

随着企业、政府、商贸和公共服务等数字化转型的深入推进，社会信用主体的行为模式、交易过程、信用历史、关系网络、客户关系、潜在风险事件等信息都被实时记录在各类信息系统中，形成了信用评价的大数据环境，为解决传统信用评价存在的体系完备性差、数据获取难、主观性强、时效低等问题提供了全息、多模态、动态的信用大数据。而大数据技术与人工智能方法则为多源异构、多模态、动态时变的大数据处理和面向全生命周期的智能信用评价方法及信用风险预期机制的设计提供了智能化技术手段和方法论支持。

1.2.1　基于多维度时序大数据的全息信用特征

以物联网、移动互联、工业互联网与 Web 2.0 等为代表的新一代信息技术的广泛应用，以及企业和政府数字化转型的深入推进，企业的生产经营活动、供应链关系、投融资关系、工商税务信息、公安司法信息、利益相关者信息等都会被实时记录在相关的信息系统中，形成了多维度的时序信用大数据。同样，消费者的消费习惯、行为模式、资产状况、社交关系等也被相关平台或系统实时采集和记录。信用信息呈现出全息性，即动态的时序大数据能够多维度、全方位对信用主体和信用业务全过程、不同阶段的信用特征进行全面的刻画。

1.2.2　基于云计算的大数据分析与智能处理能力

信用大数据具有多源异构、动态时变、海量低质等特点。多源是指信用信息分布式存储在不同的信息系统或平台，如金融信息存储在相关的银行系统，工商税务、公安司法等信息分布在各类政务服务平台，企业生产经营活动及其成果信息存储在企业内部的信息系统。异构是指信用信息既包括结构化的信息，如财务报表信息；又包括非结构化的文本信息、图片信息、图结构信息等，如行政处罚、司法判决、网络舆情、社交关系、供应链关系、客户关系、管理者关系等。动态时变主要指信用大数据的时间序列特点，如市场交易数据、社交媒体中的互动信息等，而且这些时间序列数据大多数情况下还具有混频特征。海量低质是指信用大数据体量大，但数据质量难以保证，价值密度低。云计算的海量存储能力、分布式计算能力及人工智能算法的学习能力为多源异构、动态时变、海量低质的信用大数据分析与处理提供了高效、智能化的计算平台支持。

1.2.3　基于新一代人工智能的信用评价理论与方法变革

新发展格局下，信用风险涌现出新特征、暴露出新问题，而信用大数据能够多维度、全过程、动态刻画信用主体的全息信用特征，云计算与人工智能技术为大数据处理和评价模型构建提供了高性能的计算基础设施及智能化手段。因此，大数据、云计算、人工智能等新一代信息技术，正在改变着传统的信用评价体系，并推动信用评价理论与方法的变革。这种变革主要表现在四个方面，即从以传统的静态评价为主，向以面向业务的全过程动态评价为主的变革；从以专家的主观评价为主，向以数据和模型联合驱动的智能化客观评价为主的变革；从以财务信息评价为主，向以财务信息与非财务融合的多维度全息评价为主的变革，以及从以单一机构基于自身可用信息的封闭评价为主，向以多主体协同的联合评价为主的变革。这些变革的总体趋势如图 1-1 所示。

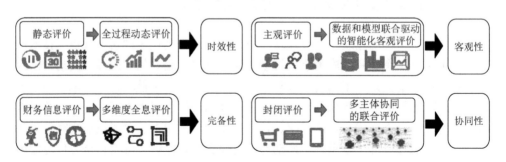

图 1-1　信用评价理论与方法变革趋势

1.3 大数据环境下信用评价面临的挑战

虽然新一代信息技术为解决信用评价体系完备性差、评价数据获取难、评价手段智能化水平低、评价结果主观性强等问题提供了全息信用数据、高性能计算平台和人工智能方法，但信用大数据的海量动态、多源异构、多维流式等特点及大量的非结构化信息，给信用评价体系构建、评价特征构造、评价模型设计及评价结果可解释性等带来巨大的挑战。

1.3.1 新型信用评价体系构建问题

现有信用评价体系的构建是建立在理性预期假设和期权定价理论基础上的，主要适用于企业内外部环境相对稳定、基于小数据样本的信用评价，即基于用户提交的申请信息和评价机构拥有的有限信息进行评价体系构建。而新发展格局下，企业内外部环境变化快，对信用评价动态性、过程性和精准性提出新的要求，现有的信用评价体系构建理论和方法已不能满足新环境下的信用管理需求。因此，需要面向新发展格局下信用管理的新需求，结合大数据的特点，运用新一代人工智能技术，探索大数据环境下新型信用评价体系构建的理论方法。

1.3.2 基于非结构化信息的信用特征构造问题

虽然大数据环境能够提供企业和个人的海量信息，但与信用相关的信息中80%以上是非结构化或半结构化多源异构信息[1-5]（如嵌入在社会网络中的社会资本信息、非结构化文本信用信息、非结构化关系信用信息，以及大量跨平台非关联的信用信息等）。大量的信用特性隐含在这些非结构化和半结构化海量信息中，这些信用特征被称为隐性信息特征。如何从这些非结构化、半结构化的大数据中挖掘隐性信用特征面临着巨大的挑战。

1.3.3 违约风险智能判别与动态信用评价问题

新一代信息技术正在重塑金融业态，信贷业务发生了巨大变化，这对违约风险判别的智能化和信用评价的动态性提出了新要求[6-8]。例如，业务模式由单一的线下模式向线上线下并行转变，导致信用主体和交易过程虚拟化，信用风险隐蔽性更强；再如，用户群体由少量优质客户向普惠群体拓展，信贷业务和违约损失的长尾现象突出，违约风险判别和管理成本增加，因而对违约风险判别的智能化水平提出更高要求。同时，网络环境下信用业务的高频次、短周期及概念漂移复杂等特点对信用评价的动态性和前瞻性提出了新要求。因此，需要研究大数据环境下的违约风险智能判别与动态信用评价方法。

1.3.4　信用评价模式与隐私保护策略问题

大数据环境下信用主体的多元化、信用评价目标的多样化、信用信息分布的多源化及信用信息共享的复杂性等都对信用评价模式提出了新需求，需要创新大数据环境下多主体协同的信用评价模式，解决信用评价孤岛问题。同时，在多主体协同的信用信息共享和融合过程中，隐私攻击和隐私暴露已成为人们关注的焦点，如何实现信用信息的高度共享和有效的隐私保护，是多主体协同信用评价要解决的核心问题之一。

1.3.5　拒绝推断与非均衡数据处理问题

大数据环境为信用评价提供了大样本，甚至是全样本的数据来进行模型的构建和验证，但也面临着类别标签缺失、违约与非违约样本严重不均衡等问题[9]。针对类别标签缺失问题，传统违约风险评价仅使用有标签样本建模。然而模型的应用对象是全样本，由此带来的样本选择偏差会影响模型的泛化能力，需要对无标签样本进行拒绝推断来校正样本选择偏差。另外，信用评价是一类典型的非均衡数据建模问题，样本中违约样本占绝对少数，通常在百分之十以内。虽然有多种非均衡数据建模方法，但大数据环境下样本属性的高维度给非均衡数据的信用评价模型构建带来了新挑战。

1.4　关键科学问题与内容组织

新发展格局下信用和信用风险暴露出一系列新问题、呈现出一些新特征，同时，信用大数据和新一代人工智能技术给信用评价提供了新机遇，但信用大数据的多源、异构、混频、时序和低值等特点给信用评价体系构建与评价方法设计带来了新挑战。因此，本书聚焦大数据环境下信用评价理论与方法前沿和关键科学问题，从大数据环境下的智能信用评价体系构建、非结构化信用信息挖掘与隐性特征构造、违约风险智能判别与多准则动态信用评价、去中心化协同信用评价模式与隐私保护策略、缺失数据与非均衡数据处理等方面展开研究，构建大数据环境下信用评价理论与方法体系，实现智能信用评价理论和方法的创新。

1.4.1　研究目标

本书立足于新发展格局下，我国信用体系建设需求，针对大数据环境下信用评价面临的机遇与挑战，探索大数据环境下的信用评价理论与方法创新，解决信用评价实践中的难题，构建大数据环境下的智能信用评价理论与方法体系。具体目标如下。

（1）建立大数据环境下的智能信用评价体系构建理论，为大数据环境下信用体系构建和信用评价模型设计奠定理论基础。

系统分析大数据环境下信用评价主体、评价客体、交易平台、交易模式和信用大数据等表现出的新特征及其给信用评价带来的机遇与挑战，揭示新特征对信用评价体系、评价模式和评价方法的影响机理，提出大数据环境下面向业务全生命周期、全过程、动态全息的智能信用评价体系构建理论。

（2）提出大数据环境下非结构化信用信息的挖掘与隐性特征构造方法，解决多源异构大数据中信用信息结构化和全息信用特征抽取中的关键科学问题。

大数据环境下的非结构化信用信息包括高维文本信息、网状社会资本信息和跨平台没有形成关联关系的多源异构信息。针对这三类非结构化信息特点，提出基于语义分析的非结构化文本信用信息挖掘和特征抽取方法、基于社会资本的信用信息挖掘和特征抽取方法及跨平台信用信息的结构化融合方法，进而实现全息信用评价特征的抽取和特征向量的构建。

（3）提出基于多任务集成学习的智能信用评价模型与多准则动态信用评价方法，满足信用评价的全息性、智能性、可解释性和动态性需求。

针对大数据环境下全息信用特征、单变量特征风险判别能力弱问题，提出基于多任务集成学习的智能信用评价模型；针对大数据环境下信用数据的复杂性和异质性，提出融合软硬信息的智能信用评价模型；针对多维流式数据和业务全生命周期、全过程信用状态的动态性及概念漂移等问题，开发多维数据流下多准则动态信用评价方法，解决大数据环境下违约风险智能判别和动态信用评价中的关键科学问题。

（4）设计去中心化的协同信用评价模式和隐私保护策略，提高信用信息的共享可靠性，降低信用信息共享过程中的隐私暴露风险。

针对因利益冲突、隐私保护、法律制约等影响而难以共享的多源信用信息，以及信用评价主体对信用评价实时性和个性化的要求，采用联邦学习方法融合多源信用信息，设计去中心化协同信用评价模式和基于同态加密的信用评价方法，解决多源信用信息跨平台融合和隐私保护问题。

（5）提出高度非均衡数据处理方法和面向信息缺失的拒绝方法，解决信用评价样本不均衡问题，以及样本和属性值缺失问题。

信用评价的样本分布是高度不均衡的，通常违约样本仅占整个授信样本的百分之几。类别不平衡问题会使得信用评分模型输出的预测结果偏向非违约类，即使模型的总体精准性高，违约样本的漏识别也会带来重大决策失误。信息缺失包括样本缺失和属性值缺失，二者诱因复杂且影响各异。针对样本不平衡与信息缺失问题，采用生成对抗网络（generative adversarial networks，GAN）方法生成少数类样本，以趋近总体分布；采用稀疏感知与半监督学习方法，填补属性与类别缺失值，提升评价模型的表征能力与泛化性能。

1.4.2　关键科学问题

为实现上述研究目标，需要解决五大关键科学问题。

1. 大数据环境下信用全息特征向量构建方法

信用全息特征是对信用主体信用生命周期内不同阶段、不同信用领域、不同业务场景信用的全方位刻画，是针对不同信用业务领域、信用业务不同阶段进行智能信用评价与应用的基础，更是不同业务场景信用信息共享的依据。但不同信用领域、生命周期不同阶段、不同业务场景的信用特征差异大、信用特征粒度不一致，非结构化信息中信用信息挖掘与隐性特征抽取困难，使信用全息特征向量构建面临巨大挑战。因此，大数据环境下信用全息特征向量构建方法是本书需要研究解决的关键科学问题。

2. 大数据环境下信用主体的社会资本度量方法

社会资本嵌入在企业或个人的各类关系网络中，其表现形式是复杂的网络拓扑结构和拓扑关系，是典型的非结构化信息。社会资本可以反映信用主体未来的履约能力和履约意愿，对社会资本信息进行相关性分析，可以全面、客观地反映信用主体的信用现状并实现对未来信用变化趋势的预测。但社会资本复杂的网状结构、交互过程和信任关系，以及大数据环境下关系的动态性和虚拟性，使得社会资本特征抽取和度量成为本书要解决的关键科学问题。

3. 动态智能信用评价模型构建方法

动态智能信用评价使得评价主体能够多维度、全方位、智能化、动态地获得评价客体的信用水平和信用演化趋势，其核心是基于全息信用特征向量，结合信用评价应用场景、业务过程、评价主体偏好，从不同维度构建多准则动态智能信用评价模型。但大数据环境下的信用信息具有多维流式特征，概念漂移复杂，且信用特征变量多、单变量违约风险区分能力弱、用户偏好获取困难等都给多准则动态智能信用评价模型构建带来巨大挑战。

4. 动态智能信用评价模型的可解释性问题

以深度学习为代表的智能评价模型内部结构和映射关系复杂，模型对外是一个黑匣子，模型输出结果可解性差。而信用评价对评价结果的可解释性要求较高，如何提高模型评价结果的可解释性是智能评价模型能否落地应用的关键。因此，提高动态智能信用评价模型的可解释性是本书要解决的另一关键科学问题。

5. 考虑隐私保护的多方协同信用评价模式设计方法

大数据环境下信用信息分布在不同的交易平台、信用历史记录存储在不同的数据库系统，导致信用信息共享成本高、效率低，且信用信息的真实性、安全性和可靠性难以保证，使得满足多主体个性化的协同信用评价实现困难。联邦学习的分布式模型训练为协同信用评价提供了新思路，但如何结合联邦学习的用户对齐、特征对齐、联邦迁移和参数交换等特点，并考虑对相关主体的隐私保护，设计多方协同信用评价模式是本书要解决的又一关键科学问题。

1.4.3 主要研究内容

为解决上述关键科学问题，本书从六个方面展开研究，形成全书 11 章内容。

1. 大数据环境下智能信用评价体系构建理论

研究内容包括核心概念界定、大数据环境对信用评价影响分析、信用评价理论基础、信用评价分析框架、信用评价体系的发展、大数据环境下全息信用特征体系、大数据环境下的动态协同智能信用评价模型等。这部分内容在本书的第 1 章、第 2 章和第 3 章详细介绍。

2. 非结构化信用信息挖掘与特征构造方法

研究内容包括三大模块：基于文本信息的信用特征构造方法、基于关系网络的信用特征构造方法、基于社会资本的信用特征构造方法。具体研究内容包括：基于主题模型的信用特征构造方法、基于词嵌入的信用特征构造方法、基于规则匹配的信用特征构造方法；基于企业关系网络的关联风险特征构造方法、融合高阶关系的关联风险特征构造方法；基于结构和认知社会资本的信用特征构造方法、基于结构和关系社会资本的信用特征构造方法等。这部分内容在本书的第4章、第5章和第6章详细介绍。

3. 动态智能信用评价模型构建方法

研究内容包括两大模块：大数据环境下的动态信用评价模型和智能信用评价模型。具体研究内容包括：基于混合生存分析的动态信用评价模型、融入面板数据的动态信用评价模型和基于动态信用评价模型的借贷平台风险分析；基于多任务集成学习的智能信用评价模型，以及融合软硬信息的智能信用评价模型构建方法。这部分内容在本书的第8章和第9章详细介绍。

4. 基于联邦学习的多方协同信用评价模式

研究内容为基于纵向联邦学习框架，提出一种基于同态加密与正则化的智能信用评价模型。该模型能实现在原始信用数据不共享的情况下进行多方协同信用建模，并能在建模过程中自适应地筛选有效特征。这部分内容在本书的第9章详细介绍。

5. 非均衡数据与数据缺失处理方法

研究内容包括两大模块：非均衡数据处理方法和大数据环境下数据缺失的信用评价模型构建方法。具体研究内容包括基于 GAN 的非均衡数据处理方法、基于深度迁移学习的非均衡数据处理方法、非均衡数据处理方法对比实验、属性值缺失下的信用评价模型构建方法、类别标签缺失下的信用评价模型构建方法。这部分内容在本书的第7章和第10章详细介绍。

6. 大数据环境下信用评价模型的评估与优化

研究内容包括信用评价模型性能评估方法、信用评价模型稳健性检验方法和信用评价模型优化方法。这部分内容在本书第11章详细介绍。

研究内容间的关系和章节安排如图1-2所示。

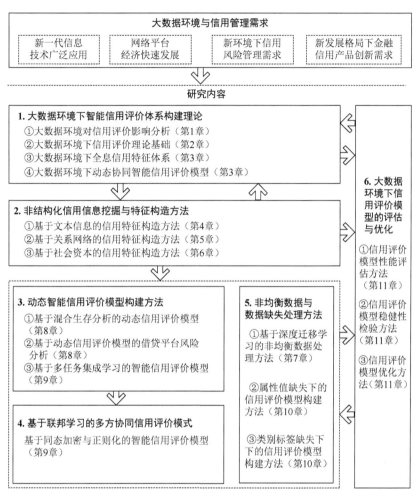

图 1-2　研究内容间的关系

1.5　主要特色与学术贡献

1.5.1　主要特色

　　本书的研究特色体现在全息、动态、智能和协同四个方面。本书从非结构化信用信息挖掘、跨平台信用信息融合、全息信用特征抽取三个方面构建全息信用特征向量，解决全息信用特征向量构建中的关键问题。通过对信用业务全生命周期不同阶段的动态跟踪评价和未来违约的动态预测，为信用管理提供动态风险监测手段。通过对半结构和非结构化信息的智能化处理，挖掘大数据中隐藏的隐性信用特征；基于新一代人工智能技术，构建智能化可解释信用评价模型和求解方法，提高信用信息处理和评价模型构建的智能化水平。采用联邦学习和同态加密技术，解决信用信息跨平台安全共享问题，实现去中心化协同信用评价，提高信用信息共享和隐私保护水平。

1.5.2　学术贡献

本书的贡献主要体现在六个方面。

（1）提出数据驱动的动态智能信用评价体系构建理论，丰富大数据环境下信用评价理论体系。

面向数字经济时代信用风险管理的新需求，系统分析大数据环境下信用的生命周期性、过程性、多维性、动态性及信用主体的行为特征，研究面向全生命周期的信用评价体系构建策略、面向信用业务全过程的动态信用评价模式和数据驱动的智能信用评价体系构建方法，提出全生命周期、全过程、多维的动态智能信用评价体系构建理论，实现大数据环境下信用评价理论创新。

（2）提出基于语义分析的非结构化信用信息挖掘与特征构造方法，为解决信用评价中的信息不对称问题开辟一条新路径。

跨领域、跨平台信用信息的语义不一致性是信用状态挖掘和评价特征抽取的难点，更是全息信用特征向量构建的瓶颈。本书首次提出基于词嵌入模型的信用特征构造方法，在语义量化过程中综合考虑全局统计信息与局部上下文信息，为精准刻画信用水平提供具有高判别力的语义软特征，在违约预测、投资组合优化等任务上均取得显著的效果提升；解决借款自描述文本、判决文书、企业临时公告、风险事件、新闻舆情等多类非结构化信用信息的特征构造问题，构建一种数据驱动、软硬信息相融合的全息信用评价体系，为解决信用评价中的信息不对称问题开辟一条新路径，是后续非结构化信用信息挖掘研究的引领性工作。

（3）提出基于企业关系网络的信用特征构造方法和社会资本信用特征构造方法，拓展大数据环境下信用评价特征选择空间。

本书结合中小企业社会关系网络特点，基于管理关系和股权关系构建企业关系网络，利用公开的行政处罚和借款纠纷等信息识别出关联企业的异质风险事件，再利用改进的加权投票关系分类器构建关联风险特征；针对企业间高阶关系信息，提出一种基于超图的中小企业信用风险特征分析框架，从节点的度、节点的超度、超边的超度、聚集系数及超图关联风险分等五个方面，构建了基于超图的关联风险特征；创新性提出基于资源溢出的社会资本概念，并进一步从一般结构社会资本、一般关系社会资本、认知社会资本、基于资源溢出的结构社会资本和基于资源溢出的关系社会资本五个维度，构造社会资本特征。这些新特征的构造和量化，拓展了信用评价特征选择空间，并极大地提升了中小企业信用评价性能。同时，基于上述特征获得了一些有价值的新发现和管理启示。

（4）提出基于混合生存分析的动态信用建模方法及基于多任务集成学习的智能信用评价模型，为全周期、全过程动态评价提供关键模型支撑。

大数据环境下信用主体类型广、风险动态性强、数据关系复杂等特点显著，对信用评价的准确性和及时性提出了更高要求。本书针对动态违约概率的预测准确性不高问题，设计基于混合生存分析信用建模框架，提出融合随机森林（random forest，RF）模型与时间依赖风险（time-dependent hazards，TDH）方法的动态信用评价模型，显著提升风险排序效果与违约概率预测精度；针对复杂非线性关系及预测单调性问题，设计"序列任务分解—智能信用建模—可解释性集成"的建模策略，提出基于多任务集成学习的智能信用评价模型，有效实现复杂信用数据建模与动态预测；针对信用特征的维度高、复杂性强等特点，提出融合软硬信息的智能信用评价模型构建方法，实现信用特征的自适应筛选。这些新模型的设计与建构，为信用风险的精准量化、实时监测、趋势研判、动态预警提供了有效工具，显著地提高了风险管理质效。

（5）设计基于联邦学习的多方协同信用评价模式，有效解决跨域信用信息共享和隐私保护问题。

大数据环境下各平台的业务领域、交易场景、信用评价指标、信用评价流程等都存在差异，这使得信用信息或信用评价结果的跨域、跨平台共享十分困难；同时，信用信息共享过程中隐私保护问题也日益突出。针对上述问题，本书基于纵向联邦学习框架，设计一种具有隐私保护的多方协同智能信用评价模式，提出一种基于同态加密与正则化的智能信用评价模型。实验结果表明，本书所提出的智能信用评价模型能够有效且安全地利用跨域信用信息且违约判别能力显著优于基准模型。

（6）构建自适应处理属性值缺失的违约风险预测模型和类别标签缺失的协同训练模型，有效缓解大数据环境下样本属性值缺失和样本类别标签缺失所带来的表征偏差与样本选择偏差问题。

本书针对大数据环境下传统属性值缺失处理方法难以高效填补缺失的属性值问题，基于集成树模型和稀疏感知算法，构建自适应处理属性值缺失的违约风险预测模型，采用基于梯度的采样、互斥特征绑定（exclusive feature bundling，EFB）等优化机制提高模型对海量高维数据的训练效率，并通过实验分析验证模型和方法的有效性；针对传统类别标签缺失处理方法难以准确进行拒绝推断的问题，提出基于多视图学习和噪声学习的协同训练（tri-training combined with multiple views and noise learning，TRIMVNL）模型，该模型能有效地利用类别标签缺失的样本提高违约风险评价模型的性能。

本 章 小 结

　　数字经济时代对信用评价提出了新需求，大数据、云计算和人工智能等新一代信息技术为信用评价提供了新机遇，同时也带来了挑战。机遇表现在新一代信息技术正在改变信用评价模式，推动信用评价理论与方法的变革。而信用大数据的海量动态、多源异构、价值稀疏、多维流式等特点及大量的非结构化信息，给信用评价体系构建、评价特征构造、评价模型设计及评价结果可解释性等带来巨大的挑战。因此，本书针对数字经济时代信用管理的新需求、大数据环境下信用评价的新特征，系统研究大数据环境下信用评价理论、方法和应用，提出了一套较为完善的大数据环境下信用评价理论和方法体系。

参 考 文 献

[1] Wang Z，Jiang C Q，Zhao H M，et al. Mining semantic soft factors for credit risk evaluation in peer-to-peer lending [J]. Journal of Management Information Systems，2020，37（1）：282-308.

[2] Yin C，Jiang C Q，Jain H K，et al. Evaluating the credit risk of SMEs using legal judgments [J]. Decision Support Systems，2020，136：113364.

[3] Jiang C Q，Lyu X M，Yuan Y F，et al. Mining semantic features in current reports for financial distress prediction: empirical evidence from unlisted public firms in China [J]. International Journal of Forecasting，2022，38（3）：1086-1099.

[4] Jiang C Q，Wang Z，Wang R Y，et al. Loan default prediction by combining soft information extracted from descriptive text in online peer-to-peer lending [J]. Annals of Operations Research，2018，266（1）：511-529.

[5] 吕喜梅,蒋翠清,丁勇,等. 融合临时报告软信息的新三板企业财务困境预测研究[J]. 中国管理科学，2022，1-13.

[6] 王钊,蒋翠清,丁勇. 基于混合生存分析的动态信用评分方法[J]. 系统工程理论与实践,2021,41(2):389-399.

[7] Jiang C Q，Wang Z，Zhao H M. A prediction-driven mixture cure model and its application in credit scoring [J]. European Journal of Operational Research，2019，277（1）：20-31.

[8] Wang Z，Jiang C Q，Zhao H M. Know where to invest: platform risk evaluation in online lending [J]. Information Systems Research，2021，1-19.

[9] 蒋翠清，许天歌，王钊. 一种融入拒绝推断的 P2P 网络借贷违约风险评价方法[J]. 管理工程学报，2020，34（6）：165-172.

第2章 信用评价理论基础

2.1 信　　用

信用一词最早源于拉丁文"creditum"，意为"受人信任"，后被引入英文中拼写为"credit"。国内外词典对"信用"一词有不同的释义。①1987年版的《朗文当代英语词典》，指出信用是"信仰或相信某事物的正当合理性""在还债或处理货币事务中受信任的品质""购买商品及服务后一段时间内偿付的制度"。②1989年版的《辞海》，指出信用包含三种释义：一为"信用使用"；二为遵守诺言，实践成约，从而取得他人的信任；三为"以偿还为条件的价值运动的特殊形式，多产生于货币借贷与商品交易的赊销和预付之中"。③《现代汉语词典》指出信用包含四种释义：一为"能够履行跟人约定的事情而取得的信任"；二为"不需要提供物资保证，可以按时偿付的"；三为"银行借贷或商业上的赊销、赊购"；四为"信任并任用"。④《大英百科全书》将信用解释为："指一方（债权人或贷款人）供应货币、商品、服务或有价证券，而另一方（债务人或借款人）在承诺的未来时间内偿还的交易行为"。⑤《韦氏词典》将信用解释为"一种买卖双方之间不须立即付款或财产担保而进行经济价值交换的制度"。基于这些解释，可以认识到信用包含多层含义，如伦理道德上的诚信、心理上的信任和行为上的践约行为等。据此，信用的概念可以分为广义信用和狭义信用。

2.1.1　狭义信用

信用最早起源于伦理道德范畴。在我国古代，信用是基本道德观念之一。例如，儒家提出的"仁义礼智信"的道德规范体系，"信"是其重要的组成部分。孔子曰："言必信，行必果，硁硁然小人哉。"孟子曰："诚者，天之道也；思诚者，人之道也。"《周易》曰："君子进德修业。忠信，所以进德也；修辞立其诚，所以居业也。"

从这些古代信用思想可以看出，信用是一种建立在诚实守信基础上的心理承诺与约期实践相结合的意志和能力，即行为主体具备诚信道德基础素质。同时，信用也是一种处理人际关系的社会道德准则，是与约定、规定、承诺、事业、契约、誓言等有关的规范要求和品行。由上述分析可知，传统伦理道德将信用视为一种道德标准，而不是将其建立为全社会应当恪守的约束机制。综上，伦理道德范畴的信用，是指以诚实守信为道德基础的践约行为，即人们通常所说的"诚信"。

随着商品经济的不断发展，交易方式从"一手交钱，一手交货，钱货两清"的现金方式向信用交易方式转变。市场信用交易的实现以契约为基础，要求交易主体如约交付商品或服务和如约偿付货币或资金。这种交易性质的变化，使得信用逐渐从伦理道德范畴发展到经济范畴[1]。根据马克思和瓦尔拉斯的观点，商品经济条件下，信用包括商业信用和金融信用。商业信用是指商品交换活动中的延期支付行为，而金融信用是指市场交易主体间的货币借贷行为。无论是商业信用还是金融信用，信用都是一种以付款或还款承诺为内容而发生的授、受信活动，即信用活动。休谟、李嘉图、配第等认为，信用是授信者对受信者的到期偿付意愿和能力的一种心理预测，具体表现为授信者根据受信者的历史行为对其能否兑现承诺的判断。由上述两类观点可以看出，商品经济条件下的信用是一种契约关系和契约兑现的交易活动，契约能否履行，既取决于受信人的守信程度，又取决于授信者对受信者偿付意愿和能力的判断。综上，经济范畴的信用是指交易主体在经济交易活动中按期履约的能力和意愿。经济范畴的信用包括国家信用、银行信用、企业信用、消费信用等。

基于上述分析，无论是伦理道德范畴的信用还是经济范畴的信用，都局限于在某个领域或范围，因此，两者都是狭义的信用。而伦理道德范畴的信用和经济范畴的信用这两个狭义概念之间既有区别又有联系。两者的区别，即诚信与交易信用的区别，主要表现在四个方面：①诚信处于社会交往领域，而交易信用处于商品经济领域；②诚信是一种主观意志，只与行为主体自身有关，而交易信用是主观诚实守信和客观践约能力的统一；③诚信是个体对他人的承诺，是一种义务，不是一种权利，而交易信用是权利与义务的结合；④诚信是一种社会道德准则，社会价值高，商业价值较弱，而交易信用是各种交易活动的前提条件，反映出交易信用的信息可以被商业化，因而交易信用的商业价值较高。尽管诚信和交易信用之间具有明显的区别，但是两者之间存在一种内在联系，交易信用需要以诚信作为基础和支持，才能保证契约的履行。

2.1.2　广义信用

随着大数据技术的广泛应用和信息数字经济的快速发展，信用的概念开始从伦理道德上的社会道德规则和经济意义上的履行契约的能力与意愿，向更加广义、一般意义的内涵发展。例如，2008 年版《信用基本术语》（中华人民共和国国家标准 GB/T 22117—2008）将信用定义为"建立在信任基础上，不用立即付款或担保就可获得资金、物资或服务的能力。这种能力以在约定期限内偿还的承诺为条件"。而 2018 年版《信用基本术语》（中华人民共和国国家标准 GB/T 22117—2018）将信用定义为个人或组织履行承诺的意愿和能力。承诺包括法律法规和强制性标准规定、合同条款等契约约定的、社会合理期望等社会责任的内容。其中，在经济领域，信用的含义等同于交易信用，是指交易各方在信任基础上，不用立即付款或担保就可获得资金、物资或服务的能力，这种能力以在约定期限内履约为条件，并可以使用货币单位直接度量。而在社会领域，信用难以用货币度量。由术语定义的转变可知，信用的概念不再局限于交易主体在资金、物资或服务等交易活动中的履约能力和意愿，而扩展到在经济交易、法律法规、监管规定、社会诚信等多方面活动的履约能力和意愿。

综上分析，广义的信用主要指行为主体履行承诺的意愿和能力。其中，承诺不仅包含了行为主体在经济活动中对其他交易者所做的承诺，还包含了行为主体对法律法规、监管规定及道德准则的遵守。广义的信用包括政务诚信、商务诚信、社会诚信和司法公信等。

本书的研究对象主要是网络消费信贷和中小企业信贷场景下的信用问题。因此，本书中的信用是一种经济范畴的狭义信用，主要指借款人在借贷活动中按期履约的能力和意愿。

2.2　信　用　评　价

2.2.1　信用评价概念

随着信用经济的发展，信用交易规模日益扩大。由于交易双方不可能完全了解双方的信用状况，交易活动中不可避免地伴随着各种不确定性。为降低各种不确定性带来的风险，信用评价应运而生。关于信用评价的概念，目前为止没有统一的说法。与信用评价相近的概念，是信用评分和信用评级。根据 2018 年版《信用基本术语》（中华人民共和国国家标准 GB/T 22117—2018），信用评分是指"根据信用主体的信用信息，运用统计和其他方法，建立信用评分模型，对信用主体的信用进行评价，并用分数的形式表现出来的活动"。信用评级是指"对影响评级对象的诸多信用风险因素进行分析研究，对其在未来一段时间按期偿还债务的能力及其还款意愿进行综合评价，并用专业符号表示不同的信用等级，以揭示债务人或特定债务信息风险的活动"。

由信用评分和信用评级的概念可知，两者都是评价信用主体的还款能力和还款意愿的活动，只是评价活动结果的展现形式不同。据此，信用评价可以被定义为：根据交易主体的信用信息，对其在未来一段时间按期偿还债务的能力及其偿还意愿进行综合评价的活动。其中，信用信息主要指交易主体在社会与经济活动中产生的与信用有关的记录，以及与评价其信用价值相关的各类信息。信用评价的本质是风险管理，主要以量化分析信用主体日常行为与偿还意愿及偿还能力的关联性为核心，从而对信用主体进行风险分析与管理。信用评价的结果可以通过信用评级和信用评分两种方式展现，也可以将其转化为统计学上的二分类问题，即判断信用主体是高风险还是低风险。

2.2.2　信用评价的分类

按照评价主体、评价客体、信用评价方法等因素，信用评价可以被划分成不同类别[2]。信用评价的主体可以划分为：外部资信评估机构和内部信用评价部门。外部资信评估机构主要指专门从事信用评价业务的资信评估机构。例如，国外的标准普尔（Standard & Poor's）、穆迪（Moody's）、惠誉国际（Fitch Group）及邓白氏（Dun & Bradstreet）等国际信用评级公司；中国的东方金诚国际信用评估有限公司、中诚信国际信用评级有限责任公司、联合信用评级有限公司及大公国际资信评估有限公司等。内部信用评价部门主要指在信贷交易中，出借方其内部自有的信用评价部门。例如，商业银行经营贷款业务的过程中，需先判断借款人的信用水平，进而决定是否授予贷款。由于借款申请者较多，商业银行会构建内部信用评价部门，从而降低购买外部资信评估机构服务的成本。外部资信评估机构在评价经验、能力、技术及专业性等方面较优于内部信用评价部门，但内部信用评价部门在获得第一手信息、评价效率和评价成本等方面较优于外部资信评估机构。

按照信用评价对象的类别，信用评价可以划分为：国家主权、企业、个人、银行及证券信用评价等。国家信用指以国家为借款方的财政借贷活动，如发行公债等。国家主权信用评价是指基于国内生产总值、国际收支、财政收支等信息，评价一个国家的偿债意愿和能力的活动[3]。企业信用指以交易活动中的延期付款或延期交货的赊销活动。企业信用评价指基于企业的管理者能力、盈利能力、基本特征等信息，评价一个企业的偿债意愿和能力的活动[4]。个人信用，又称消费信用，是指企业或银行对个人消费者提供资金借贷服务的活动，如分期付款等。个人信用评价指评价消费者偿债意愿和能力的活动[5]。证券信用指以上市公司为借款方的货币借贷活动，如股票、债券的发行等[6]。证券信用评价指评价债券或股票发行公司的偿债意愿和偿债能力的活动。银行信用是指以银行为中介，以存款等方式筹集货币资金，以贷款方式对国民经济部门、企业、个人提供资金的借贷活动。银行信用评价是指，基于资产质量、资本充足水平、负债结构及流动性等信息，评价银行偿还意愿和能力的活动。国家主权、证券及银行信用评价的结果多以评级的形式展示。例如，标准普尔将国家主权信用评级划分为 6 档，从 1（极低风险）到 6（极高风险）；中国银行保险监督管理委员会将商业银行监管评级结果分为 1~6 级和 S 级；中国证券监督管理委员会将证券信用评级划分为 A（AAA、AA、A）、B（BBB、BB、B）、C（CCC、CC、C）、D、E 五大类 11 个级别。企业和个人信用评价结果的展示形式不受限制，可以是评级、评分或二分类等。

　　按照信用评价的方法划分，信用评价可以分为主观信用评价法、客观信用评价法及主客观结合的信用评价法。主观信用评价法指依靠专家的经验和智慧，对信用主体的偿债能力和意愿进行评估的方法。专家对信用主体的收入水平、教育背景、财务报告、发展前景等信用信息进行综合打分，然后基于打分结果，判断信用主体的信用水平。客观信用评价法主要指依靠数学模型和计算机技术，对信用主体的偿债能力和意愿进行评估的方法。它包括两类，一类是预测违约风险的统计模型和人工智能模型。这类方法关注的是从借款申请者中识别出好的借款人和坏的借款人，即判断借款人未来是否会违约。统计模型主要包括逻辑回归（logistic regression，LR）、多元线性回归、朴素贝叶斯（naive Bayes，NB）等。人工智能模型主要包括 RF、支持向量机（support vector machine，SVM）、极端梯度提升（eXtreme gradient boosting，XGB）模型等[7]。另一类是预测违约损失分布的现代信用风险模型①。这类方法主要利用投资组合的违约损失分布，衡量和分析信用主体的信用水平，主要包括穆迪公司提出的信用监测模型（credit monitor model）、摩根大通公司提出的信用计量模型（credit metrics model）、瑞士信贷银行提出的信用风险模型（credit risk model），以及麦肯锡集团提出的信用组合观点模型（credit portfolio view model）[8,9]。现代信用风险模型多用于分析上市企业的信用水平。主客观结合的信用评价法指结合专家经验、数学模型及计算机技术，对信用主体的偿债能力和意愿进行评估的方法。例如，陈晓红和杨志慧提出以基于群决策的层次分析法确定主观权重，基于因子分析法确定客观权重，结合主客观权重预测中小企业的信用水平[10]。主观信用评价法综合性强，具有可操作性，但评价结果缺乏客观性和稳定性，且人力成本高、处理效率低。客观信用评价法客观性强、处理效率高，但对于机理复杂的问题难以用结构化方法解决，且部分方法的可解释性较低。因此，在分析信用主体的信用水平时，多采用主客观结合的信用评价方法。

----

　　① 信用监测模型与信用计量模型主要用于估计给定期限内资产组合的违约概率和损失分布；信用风险模型和信用组合观点模型用于估计资产组合价值在未来的分布，从而对投资组合的风险价值进行度量。因此，现代信用风险模型主要是基于投资组合分析信用风险，且主要关注的是对违约损失分布的预测。

2.3　信用评价基本理论

2.3.1　信息不对称理论

信息不对称理论（information asymmetry theory）是微观信息经济学研究的重要理论之一。该理论认为在市场交易活动中不同的交易方掌握的信息具有差异性。一方拥有较完全的信息，处于有利的地位；而另一方拥有不完全的信息，处于不利的地位。该理论主要用于分析不完全信息市场上信息在交易双方的不对称分布对交易行为和市场运行效率的影响[11]。

信息不对称理论源于 20 世纪 60 年代 Arrow[12]对新古典经济学中完全信息假设的质疑，他指出任何决策都面临大量的不确定性。70 年代，Akerlof[13]指出不完全信息是造成经济行为不确定性的原因之一，进而提出信息不对称理论。之后，Spence[14]、Stiglitz 和 Weiss[15]进一步指出同一经济行为的交易双方所持有的信息量可能是不对等的，提出信息不对称理论的两个基本假设：①交易双方掌握的信息分布是不均匀的，一方占有信息优势而另一方处于信息相对劣势；②交易双方对各自在信息方面的相对地位是清楚的。80 年代，Stiglitz 和 Weiss 将信息不对称理论引入信贷市场[15]。

在信贷市场上，出借人不可能完全掌握借款人的信息，借贷双方存在信息不对称。例如，借款人对自身的借款用途、还款意愿、还款能力等信息了如指掌。而出借人需要通过大量的调查、核实、分析才能获取这些信息，且获取的信息不一定完备和真实。因此，出借人在评价借款人信用水平时，处于信息劣势地位，其所能获得的信息量总是小于借款人自身所掌握的信息。

信息不对称易引发逆向选择和道德风险问题，使出借人利益受损[16]。逆向选择（adverse selection），亦称不利选择，是指信贷交易达成前，借款人为了获得借款，可能会隐瞒对自身不利的信息，使得出借人做出不利选择，从而导致市场效率降低的行为[17]。以企业信贷为例，银行不可能完全掌握关于借款企业还款意愿和还款能力的信息，难以区分"优质企业"和"劣质企业"，从而有可能产生授予"劣质企业"贷款的"逆向选择"行为。受到逆向选择的影响，银行在之后的贷款业务中，都会按照"劣质企业"的均衡利率收取利息，导致"优质企业"退出信贷市场。

道德风险（moral hazard），亦称败德行为，指信贷交易达成后，借款人不按照合同约定使用资金，而是从事风险较高的活动，导致借款难以归还，出现违约的情况[18]。例如，企业以扩大生产经营为目的申请银行贷款，但在获得贷款后却违反合同规定，为追求高收益而投资高风险项目，从而造成违约的可能性增加。这种资金使用信息的不对称就产生了道德风险。

出借人为了降低逆向选择和道德风险问题带来的利益损失，或为了规避风险，会对出借人实行信贷配给。信贷配给是指金融机构为降低成本和规避风险，对不同的借款人实行差别待遇的行为[15, 19]。信息不对称程度低的借款人的资金需求可以得到满足，而不对称程度较高的借款人的资金需求则被拒绝。这种"惜贷行为"可能会使某些借款人的资金需求无法得到满足，产生融资缺口，进而导致社会投资不足。例如，中小企业由于信息披露制度和财务制度不健全等问题，信息不对称程度相对较高，成为银行信贷配给对象。信贷配给导致中小企业的融资需求难以得到满足，从而导致中小企业难以投资新项目和扩大生产。信贷配给本质上也是信息不对称引发的结果之一。

因此，信息不对称会影响出借人对借款人信用水平的评价。要降低借贷双方信息的不对称性，出借人需挖掘更多反映借款人还款能力和还款意愿的信息，开发更加全面的信用评价模型，从而减少逆向选择和道德风险带来的损失，减弱信贷配给行为倾向，提高信贷市场的资金配置效率。

2.3.2　交易费用理论

交易费用理论（transaction cost theory），也有人将其称为交易成本理论，是现代产权理论的基础。该理论认为：在不确定性的环境下，为节约交易费用，交易双方的决策是随机应变的和过程性的。不确定性指交易过程中主客观因素共同导致的风险因素。不确定性包括交易环境的不确定性和交易人行为的不确定性。前者包括市场的不确定性、交易频率等因素；后者包括经济人的有限理性、机会主义行为等因素。交易费用指交易双方在交易前后所产生的各种费用。

交易费用理论源于科斯（Coase）在 1937 年发表的论文《企业的性质》和 1960 年发表的《社会成本问题》。科斯认为：企业和市场是两种可以相互替代的资源配置机制。行为主体的有限理性和外部环境的不确定性，使得市场交易费用高昂，为节约交易费用，企业作为代替市场的新型交易形式应运而生。科斯的这一思想为交易费用理论奠定了基础。20 世纪 70 年代，威廉森（Williamson）等进一步对交易费用理论进行了发展和完善。Williamson 探讨了影响市场交易费用的两类因素。一类是交易因素，指市场的不确定性、潜在交易对手的数量及资产专用性程度。另一类是人的因素，指人的有限理性和机会主义[20]。

根据交易费用理论，有限理性、机会主义行为及行为偏好的不一致性会增加出借人的信贷交易费用。出借人由于认知水平和信息处理能力有限，且可能会受客观环境因素的制约，在做贷款决策时，只能实现有限理性。因此，出借人在贷款前，需要搜集借款人的信息，而搜寻和整理信息都需要成本[21]。部分出借人会因这种信息成本过高，提高交易条件，如信贷配给。部分出借人会有一种从众心理，通过效仿他人的决策，以降低信息成本。

机会主义行为指在信息不对称情况下，人们做出的损人利己行为。当自身的利益和对他人的承诺发生矛盾时，人们就会寻求使自身利益最大化的方法。这种行为可能会侵害他人利益，而他人要想发现这种行为，则需要付出高昂的信息成本。例如，从借款人视角出发，借款人在有能力偿还借款的情况下，比较偿还借款和不偿还借款的成本，在满足一定条件时会策略性地选择不还款。而出借人如果想阻止这种机会主义行为的发生，或降低机会主义行为带来的损失，则需付出信息搜集和处理、催收欠款等成本。

行为偏好的不一致性指交易者的行为偏好不是固定的，它会随着经济环境、生活环境等因素的变动而改变[22]。如果某借款人在以前的经济活动中因守信（或违约）而受到褒奖（或惩罚），那么其在下一次决策时，选择守信或违约的偏好会发生变化，进而影响其在未来经济活动中的信用。这种行为偏好的不一致，要求出借人投入高管理成本，以观察借款人的行为变化。

综上分析，有限理性、机会主义行为及行为偏好的不一致性问题会带来高交易成本。如何降低各类交易成本，并提高信用评价效率，是信用评价研究所关注的内容之一。根据交易费用理论，降低交易成本的思路可以从三方面展开：一是研究分布式信用协同和评价方法，以降低信息成本；二是研究策略性行为的预防机制，以减少借款人的恶意违约行为的发生及降低违约损失；三是研究动态信用评价方法，智能化预测借款人信用行为的变化，以降低管理成本。

2.3.3　不完全契约理论

不完全契约理论（incomplete contracting theory），又称不完全合约理论，是信息经济学与契约理论的继承和发展。该理论认为：由于契约是不完全的，则再谈判无法避免，因此契约的履行需要契约治理机制的保障[23]。这里契约的不完全性包括两方面内容：一是缔约双方难以预测交易的所有未来状态，因而双方达成的合约不可能是完善的；二是缔约双方是完全理性的，而第三方（如契约仲裁者、法院）是有限理性的，无法观察和评估契约中不可证实的信息。契约治理机制是指利用制度性规定来明确交易双方的权利和责任，以及意外情况处理方法的程序。

不完全契约理论本质上是交易成本理论的延伸。不完全契约理论同样源于科斯于 1937 年发表的论文《企业的性质》。科斯指出，由于预测的困难，关于商品或劳务供给的契约期限越长，那么对买方来说，明确规定对方该干什么就越不可能，也越不合适。这说明两点：第一，科斯是从契约的角度来理解交易行为的；第二，科斯暗示，如果契约越不完全，企业就越可能替代市场。不完全契约理论和交易成本理论都源于这种契约的不完全性的思想。交易成本理论将契约的不完全性作为前提条件，不对不完全契约本身进行深入研究。而 Grossman 和 Hart[24]、Hart[25]将不完全契约概念模型化，提出不完全契约理论。交易成本理论与不完全契约理论的区别在于：前者认为契约的不完全性的原因是外部环境的不确定性，以及缔约双方和第三方的有限理性；而后者认为外部环境是不确定的，第三方是有限理性的，但缔约双方是理性的。这种区别导致在研究不完全契约时，交易成本理论主要关注的是交易双方的有限理性和机会主义行为，而不完全契约理论关注的是契约治理机制的设计，以降低有限理性和机会主义行为带来的损失。

　　由契约不完全理论可知，信贷契约是不完全契约。借贷双方难以预见信贷交易的所有未来状态，一开始所做的信贷契约不可能是完善的。这种未来的不确定性提高了借款纠纷发生的可能性，即重新谈判的可能性。借贷双方清楚地了解信贷合约中的所有内容，但第三方无法观察和验证信贷合约中的所有内容。所以，在重新谈判的过程中，第三方（如法院）很难完美地证实哪一方是违约方并按规定执行违约处罚。这种未来的不确定性和第三方的不可证性导致借贷双方的行为难以得到约束，某一方在违约时不承担相应的违约责任，从而导致机会主义行为发生的可能性提升。

　　由上述分析可知，信贷契约的履行不能仅依赖于借贷双方的履约承诺。有远见的出借人应根据潜在的危险对契约未来可能出现的行为进行预测，并根据预测结果达成事前协议，即设计契约治理机制。这些契约治理机制可以约束借贷双方的行为，使得某一方违约时必须承担相应的违约责任，从而降低机会主义行为发生的可能性。契约治理机制包括监督、激励、惩罚等内容。郭晓鸣等发现[26]，借款人违约发生的根本内因是大多数借贷合同是短期的、非激励性的不完全契约，借款人与出借人之间的利益联结强度不够，从而导致违约的发生。这些契约治理机制可以由政府设计，如出台相关的法律法规、政策规定、监管制度等。第三方平台或出借人自身也可以设计契约治理机制。例如，第三方信用评价机构可以根据借款人的还款和违约记录调整其信用评分。当借款人出现违约记录时，其信用评分会相应地调低，为借款人以后的融资带来负面影响；相反地，当借款人如期还款，其信用评分会相应地调高，为借款人后续的融资带来正面影响。这种激励机制和惩罚机制，可以有效降低机会主义行为的发生概率，从而降低逆向选择和道德风险带来的违约损失。

　　综上分析，信贷契约的不完全性导致有限理性和机会主义行为的发生可能性提升。出借人不仅需要挖掘更多的有关借款人的信用信息，以避免自身的有限理性引发的逆向选择问题；还需要关注监督、激励、惩罚等机制的设计，以降低机会主义行为带来的损失。

2.3.4　社会资本理论

社会资本理论（social capital theory）是经济学、社会学及政治学等领域的新兴理论。该理论认为，社会资本是资本的一种形式，其包含三层含义：①行为主体通过社会网络获得的社会资源的总和，包括权力、知识、机会、声望等；②行为主体在社会网络结构中所处的位置的价值；③社会网络内部成员为了共同利益而普遍认同和遵守的规范。

社会资本可追溯至 19 世纪末政治经济学中的"资本"概念。马克思在《资本论》中探讨了机器、设备、土地等物质资本。20 世纪 50 年代，新资本理论中指出资本包括物质资本和存在于个体劳动者之中的人力资本。20 世纪 70 年代以后，学者逐渐从研究个体的人力资本转移至群体的人力资本，由此产生了社会资本的研究。1973 年，Granovetter[27]提出弱关系强度（strength of weak tie）理论，弱关系是指互动次数少、互惠交换少、亲密程度低的人际交往纽带，拥有较多弱关系的人更可能获得成功。弱关系强度理论为社会资本理论的产生奠定了基础。1986 年，Lamaison 和 Bourdieu[28]正式提出社会资本概念，指出"社会资本是实际或潜在资源的集合体，这些资源与大家熟悉或公认的制度化关系的持有网络联系在一起"。1988 年，Coleman[29]对社会资本展开进一步研究，指出研究社会资本就是研究社会结构资源，社会资本的形式包括义务与期望、信息网络和社会规范。随后，经过 Burt[30]、Putnam[31]、Fukuyama[32]、Lin[33]等学者的研究，社会资本理论形成了三种学派：①以 Granovetter 和 Burt 等学者为代表的网络嵌入学派；②以 Coleman 和 Putnam 等学者为代表的社会规范派；③以 Bourdieu 和 Lin 等学者为代表的社会资源学派。

社会资本的分析维度包括结构维度、关系维度及认知维度[34]。结构维度的社会资本，又被称为结构性嵌入，是指客观的、能够观察到的社会网络结构，如网络大小、拓扑结构、网络密度及连通性等。结构性嵌入研究主要关注结构洞。结构洞是指社会网络中某些节点与另外一些节点联系断裂的现象，这种断裂导致社会网络中出现了"洞穴"，故被称为"结构洞"。当一个节点处于结构洞的位置，即作为连接两个或多个社区的桥梁，该节点可以拥有多个社区的信息，且可以控制多个社区之间的信息传递。借款人占据的网络结构洞越多，能够获取的商业信用就越多[35]。

关系维度的社会资本，又被称为关系性嵌入，是指通过社会网络可获取的资源，包括信任、规范、义务及期望等。社会网络包括强关系连接和弱关系连接。

强关系连接是指互动次数多、亲密程度高的人际交往纽带，如家人或者亲密好友关系；反之则为弱关系连接，如同事或者校友间的关系。借款人使用强关系网络中的社会资本是一种表意性行为，即一种以寻求认可、支持、同情与信任为目的的行为。例如，借款人借助强关系网络申请贷款时，网络中其他成员愿为其提供担保只是出于情感和责任，而不是根据借款人的真实信用水平。借款人使用弱关系网络中的社会资本是一种工具性行为，即一种具有很强的功利性的行为。弱关系网络中的成员为借款人提供担保时，为防止自身利益受损，会认真考察借款人的信用水平。因此，现有研究多关注弱关系网络中的社会资本在信用评价中的应用[36]。

认知维度的社会资本，又被称为认知性嵌入，是指社会网络内部成员共同认同的资源，包括符号、语言、习惯和文化等。利用认知维度的社会资本评价借款人信用水平时，主要关注同伴效应。同伴效应是指个体的行为及决策与同群体者的行为及决策的相互作用[37]。由同伴效应可知，如果一个借款人周围都是信用良好的人，该借款人的信用水平也不会很低。同时，如果一个借款人可以获得朋友的担保，其违约的可能性相对较低。因为朋友只有在充分了解和认可借款人的偿还意愿与偿还能力的情况下，才会提供担保。越是弱关系网络中成员提供的担保，越能说明该借款人拥有较高的认知维度的社会资本，其违约可能性就会越低。

综上分析，借款人的社会资本根植于社会网络，其本质是其通过社会网络所能获取的各种资源。借款人可获得的资源越多，其违约可能性越低。出借人可以利用社会网络分析法，研究结构维度、关系维度及认知维度社会资本的量化方法，以更准确地评估借款人的信用水平。

2.3.5　信号理论

信号理论（signaling theory）是信息经济学的重要理论。该理论认为：在信息不对称的条件下，交易双方为达成交易，会通过某种信号向对方传递自身的信息[38]。信号理论主要用于解释信息不对称条件下，个人寻求自身效用最大化的行为。信号传递涉及三类要素：信号、信号传递者及信号接收者。其中，信号是信息的载体，也是信号传递的核心内容。

信号理论源于信息不对称研究。1970 年，Akerlof 指出二手车市场上买方和卖方的信息是不对称的，这种信息不对称会引发逆向选择和道德风险等问题[13]。此后，学者就如何解决信息不对称问题展开研究。1978 年，Spence 在研究劳动力市场上信息不对称问题时，提出信号传递模型（signaling model）[39]。信号传递指信息优势方通过某种信号将信息传送给信息劣势方的行为。Spence 指出劳动者比雇主更了解自身情况，是信息的优势方。为避免因逆向选择而无法被雇佣，劳动者可以向雇主传递教育背景等信息。而雇主根据劳动者传递的信息评判其才能优势，从而做出合理的雇佣决策。1983 年，Rothschild 和 Stiglitz[40]基于信息劣势方的视角，提出信息甄别模型（screening model）。信息甄别指信息劣势方为了减弱信息不对称对自身的不利影响，而提出的一种能够区别不同交易对象风险水平的交易方式。例如，保险公司通过投保人的风险偏好及对保险费用的接受程度，来甄别投保人的风险水平。信号传递是信息优势方先发起的行为；而信息甄别是信息劣势方先发起的行为。信号传递和信息甄别共同构成了信号理论。

由信号理论可知，信贷交易中存在信息不对称，借贷双方为达成借贷交易，会通过某种信号向对方传递自身的信息。借款人，作为信息优势方，为满足自身的融资需求，会主动向出借人传递自身的信息。传递的信息可分为强制性披露信息和自愿性披露信息。前者指由相关法律、法规和章程明确规定的，或者出借人要求披露的信息，如判决文书、临时公告、征信记录等；后者指除强制性披露信息以外，出借人主动披露的信息，如个人网站、自媒体信息等。然而，不是所有的信号都是有效的，需考虑信号的价值和区分度。例如，高质量的企业获得 AAA 企业信用认证是相对容易的；而低质量的企业获得 AAA 企业信用认证是非常困难的。因而，AAA 企业信用认证是一个有效的信号。

出借人，作为信息劣势方，为做出合理的信贷决策，主要关注信号质量的评估及甄别机制的设计。信号的质量取决于信号的性质和成本。受制于相关法律法规，强制性披露信息的信号质量相对较高。而借款人在自愿性披露过程中可能存在机会主义行为倾向，因而自愿性披露信息传递的信号质量相对较低。从成本角度出发，行为主体会选择用高成本的行为来传递某类重要信息，这些信息往往意味着高价值[41]。例如，企业连续获得 AAA 企业信用认证是一个需要投入大量人力、资金和时间成本的事情。甄别机制一般指通过设计不同的机制来甄别借款人的信用水平，减弱逆向选择行为发生的可能性。甄别机制和契约治理机制类似，主要包括激励、惩罚等机制。

综上分析，信息传递行为和信息甄别行为可以有效缓解借贷双方的信息不对称，实现信贷资源的有效配置。借款人需提高自身信息披露程度，向出借人传递高质量信号，以方便出借人准确判断其信用水平。而出借人则需针对借款人传递的信号，研究信号质量评估方法，识别有效信用特征，从而有效甄别借款人的信用水平；同时，出借人还需研究监督、激励、惩罚等甄别机制的设计，以降低逆向选择行为发生的可能性。

2.3.6　金融风险传染理论

金融风险传染理论（financial risk contagion theory）是金融危机理论的重要组

成部分[42]。该理论主要用于解释风险如何在国家、区域及各类市场主体之间进行传播。金融风险传染可分为金融市场间的风险传染和金融市场主体间的风险传染。金融市场间的风险传染可分为两类：一类是不同国家之间的金融市场风险传染，如跨市场投资、国际对冲基金等；另一类是同一国家内部多个金融市场的风险传染，如证券市场、期货市场等。金融市场主体间的风险传染也可分为金融机构之间的风险传染（如银行、担保机构等），以及各类市场主体间的风险传染（如个人、企业等）。

金融风险传染理论研究源于国际金融危机事件。1992 年的欧洲货币危机和 1994 年的墨西哥金融危机，使得学者开始关注金融风险传染问题，并认识到：国家主权、金融机构、借贷者及投资者等市场主体之间的各类关联关系，使得风险在市场主体间传播。1997 年的亚洲金融危机及 2007 年的美国次贷危机，使得学者进一步认识到，风险传染不仅受市场主体间关联关系的影响，还会受投资者行为影响。例如，Broner 等[43]研究发现，投资者的投机行为会引发金融风险传染。当投资者发现自己的投资组合收益不理想时，会增加低风险国家资产的持有量，减少高风险国家资产的持有量，使得风险较高的国家资产价格下跌，从而引发金融风险传染。自此之后，金融风险传染理论研究可分为两类，一类是基于关联关系的金融风险传染理论研究，另一类是基于投资者行为的金融风险传染理论研究。

信贷场景下的金融风险传染是指信用风险传染，即在具有关联关系的信用主体中，某个或某些信用主体的违约风险使得其他信用主体也发生违约或违约可能性增加的经济现象[44]。在金融风险传染理论的指导下，信用风险传染研究主要关注多米诺骨牌效应和羊群效应。多米诺骨牌效应，又称为多米诺效应，指在一个存在内部联系的系统中，一个很小的初始能量导致一连串的连锁反应。以企业信贷为例，当一个企业出现风险时，这种风险将沿着各种关联关系传导至其他关联企业，直至传染至整个关联企业群。

羊群效应，又称从众效应，主要指一种社会群体中相互作用的人们趋向于相似的思考和行为方式[45]。由于信息不充分或对信息缺乏了解，行为主体很难对未来的不确定性做出合理的预期，只能通过观察周围人群的行为提取信息，在这种信息的不断扩散中，更多人的信息将大致相同且彼此强化，从而产生从众行为。这种从众行为会导致一些非理性决策在行为主体间传播，从而引发风险传染。例如，Chiu 等[46]发现如果一个企业与另外一个企业通过连锁董事相连，而相连企业在当年或前两年内发生过财务重述事件，那么这个企业发生财务重述的概率会更大。这种连锁反应会使得信用主体间面临的风险愈发相似。

综上分析，行为主体间的关联关系导致行为主体间的风险相互关联。出借人在评价借款人的信用水平时，不仅要分析借款人自身的风险信息，还需分析与借款人有关系的关联主体的风险信息。同时，由多米诺骨牌效应和羊群效应可知，分析关联主体的风险信息时，不仅要关注关联主体的违约风险，还需关注关联主体的风险事件信息，从而更有效地评估风险传染对借款人信用水平的影响。

2.4　信用评价分析框架

信用评价分析框架指将影响借款人信用状况的信息归纳为各种要素，进而分析借款人的还款意愿和还款能力的一种信用分析原则。现有的信用评价分析框架主要包括 5C、5P、5W、4F、6A、LAPP 及 CAMPARI 等[23]，具体内容见表 2-1。本节主要介绍个人和企业信用评价研究中比较有代表性的三类分析框架：5C、5P 及 LAPP。

表 2-1　信用分析框架

名称	具体内容
5C	特质（character）、能力（capacity）、资本（capital）、担保（collateral）、环境（condition）
5P	个体因素（personal）、目的因素（purpose）、偿还因素（payment）、保障因素（protection）、前景因素（perspective）
4F	经济要素（economic factor）、管理要素（management factor）、财务要素（financial factor）、组织要素（organization factor）
LAPP	流动性（liquidity）、活动性（activity）、盈利性（profitability）、潜力（potentialities）
CAMEL	资本充足性（capital adequacy）、资产质量（asset quality）、管理水平（management）、盈利状况（earnings）、流动性（liquidity）
CAMPARI	品质（character）、偿债能力（ability）、投资所获利润（margin）、贷款目的（purpose）、贷款数额（amount）、还款方式（repayment）、贷款抵押（insurance）

2.4.1　5C 分析框架

5C 分析框架是发展历史最长、应用最广的一种信用评价分析框架。5C 分析框架源于由特质、能力和资本三要素构成的 3C 分析框架。1910 年，美国费城国民银行在 3C 分析框架的基础上增加了担保要素，将 3C 变为 4C。1943 年，美国弗吉尼亚州开拓移民商业银行又在 4C 分析框架的基础上增加了环境因素，从而发展为现在的 5C 分析框架。

（1）特质：指借款人在日常活动中体现出来的道德品质和行为作风。该要素主要衡量的是借款人履行偿债义务的主观意愿和可能性。借款人的品质越好，还款意愿越高。个人的教育程度、工作环境、信用历史等背景信息可以反映出一个人的道德品质。企业的基本信息、管理者的个人品质、经营发展战略等信息可以反映出一个企业的信用品质。

（2）能力：指借款人在经济上履行偿债义务的能力。该要素主要衡量的是借款人的还款能力。例如，在企业信用评价中，企业能力主要指的是企业的盈利能力、偿债能力及运营能力。企业能力越高，企业运营越稳定，企业的还款能力就越高；相反地，如果企业能力较弱，经营不稳定，企业的还款能力也就会越弱。

（3）资本：指借款人拥有的总资本和资本构成，主要衡量的是借款人的财务状况。借款人的还款能力与其拥有的资本呈正相关关系。例如，企业资本雄厚，一定程度上表明了该企业盈利能力较好、抵御风险的能力较强，其偿债能力也会较强。

（4）担保：指借款人拒绝或无力偿还款项时可以被用来抵押的资产。担保物的价值越高，就越能帮助降低出借人的贷款风险和提高借款人的借款成功率。担保物可以促使借款人提升自身的偿债能力。例如，借款人考虑到担保物的价值，会尽量避免违约的发生。

（5）环境：指可能影响借款人信用水平的外部环境因素。在信用评价时，不仅要考虑借款人的内在因素，也要考虑外部环境因素。外部环境可能影响借款人的经济收入，从而影响借款人的还款意愿和还款能力。例如，宏观经济状况、行业发展趋势、市场竞争程度及供需变化等因素影响企业的生存发展，从而影响企业的盈利能力和还款能力。

2.4.2　5P 分析框架

5P 分析框架是在 5C 的基础上形成和发展起来的。5C 分析框架是在长期实践经验中逐渐形成的，系统性和针对性不强。因而，20 世纪 70 年代，欧美部分银行提出 5P 分析框架。5P 框架从新的角度对信用要素进行了划分，比 5C 分析框架更加全面，也更容易理解。

（1）个体：指借款人的个人品质，用于衡量借款人的还款意愿。个体的诚信度越高、能力越强，按时偿还借款的可能性就越大。对于个人借款人，可以根据其家庭、教育背景和金融机构往来记录，衡量其诚信度。对于企业借款人，可以根据企业管理者的个人档案和工作业绩评价其遵纪守法、诚实守信等个人品质与管理经营、组织领导等个人能力。

（2）目的：指借款用途，用于衡量借款人的举债情况和信用水平。例如，企业申请借款的主要用途包括购买资产、偿还既有债务和替代股权。若用于购买资产，应进一步分析是流动资产（原材料等）还是固定资产（厂房设备等）；若用于偿还债务，要依据相关法律法规审核是否符合规定；若用于替代股权，则要慎重评估投资项目的风险。借款的用途越明确、风险越小，借款人还贷可能性就越高。

（3）偿还：指借款人的资金来源，用于衡量借款人的还款能力。对于个人借款人，其收入来源越广、水平越高、越稳定，还款能力也就越强。对于企业借款人，可从两个方面进行分析：一是现金流量，即分析企业在生产经营与投融资活动中产生的现金流入、现金流出和净流量；二是资产变现，即分析企业的流动比率、速动比率和资产周转率的情况。

（4）保障：该因素主要从内部保障和外部保障两个方面分析借款人的还款能力。内部保障主要从个人的经济实力或企业的盈利水平和财务状况分析借款人自身的偿债能力。外部保障主要评估担保品的价值状况与担保人的信用状况和经济实力。如果对借款人的资信状况不甚了解，外部保障因素就变得至关重要。

（5）前景：该因素通过分析借款人的未来发展前景预测其长期的信用状况和偿债能力。对于个人借款人，主要通过教育背景、工作履历预测其未来的职业发展状况和收入水平；对于企业借款人，应考察国家政策、行业趋势等外部环境因素和企业产品竞争力、新产品研发情况等内部因素，再对企业信用进行综合评估和预测。

2.4.3　LAPP 分析框架

随着信贷规模的快速增长，以定性分析为主的 5C 和 5P 分析框架难以满足批量且多样化的信贷业务需求，LAPP 分析框架应运而生。LAPP 分析框架主要基于可量化指标对借款人信用状况进行评价。

（1）流动性：该指标主要衡量借款人通过易变现资产偿付其债务的能力。借款需要用现金进行偿还，因此流动资产的变现速度越快，往往代表借款人的偿债能力越强。例如，可通过资产负债率、流动比率和速动比率等指标分析企业借款人及时筹措资金的水平，再与同行业、同规模的企业进行横向比较以确定其财务流动性的强弱。

（2）活动性：该指标主要反映借款人的业务活动能力。借款人的业务活动能力越强，借款的偿还就越有保障，借款人的信用评价就越高。例如，对企业进行信用评价时，可以从生产销售状况、市场占有率、客户和供应商关系及资金周转情况等方面考察企业的业务活动能力。

（3）盈利性：该指标主要衡量借款人的获利能力。个人的收入水平可以反映其获利能力。企业的获利能力主要指盈利能力。盈利能力是企业资信状况的保证，盈利能力越强，偿债能力就越强。企业盈利能力分析包括对企业利润来源和变化趋势的定性分析，以及对资产收益率、每股收益等与利润相关的指标的定量分析。

（4）潜力：该指标主要衡量的是借款人的未来发展潜力。借款是在未来进行偿还的，因此借款人未来的发展潜力越大，借款就越有保证。一个人的发展潜力可以从教育背景、工作能力、未来规划等方面进行评估。企业的发展潜力可以从经济周期、行业趋势、发展战略和管理效率等方面进行分析。

综上所述，信用评价分析框架定性分析特点突出，必要时配合定量分析方法。不同的分析框架适用的评价对象不同。5C 和 5P 分析框架多采用定性分析方法。其中，5C 分析框架普适性强，广泛应用于个人和企业信用评价；而 5P 分析框架多应用于个人信用评价。LAPP 分析框架注重引入可量化的财务指标，有效弥补了定性分析的不足，多应用于企业信用评价。大数据时代的到来为不同要素的定量分析提供了机遇，使得上述信用分析框架的普适性不断增强。

2.5　数据驱动的信用评价分析框架

随着物联网、云计算及人工智能等新一代信息技术的蓬勃发展和应用领域的不断扩大，信用主体的行为模式、交易过程、信用历史、关系网络和情感体验等信息都被实时记录，形成信用大数据。丰富的大数据资源和数字技术手段为优化信用分析框架、创新信用评价模式带来了新机遇，数据驱动的信用评价分析框架应运而生。数据驱动的信用评价分析框架，主要指利用信用大数据和数字技术手段评估借款人信用水平的框架，该框架主要依靠三类要素，一是信用数据，二是信用特征，三是智能信用评价模型。出借人在此框架下借助文本分析、网络分析、图像分析等多模态大数据分析与处理技术，从信用大数据中抽取新的、难以被量化的信用特征，实现由专家经验为主的主观评价向数据驱动的客观评价转变。

2.5.1　信用数据

信用数据是数据驱动的信用评价分析框架的核心。传统信贷环境下，信用数据的主要来源有借款人的财务报表、征信报告及抵押资产等。而在新一代信息技术环境下，信用数据的来源和类型更加多样化，如文本数据、关系网络数据、行为数据及图像和音频数据等。

文本数据方面，政府机构公布的、第三方媒体披露的及借款人在社交平台上留存的各类文本数据都映射着借款人的借款目的、财务状况、经营风险、发展前景等信息[47-49]。常见的文本数据来源及表现形式包括微博、微信、企业公告、企业官网、专利文本、判决文书、借款描述文本及分析师研究报告等。文本数据中有价值的信息和知识，可为分析借款人的信用水平提供新的信用信息。

关系网络数据方面，借款人在各类社会活动中产生多种社会关系网络，常见的关系网络如：担保网络、供应链网络、交易关系网络、人际关系网络、管理关系网络及投资关系网络等。这些关系网络记录了借款人的部分信用信息，如消费习惯、信誉行为、社会地位等，形成关系网络数据。借助关系网络数据，可以更全面地评价借款人的信用水平[50, 51]。

行为数据方面，数字经济时代，大量的用户生成数据沉淀在电子商务、社交软件和搜索引擎等平台上，形成行为数据。常见的用户行为包括消费行为、交易行为、还款行为、通信行为、纳税行为、用水用电行为等。行为数据蕴藏着借款人教育背景、工作经历、经营现状等信息[52, 53]，这些信息在一定程度上都可以弥补传统信用信息的不足。例如，王正位等[54]发现，通过大数据技术挖掘高频消费行为数据，能够有效补充传统征信信息，提高对传统信用信息薄弱人群的信用风险识别效率。

图像和音频数据方面，随着计算机视觉技术的发展，以图像、视频和音频为主的数字媒体承载了借款人的非语言性信息，如外貌、表情、动作、语气等。常用的图像和音频数据包括人像照片、客服语音记录及生产活动视频等。这些数据可以在对借款人的工作、收入、经营状况等信息验证时发挥重要作用。Gonzalez 和 Loureiro[55]发现，年龄和外貌在评价借款人信用水平时可以发挥混合作用。

2.5.2 信用特征

从信用数据中挖掘和提炼信用特征，即基于各类信用数据量化借款人的信用特质，是数据驱动信用评价分析框架中的重要内容。传统环境下，出借人主要依靠专家经验，从财务报表与征信报告等结构化数据中提取和选择信用特征，如流动比率、资产回报率、历史违约次数等。这类特征主观性强且处理效率较低。大数据环境下，出现了以文本数据、关系网络数据、行为数据及图像数据为代表的非结构化数据。出借人借助大数据处理技术，可以高效地从非结构化数据中挖掘和提炼有效信用特征。

文本分析、网络分析及图像识别等信息处理技术为从非结构化数据中挖掘和提炼有效信用特征提供了可能性。其中，词频统计、主题模型及词嵌入等文本分析技术可用于从文本数据中提取词频特征、主题特征、情感特征及语义特征等信用特征[47, 56-58]；随机游走、拓扑结构分析、传播动力学分析及图神经网络（graph neural network，GNN）等网络分析技术可用于从关系网络和行为数据中提取拓扑结构、关联风险及社会资本等信用特征[59-62]。局部二值模式法、图像插值算法、欧拉视频放大算法、3D 卷积神经网络（3D convolutional neural network，3D CNN）等图像识别技术可用于从图像和音频数据中提取借款人的外貌、微表情及动作行为等信用特征。此外，聚类分析、关联分析及序列模式挖掘等其他信息处理技术可用于从各类行为数据中提取行为统计、时间周期性、隐行为模式等信用特征[63-65]。上述信用特征，在某种程度上都可以有效地弥补传统信用特征的不足，提高出借人识别借款人信用状况的准确率。

2.5.3　智能信用评价模型

信用评价模型决定数据驱动的信用评价分析框架在信用评价实践中的有效性，而模型的选择取决于数据的类型。传统的信用数据多为体量较小、更新频率较低的年度、季度和月度数据，因而出借人多采用专家评分法或统计推断模型评价借款人的信用状况[8, 66]。大数据环境下信用数据呈现出来源广、体量大、维度高、更新快等特点，这使得传统评价模型不再适用，人工智能模型成为必然选择。与传统评价模型相比，人工智能模型更加擅长处理庞大的数据，且更能抓住一些复杂的非线性关系及解释特征之间的交互作用。

人工智能模型通常将信用评价处理为二分类问题[67]，即将借款人分为违约和非违约两类。常见的人工智能模型包括 NB、SVM、RF、XGB 及神经网络（neural network，NN）等。上述模型主要用于预测某个固定时期的违约概率，本质上属于静态评价模型。随着数字经济时代的蓬勃发展，信用数据的动态、多维、多主体等特点愈发明显，信用评价模型得到进一步扩展。其中，针对信用数据动态性的模型主要包括生存分析模型、混合治愈模型（mixture cure model，MCM）、马尔可夫链模型等[68-70]；针对信用数据多主体性和多维性的模型主要包括跨平台协同评价模型、多准则评价模型、多源数据融合模型、联邦学习模型等[4, 71-73]。

综上所述，大数据环境下，传统的信用评价分析框架具有一定的局限性，数据驱动的信用评价分析框架成为必然。数据驱动的信用评价分析框架中的信用数据、信用特征及智能信用评价模型三要素之间相互关联，信用数据和信用特征决定了信用预测精度的上限，模型只是逼近这个上限而已[①]。数据驱动的信用评价分析框架可以实现较高的预测精度，但可解释性较弱。因此，可解释性方法成为数据驱动的信用评价分析框架新的关注内容。

本 章 小 结

作为本书的理论基础部分，本章首先简要介绍了信用评价中的基本知识，包

---

① 《数据资产论》（王汉生著）提到数据、特征、模型及算法之间的关系，指出：数据和特征决定了机器学习的上限，而模型和算法只是逼近这个上限而已。

括狭义信用、广义信用、信用评价的概念及信用评价的分类等。其次，总结了信用评价中的基础理论，包括信息不对称理论、交易成本理论、契约不完全理论、社会资本理论、信号理论及金融风险传染理论；同时总结了在这些理论的指导下信用评价研究需关注的问题，包括道德风险、逆向选择、有限理性、机会主义行为、契约治理机制、信号传递、信息甄别、多米诺骨牌效应及羊群效应等。再次，总结了常用的信用评价分析框架，并以个人和企业信用评价为例，重点介绍了 5C、5P、LAPP 三类分析框架。最后，围绕信用数据、信用特征及智能信用评价模型三个要素，介绍了大数据环境下的数据驱动的信用评价分析框架。

参 考 文 献

[1] 谭中明. 社会信用管理体系——理论、模式、体制与机制[M]. 合肥：中国科学技术大学出版社，2005.

[2] Zhang F M，Tadikamalla P R，Shang J. Corporate credit-risk evaluation system：integrating explicit and implicit financial performances[J]. International Journal of Production Economics，2016，177：77-100.

[3] Cheikh N B，Hmiden O B，Zaied Y B，et al. Do sovereign credit ratings matter for corporate credit ratings?[J]. Annals of Operations Research，2021，297（1）：77-114.

[4] Angilella S，Mazzù S. The financing of innovative SMEs：a multicriteria credit rating model[J]. European Journal of Operational Research，2015，244（2）：540-554.

[5] Maldonado S，Pérez J，Bravo C. Cost-based feature selection for support vector machines：an application in credit scoring[J]. European Journal of Operational Research，2017，261（2）：656-665.

[6] Jiang Y X. Semiparametric estimation of a corporate bond rating model[J]. Econometrics，2021，9（2）：23.

[7] Lessmann S，Baesens B，Seow H V，et al. Benchmarking state-of-the-art classification algorithms for credit scoring：an update of research[J]. European Journal of Operational Research，2015，247（1）：124-136.

[8] do Prado J W，de Castro A V，de Melo C F，et al. Multivariate analysis of credit risk and bankruptcy research data：a bibliometric study involving different knowledge fields（1968-2014）[J]. Scientometrics，2016，106（3）：1007-1029.

[9] 张金清，张剑宇，聂雨晴，等. 中国金融安全评估：2000～2019 年——基于部门流动性资产负债表的分析框架[J]. 管理世界，2021，37（6）：4，70-86，88-108.

[10] 陈晓红，杨志慧. 基于改进模糊综合评价法的信用评估体系研究——以我国中小上市公司为样本的实证研究[J]. 中国管理科学，2015，23（1）：146-153.

[11] Lambert R A，Leuz C，Verrecchia R E. Information asymmetry，information precision，and the cost of capital[J]. Review of Finance，2012，16（1）：1-29.

[12] Arrow K J. Uncertainty and the welfare economics of medical care[J]. The American Economic Review，1963，53（5）：941-973.

[13] Akerlof G A. The market for "lemons"：quality uncertainty and the market mechanism[J]. The Quarterly Journal of Economics，1970，84（3）：488-500.

[14] Spence M. Informational aspects of market structure：an introduction[J]. The Quarterly Journal of Economics，1976，90（4）：591-597.

[15] Stiglitz J E，Weiss A. Credit rationing in markets with imperfect information[J]. the American Economic Review，1981，71（3）：393-410.

[16] Balakrishnan S，Koza M P. Information asymmetry，adverse selection and joint-ventures：theory and evidence[J]. Journal of Economic Behavior & Organization，1993，20（1）：99-117.

[17] Ambrose B W，Conklin J，Yoshida J. Credit rationing，income exaggeration，and adverse selection in the mortgage market[J]. The Journal of Finance，2016，71（6）：2637-2686.

[18] 王会娟，廖理. 中国 P2P 网络借贷平台信用认证机制研究——来自"人人贷"的经验证据[J]. 中国工业经济，2014（4）：136-147.

[19] Galema R. Credit rationing in P2P lending to SMEs：do lender-borrower relationships matter?[J]. Journal of Corporate Finance，2020，65：101742.

[20] Williamson O E. Credible commitments：using hostages to support exchange[J]. The American Economic Review，1983，73（4）：519-540.

[21] SamuelsonW F. Competitive bidding with entry costs[J]. Economics Letters，1985，17（1/2）：53-57.

[22] Freeman D J，Halevy Y，Kneeland T. Eliciting risk preferences using choice lists[J]. Quantitative Economics，2019，10（1）：217-237.

[23] 杨瑞龙，聂辉华. 不完全契约理论：一个综述[J]. 经济研究，2006（2）：104-115.

[24] Grossman S J，Hart O D. The costs and benefits of ownership：a theory of vertical and lateral integration[J]. Journal of Political Economy，1986，94（4）：691-719.

[25] Hart O. Financial contracting[J]. Journal of Economic Literature，2001，39（4）：1079-1100.

[26] 郭晓鸣，廖祖君，孙彬. 订单农业运行机制的经济学分析[J]. 农业经济问题，2006（11）：15-18，79.

[27] Granovetter M S. The strength of weak ties[J]. American Journal of Sociology，1973，78（6）：1360-1380.

[28] Lamaison P，Bourdieu P. From rules to strategies：an interview with Pierre Bourdieu[J]. Cultural Anthropology，1986，1（1）：110-120.

[29] Coleman J S. Social capital in the creation of human capital[J]. American Journal of Sociology，1988，94：S95-S120.

[30] Burt R S. Structural holes and good ideas[J]. American Journal of Sociology，2004，110（2）：349-399.

[31] Putnam R D. Bowling alone：America's declining social capital[M]//Crothers L，Lockhart C. Culture and Politics. New York：Palgrave Macmillan，2000：223-234.

[32] Fukuyama F. Social capital，civil society and development[J]. Third World Quarterly，2001，22（1）：7-20.

[33] Lin N. Social capital：A Theory of Social Structure and Action[M]. Cambridge：Cambridge University Press，2001.

[34] Nahapiet J，Ghoshal S. Social capital，intellectual capital，and the organizational advantage[J]. The Academy of Management Review，1998，23（2）：242-266.

[35] 陈运森. 社会网络与企业效率：基于结构洞位置的证据[J]. 会计研究，2015，（1）：48-55，97.

[36] Gross C，Siklos P. Analyzing credit risk transmission to the nonfinancial sector in Europe：a network approach[J]. Journal of Applied Econometrics，2020，35（1）：61-81.

[37] Ahern K R，Duchin R，Shumway T. Peer effects in risk aversion and trust[J]. The Review of Financial Studies，2014，27（11）：3213-3240.

[38] Connelly B L，Certo S T，Ireland R D，et al. Signaling theory：a review and assessment[J]. Journal of Management，2011，37（1）：39-67.

[39] Spence M. Job market signaling[J]. The Quarterly Journal of Economics，1973，87（3）：355-374.

[40] Rothschild M，Stiglitz J. Equilibrium in competitive insurance markets：an essay on the economics of imperfect information[J]. The Quarterly Journal of Economics，1976，90（4）：629-649.

[41] Tchernichovski O，Parra L C，Fimiarz D，et al. Crowd wisdom enhanced by costly signaling in a virtual rating system[J]. Proceedings of the National Academy of Sciences of the United States of America，2019，116（15）：

7256-7265.

[42] Feinstein Z. Capital regulation under price impacts and dynamic financial contagion[J]. European Journal of Operational Research，2020，281（2）：449-463.

[43] Broner F A，Gelos R G，Reinhart C M. When in peril，retrench：testing the portfolio channel of contagion[J]. Journal of International Economics，2006，69（1）：203-230.

[44] 钱茜，杨扬，周宗放. 企业高管风险信息传播与关联信用风险传染交互影响——基于双重网络视角[J]. 管理评论，2021，33（1）：37-43.

[45] Shiller R J. Conversation，information，and herd behavior[J]. The American Economic Review，1995，85（2）：181-185.

[46] Chiu P C，Teoh S H，Tian F. Board interlocks and earnings management contagion[J]. The Accounting Review，2013，88（3）：915-944.

[47] Yin C，Jiang C Q，Jain H K，et al. Evaluating the credit risk of SMEs using legal judgments[J]. Decision Support Systems，2020，136：113364.

[48] Dong W，Liao S Y，Zhang Z J. Leveraging financial social media data for corporate fraud detection[J]. Journal of Management Information Systems，2018，35（2）：461-487.

[49] Wang Z，Jiang C Q，Zhao H M，et al. Mining semantic soft factors for credit risk evaluation in peer-to-peer lending[J]. Journal of Management Information Systems，2020，37（1）：282-308.

[50] Óskarsdóttir M，Bravo C. Multilayer network analysis for improved credit risk prediction[J]. Omega，2021，105：102520.

[51] Beaver W H，Cascino S，Correia M，et al. Group affiliation and default prediction[J]. Management Science，2019，65（8）：3559-3584.

[52] Vinciotti V，Tosetti E，Moscone F，et al. The effect of interfirm financial transactions on the credit risk of small and medium-sized enterprises[J]. Journal of the Royal Statistical Society：Series A（Statistics in Society），2019，182（4）：1205-1226.

[53] Lai H，Huang Y M，Zhou Z F. Network trust and credit risk evaluation under online transaction based on cloud model——a case study in C2C transaction mode[J]. Management Review，2017，29（7）：225.

[54] 王正位，周从意，廖理，等. 消费行为在个人信用风险识别中的信息含量研究[J]. 经济研究，2020，55（1）：149-163.

[55] Gonzalez L，Loureiro Y K. When can a photo increase credit？The impact of lender and borrower profiles on online peer-to-peer loans[J]. Journal of Behavioral and Experimental Finance，2014，2：44-58.

[56] Stevenson M，Mues C，Bravo C. The value of text for small business default prediction：a deep learning approach[J]. European Journal of Operational Research，2021，295（2）：758-771.

[57] Abbas A，Zhou Y L，Deng S S，et al. Text analytics to support sense-making in social media：a language-action perspective[J]. MIS Quarterly，2018，42（2）：427-464.

[58] Deng S S，Zhou Y L，Zhang P Z，et al. Using discussion logic in analyzing online group discussions：a text mining approach[J]. Information & Management，2019，56（4）：536-551.

[59] Óskarsdóttir M，Bravo C，Sarraute C，et al. The value of big data for credit scoring：enhancing financial inclusion using mobile phone data and social network analytics[J]. Applied Soft Computing，2019，74：26-39.

[60] Wang D X，Zhang Z Q，Zhou J，et al. Temporal-aware graph neural network for credit risk prediction[C]. 2021 SIAM International Conference on Data Mining（SDM）. Alexandria，2021.

[61] Cheng D W，Wang X Y，Zhang Y，et al. Risk guarantee prediction in networked-loans[C]. IJCAI-PRICAI 2020.

Yokohama，2021.

[62]　van Vlasselaer V，Eliassi-Rad T，Akoglu L，et al. Gotcha! Network-based fraud detection for social security fraud[J]. Management Science，2017，63（9）：3090-3110.

[63]　Kou G，Xu Y，Peng Y，et al. Bankruptcy prediction for SMEs using transactional data and two-stage multiobjective feature selection[J]. Decision Support Systems，2021，140：113429.

[64]　Guo G M，Zhu F D，Chen E H，et al. From footprint to evidence：an exploratory study of mining social data for credit scoring[J]. ACM Transactions on the Web，2016，10（4）：1-38.

[65]　Berg T，Burg V，Gombović A，et al. On the rise of FinTechs：credit scoring using digital footprints[J]. The Review of Financial Studies，2020，33（7）：2845-2897.

[66]　Altman E I，Sabato G. Modelling credit risk for SMEs：evidence from the U.S. market[J]. Abacus，2007，43（3）：332-357.

[67]　Maldonado S，Peters G，Weber R. Credit scoring using three-way decisions with probabilistic rough sets[J]. Information Sciences，2020，507：700-714.

[68]　Petropoulos A，Chatzis S P，Xanthopoulos S. A novel corporate credit rating system based on Student's-t hidden Markov models[J]. Expert Systems with Applications，2016，53：87-105.

[69]　Dirick L，Claeskens G，Baesens B. Time to default in credit scoring using survival analysis：a benchmark study[J]. The Journal of the Operational Research Society，2017，68（6）：652-665.

[70]　Jiang C Q，Wang Z，Zhao H M. A prediction-driven mixture cure model and its application in credit scoring[J]. European Journal of Operational Research，2019，277（1）：20-31.

[71]　Kawa D，Punyani S，Nayak P，et al. Credit risk assessment from combined bank records using federated learning[J]. International Research Journal of Engineering and Technology（IRJET），2019，6（4）：1355-1358.

[72]　Xiao S S，Dong M. Hidden semi-Markov model-based reputation management system for online to offline（O2O）e-commerce markets[J]. Decision Support Systems，2015，77：87-99.

[73]　方匡南，赵梦峦. 基于多源数据融合的个人信用评分研究[J]. 统计研究，2018，35（12）：92-101.

第3章 大数据环境下的智能信用评价体系

3.1 引 言

信用评价体系是由一系列用于量化信用水平的评价特征、评价模型、评价模式等构成的有机整体。传统环境下，信用信息相对有限，信用评价体系主要围绕财务报告、征信报告等局部信息展开，所构建的信用评价体系主要服务于财务报告完善、征信报告良好的优质群体。而物联网、云计算、移动互联和大数据等新一代信息技术的应用，驱动着全社会的数字化转型，"凡走过必留下痕迹"，使得信用信息的来源更加广泛，信用信息的维度呈现指数级增长。同时，随着深度学习、群体学习等新一代人工智能技术的演进与发展，复杂信用信息的处理与分析能力日益提升，如高维文本信用信息、网状社会资本信息等。信用信息获取与分析水平的提升，一方面增强了金融机构的业务效率与安全性，另一方面拓展了业务覆盖人群，如小微企业、农户等。由此，大数据环境下的信用评价信息来源更广，除财务信息外，还包括工商、税务、司法、物流等全局信息，这些信息能够帮助金融机构对覆盖更广、差异性更大、复杂性更强的信用群体进行全过程、智能化的信用评价。

大数据环境下的信用评价体系具备全息、动态、智能、协同等典型特点。全息体现在信用特征的多维度、全方位方面，可以通过非结构化信用信息挖掘、跨平台信用信息融合、全息信用特征提炼等，构建全息信用特征向量。动态体现在通过对信用全生命周期、业务全过程的动态跟踪评价和未来违约的动态预测，为信用管理提供动态风险监测手段方面。智能体现在通过信用特征智能选择与优化方法、信息智能融合方法、智能信用评价模型等，提高信用评价的智能化水平方面。协同体现在利用基于区块链的信用信息协同管理、去中心化的信用评价协同机制及可编程的协同信用评价模式设计，实现去中心化的信用协同评价，提高信用评价的个性化服务水平方面。针对上述特点的信用信息处理技术、信用特征挖掘方法、信用评价模型及信用评价模式的创新是大数据环境下信用评价体系面临的核心问题。

本章将探讨大数据环境下的信用评价体系构建问题。首先，系统梳理信用评价体系的发展历程；其次，针对大数据环境下基于智能学习的信用评价体系，从全息信用特征体系和动态智能信用评价模型体系两方面展开分析与探讨。

3.2　信用评价体系的发展

国内外信用评价体系的发展主要经历了四个阶段。早期信用管理主要依赖基于专家经验的信用评价体系，此阶段的典型特点是主观评价和定性评价。基于统计分析的信用评价体系的发展标志着信用评价向着客观评价和定量评价方向转变。机器学习的发展进一步推动了信用建模方法的变革，基于机器学习的信用评价体系由此产生。新一代信息技术的发展与智能化水平的提升催生了基于智能学习的信用评价体系，正推动着信用评价朝着多维度全息评价、全过程动态评价、数据驱动的智能评价、多主体协同评价等方向演变。各阶段信用评价体系的特点如表 3-1 所示。

表 3-1　信用评价体系

对比维度	基于专家经验的信用评价体系	基于统计分析的信用评价体系	基于机器学习的信用评价体系	基于智能学习的信用评价体系
数据维度	数十维	数十维	上百维	上千甚至上万维
数据来源	财务报告、征信报告	财务数据	财务数据、少量非财务数据	财务数据、海量非财务数据
运行逻辑	因果关系	因果关系	相关关系	相关关系
映射关系	规则映射	线性、广义线性	线性、简单非线性	线性、简单非线性、复杂非线性
算力需求	低	低	高	高
功能定位	贷前评价为主	贷前评价为主	贷前评价为主	全过程评价
更新频率	低	低	高	实时优化更新
评价模式	独立评价	独立评价	独立评价	多方协同评价
评价模型	规则匹配模型	统计分析模型	机器学习模型	组合嵌套模型

3.2.1　基于专家经验的信用评价体系

在早期信用管理中，由于信用信息的获取途径有限，银行等金融机构往往只能获取到其客户自主提交或公开披露的信息，如借款申请信息、财务报告等，依靠这些有限的信用信息很难对用户的信用水平进行全面、精准的刻画，这种信息高度不对称给金融机构的信贷决策带来了巨大挑战。为了尽可能地减少资产质量问题，金融机构将有经验的信贷管理人员的经验记录下来，总结成一系列信用要素并形成信贷规则，以此支持标准化的授信和催收等信贷决策，逐渐形成了基于专家经验的信用评价体系。

基于专家经验的信用评价体系的核心在于通过各类信用要素对客户的信用水

平进行判断。代表性的要素分析方法有评估个人的 5C 分析法、5P 分析法及 CAMEL 分析法等，其中 5C 分析法从特质、能力、担保、资本及环境 5 个方面评估信用水平，5P 要素分析法从个体因素、目的因素、偿还因素、保障因素及前景因素 5 个方面评估信用水平，CAMEL 分析法从资本充足性、资产质量、管理水平、盈利水平和流动性 5 个方面衡量信用水平。

要素分析法以定性分析为主，且财务相关因素通常起到关键作用。为了更客观、准确地评估信用水平，相关研究对财务因素进行了更加深入的探索，提出了与信用水平关联性更强且可量化的信用特征。代表性的方法有亚历山大·沃尔提出的财务比率综合分析法，该方法选定了流动比率、应收账款周转率、存货周转率等 7 项财务比率特征，将行业的先进水平预设为财务比率特征的标准值，并给定各特征的分数比重，将特征用线性关系结合起来，通过比较实际值与标准值确定各项特征得分及累计得分，从而得出企业财务状况的综合评价，进而评估企业的信用水平。

随着融资需求的提升和信贷规模的扩大，仅依靠领域专家难以完成大体量的信贷决策，需要基于领域专家的知识和经验构建基于知识的智能系统，实现普适性更强的信用评价，因此形成了专家系统法。专家系统由知识库、解释器、推理机、人机交互界面等部分组成（图 3-1），知识库用来存放专家提供的知识，解释器能够向信贷决策人员解释专家系统的行为，包括解释推理结论的正确性及系统输出其他候选结果的原因等，推理机针对当前问题的条件或已知信息，反复匹配知识库中的规则，获得新的结论，以得到问题的求解结果。Bahrammirzaee 等利用专家系统与 NN 构建了用于信用评价的混合智能系统，研究发现引入专家系统的推理与解释机制后，信用评价系统的评价效果得到了显著提升[1]。相比于主观评价，专家系统法能有效提升信贷决策效率和准确性，但对知识库中的知识数量和质量有一定的要求，其所能解决的问题类型也相对有限。

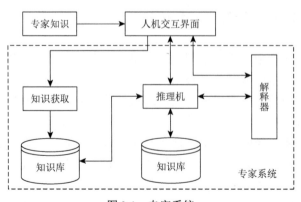

图 3-1　专家系统

　　基于专家经验的评价体系主要利用领域专家的知识和经验对申请资料、财务报告、征信报告等信息进行定性分析或简单的定量分析，并以此做出信贷决策。这种评价方式的优点在于操作简单、算力要求低，能够在缺少信用历史数据的情况下进行评价，但评价过于依赖领域专家的知识和经验，且主观性较强、系统性较差，往往需要耗费大量人力与时间，决策成本较高。

3.2.2　基于统计分析的信用评价体系

　　信用市场发展与信用融资规模的增长推动了信用评价向定量化、标准化的方向发展。为了解决基于专家经验的信用评价体系存在的主观性强、差异性大、效果不稳定等问题，相关研究和实践开始利用统计分析方法构建信用评价模型，并逐渐形成了基于统计分析的信用评价体系。

　　基于统计分析的信用评价体系利用定量化的信用特征及信用主体的违约状态信息构建统计分析模型，其中信用特征仍以财务特征为主。评价模型为每个信用特征赋予了一定权重，信用特征的线性加权求和便得到反映信用水平的信用分，利用信用分可以对信用主体进行客观的风险排序。代表性评价模型有 Z 评分模型，其提出者 Altman 从公司财务报告中提取流动资产、流动负债、留存收益等一系列财务指标，并基于这些财务指标构建 322 个能够反映企业财务状况的财务比率特征，进而运用统计分析方法筛选出了 5 个关键信用特征并赋予不同的权重，如式（3-1）所示，最后加权计算综合得分，并根据综合得分预测企业破产可能性和企业的信用风险[2]。为了应对财务报告标准和会计实践方面的变化，阿尔特曼（Altman）等又对 Z 评分模型进行了扩展，将信用特征维度从 5 维拓展到了 7 维，构建了包含资产收益率、债务偿付能力及流动比率等特征的 Zeta 评分模型。Zeta 评分模型对 Z 评分模型构建中采用的统计判别技术进行了修正与精炼，如对特征进行了对数转换等，拓宽了评价模型适用性的同时也提升了对信用违约的判别效果。后续研究对上述模型进行了进一步改进与优化，如 Kumar 和 Rao 在 Z 评分模型基础上提出了一种多变体非线性模型，并发现该模型对企业破产和信用违约的预测精度相比于基准评价模型更高[3]。

$$Z = 1.2x_1 + 1.4x_2 + 3.3x_3 + 0.6x_4 + 0.999x_5 \qquad (3-1)$$

其中，x_1 为流动资本/总资产；x_2 为留存收益/总资产；x_3 为息税前收益/总资产；x_4 为股权市值/总负债账面值；x_5 为销售收入/总资产。

　　上述模型主要是针对公司破产等问题的评价模型，且模型特征及其权重已经确定，模型的适应范围有限。为了适应消费信贷等领域的信用评价需求，相关研究和实践将 LR 模型应用到信用建模中。LR 是一种广义线性回归模型，是一类基于统计分析的信用评价模型，适用于对分类问题进行建模，且具备适用性广、性能稳定、解释性强等优点，因此被广泛应用于信用评分卡构建过程中。信用评分卡为金融机构提供了一种标准化的手段来评估客户信用风险水平，评分卡的构建需要收集与客户有关的各类信用信息及客户历史信用记录，进而构建信用特征并进行分箱、证据权重转换等预处理流程，在此基础上构建 LR 模型，用于预测客户在未来一段时间内发生违约的概率，违约概率值通常会被转化为信用分来更有效地支持信贷决策。利用 LR 模型能够对企业、个人等各类信用主体的信用风险进行评估，如 Karan 等利用 LR 模型构建了面向商户的信用评价模型，研究发现该模型能有效预测商户的信用违约[4]；Itoo 等利用 LR 模型构建了面向信用卡用户的信用评价模型，研究发现该评价模型能有效识别信用卡欺诈[5]。

生存分析是另一类基于统计分析的信用评价模型，此类模型将信用主体的违约概率表示为观测时间的函数，并利用生存分析模型来构建函数[6]。LR 模型仅能预测特定时期的违约概率，本质上属于静态信用评价模型，而生存分析模型可以预测随时间变化的动态违约概率，是一类动态信用评价模型。具体而言，通过对生存时间建模，生存分析不仅可以预测评价对象"是否违约"，还可以预测评价对象"何时违约"，从而能够刻画出评价对象的信用风险动态变化路径[7]。生存分析最早应用于医学领域，用于分析和推断观测对象的时效性指标，如死亡、疾病愈合等。在信用评价中，该时效性指标通常为信用违约事件[6]。Narain[8]首次将生存分析模型引入信用评价场景，后续研究提出和应用了多种参数生存分析模型、半参数生存分析模型及混合生存分析模型[9]，并分析了动态基础风险函数、时变协变量等多种动态效应[10, 11]。

基于统计分析的信用评价体系摆脱了主观评价的局限，采用定量化的方式评估信用主体的风险水平。利用 LR、生存分析等统计分析模型能够有效建立信用特征与信用状态间的关联，进而判别信用违约事件是否发生或何时发生，为信用管理人员提供充分的决策依据来防范和规避风险。但线性的拟合方式导致模型的评价效果高度依赖财务、信用历史等判别能力强的信用特征，是建立在完善的财务报表基础上的信用评价。此外，线性的拟合方式难以融入复杂性高、关联性弱的信用特征，导致模型量化信用风险的精度有限，且风险预警能力不足。

3.2.3　基于机器学习的信用评价体系

信用基础设施网络的不断健全提升了信用信息的可获得性和可用性，可以用于信用评价的信息越来越多，但这些信用信息中存在大量复杂的非线性关系，假设约束强、拟合方式线性化等特点导致统计分析模型难以有效处理海量信用信息场景下的信用建模问题。同时，机器学习的快速发展为解决该问题提供了新的建模手段,大量研究与实践使用各类机器学习方法来构建信用评价模型,逐渐形成了基于机器学习的信用评价体系。

在此阶段应用较为广泛的信用评价模型有决策树(decision tree,DT)、SVM等。DT 是一类树结构模型,树中的每个节点表示某个信用特征,每个分叉路径代表该信用特征可能的属性值,这种通过特定的分裂准则对信用特征进行迭代分割的方式,能够有效解决信用数据中的线性不可分问题。例如,Chern 等构建了一种基于海林格距离(Hellinger distance,HD)的 DT 信用评价模型,并采用汽车消费信贷数据进行了分析验证,研究表明该模型具有良好的信用违约判别效果,能够有效适应大数据环境下的信用评价问题[12]。DT 模型具有结构简单、解释性强的优点,但容易出现过拟合问题,需要采用剪枝等方式简化模型结构,提升模型的泛化能力。

SVM 将信用样本映射为空间中的点,并采用超平面将不同类别的样本最大化地分隔开。除了线性分类外,SVM 还可以通过核函数将信用特征映射到高维空间,从而有效地进行非线性分类。例如,Zhang 等针对供应链金融场景中的小微企业信用评价问题,构建了基于 SVM 的信用评价模型,研究发现该模型具有较好的泛化性能与稳健性,评价效果显著优于反向传播神经网络模型,能够有效甄别供应链中信用良好的小微企业[13]。大量研究与实践证明 SVM 模型在小样本、类别差异大的场景下具有较高的有效性[14],但该模型在大样本、数据缺失场景下的效率与评价效果有限,且对非线性问题的核函数选择没有通用标准,实际应用中需要通过超参数优化等方式选择合适的核函数。

上述信用评价模型均由单个分类器构成,近年来集成学习由于其优异的违约判别性能受到国内外学者的广泛关注[15, 16]。集成学习通过构建多个基分类器,增强了评价模型在表示功能方面的灵活性,这种灵活性使其可以比单个分类器更好地拟合数据,从而具有更好的评价效果。从模型期望误差视角来看,基于偏差-方差分解理论,单个评价模型可能出现高偏差或高方差的情况,而通过模型组合能够有效降低偏差或方差,从而提升信用评价模型的性能。

代表性的集成学习方法有装袋法(boostrap aggregating,Bagging)和提升法(boosting)。Bagging 是一类能够降低方差的集成学习方法,该方法采用重抽样方式从原始信用数据中生成多个数据子集,在此基础上构建多个基分类器,并通过加权投票等策略综合多个基分类器的评价结果,以此构成一个集成信用评价模型。boosting 是一类能够降低偏差的集成学习方法,该方法通过样本加权方式迭代地构建多个弱分类器,这些弱分类器的加权组合构成了一个具有强判别能力的集成信用评价模型。boosting 方法的变体有很多,如自适应提升(adaptive boosting,AdaBoost)、梯度提升(gradient boosting)等,但这些方法的建模过程大多可被看作在函数空间利用一个凸的误差函数做梯度下降。例如,Zhou 和 Lai 将 AdaBoost

与填补方法组合，构建了适用于数据缺失场景下的信用评价模型，研究发现该模型能在数据缺失情况下有效预测企业破产[17]。在信用评价场景下，Lessmann 等比较了包括单分类器、同质集成分类器和异质集成分类器三类总共 41 种分类算法在违约判别方面的性能，研究结果表明集成学习方法的违约判别性能显著优于单分类方法[18]。此外，大量相关研究也得出了类似的结论，证明了集成学习方法在信用评价中的有效性[16]。

基于机器学习的信用评价体系在违约判别效果方面存在一定优势，一方面集成学习等信用评价模型能够有效处理大规模信用数据及线性不可分问题，另一方面信用评价模型能够融入一些非财务特征，用以弥补财务数据的不足，从而更加全面、准确地量化信用主体的风险水平。但该评价体系也存在着一定局限，如模型可解释性问题，大多机器学习模型的构建是在黑箱中进行，导致模型的可解释性差，在明确要求模型可解释性的情况下，基于统计分析的信用评价体系具有更好的适应性，如银行在信贷审批时希望告知被拒绝的客户被拒绝的原因。此外，由于机器学习模型能够拟合非线性关系，评价模型更容易陷入过拟合困境，即对训练数据过度拟合，使得信用评价模型降低甚至丧失泛化性能，在应用过程中往往需要使用正则化、数据增强等方法来防止评价模型的过拟合[19]。

3.2.4　基于智能学习的信用评价体系

近年来，云计算、物联网、移动互联和新媒体等新一代信息技术的广泛应用及金融业务的数字化转型，使得信用评价呈现出一系列新的特点，如信用场景虚拟化、信用主体多元化、信用领域广泛化、信用风险泛在化等，催生了信用评价体系的又一次变革，形成了基于智能学习的信用评价体系。该信用评价体系的核心在于从财务、税务、工商、司法、舆情等海量多源异构的信用信息中挖掘、筛选及融合信用特征，构建全息信用特征体系，进而面向信用全生命周期及业务全过程，构建动态智能的信用评价模型体系。

信用特征挖掘方面，非结构化数据是信用大数据的主要构成，但非结构化数据类型多样，包括文本、语音、图片、关系网络等，同时非结构化数据信息量丰富且内容复杂，需要利用文本、图像和关系网络分析等智能分析方法挖掘潜在有用信息。文本信用信息挖掘是从海量的报告、文档、评论中发现隐含的知识和模式。现有研究发现当结构化、可验证的硬信息缺失或不足时，非结构化或未验证的软信息同样能够缓解借贷双方的信息不对称性[20]。例如，Iyer 等对比分析了标准化的财务硬信息及非标准化的借款描述文本等软信息对借款人违约行为的影响，研究表明软信息同样具有违约判别能力，尤其在评价信用等级较低的借款人时，软信息相较于硬信息更为重要[21]。此外，Jiang 等利用潜在狄利克雷分布（latent

Divichlet allocation，LDA）模型，从借款描述文本中抽取了主题特征，研究表明主题软特征能够有效提升评价模型的违约判别性能[22]。关系网络信息挖掘是通过个人、企业、金融机构、政府等主体间的关联关系构建关系网络，然后从网络的结构属性和内容属性等方面抽取信用特征，如网络中心性特征、节点密度特征及关联风险特征等。例如，Lin 等从借款人的好友关系网络中抽取了多种类型的网络特征，研究发现所抽取的网络特征能够有效反映借款人的信用风险[23]。

从海量非结构化和结构化信用数据中可以提取大量信用特征，但这些信用特征之间往往存在复杂的相关性、冗余性及价值稀疏等问题，需要对信用特征进一步提炼。国内外研究主要通过特征选择和特征融合来提炼信用特征，其中特征选择又分为过滤式、封装式和嵌入式三类方法。

过滤式信用特征选择主要采用方差、χ^2、相关系数及互信息等统计量，从信用特征集中剔除违约判别能力较低的特征。例如，田宝新和王建琼[24]针对正态和非正态分布信用特征，分别采用独立样本 T 检验和曼-惠特尼（Mann-Whitney）U 检验判断特征在正负样本之间的差异性，从而剔除低价值的信用特征。Soui 等[25]通过计算信息价值来衡量信用特征对信用违约的判别能力。Yin 等[26]从判决文书中构建了不同观察期的信用特征，并采用 χ^2 检验来衡量信用特征与中小企业信用违约之间的相关性，从而选择最优观察期的信用特征。

不同于过滤式方法对单个特征逐项筛选，封装式方法是从初始特征集合中不断地选择特征子集，并根据评价模型的性能来对子集进行评价，直到选择出最优子集[16]。其代表性方法是递归特征消除法，即基于信用评价模型的系数或特征重要性，从信用特征集中移除最不重要的特征，重复此步骤直至选择出最优子集。于善丽等[27]指出由单个违约鉴别能力强的特征组合起来的特征集违约鉴别能力不一定强，因此提出了一种基于违约鉴别力的递归特征消除法。此外，将过滤和封装式方法组合使用也是国内外研究中常见的信用特征选择策略，如 Jadhav 等[28]提出了一种基于遗传算法的组合信用特征选择方法，该方法首先采用信息增益指标来对信用特征进行重要性排序，其次采用遗传算法来搜索最优特征子集；Kou 等[29]先利用 χ^2、信息增益等四种指标度量信用特征与违约标签之间的相关性，并对特征的重要性进行排序，进而提出了一种最优特征子集搜索算法来选择最优特征集。

嵌入式信用特征选择方法是在信用评价模型训练过程中自动地进行特征选择，代表性方法有基于惩罚项的方法和 RF 等。例如，Volkov 等[30]基于套索算法（least absolute shrinkage and selection operator，LASSO）实现了在 LR 或线性判别分析等评价模型中自动选择信用特征；Maldonado 等[31]提出一种基于成本约束的嵌入式特征选择方法，该方法在 LASSO 的基础上进一步考虑了信用特征获取成本，能实现在保持预测性能的同时降低信用特征获取成本。

除了特征选择外，特征融合也是提升信用特征集质量的有效方法。特征融合也称为特征提取，其核心思想是通过特征变换等方式，从原始特征集中构建出判别能力强且不冗余的信用特征集[32]。代表性的信用特征融合方法是主成分分析，但此类方法是针对初始信用特征的线性组合的，难以处理非线性关系，且对信用特征的分布具有假定约束。为了解决上述局限，一些研究尝试采用更为复杂的方式进行信用特征融合，如基于流形学习的信用特征融合。此类方法适用于各类分布的信用特征，而且基于自组织映射的信用特征融合能进行非线性映射[33]。上述方法能有效处理非线性和分布约束等问题，但对样本噪声和参数较为敏感，当特征维度高、属性值稀疏时，容易产生较大的误差。

在信用建模方面，深度学习是基于智能学习的信用评价体系中最具代表性的一类评价模型。深度学习模型由多层网络结构组成，其中每层网络有一定数量的神经元，不同层的神经元通过激活函数关联，从而捕获非线性关系并将上层输入特征转化为更有效的特征。通过多层级结构及信息分级表征，深度学习模型能够有效学习和构建高阶非线性关系及数据中的隐含关系。此外，许多研究表明深度学习模型能够有效适应异方差性（具有高波动性和不稳定方差）的数据，该特点使得深度学习模型在信用数据高度动态的大数据环境下具有较好的适用性。例如，Mahbobi 等利用信用卡数据对比分析了深度学习、SVM 及 K-最近邻（K-nearest neighbor，KNN）等信用评价模型的违约判别性能，研究表明深度学习模型的违约判别效果显著优于对照模型[34]。

基于智能学习的信用评价体系从信用信息处理、评价模型构建、评价模式设计等方面革新了信用评价的全流程。一方面，信用评价不再限于财务、信用历史等信用信息，而是从经营管理、行业环境和泛信用领域等多方面综合量化信用主体的信用水平。另一方面，信用评价从以传统的静态评价为主向以全过程的动态评价为主转变，从以贷前评价为主向以全生命周期追踪评价为主转变，从以封闭评价为主向以多主体的协同评价为主转变。这些转变衍生了一系列新的挑战，如文本语义特征提取、关联风险特征量化、动态信用风险建模及智能评价模型的可解释性等，在全息信用特征构造与动态智能信用评价模型构建等方面存在大量问题亟待解决。

3.3　大数据环境下的全息信用特征体系

信用特征体系是由表征评价对象信用水平的一系列特征所构成的有机整体，其中"特征"在部分研究和应用中又称为指标、变量或属性[35]，但它们的内涵基本一致，均表示从特定维度对评价对象的信用特质进行量化，因此本书中统一使用"特征"一词来表示评价对象在某方面的表现或性质，如流动比率、营业利润率、注册资本、用户评分、关联风险分等。

传统的信用特征体系以财务特征为主。例如，在企业信用评价中，相关研究基于企业财务报告中披露的数据，从偿债能力、营运能力、盈利能力等方面构建一系列财务比率特征[36]，如速动比率、流动资产周转率、净利润率等，用于衡量企业偿还到期债务的能力、利用资金的效率及获取利润的能力等，这些因素与企业信用违约具有显著相关性。而大数据环境下信用业务领域广泛、动态性强，信息高度不对称且信用风险大，传统信用特征体系很难满足信用风险管理的需求。例如，在普惠金融业务中，小微企业尤其是初创小微企业普遍缺少完备且可靠的财务和交易等信息，金融机构难以准确地对其进行信用画像，导致这类群体很难触及金融服务。另外，大数据环境下信用主体的行为模式、交易过程、信用历史、关系网络等信息都被实时记录在各类信息系统中，形成了信用大数据环境。信用大数据中蕴含的海量信用特征能够全过程、全方位、动态实时地刻画信用主体的信用状态，为构建面向主体信用全生命周期、业务全过程、多视图的全息信用特征体系提供了可能。

全息即全部信息，其最早出现在光学领域，意在记录光波的振幅和相位两个参数，还原出物体的三维影像。在信用评价中，全息指利用多方信用信息，从尽可能多的视角来表征评价对象，从而全面、准确地量化评价对象的信用水平。例如，利用电商平台的网络交易、第三方支付、信用卡还款、商品物流等信息，以及用户自主上传数据、合作机构的回流数据来刻画全息个人信用画像；利用企业的财务、工商、税务、司法、信用历史、关联关系及网络舆情等信息来刻画全息企业信用画像，具体流程如图 3-2 所示。与传统信用特征体系相比，全息信用特征体系具有两个显著的特点：第一，信用特征维度显著增大，这既体现在刻画评价对象信用水平的视图更加全面，也体现在每个视图下对评价对象信用水平的刻画更加细致；第二，信用特征的时效性更强，不仅量化评价对象在借款申请等特定时刻的信用水平，而且在不同时刻对评价对象信用水平进行动态、追踪刻画，该行为贯穿信用主体的全生命周期及信贷业务的贷前、贷中、贷后全过程。

在全息信用特征体系中，少量信用特征可以从财务报告、申请记录等结构化数据中直接提取，大量的信用特征需要利用文本分析、图像分析和网络分析等方法，从文本、语音、图像和关系网络等非结构化数据中挖掘与提炼。此外，为了保证全息信用特征体系的有效性和鲁棒性，需要对提取的信用特征进行筛选与融合，剔除无效的信用特征，并将具有内在关联关系的弱信用特征融合为强信用特征。

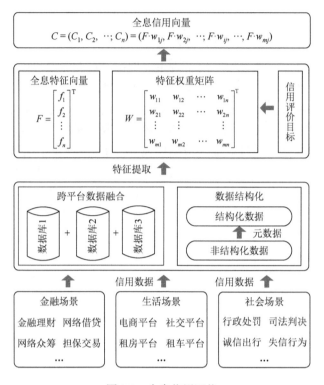

图 3-2　全息信用评价

3.3.1　文本信息中的信用特征提取

大数据环境下的信用信息 80% 以上是非结构化信息，其中文本是一类重要的非结构化信用信息。典型的文本信用信息包含个人提交的借款描述、企业披露的定期报告和临时公告、媒体平台发布的新闻舆情，以及政府与司法等机构公开的行政处罚和判决文书等。这些跨领域、跨平台的文本中蕴含着大量有价值的信息和知识，为量化企业与个人的信用风险提供了新的线索。但文本信用信息具有海量、高维、价值密度低等特点，如何从海量文本信用信息中挖掘有效的信用特征面临着诸多挑战。

文本分析方法方面，尽管词袋法、词嵌入、主题模型等文本分析方法在金融领域的应用已比较广泛，但这类研究和应用大多集中在股票市场，所分析的文本信息聚焦企业定期报告及用户评论，如利用论坛中用户评论的情感倾向来预测股票的价格走势[37]。但文本信用信息的多样性更强，除了上述类型的文本外还有判决文书、借款描述等特点各异的文本，需要针对各类信息的特点设计相应的文本分析方法，从而更好地服务于违约预测等任务。具体而言，文本信用信息具有领域依赖性，如司法判决文书与企业定期报告在表述风格和内容特点等方面存在显著差异。单个模型很难对所有文本信用信息进行有效分析，常见的策略是针对不同类型的文本信息构建不同的分析模型，但这样会显著降低文本语料的数量，导致文本分析效果不佳。预训练文本分析方法的提出为解决该问题提供了新的思路，这类方法先利用大规模文本语料训练通用语言模型，该模型能学习到一般的语言表示以用于下游任务，在此基础上利用特定领域的信用文本语料对模型进行再训练，该过程也称为微调。该预训练—微调的两阶段过程，既能利用大规模语料学习表征文本中的词汇含义、句法结构、语义角色、语用学等信息，也能增强模型在特定领域语料中的适应性，避免在小规模数据上过拟合。

此外，文本信用信息的跨语言特点也给信用评价带来了挑战。例如，在企业信用评价中，尤其对于科技型企业和轻资产型企业来说，专利价值对量化企业信用水平具有显著作用，而企业可能同时持有国内专利和国际专利，同时专利间的引用也可能涉及多语言专利，因此需要设计跨语言的专利文本分析框架，挖掘专利的新颖性、有益效果等特征，这样才能对企业信用风险进行更有效的评估。

文本信用特征方面，从文本信息中提取的信用特征主要包括语言特征、情感特征、主题特征及语义特征四类。语言特征主要用于度量信用文本的长度、可读性及复杂性等结构和语言风格特点，这类特征的提取方法已十分成熟，有丰富的分析工具和手段。情感特征度量了信用文本中所表达的积极或消极的情感，篇章级和句子级的情感特征提取已得到广泛且深入的研究，相关研究采用情感词典或情感分类模型，从企业年报中管理层讨论与分析（management discussion and analysis，MD&A）部分、用户评论、媒体报道等各类信用文本中提取情感倾向、情感强度及情感语调等特征[38-40]，将这些特征加入信用评价模型中，违约预测效果均取得了一定的提升。文本信用信息中存在着大量含有多个目标或实体的语句，在同一语句中对不同目标或实体的情感表达也可能存在差异，如"该企业的速动比率等偿债能力指标表现较好，但净利润率等盈利指标表现一般"，在此场景下采用篇章级或句子级的情感分析方法很难捕捉到文本中所表达的细粒度情感。对这类含有多个目标或实体的文本信用信息进行方面级情感分析的研究并不多见，如何设计这类方法并验证所提取情感特征的有效性值得进一步探索。

主题特征度量了信用文本中表达特定主题的可能性，这类特征通常由主题模型以主题概率分布的形式给出[22]。文档中若表达了某一主题，则围绕该主题的关键词应频繁地出现，主题模型采用统计框架来体现文档主题的这一特点，并假设每个文档中包含多个主题，每个主题包含多个关键词，进而学习文档中的主题分布，以及主题中的关键词分布。代表性的主题建模方法有潜在语义分析（latent semantic analysis，LSA）、概率潜在语义分析（probabilistic latent semantic analysis，PLSA）、LDA 及基于深度学习的主题向量法 LDA2vec。这些方法能有效地从文本信用信息中提取主题特征，但主题特征间没有直接联系，且无法反映主题内容的演化。而文本信用信息中隐含的内容主题广泛、层次关系复杂、时效性强，对信用主题抽取的层次性和动态性提出了新的要求。一方面，司法文书、发明专利等文本信用信息具有显著的主题层次，通常是由宽泛到具体层层递进，逐渐细化，分析这类信用文本信息时需进一步考虑主题的层次结构；另一方面，文本信用信息具有时序属性，每个文档的主题分布会随着时间改变，每个主题的关键词分布也会随着时间改变，如专利文本中技术趋势的演化、用户评论中关注点与情感的变化等，在对这类文本信用信息分析时需考虑文档在时间上的前后排列，并结合变分卡尔曼滤波器、变分小波回归等序列建模方法构建动态主题模型[41]，进而抽取主题特征。

语义特征度量了信用文本中表达的特定内容。早期研究大多采用文本关键词来表示文本语义[42]，每个关键词代表某种特定语义。通过提取文档中的关键词特征能有效捕捉文档所表达的语义，常见的关键词提取方法有规则匹配、基于词频-逆文档频率（term frequency-inverse document frequency，TF-IDF）等统计指标的无监督提取及基于类别标签的监督式提取。但随着文本语料的数量和复杂性的提升，关键词特征的维度会随之增长，容易产生维度灾难和稀疏性问题，导致后续信用评价模型产生过拟合。此外，关键词特征采用独热编码（one-hot encoding），词与词之间没有建立关联，无法捕捉语法、句法关系及语义关系，容易产生语义鸿沟、语义丢失等问题。为了提高语义分析准确性，相关研究提出了词嵌入模型[35]，这类模型通过低维向量来表示词或文本，语义相似的词在向量空间上也会更相近。常见的词嵌入模型有两类，一类是基于神经网络的词嵌入模型，代表性的有 word2vec 和基于变换器的双向编码器表示（bidirectional encoder representations from transformers，BERT），这类模型利用上下文的词预测当前词或利用当前词预测上下文的词，在训练 NN 模型权重的过程中学习词向量；另一类是基于矩阵分解的词嵌入模型，代表性的有全局词表征向量（global vectors for word representation，GloVe），这类模型通过对词共线矩阵进行分解得到词向量。相比于词袋法，上述两类词嵌入模型能更有效地支持语义匹配、智能问答等文本分析任务[38]，也为分析临时公告、判决文书、发明专利等语义表达复杂的信用文本信息提供了有效工具，基于词嵌入模型的文本信用信息挖掘已成为一项研究热点。

3.3.2　关系网络信息中的信用特征提取

企业、自然人、金融机构、政府机关等实体间存在着管理、投资、交易、监管等多种关系，实体与关系的交织形成了关系网络。关系网络对信用风险的影响具有双面性，它既包含能被企业或个人等网络实体获取和使用的无形资源，又包含能在网络实体间相互传染的各类风险因素，其中正面的网络资源又称为"社会资本"，负面的网络影响又称为"关联风险"。

社会资本的量化主要涉及两方面难点：关系网络的多层性及社会资本的无形资源属性。以企业为例，社会资本来源于企业内部网络和外部网络。企业内部网络指企业内部员工在工作过程中形成的人际关系网络，该网络有助于企业各部门间的沟通与协调，增强企业内部凝聚力[43]。企业外部网络包括两部分，一部分是与自然人、金融机构、政府机关等外部实体构成的企业关系网络，该网络有助于促进企业生产经营稳定发展，降低经营风险[44]；另一部分指企业主或员工凭借个人社会关系所构建的个人社会网络，该网络有助于通过个人社会关系给企业带来外部资源[45]。企业内部网络、企业关系网络及个人社会网络相互耦合，构成了多层网络，如图 3-3 所示。相关研究在量化社会资本时，大多仅考虑单层的网络关系[44]，难以捕捉多层网络的全部影响，容易造成信息丢失。此外，多层网络中包含的关系更加复杂，如投资、交易、管理、债务及监管等关系，这些复杂关系也给社会资本的量化带来困难。

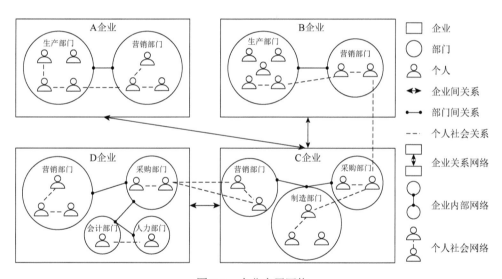

图 3-3　企业多层网络

针对关系网络的多层性问题，可以基于企业、个人、金融机构等实体的关联数据构建包含社交网络、管理网络、投资网络和组织网络等在内的多层网络，考虑结构中心性等因素，设计层间实体与层内实体的交互影响量化方法，从而捕捉多层网络对企业的影响，更精准地量化企业社会资本。

社会资本是一种无形资源，区别于物质资本、人力资本和金融资本，社会资本主要表现为影响力，这种影响力可以为企业带来资金、信息、技术等资源。现有研究量化社会资本时，大多仅考虑企业在网络中的结构关系[46]，而精准量化社会资本影响力需要进一步考虑关联实体的属性信息，即关联节点能给予的资源水平。例如，在资产担保中，申请企业是否能取得信贷资源很大程度上取决于与该企业关联的担保企业的资产质量。

　　针对社会资本的无形资源属性问题，需要在量化社会资本过程中考虑结构关系和实体属性，常见的做法是基于企业的关联数据构建异质信息网络。通过异质信息网络可以融入不同类型的实体、实体属性及实体关系，如企业、自然人、金融机构、政府机关等实体和投资、交易、管理、债务、监管等实体关系。在此基础上，采用图深度学习框架，设计基于注意力机制的异质信息网络分析模型，自适应地捕捉各类实体和关系的交互影响，量化企业的社会资本。

　　关联风险量化是从关系网络中提取具有违约判别能力的关联风险特征。关系网络的拓扑结构和关联节点的风险属性是量化关联风险的关键因素，如图 3-4 所示，拓扑结构反映网络中风险传播路径的强度，风险属性反映关联节点的风险水平。针对关系网络拓扑结构，相关研究提取度中心性、中介中心性、接近中心性及特征向量中心性等各类拓扑特征[29, 47, 48]。针对关联节点风险属性的研究相对较少，且大多聚焦于信用违约和破产等事件，对司法诉讼、行政处罚及负面声誉等风险事件的关注不足。此外，关系网络的拓扑结构和关联节点的风险属性是动态变化的，关联关系的建立与变更、网络主体的加入与退出会导致网络拓扑结构发生变化，新风险事件的发生会导致关联节点的风险属性发生变化。关系网络的动态性是提取关联特征的一个难点，传统的静态关系网络方法难以适用。

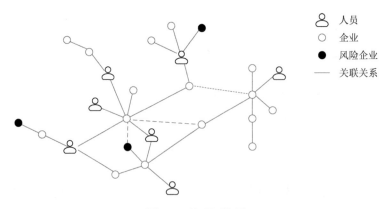

图 3-4　关系网络图

　　针对关系网络的动态性，需要考虑时间因素并构建动态关系网络。常见的动态关系网络构建方法有三类：①利用时变图构建动态关系网络[47]，时变图为网络中的关系和节点属性加入时间衰减因子；②利用时序图构建动态关系网络，时序图为网络中的关系和节点属性加入时间标签[49]；③利用有序静态图构建动态关系网络[50]。动态网络构建方法的选择取决于关系网络的动态性强弱；若网络中关系和节点信息变化频率高，则采用时变图或时序图来构建网络；若网络中关系的演化性强，则利用有序静态图来构建网络。构建动态关系网络后，可以直接从网络中抽取度中心性、中介中心性、接近中心性及特征向量中心性等网络拓扑特性，也可利用 GNN 等深度学习方法聚合节点和属性信息，从节点表示向量中抽取关联风险特征。

关系网络中复杂的交互关系是提取关联特征的另一难点。关联网络中既存在两个信用主体间的低阶交互关系，也存在多个信用主体间的高阶交互关系，识别与量化关联风险需综合考虑低阶和高阶的交互关系。现有研究主要以"点—边—点"这种低阶结构为基本单元，利用低阶网络结构及节点属性信息构建关联风险特征[51]。已有研究表明，关系网络中包含丰富的子图结构，且这些子图结构内部具有一定的传递性及交互性[52]，目前鲜有研究以子图为基本单元，利用子图与子图间的高阶网络结构及子图属性信息构建关联风险特征。

针对关系网络的复杂交互性问题，可以将复杂关系网络分解为多个网络模体，并在此基础上提取关联风险特征。网络模体又称为图元结构，是关联网络中频繁出现的局部连接模式。网络模体的识别方法有精确识别法和近似识别法两类。精确识别法通过枚举关系网络中所有网络结构的方式识别网络模体，代表性的有穷尽递归搜索法、枚举子图法等[53]。近似识别法通过挖掘关系网络中的近似网络结构来识别网络模体，代表性的有边采样法、顶点采样法及路径采样法等[54,55]。精确识别法适用于规模较小的关系网络，而近似识别法适用于大规模的关系网络，同时近似识别法的效率也更高。识别网络模体后，便能以网络模体为基本单元，采用度中心性等拓扑结构指标来分析高阶网络结构，聚合关系网络中的高阶交互关系和低阶交互关系，进而抽取关联风险特征。

3.3.3　全息信用特征向量构建

全息信用特征向量是对信用主体信用生命周期内不同阶段、不同信用领域、不同业务场景信用的全方位刻画，是针对不同信用业务领域、信用业务不同阶段进行全息信用评价的基础，更是不同业务场景信用共享的依据。而大数据环境下信用生命周期不同阶段、不同信用领域、不同业务场景的信用特征差异大、信用特征粒度不一致，信用特征高维、稀疏、长尾问题显著，这使全息信用特征向量构建面临诸多问题与挑战。

从表格、文本、关系网络等各类信息源中能提取大量信用特征，但这些信用特征之间往往存在复杂的相关性、冗余性及价值稀疏等问题，需要对信用特征进行筛选和提炼。针对特征选择方法的研究较为成熟，相关研究提出了基于方差、χ^2、互信息等统计指标的过滤式特征选择方法[24]，基于递归特征消除等模式的封装式特征选择方法[27]，以及模型自主选择的嵌入式特征选择方法[31]。但特征稀疏性会对这些方法的有效性造成显著影响，上述特征选择方法大多依赖信用特征和信用状态的相关性，容易将有价值的稀疏特征识别为冗余特征或噪声，导致信用特征选择的有效性差。因此在信用特征选择过程中，需要系统分析候选特征集的特点，结合场景特点和专家经验设计信用特征稀疏性判别准则，进而区分信用特征的稀疏类型。针对信息缺失导致的伪稀疏，可利用矩阵分解方法将信用特征矩阵分解为多个矩阵，再将矩阵相乘得到填补后的信用特征矩阵。针对真实稀疏，可以融合稀疏特征搜索和迭代式特征选择方法，并结合信用状态信息，选择高价值信用特征。

从多源信息中提取的信用特征还具有典型"长尾"特点，即存在大量判别能力弱的弱信用特征。传统环境下的信用评价主要依赖强信用特征，强信用特征是指可以凭借一条或几条信息便可做出信贷决策的重要特征，如名下是否有房产，有的借贷产品甚至可以做到有房产即可放贷，其他的强信用特征还有信用卡账单、社保公积金缴纳记录等。大数据环境为信用评价提供了工商、税务、司法、舆情等方面的弱信用特征，这些弱信用特征虽然具有价值，但是难以凭借其中的少数几条信息便做出借贷决策，需要通过特征组合和提炼等方式将大量弱特征转化为少量强信用特征。主成分分析是最常见的特征融合方法，该方法利用正交变换对一系列潜在相关的特征进行线性变换，从而将其投影为低维度的主成分特征，但这类方法在弱特征组合和非线性变换等方面存在不足。为了解决上述问题，可以采用深度自编码器方法融合弱信用特征[33]。该类方法首先构建自编码神经网络框架，设定网络学习的输入为信用特征集，输出为相同的信用特征集；其次设计网络结构和非线性映射函数，使网络在编码阶段逐层对信用特征进行非线性变换，在解码阶段进行特征重构；最后设计随机噪声、稀疏约束等策略，避免模型过拟合，提升信用特征融合的有效性和鲁棒性。

3.4　大数据环境下的动态协同智能信用评价模型体系

信用评价模型体系是用于量化信用主体在不同场景、不同阶段信用风险的各类模型所构成的有机整体，其中包括贷前模型、贷中模型、贷后模型、反欺诈模型、画像模型等。大数据环境下交易主体的多元化、交易领域的广泛化、交易平台的虚拟化，以及信用大数据的海量、多源、多维、流式等特点都对信用评价模型产生了重大影响。

对信用全生命周期、业务全过程的动态追踪评价需求驱动了动态信用评价模型的创新与发展。传统环境下的信用管理以实体经济为主,信息相对透明、信用相对稳定,信用评价模型大多聚焦特定时间维度,如授信申请时刻。而大数据环境下信用主体和交易过程虚拟化、信贷周期相对较短,信用风险高、动态性强,需要时效性强、能反映信用状态变化趋势的全过程动态信用评价模型。

信用特征的多样性、关联关系的复杂性,以及对智能化、精准化信用评价的需求,使得智能信用评价模型成为必然。虽然信用大数据能够全过程、全方位、动态地刻画信用主体的信用水平,为精准量化各类信用主体的信用风险提供了机遇,但信用特征维度广、多样性强,且信用特征与违约状态间存在大量非线性关系,需要信用评价模型能智能化地甄别信用特征的有效性并拟合各类关联关系。

信用大数据的跨平台分布特点及内外部环境的动态变化等问题,对协同信用建模与模型动态优化提出了新需求。信用大数据具有典型的碎片化特点,数据分布在多个金融主体或业务系统中,而现有的信用建模通常是中心化的,容易引发信用信息孤岛问题。此外,动态环境下还存在信用概念漂移问题,导致信用评价模型泛化性能不稳定,需要针对环境动态反馈实现自适应动态优化。

大数据环境下信用评价所衍生的新需求、产生的新问题驱动着信用评价模型朝着动态、智能、协同等方向发展,围绕这些特点的信用评价模型创新也是信用评价、信用管理、信用控制等领域的研究热点及未来发展趋势。

3.4.1　动态信用评价模型构建

动态信用评价模型主要用于预测信用主体的信用水平变化,信用业务的各阶段均涉及动态信用评价模型。例如,在贷前授信阶段,建立在违约预测基础上的利润评分是银行等金融机构关注的重点,而利润评分需要综合衡量信用主体在信用生命周期内不同时间的违约风险;在贷中管理阶段,额度调整、利率调整、流失倾向、营销响应等客户管理环节需要预测信用主体动态的行为表现;在贷后催收阶段,需要预判已发生逾期等不良事件的信用主体演变为信用违约的可能性,从而采取相应的催收策略,防止或减少信用违约损失。

预测信用主体在不同时间的违约风险是构建动态信用评价模型需考虑的关键问题。常见的建模方法有生存分析和马尔可夫链,其中生存分析关注违约等事件发生的时间,并在建模过程中加入时间变量来预测信用主体在不同时间的违约或生存概率[9];马尔可夫链考虑了信用主体可能存在的不同状态,并估计从一种状态转移到另一种状态的概率,从而刻画信用主体的信用状态变化情况[56]。这两类模型能有效处理信用评价场景中的动态随机行为,但它们存在较强的假设约束。

传统的生存分析模型假设当观测周期足够长时，所有信用主体均会发生信用违约事件，但实际场景中会发生违约的群体仅占很少一部分，这导致该假设高估了总体风险。因此直接采用生存分析模型构建动态信用评价模型会导致对违约概率过度估计，需要对模型所预测的生存概率或违约概率进行校准。此外，生存分析模型还存在比例风险、加速时间风险等假设，在建模过程中需要采用统计检验、预测生存概率图等方法对模型假设进行检验，并根据检验结果选择合适的生存分析模型。马尔可夫链模型的两个关键假设是信用主体的行为服从马尔可夫过程及平稳假设[30, 56]。但实际信用评价场景中平稳假设很难满足，此时一种方式是将马尔可夫链拓展到二阶或三阶，让动态信用评价模型在高阶空间中满足平稳假设，但增大模型的阶数会指数级增大需要估计的状态转移概率，导致难以训练稳健模型。另一种拓展一阶平稳马尔可夫链的方式是舍弃平稳假设。假设马尔可夫链是季节性的，时间周期每年重复，某特定季节的转移矩阵相同，但与其他季节不同，非平稳情况普遍存在于转移矩阵在各个时期不同的场景。虽然舍弃平稳假设使得模型变得更灵活，但难以预测信用主体的信用风险，如何保留非平稳马尔可夫链的灵活性及模型的预测属性值得进一步探索。

此外，多任务学习与深度学习方法也能用于构建动态信用评价模型。多任务学习方法将不同时间的信用风险看作多个具有内在关联的预测任务，并构建多个模型来预测相应时间的违约概率等风险指标，但如何有效拟合多任务模型在时间上的依赖关系面临较大挑战。深度学习方法通过循环神经网络（recurrent neural network，RNN）、长短期记忆网络（long-short term memory，LSTM）或变换器（transformer）等网络结构对序列信用数据建模，动态地预测信用主体的违约概率，并且可以通过注意力机制来自适应地学习信用风险在时间上的依赖关系[50]。上述两类方法均属于数据驱动的方法，理论上可以映射到任意函数，能够拟合十分复杂的信用数据及关联关系，但对数据的数量和质量要求高，在数据积累充分的场景中具有较好的适应性，但在数据数量不足、数据质量差的场景下难以适用，需要积累信用数据或采用迁移学习等方法从类似场景中学习网络参数。

单调性是构建动态信用评价模型需考虑的另一关键问题。单调性体现在特征分箱单调及模型预测结果单调两方面。特征分箱是信用评分卡开发流程中常见且重要的步骤，该步骤首先采用等距或等频等分箱策略将连续型特征进行离散化。离散化后的特征对异常数据有很强的鲁棒性，降低了模型过拟合的风险，且离散化后可以进行特征交叉，提升信用评价模型的表达能力。其次，特征离散化后会利用证据权重对特征进行转换[6]，该过程需要检查每个分箱中证据权重值是否满足单调性。若分箱后特征满足单调性，则该特征对信用水平的影响是线性的，有助于增强业务解释性；若分箱后特征不满足单调性，需要重新分箱或进行分箱合并。模型预测结果的单调性指动态信用评价模型所预测的违约概率随时间单调递增。从概率视角看，连续时期下信用主体的违约概率是服从单调递增规律的，即瞬时风险的累积效应。从时间序列视角看，动态信用评价模型能够预测信用主体在不同时间的违约概率，这些预测值构成了时间序列，且是单调递增的时间序列。若动态信用评价模型的预测结果服从单调性，则风险管理人员可以利用违约判别阈值来预判信用违约事件发生的时间，从而更及时且有效地采取相应的催收策略。因此，在构建动态信用评价模型时，需要合理地设计预测结果单调性机制，从而保证模型的判别性能与校准性能。

3.4.2 智能信用评价模型构建

智能信用评价模型的内涵十分广泛。从信用信息处理来看，智能体现在信用评价模型能够从海量信用信息中自适应地提取信用特征，过滤冗余特征并构建有效特征；从评价模型建构来看，智能体现在信用评价模型能够自主、高效地识别并拟合显性关系与隐性关系；从评价模型应用来看，智能体现在信用评价模型能够解释模型的内部结构与评价机理并给出决策依据。

复杂关系的拟合是构建智能信用评价模型的一大难点，也是众多学者与风险管理人员所关注的重点。大数据环境下的信用风险是多维度的，其构成的各子空间从不同侧面反映评价对象的信用水平，导致信用特征与信用状态或信用水平的关联关系十分复杂，混合了线性关系与各类非线性关系。对关联关系的拟合能力直接影响了智能信用评价模型的预测效果，LR、线性判别分析等统计分析模型能够有效拟合线性关系且稳定性强，但对非线性关系拟合能力较差，SVM、RF、NN 等机器学习方法对非线性关系的拟合能力较好，但在数据不充足的子空间中容易产生过拟合[57]。采取组合建模的方式能有效解决上述各类方法的局限，该建模方式首先将信用特征空间划分为多个子空间，并对子空间弱信用特征汇集，其次通过模型组合实现有效的违约风险判别，但子空间的划分、嵌套架构的设计、模型组合策略的优化等方面仍存在一系列问题亟待解决。

除复杂非线性关系外，隐性关系也是一种具有代表性的复杂关系。对个人而言，重要的隐性关系即社会网络关系，该类关系聚集性、动态性强，且影响复杂。对企业而言，重要的隐性关系有三类：第一类是股权关系，且股权穿透结构复杂；第二类是供应链关系，通常稳定性差、地理空间依赖性强；第三类是管理者间的社会网络关系，该类关系隐蔽、重叠性高。隐性关系中往往蕴含了反映信用主体风险水平及其变化的重要信息，如团伙欺诈，但 LR、RF、NN 等主流信用评价模型很难直接识别上述隐性关系，需要结合知识图谱等方法来抽取并拟合隐性关系。知识图谱是一种大规模语义网络，包括实体、概念及两者之间的各种语义关系[58]。用知识图谱对信用大数据建模可以表示数据间的依赖关系和语义关系，这对信用评价中的图结构分析和风险因素识别意义重大。同时，信用知识图谱的构建过程也是信用大数据治理的过程，能够有效提高数据质量。但信用大数据通常组织结构松散、价值密度低、语义一致性差，如何针对这些特点构建基于知识图谱的智能信用评价模型值得进一步探索。

智能信用评价模型在提升风险判别效果的同时，显著增强了模型复杂性，不可避免地会造成模型可解释性的减弱，如何提升智能信用评价模型的可解释性是一项关键问题。可解释性是将模型评价过程转化成具备逻辑关系的规则的能力，是人与评价模型建立信任的一个桥梁。在信用评价领域，可解释性尤其重要，风险管理人员需要理解信用评价模型的运行机理才能做出合理决策，因此诸多业务场景都对信贷决策的可解释性提出了明确要求，如美国政府制定的《平等信贷机会法》规定金融机构在拒绝个人贷款、信用卡、住房贷款等各类信贷时，必须给出拒绝的具体原因，可接受的理由可以是"收入太低"或"工作时长过短"，而"未达标准"这样的笼统说法属于不可接受理由。

智能信用评价模型的可解释性分为模型内部的可解释性与模型预测结果的可解释性。关于模型内部的可解释性，模型权重参数、模型结构等要素可视化是常见的方法[59]。对参数模型而言，权重参数直接反映信用特征对模型最终预测的贡献，权重参数可视化能有效地解释模型内部运行机理。对非参数模型，模型结构可视化，如树结构或网络结构，能反映信用特征在模型内部的变化，也能在一定程度上解释智能信用评价模型。此外，还可以通过量化信用特征重要性的方式解释模型，具体是通过向信用特征中加入扰动，根据模型评价效果的变化来衡量信用特征重要性，从而解释模型的决策过程。上述方法更多是从相关性层面对模型进行解释，除了相关性外，从因果关系理解信用特征对信用水平的影响也十分关键。针对智能信用评价模型的因果可解释性，可以采用结构因果模型估计模型内部要素对信用水平的因果影响。

关于模型预测结果的可解释性，由于智能信用评价模型的内部结构通常较为复杂，如多个决策树的组合、多层网络的堆栈等，很难直接建立起信用特征与模型预测结果之间的关系，相关研究通常采用局部近似、贡献分配等策略来衡量信用特征对预测结果的贡献度，代表性的方法有基于局部近似的与模型无关的局部可解析性（local interpretable model-agnostic explanations，LIME）方法、基于博弈论的夏普利值可加性解释（Shapley additive explanation，SHAP）方法及基于相关性传递的深度学习重要特征（deep learning important features，DeepLIFT）方法[60]。这些方法能有效地对单个样本进行解释，但具有一定随机性，对类似样本的预测结果可能会给出不同的解释。此外，局部解释方法难以从全局视角剖析信用特征和模型预测结果的关系。针对这些问题，可以先基于 LIME 或 SHAP 等方法量化特征贡献度，刻画局部样本中信用特征和模型预测结果间的关系，再聚合样本局部解释生成一组针对全局样本的解释，并设计局部样本间的相关性指标来优化特征贡献度量化过程，从而增强对模型预测结果解释的稳定性和可信性。

3.4.3 协同信用建模与模型优化

信用大数据通常以"数据孤岛"的形式分布于各类信息系统中，信息共享能够有效打破信息壁垒和信息孤岛，实现跨系统、跨业务、跨平台的协同评价与管理。例如，银行可以与税务、电力及司法等部门进行协同信用建模，利用不同场景中的信用信息来更准确地评估信用主体的信用风险。但传统的信用建模方式大多是中心化的，所有信用数据需归集到一个中心化的数据环境中，再根据特定评价任务构建信用评价模型，而数据协同方的数据中往往包含高度敏感的个人隐私信息或商业信息，中心化的协同建模方式无法保证数据隐私安全。

隐私计算是一种由两个或多个参与方联合计算的技术，参与方在不泄露各自数据的前提下通过协作对各方数据进行联合建模和联合分析。在隐私计算框架下，参与方的数据不出本地，在保护数据安全的同时实现多源数据跨域合作，可以破解协同信用建模中数据保护与数据共享难题。代表性的隐私计算技术有安全多方计算、同态加密及差分隐私等。安全多方计算是在无可信第三方的场景下，安全地计算约定函数，且该函数理论上可以为任意形式。同态加密允许在密文上进行计算，且密文运算结果解密后与明文直接运算的结果一致，但同态加密的计算复杂性较高。差分隐私是在数据共享时添加一定随机量，使得单条数据无法被准确推断，但又能保证统计信息较为准确。这些隐私计算方法为隐私保护环境下的协同信用建模奠定了基础。

基于隐私计算的协同信用建模主要有两类，一类是基于样本的协同信用建模，适用于各参与方的信用特征重叠较多但样本重叠较小的场景。例如，不同区域银行间的业务基本相同而客户不同。针对这类场景已有学者展开了探索性研究，提出了一系列解决方案，代表性的有横向联邦学习。联邦学习是一种基于分布式架构的机器学习框架[61]，可以实现模型参数共享并利用本地数据训练模型，从而避免原始数据离开本地。但联邦学习需要一个可信第三方或中心服务器作为协调方，在实际场景中这样的第三方协调者往往不存在，且中心服务器容易受到攻击，从而导致协同建模崩溃。要解决此问题，一种方法是设计去协调方的协同信用建模框架，如基于区块链和边缘计算的协同建模框架[62]，该框架由边缘节点构成，节点之间可以通过区块链网络进行通信和共享模型参数，因而每一个边缘节点可以利用本地数据和区块链提供的共享信息进行训练。

另一类是基于特征的协同信用建模，适用于各参与方的样本重叠较多但信用特征重叠较少的场景。例如，不同类型金融机构可能拥有相同的客户，但掌握的信用信息各不相同。大数据环境下的信用信息涵盖了财务、工商、税务、司法和舆情等多个方面，这些跨领域、跨平台的信用数据往往分布在不同系统或机构中，因此基于特征的协同信用建模具有重要的应用价值。但目前针对此类场景的研究相对较少，主要难点之一在于样本标签信息只存在于某一或某几个参与方，导致协同建模相对困难许多。常见的建模方式是通过表示学习方法将原始敏感数据映射到另一个特征空间中，产生中间特征，然后在这个中间特征上进行协同建模。但由于中间特征中包含了所有的原始信息，其数据安全性无法保证。

信用评价模型的优化是提升模型评价效果并维持评价效果稳定的关键，包含对模型外部参数和内部参数的优化两方面。模型外部参数又称为超参数，是信用评价模型的外部配置，无法从数据中估计，如 RF 模型中的决策树个数。超参数优化的目的是让信用评价模型更好地拟合数据，降低模型泛化误差。模型内部参数是模型从数据中可学习的参数，如权重系数等。信用评价模型的训练是对模型内部参数的优化过程，模型构建后同样需要对模型内部参数进行优化，此过程又称为模型更新。大数据环境下信用数据中隐含知识广泛且动态性强，信用数据概念漂移问题突出。概念漂移对信用评价模型的内外部参数优化造成了显著影响。一方面，信用数据分布会随着时间推移而发生变化[63]，需要信用评价模型对超参数实时动态地进行优化；另一方面，信用数据中隐含的概念或知识也会随着时间的推移或环境的改变而发生变化[64]，需要实时动态地更新信用评价模型，以适应环境变化并保持泛化性能的稳定。

针对概念漂移场景下的超参数优化问题，可以采用强化学习方法来优化信用评价模型的超参数。常见的超参数优化方法有网格搜索、随机搜索、贝叶斯优化、粒子群算法等[65, 66]，但这些方法都是在建模时对模型超参数的静态优化，难以适应动态变化的场景。基于强化学习的超参数优化是将信用评价模型看作智能体，智能体可以执行改变超参数的行动并与环境进行交互，并根据环境的反馈不断更新超参数优化策略，最终实现应对环境反馈的自适应动态优化。

针对数据漂移场景下的模型更新问题，增量学习是一类有效方式。信用评价模型的更新主要有批量学习和增量学习两种方式。批量学习是应用最为广泛的模型更新方式，当信用数据更新时，批量学习结合历史数据与最新数据进行一次整体学习，重新训练新的模型[67]。批量学习适用于更新复杂度较低的信用评价模型，当数据更新频率快或模型复杂度高时，批量学习的效率较低，会耗费大量的时间来进行模型更新。增量学习在更新信用评价模型时仅依赖最新数据，是在历史模型基础上的再训练[68]。例如，在增量式神经网络模型中，模型每次学习一条数据并逐步更新网络参数，这使模型能够不断学习新数据的特征。考虑到大数据环境下信用数据的高动态性，利用增量学习更新信用评价模型具有更好的适应性，但并非所有信用评价模型都适用于增量式更新，需要调整模型结构或设计新的目标函数以适应增量式更新。

本 章 小 结

本章首先系统梳理了信用评价体系的发展历程，从早期的基于专家经验的信用评价体系到如今正在发展的基于智能学习的信用评价模型，总结分析了各阶段数据来源、特征维度、模型类型等方面的特点。其次，从文本信息中的信用特征提取、关系网络信息中的信用特征提取及全息信用特征向量构建三个方面探讨了大数据环境下的全息信用特征体系中的关键问题、解决策略及发展趋势。最后，从动态信用评价模型构建、智能信用评价模型构建及协同信用建模与模型优化三个方面探讨了大数据环境下的动态智能信用评价模型体系中的关键问题、解决策略及发展趋势。

参 考 文 献

[1] Bahrammirzaee A，Ghatari A R，Ahmadi P，et al. Hybrid credit ranking intelligent system using expert system and artificial neural networks[J]. Applied Intelligence，2011，34（1）：28-46.

[2] Altman E I. Financial ratios，discriminant analysis and the prediction of corporate bankruptcy[J]. The Journal of Finance，1968，23（4）：589-609.

[3] Kumar M N，Rao V S H. A new methodology for estimating internal credit risk and bankruptcy prediction under Basel II regime[J]. Computational Economics，2015，46（1）：83-102.

[4] Karan M B，Ulucan A，Kaya M. Credit risk estimation using payment history data: a comparative study of Turkish retail stores[J]. Central European Journal of Operations Research，2013，21（2）：479-494.

[5] Itoo F，Mittal M，Singh S. Comparison and analysis of logistic regression，Naïve Bayes and KNN machine learning algorithms for credit card fraud detection[J]. International Journal of Information Technology，2021，13（4）：1503-1511.

[6] Jiang C Q，Wang Z，Zhao H M. A prediction-driven mixture cure model and its application in credit scoring[J]. European Journal of Operational Research，2019，277（1）：20-31.

[7] Bai M J，Zheng Y，Shen Y. Gradient boosting survival tree with applications in credit scoring[J]. Journal of the Operational Research Society，2022，73（1）：39-55.

[8] Narain B. Survival analysis and the credit granting decision[M]//Thomas L C，Crook J N，Edelman D B. Credit Scoring and Credit Control. Oxford: Oxford University Press，1992：109-121.

[9] Dirick L，Claeskens G，Baesens B. Time to default in credit scoring using survival analysis: a benchmark study[J]. The Journal of the Operational Research Society，2017，68（6）：652-665.

[10] Djeundje V B，Crook J. Dynamic survival models with varying coefficients for credit risks.[J]. European Journal of Operational Research，2019，275（1）：319-333.

[11] Calabrese R，Crook J. Spatial contagion in mortgage defaults: a spatial dynamic survival model with time and space varying coefficients[J]. European Journal of Operational Research，2020，287（2）：749-761.

[12] Chern C C，Lei W U，Huang K L，et al. A decision tree classifier for credit assessment problems in big data environments[J]. Information Systems and e-Business Management，2021，19（1）：363-386.

[13] Zhang L，Hu H Q，Zhang D. A credit risk assessment model based on SVM for small and medium enterprises in supply chain finance[J]. Financial Innovation，2015，1（1）：1-21.

[14] Trustorff J H，Konrad P M，Leker J. Credit risk prediction using support vector machines[J]. Review of Quantitative Finance and Accounting，2011，36（4）：565-581.

[15] 余乐安，张有德. 基于关联规则赋权特征选择集成的信用分类研究[J]. 系统工程理论与实践，2022，40（2）：366-372.

[16] Papouskova M，Hajek P. Two-stage consumer credit risk modelling using heterogeneous ensemble learning[J]. Decision Support Systems，2019，118：33-45.

[17] Zhou L G，Lai K K. AdaBoost models for corporate bankruptcy prediction with missing data[J]. Computational Economics，2017，50（1）：69-94.

[18] Lessmann S，Baesens B，Seow H V，et al. Benchmarking state-of-the-art classification algorithms for credit scoring：an update of research[J]. European Journal of Operational Research，2015，247（1）：124-136.

[19] Abellán J，Castellano J G. A comparative study on base classifiers in ensemble methods for credit scoring[J]. Expert Systems with Applications，2017，73：1-10.

[20] Wang S X，Qi Y W，Fu B，et al. Credit risk evaluation based on text analysis[J]. International Journal of Cognitive Informatics and Natural Intelligence（IJCINI），2016，10（1）：1-11.

[21] Iyer R，Khwaja A I，Luttmer E F P，et al. Screening peers softly：inferring the quality of small borrowers[J]. Management Science，2016，62（6）：1554-1577.

[22] Jiang C Q，Wang Z，Wang R Y，et al. Loan default prediction by combining soft information extracted from descriptive text in online peer-to-peer lending[J]. Annals of Operations Research，2018，266（1）：511-529.

[23] Lin M F，Prabhala N R，Viswanathan S. Judging borrowers by the company they keep：friendship networks and information asymmetry in online peer-to-peer lending[J]. Management Science，2013，59（1）：17-35.

[24] 田宝新，王建琼. 基于财务与非财务要素的上市公司财务困境预警实证研究[J]. 金融评论，2017，9（5）：103-115，126.

[25] Soui M，Gasmi I，Smiti S，et al. Rule-based credit risk assessment model using multi-objective evolutionary algorithms[J]. Expert Systems with Applications，2019，126：144-157.

[26] Yin C，Jiang C Q，Jain H K，et al. Evaluating the credit risk of SMEs using legal judgments[J]. Decision Support Systems，2020，136：113364.

[27] 于善丽，迟国泰，姜欣. 基于指标体系违约鉴别能力最大的小企业债信评级体系及实证[J]. 中国管理科学，2020，28（6）：38-50.

[28] Jadhav S，He H M，Jenkins K. Information gain directed genetic algorithm wrapper feature selection for credit rating[J]. Applied Soft Computing，2018，69：541-553.

[29] Kou G，Xu Y，Peng Y，et al. Bankruptcy prediction for SMEs using transactional data and two-stage multiobjective feature selection[J]. Decision Support Systems，2021，140：113429.

[30] Volkov A，Benoit D F，van den Poel D. Incorporating sequential information in bankruptcy prediction with predictors based on Markov for discrimination[J]. Decision Support Systems，2017，98：59-68.

[31] Maldonado S，Peters G，Weber R. Credit scoring using three-way decisions with probabilistic rough sets[J]. Information Sciences，2020，507：700-714.

[32] Veganzones D，Severin E. Corporate failure prediction models in the twenty-first century：a review[J]. European

Business Review，2020，33（2）：204-226.

[33]　du Jardin P. Dynamics of firm financial evolution and bankruptcy prediction[J]. Expert Systems with Applications，2017，75：25-43.

[34]　Mahbobi M，Kimiagari S，Vasudevan M. Credit risk classification：an integrated predictive accuracy algorithm using artificial and deep neural networks[J]. Annals of Operations Research，2021：1-29.

[35]　Wang Z，Jiang C Q，Zhao H M，et al. Mining semantic soft factors for credit risk evaluation in peer-to-peer lending[J]. Journal of Management Information Systems，2020，37（1）：282-308.

[36]　Liang D，Lu C C，Tsai C F，et al. Financial ratios and corporate governance indicators in bankruptcy prediction：a comprehensive study[J]. European Journal of Operational Research，2016，252（2）：561-572.

[37]　Chan S W K，Chong M W C. Sentiment analysis in financial texts[J]. Decision Support Systems，2017，94：53-64.

[38]　Jiang C Q，Lyu X M，Yuan Y F，et al. Mining semantic features in current reports for financial distress prediction：empirical evidence from unlisted public firms in China[J]. International Journal of Forecasting，2022，38（3）：1086-1099.

[39]　Clarke J，Chen H L，Du D，et al. Fake news，investor attention，and market reaction[J]. Information Systems Research，2020，32（1）：35-52.

[40]　Dong W，Liao S Y，Zhang Z J. Leveraging financial social media data for corporate fraud detection[J]. Journal of Management Information Systems，2018，35（2）：461-487.

[41]　Jaradat S，Matskin M. On dynamic topic models for mining social media[M]//Agarwal N，Dokoohaki N，Tokdemir S. Emerging Research Challenges and Opportunities in Computational Social Network Analysis and Mining. Berlin：Springer Publishing Company，2019：209-230.

[42]　Dorfleitner G，Priberny C，Schuster S，et al. Description-text related soft information in peer-to-peer lending——evidence from two leading European platforms[J]. Journal of Banking & Finance，2016，64：169-187.

[43]　Bakker S R，Hendriks P H J，Korzilius H P L M. Let it go or let it grow?——Personal network development and the mobilization of intra-organizational social capital[J]. Social Networks，2022，68：179-194.

[44]　Xue L，Yang K，Yao Y L. Examining the effects of interfirm managerial social ties on IT components diversity：an agency perspective[J]. MIS Quarterly，2018，42（2）：679-694.

[45]　Lins K V，Servaes H，Tamayo A. Social capital，trust，and firm performance：the value of corporate social responsibility during the financial crisis[J]. The Journal of Finance，2017，72（4）：1785-1824.

[46]　Ravindran K，Susarla A，Mani D，et al. Social capital and contract duration in buyer-supplier networks for information technology outsourcing[J]. Information Systems Research，2015，26（2）：379-397.

[47]　van Vlasselaer V，Eliassi-Rad T，Akoglu L，et al. Gotcha! Network-based fraud detection for social security fraud[J]. Management Science，2017，63（9）：3090-3110.

[48]　Óskarsdóttir M，Bravo C. Multilayer network analysis for improved credit risk prediction[J]. Omega，2021，105：102520.

[49]　Kim H，Anderson R. Temporal node centrality in complex networks[J]. Physical Review E，2012，85（2）：026107.

[50]　Wang D X，Zhang Z Q，Zhou J，et al. Temporal-aware graph neural network for credit risk prediction[C]. SDM 2021：SIAM International Conference on Data Mining. Alexandria，2021.

[51]　Tobback E，Bellotti T，Moeyersoms J，et al. Bankruptcy prediction for SMEs using relational data[J]. Decision Support Systems，2017，102：69-81.

[52]　Benson A R，Gleich D F，Leskovec J. Higher-order organization of complex networks[J]. Science，2016，353（6295）：163-166.

[53]   Yang J，Leskovec J. Defining and evaluating network communities based on ground-truth[J]. Knowledge and Information Systems，2015，42（1）：181-213.

[54]   Lee J，Han W S，Kasperovics R，et al. An in-depth comparison of subgraph isomorphism algorithms in graph databases[J]. Proceedings of the VLDB Endowment，2012，6（2）：133-144.

[55]   Bressan M，Leucci S，Panconesi A. Faster motif counting via succinct color coding and adaptive sampling[J]. ACM Transactions on Knowledge Discovery from Data（TKDD），2021，15（6）：1-27.

[56]   Georgiou K，Domazakis G N，Pappas D，et al. Markov chain lumpability and applications to credit risk modelling in compliance with the International Financial Reporting Standard 9 framework[J]. European Journal of Operational Research，2021，292（3）：1146-1164.

[57]   Gunnarsson B R，vanden B S，Baesens B，et al. Deep learning for credit scoring：do or don't?[J]. European Journal of Operational Research，2021，295（1）：292-305.

[58]   陈晓军，向阳. 企业风险知识图谱的构建及应用[J]. 计算机科学，2020，47（11）：237-243.

[59]   Wang J P，Gou L，Zhang W，et al. DeepVID：deep visual interpretation and diagnosis for image classifiers via knowledge distillation[J]. IEEE Transactions on Visualization and Computer Graphics，2019，25（6）：2168-2180.

[60]   Lundberg S，Lee S I. A unified approach to interpreting model predictions[C]. The 31st International Conference on Neural Information Processing Systems. Montreal，2017.

[61]   McMahan B，Moore E，Ramage D，et al. Communication-efficient learning of deep networks from decentralized data[C]. The 20th International Conference on Artificial Intelligence and Statistics. Fort Lauderdale，2017.

[62]   Warnat-Herresthal S，Schultze H，Shastry K L，et al. Swarm Learning for decentralized and confidential clinical machine learning[J]. Nature，2021，594（7862）：265-270.

[63]   Sousa M R，Gama J，Brandão E. A new dynamic modeling framework for credit risk assessment[J]. Expert Systems with Applications，2016，45：341-351.

[64]   Gama J，Žliobaitė I，Bifet A，et al. A survey on concept drift adaptation[J]. ACM Computing Surveys（CSUR），2014，46（4）：1-37.

[65]   Pontes F J，Amorim G F，Balestrassi P P，et al. Design of experiments and focused grid search for neural network parameter optimization[J]. Neurocomputing，2016，186：22-34.

[66]   Snoek J，Larochelle H，Adams R P. Practical bayesian optimization of machine learning algorithms[J]. Advances in Neural Information Processing Systems，2012，25.

[67]   Tao Y F，Lu S Q. From online to non-i.i.d. batch learning[C]. The 26th ACM SIGKDD International Conference on Knowledge Discovery & Data Mining. San Diego，2020.

[68]   Somasundaram A，Reddy S. Parallel and incremental credit card fraud detection model to handle concept drift and data imbalance[J]. Neural Computing and Applications，2019，31（1）：3-14.

第4章　基于文本信息的信用特征构造方法

4.1　引　　言

大数据环境下，文本作为一种十分重要的信息载体，蕴藏着大量具有重要价值的信息和知识。个人利用文本信息表达观点，企业利用文本信息介绍新产品、宣传企业文化，政府等机构利用文本信息披露行政处罚等。挖掘文本信息中潜在的价值、抽取隐性信用特征、识别信用主体的信用风险信号，为信用评价提供了新模式。

大量研究表明当直接度量借款申请者偿债能力的信用信息缺失或不足时，非结构化的文本信息同样能够间接反映借款申请者的偿债能力、促进信任关系构建、缓解借贷双方的信息不对称性等[1]。例如，在网络借贷场景中，信用主体和交易过程的虚拟化使得借贷双方的信息不透明，借款人可通过借款文本描述更多的信息，如借款目的、还款计划和经济现状等，以降低信息不对称性，提高借款成功的可能性[2, 3]。同样，在企业向银行申请信贷时，企业年报也常常作为一类重要的信息用以考察企业的偿债能力。年报作为企业信息的载体，除了包含有关财务数字外，还含有大量的定性文本用以帮助投资者理解定量信息，如企业管理层对企业发展预期的态度等[4, 5]，这些定性披露的语调和语义对于投资者评估企业经营状况非常重要。

但文本信息的高维非结构化、表述方式多样、价值密度低等特点，以及文本中隐含的信用主题广泛、层次关系复杂、时效性强等都给从文本中挖掘有效的信用特征带来了巨大挑战。因此，研究基于文本信息的信用特征构造方法是大数据环境下信用评价需要解决的问题。现有研究针对文本信息已经识别出统计特征、词性特征和情感特征等多个维度的信用特征[6-12]。其中，统计特征指文本的统计信息，如词数、句子数及字符数等；词性特征指文本中不同词性的关键词，如名词、动词及形容词等；情感特征指文本中的所表达的情感，如情感极性、情感强度等；此外还有实体、时序等多种类型的特征[13, 14]。上述特征可以有效地表示描述文本的语言和表达风格，但较难表征描述文本的内容信息。

随着新一代人工智能技术的发展，主题模型与词嵌入模型由于其出色的语义表示能力在自然语言处理领域得到广泛关注[15]。主题模型和词嵌入模型分别从主题与词语两个层面对文本语义进行度量，可以有效地发现文档潜在的主题和隐藏的语义信息。除此之外，文本结构信息也是文本信息中不可忽视的重要组成部分。对于有特定结构的文本，一般使用规则匹配的方法搜索出满足规则的文本片段。

本章将围绕文本语义和文本结构进行深入探讨，在结合文本特点的基础上，提出基于主题模型的信用特征构造方法、基于词嵌入的信用特征构造方法和基于规则匹配的信用特征构造方法，并通过系统性的实验证明这些信用特征构造方法的有效性，提升信用评价模型的违约预测能力。

4.2　国内外研究状况

文本挖掘是一个跨学科领域的文本处理与分析技术，融入了信息检索、数据挖掘、机器学习、统计学和计算机语言学等技术。据统计，人类记录的信息超过80%是以文本的方式存储的，因此文本挖掘被认为具有较高的商业价值[16]。但是计算机无法像人类一样能够轻易理解非结构化文本信息，如分析文本中的上下文语义、俚语、固定词语搭配等。为了解决这一难题，相关专家就主题分析、词嵌入和规则匹配等问题展开了广泛研究，提高了计算机对非结构化信息的处理和理解能力，构造了多样的文本特征。本节从主题、词嵌入和规则匹配三个方面对现有研究成果进行归纳总结。

主题模型通过将高维单词空间映射到低维目标主题空间，能够有效地发现文档潜在的结构和隐藏的语义信息，最终实现对目标文档的降维处理、信息总结和摘要[17]。早期，Landauer 等[18]提出基于奇异值分解（singular value decomposition，SVD）的 LSA 模型，在实现对文档降维处理的同时，有效地实现了对文档信息的总结提取。然而，该模型却面临"一词多义"和"多词一义"等问题，为此 Hofmann[19]提出了 PLSA 模型。该模型不考虑词序，文本语料由单词和文档的共现矩阵表示，从观测的单词中推断两个参数：一个是给定主题后单词出现的概率，另一个是文档的主题概率分布。PLSA 模型通过引入概率统计思想，大大降低了模型的计算成本，但由于没有对特定文档中的主体的混合比例权重做任何假设，在训练模型的过程中易出现过拟合的情况。因此，Blei 等[20]在 PLSA 模型的基础上，提出了一个三层次的概率主题模型——LDA。LDA 模型通过一个概率生成模型把所有的文档参数联系起来，每篇文档的主题的多项分布是用一个与语料库中所有文档相关联的狄利克雷先验生成，从而实现模型的彻底"概率化"。随着时间的推移，语料库中的主题也会发生变化，一些主题演化分析模型，如主题演化（topic over time，TOT）模型[21]、动态主题模型[22]等，受到广泛关注。在主题模型中考虑时间问题可以帮助我们了解文本主题谱系，以及主题间的相互影响。

词嵌入方法对单词的语义和局部位置信息进行编码，通过构建向量空间将每个词表示为词向量，使得语义相似的词在向量空间中距离更近。word2vec 方法由 Mikolov 等[23]提出，它是利用神经网络语言模型（neural network language model，NNLM）学习文本内词间共现信息，并将高维文本信息转换为向量文本，其中包括跳字（skip-gram）和连续词袋（continuous bag-of-words，CBOW）两个模型。skip-gram 模型通过目标词预测窗口上下文词出现的概率，而 CBOW 模型通过窗口上下文预测目标词出现的概率[24]。由于 word2vec 只考虑了词的局部信息，没有考虑词与局部窗口外词的联系，Pennington 等[25]提出了统计全局词间贡献信息的 GloVe 模型，其结合了全局信息和上下文信息的优势。但是 word2vec 和 GloVe 生成的都是静态统一的词向量，即词和向量之间是一对一的，无法解决文本多义词问题。随后，Peters 等[26]提出了语言嵌入模型（embedding from language models，ELMo），它是利用多层的双向 LSTM，使得输入不同上下文语境的同一单词被赋予不同的向量表示。谷歌提出的基于变换器框架的预训练模型——BERT，不仅解决了文本序列长距离依赖的问题，还同时获取了双向上下文信息[27]。

基于规则匹配的信息抽取方法，利用句法结构实现文本信息提取。该方法通常由一组手动定义或自动学习的规则组成，将文本中的句子与规则进行比较，如果找到匹配项就会触发一个规则。何小波等[28]提出了一种规则匹配和深度学习相结合的方法，它利用规则匹配法精准提取文本信息中的地名，实现了文本中地名信息的自动识别和空间定位。昝红英等[29]采用规则匹配法对不规范文本进行处理，提高了垃圾评论识别任务的召回率。张远鹏等[30]基于规则匹配法提出一种基于词贡献的否定检出算法，通过实验证明该算法能够很好地降低中文电子病历文本中由于录入错误而出现的假阳性术语的概率。

综上所述，与主题模型、词向量模型及基于规则匹配的信息抽取方法相关的研究在文本挖掘领域已经取得了重大进展。众多专家与学者利用上述模型与方法实现了文本信息抽取，构建了文本特征，用以实现不同目标。本章从文本信息出发，依据文本信息的自身特点，结合主题模型、词向量模型和基于规则匹配的信息抽取方法，分别提出适用于不同文本的信用特征构造方法，从多个维度构建文本信用特征，用以提高信用评价模型的预测性能。

4.3　基于主题模型的信用特征构造方法

4.3.1　问题描述

近年来，上市企业披露的年度报告等文本软信息对财务与市场信息的补充作用受到学界和业界的广泛关注。企业年报中的 MD&A 作为一类文本信息备受关注。Cecchini 等[14]采用自然语言处理，经过词形变换、同义词归类等归纳出 MD&A 中 n 个词向量，将其用于信用违约和破产两种事件的预测。Tsai 和 Wang[31] 根据股权价值波动率将企业信用风险划分为五个等级，分别使用 MD&A 全文语料和仅使用情感词典提取词向量，研究其对风险预测的影响。Davis 等[32]比较了企业年报中 MD&A 和企业盈余公告中传递的管理层语调，发现盈余报告语调更积极。然而年报只能定期披露，周期长，更新迟缓，具有一定的静态性、滞后性和不完全性，没有考虑企业经营中不定期的重大事件对财务困境预测的影响，距离大数据时代信息更新频率高、时效性强特点下的预测要求还有一定的发展空间。

本节以新三板企业的临时公告文本信息为例，研究基于主题模型的信用特征构造方法，并通过探索临时公告文本的主题特征对企业财务困境预测的影响来验证特征构造方法的有效性。新三板是为全国创新创业中小微企业提供融资服务的场外交易市场，新三板企业是指在新三板市场挂牌进行股份公开转让的非上市公众企业。相比于上市企业，新三板企业财务信息准确性和全面性偏低，与此同时，新三板市场流动性差、换手率低，无法获得连续、有效的市场信息，这使得现有的预测方法达不到预期的效果，亟待寻找新的有效补充信息。

企业临时公告是信息披露制度要求的重要文件之一，该制度规定企业在发生可能对证券价格产生较大影响的重大事件时应立即披露。相对于定期报告，它更加注重信息的及时性、突发性和重要性，信息涵盖范围广、时效性强且不易伪造，不失为一种可选择的财务困境预测信息[33]。Carter 和 Soo[34]最早开始研究临时公告信息披露制度，发现在报告日前一天股价因临时公告产生的波动大约为 9%。关于临时公告对定期报告的作用，DeFond 等[35]通过比较国际上 26 个不同国家的年度盈余报告，发现临时公告披露越频繁，盈余报告信息含量越少。Lerman 和 Livnat[36]却得出了相反的结论，认为临时公告是年度报告的有力补充，它们共同传递公司的更多信息。现有研究普遍关注临时公告披露时间、披露个数、披露频率等易观测特征，但鲜有关注基于临时公告内容的自动文本分析方法，以及将临时公告内容作为一种软信息用于财务困境预测任务。

本节引入 LDA 模型，提出一种基于主题模型的信用特征构造方法，旨在从新三板企业披露的临时公告中抽取有价值的信息，以提高新三板企业财务困境预测的准确性。该方法首先采用主题模型抽取和量化临时公告软信息中隐含的预测特征；其次分别代入 LR、分类与回归树（classification and regression tree，CART）、KNN 和 RF 模型，对这些特征的预测能力进行分析和判断，并进一步比较临时公告软信息与定期报告软信息的预测性能；最后通过变动时间窗口对实验结果进行稳健性检验。本节融合临时公告软信息的建模主要解决两个关键问题：①文本软信息的定性、非结构化特点，使其无法被直接代入预测模型，如何将其量化为有效预测特征是研究的重点；②不同软信息具有不同的特点，如何根据各自特点选择合适的量化方法成为关键。

4.3.2　文本表示方法

新三板企业在一个时间周期内会发布多个临时公告，通过分析新三板企业临时公告的内容，我们发现董事会、监事会和股东大会会议或决议公告（以下简称会议公告）措辞相对统一，而其他临时公告（以下简称其他公告）文本内容丰富、各具特色。据此，本节将临时公告软信息划分为会议公告软信息和其他公告软信息，在构造会议公告个数、会议公告平均长度、其他公告个数、其他公告平均长度四个特征的基础上，对其他公告文本软信息进行量化分析。因为其他公告包含了多种重大事件类型，且每种事件的描述会含有一系列代表性的关键词，所以本节将所有其他公告内容合成一个语料库，利用自动文本分析技术将每条公告内容按主题及其关键词进行聚类，再根据每个企业的其他公告得到企业在各主题下的概率分布，实现对其他公告文本软信息的量化。

LDA 模型是一种非监督机器学习技术，可以用来识别大规模文档集或语料库中潜藏的主题信息，它包含词、主题和文档三层结构，其中每一篇文档代表了一些主题所构成的一个概率分布，而每一个主题又代表了很多单词所构成的一个概率分布。LDA 模型的简要工作流程如表 4-1 所示。

表 4-1　LDA 模型简要工作流程

输入	文档集 D
流程	1. 对主题采样：$\phi_m \sim \mathrm{Dir}(\beta)$，$m \in [1, M]$ 2. 对 D 中 d 文档（$d \in [1, \mathrm{D}]$）采样，主题概率分布为 $\theta_d \sim \mathrm{Dir}(\alpha)$，采样文档长度为 N 3. 对文档 d 中的第 n 个单词（$n \in [1, N]$）选择隐含主题 $Z_{d,n} \sim \mathrm{Mult}(\theta_d)$，生成一个词项 $W_{d,n} \sim \mathrm{Mult}(\phi(Z_{d,n}))$
训练	对 θ_d 和 ϕ_m 进行参数估计
测试	主题与对应关键词的后验概率分布
输出	向量 θ_d 和 ϕ_m

设 w_i 为主题 m 生成词典中的第 i 个词项，则主题 m 下所有关键词的概率分布为

$$\varphi_m = (P_{w_1}, P_{w_2}, \cdots, P_{w_a}) \qquad P_{w_i} = Q_{w_i} / Q \qquad (4\text{-}1)$$

其中，a 为主题 m 涵盖的词项总数；Q_{w_i} 为词典中对应到主题 m 的第 i 个词项的数目；Q 为所有对应到主题 m 的词项总数。

同理，设 m_j 为文档 d 对应的第 j 个主题，则 d 下所有主题的概率分布为

$$\theta_d = (P_{m_1}, P_{m_2}, \cdots, P_{m_b}) \qquad P_{m_j} = q_{m_j} / q \qquad (4\text{-}2)$$

其中，b 为文档 d 涵盖的主题总数；q_{m_j} 为文档 d 中对应第 j 个主题的词项数目；q 为 d 中所有词项总数。

4.3.3　框架设计

基于上述分析，本节构建基于主题模型的信用特征构造方法与有效性验证框架，如图 4-1 所示，它主要包括三个处理过程：数据预处理、预测特征提取及预测模型构建。在数据预处理阶段，先对财务硬信息进行缺失值和异常值处理，再针对临时公告软信息进行分词，去停用词、低频词，创建或加载词典，构建稀疏向量。在预测特征提取阶段：用 LASSO 和逐步回归模型筛选财务信息，最终选择预测效果最优的一组财务特征；基于 LDA 主题模型抽取临时公告软信息中的主题概率分布；此外，为检验新三板定期报告 MD&A 文本对财务困境预测的影响，本节基于词袋法度量文本软信息中的管理层语调特征。在预测模型构建阶段，选择 LR、CART、KNN 及 RF 四种模型对预测特征的有效性进行判断。

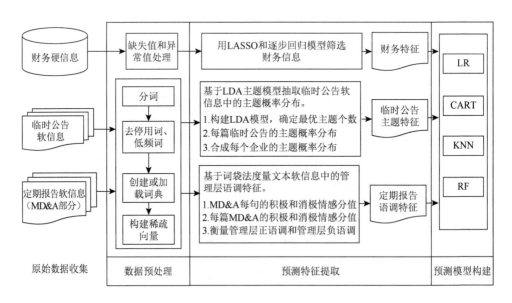

图 4-1　基于主题模型的信用特征构造方法与有效性验证框架

将 4.3.2 节中的 LDA 模型简要工作流程（表 4-1）对应到本节中，文档集 D 即指所有企业的所有其他公告，文档 d 为单个企业的单个其他公告，N 为单个

其他公告中所含词项，M 为抽取的所有主题，m 为 M 中的一个主题。设样本企业 x 有 y 个其他公告，则该企业在主题 m 上的概率分布为 y 个其他公告在 m 上概率分布的算术平均。

主题个数作为模型的一个重要参数，其不同的设定值会对模型结果产生很大影响，个数太少将达不到聚类效果，个数太多会导致概率分布过于稀疏。为此实验分别设主题个数为 3~14，求出各组主题的概率分布，并将其代入财务困境预测模型，通过比较预测效果来选定最优主题个数；另外本节还引入主题模型困惑度（perplexity）对最优主题个数进行稳健性检验。困惑度是指训练出的模型对文档 d 属于哪个主题的不确定程度，困惑度越低，说明聚类效果越好。其基本公式为

$$\text{perplexity} = \exp\left(-\frac{\sum \log p(w)}{\sum_{d=1}^{D} N_d}\right) \tag{4-3}$$

其中，分母为测试集中所有单词之和，即测试集的总长度；分子中 $p(w)$ 为测试集中每个单词出现的概率，计算公式为

$$p(w) = p(w|m) \times p(m|d) \tag{4-4}$$

其中，$p(w|m)$ 为词典中的每个单词在主题 m 下出现的概率；$p(m|d)$ 为文档 d 中主题 m 出现的概率。

新三板企业定期报告主要包括年报和半年报。MD&A 是定期报告的重要组成部分，旨在帮助投资者从管理层的角度了解企业运营状况。一般来讲，管理层的用语会带有一定的主观性和倾向性，措辞风格会随企业经营状况的变化而呈现差异，因此分析管理层语调或许能为分析企业后期财务困境倾向提供线索。本节借鉴陈艺云[37]的做法，基于情感词典抽取新三板企业 MD&A 文本软信息中的管理层语调特征。实验引用 Li 等[38]构建的汉语财经情感词典，该词典以财经新闻为背景，以劳兰和麦当劳（Loughran & McDonald）基于美国年报创建的情感词典为基础，通过翻译、自动提取和人工添加等操作形成。本节假设各情感词权重相同。

程度副词和否定词词典来自中国知网情感词典库。其中程度副词分为最、很、较、稍、欠五个等级，分别赋权 5、4、3、2、1，用来判断情感强度。然后，将每句的积极情感分值和消极情感分值加总，计算每篇文档的积极情感分值和消极情感分值，再分别除以文档全部词语总数，得到管理层正语调和负语调。具体步骤如下：①读取文档并分句、分词、去停用词和低频词；②遍历查找每句中的情感词，记录位置及情感倾向；③查找情感词前面的程度词，为情感词赋权；④查找情感词前面的否定词，奇数乘以–1，偶数乘以 1；⑤利用数组记录一篇文档中所有分句的情感分值；⑥计算每篇文档的积极情感分值和消极情感分值；⑦将积极情感分值和消极情感分值分别除以文档词语总数，得到管理层正、负语调。

4.3.4　实验研究及结果分析

1. 样本与数据

为了排除不同产业异质性的影响，本节以新三板市场第二大产业——信息技术服务业为例，以产业内 2018~2019 年挂牌企业为样本，所选样本均于 2016 年以前就在新三板市场挂牌经营，样本来源于全国中小企业股份转让系统（national equities exchange and quotations，NEEQ）官网。本节参照 A 股上市企业财务困境的定义法[39, 40]，将因最近一个会计年度期末净资产为负值，或财务报告被出具否定或无法表示意见而被特别处理（special treatment，ST）的企业作为新三板陷入财务困境的样本，剩余连续经营的非 ST 企业作为正常样本。整理后的样本包括2018 年财务困境样本 36 家、2019 年财务困境样本 33 家、2018~2019 年正常企业 1128 家、财务困境比率为 5.764%。

本节依据中国新三板市场的信息披露制度，融合了两个信息源来获取样本企业的公开数据：Choice 金融终端的财务信息，以及 NEEQ 官网的定期报告和临时公告信息。财务信息的收集与筛选主要包含四个步骤。首先，收集所有样本企业原始财务信息，包含反映企业盈利能力、营运能力、成长能力和偿债能力的 25 个财务特征，将缺失率超过 30%的样本和特征删除。其次，对一些量纲不同的特征进行标准化处理，如对营业收入进行对数化等。再次，绘制箱线图找出各特征的异常值，将异常值删除，并用 KNN 模型对缺失值和删除的异常值进行填充。最后，将处理后的特征用 LASSO 和逐步回归两种模型进行筛选，将经过筛选的财务特征代入预测模型，比较预测结果发现：逐步回归模型优于LASSO 模型筛选。逐步回归模型筛选后剩余 12 个财务特征，如表 4-2 所示。

表 4-2　财务特征描述

代码	特征名称	特征描述
X1	每股收益	净利润/总股本
X2	每股资本公积	资本公积/总股本
X3	每股未分配利润	未分配利润/总股本
X4	营业收入对数	ln（营业收入）
X5	净利润增长率	（当期净利润/上期净利润）−1
X6	净资产收益率	净利润/净资产
X7	总资产报酬率	息税前利润/平均资产总额

续表

代码	特征名称	特征描述
X8	销售净利率	净利率/销售收入
X9	总资产周转率	主营业务收入/总资产
X10	应收账款周转率	主营业务收入/应收账款净额
X11	资产负债率	总负债/总资产
X12	流动比率	流动资产/流动负债

对信息披露文本的收集，本节首先利用 Python 编码爬取样本企业时间窗口内的所有年报、半年报和临时公告文件，并将年报和半年报中的 MD&A 部分解析出来。其次，对所有临时公告按会议公告和其他公告进行分类。会议公告是指董事会、监事会、股东大会等召开的会议或决议公告，共 28 056 条；其他公告包含权益变动公告、高管任免公告、对外投资公告、关联交易公告、涉及诉讼（仲裁）公告、处分（处罚）公告、股票限售（解除）公告、股权质押（解除）公告、募集资金与使用公告、申请银行授信额度公告、企业获奖公告等企业重大事件的公告，共 21 743 条。最后，对整理好的定期报告及其他公告文本进行预处理，包括分词、去除停用词和低频词等。

2. 实验设计

考虑到临时公告的时效性，本节以半年为预测周期，用年度或中期财务信息、年报或半年报 MD&A 文本软信息，以及年报与半年报之间的临时公告软信息作为数据来源。按照新三板 ST 规则，企业在 t 年被 ST 是因其 $t-1$ 年财务异常，故要在 $t-1$ 年年报披露前依据已经披露的财务和文本信息，预测企业在 t 年是否会陷入财务困境。本节设计两个时间窗口进行新三板企业财务困境预测，如图 4-2（a）、图 4-2（b）所示。

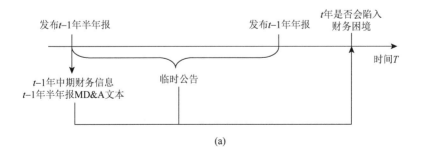

(a)

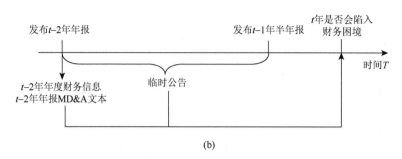

(b)

图 4-2　样本时间窗口

图 4-2（a）用 $t-1$ 年年报发布之前半年内的数据预测企业 t 年是否会陷入财务困境。假设企业 2019 年被 ST，则企业 2018 年年报信息异常，本节以半年为时间周期，收集 2018 年中期财务信息、2018 年半年报 MD&A 文本软信息，以及 2018 年半年报至 2018 年年报间的临时公告软信息来进行预测。

图 4-2（b）用于稳健性检验，比图 4-2（a）提前半年进行预测，即收集 $t-2$ 年年度财务信息、$t-2$ 年年报 MD&A 文本软信息，以及 $t-2$ 年年报至 $t-1$ 年半年报间的临时公告软信息来预测企业 t 年是否会被 ST。

本节将财务困境预测看作一个二分类问题，将新三板企业分为财务困境企业和正常企业。以往研究结果证明，LR、CART、KNN 和 RF 等机器学习模型可以较好地解决分类问题[27, 28]，因此本节采用上述四种常见的分类模型来构建新三板企业财务困境预测模型。

LR 模型假设二元变量与解释变量间存在非线性关系，利用极大似然估计方法，获得回归系数的参数估计，通过设定概率阈值完成分类任务。CART 模型将训练集中具有相同目标属性值的记录递归地进行二元节点划分，从而得到二元分类结果。KNN 模型通过从训练集中寻找与未分类记录最相似的记录集合来确定测试集的分类。RF 模型是 CART 与 Bagging 的集成，它先对训练集按自举法（bootstrap）进行采样，再对每个样本子集构建 CART 模型，然后综合多个 CART 模型结果得到最终的分类结果。

实验选择受试者操作特征曲线下面积（area under receiver operating characteristic curve，AUC）、柯尔莫可洛夫—斯米洛夫（Kolmogorov-Smirnov，KS）统计量和 H 度量（H-measure，HM）三个指标来衡量各预测模型的预测性能。AUC 指标反映模型对财务困境企业和正常企业样本的综合判别能力。KS 指标是模型所预测的财务困境企业和正常企业累积分布的最大差值，反映模型对两类样本的区分能力。HM 指标基于贝塔（beta）分布设定模型的误分类损失，能够克服 AUC 指标损失函数变化的不足。三个指标数值越大，模型效果越好。本节基于相同数据集做 10 次十折交叉验证，将 100 个结果的平均值作为每种模型最终的预测结果。

3. 结果分析

1）文本软信息量化结果

本节将临时公告分为会议公告和其他公告，并构造会议公告个数、会议公告平均长度、其他公告个数、其他公告平均长度四个特征。再基于 LDA 模型抽取其他公告文本中的主题特征，设置参数 $\alpha = 50/T$（T 为主题数），$\beta = 0.01$，抽样迭代次数设为 100。分别令 T 取 3~14，将各组主题概率作为主题特征逐次代入财务困境预测模型，通过比较预测效果来选定主题个数。结果如图 4-3 所示，在抽取主题个数方面，不同分类模型有不同的反应，每种模型下预测能力最优的主题个数不一；从 RF 模型看，7 个主题和 12 个主题时的预测效果相对较好。另外，我们引入 LDA 模型困惑度进行稳健性检验［式（4-3）］。主题个数与困惑度的折线图如图 4-4 所示。

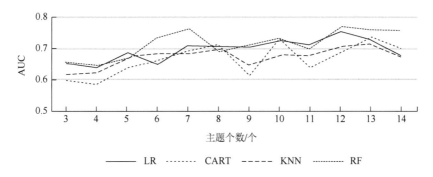

图 4-3 不同主题个数在各模型上的预测效果

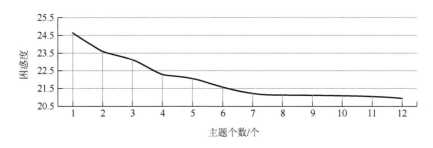

图 4-4 不同主题个数对应的困惑度

由图 4-4 可以看出，当主题个数为 7 时困惑度曲线出现拐点，之后困惑度曲线相对平稳。综合两种方法，本节利用 LDA 模型构造 7 个主题特征，这 7 个主题特征的关键词如表 4-3 所示。

表 4-3　7 个主题特征的关键词

主题	主题下的关键词
权益变动	变动、权益、协议、转让、股份、持有、股权、变更、收购、控制…
资金管理	资金、募集、存放、用途、账户、基金、理财、价格、方案、发行…
关联交易	交易、关联、关系、经营、审议、服务、发展、定价、风险、担保…
对外投资	子公司、投资、对外、控股、全资、股东、出资、设立、资金占用…
违规处理	失信、联合、惩戒、公司法、律师、诉讼、法律、法规、履行…
高管调动	换届、任职、董事、监事、辞职、解除、职务、管理人员、任免…
经营异常	限售、解除、转让、督导、暂停、恢复、质押、保证、延期、申请…

　　基于 Bagging 方法抽取定期报告 MD&A 文本中的管理层语调需要借助三种工具，即情感词典、情感词加权方法及分词工具。陈艺云[37]比较了三种词典、两种加权方法和两种分词方法作用的效果，发现分词工具差别很小，领域情感词典、简单比例加权法表现更优。因此本节基于汉语财经领域情感词典来统计积极和消极情感词，以简单比例加权法来设定情感词权重，另外考虑不同程度副词和否定词的作用。最终通过词频统计得到管理层正语调和管理层负语调两个情感特征。文本软信息量化结果如表 4-4 所示。

表 4-4　文本软信息特征描述

软信息类型	特征代码	特征名称	特征描述
其他公告软信息	T1	权益变动	权益变动主题的平均概率值
	T2	资金管理	资金管理主题的平均概率值
	T3	关联交易	关联交易主题的平均概率值
	T4	对外投资	对外投资主题的平均概率值
	T5	违规处理	违规处理主题的平均概率值
	T6	高管调动	高管调动主题的平均概率值
	T7	经营异常	经营异常主题的平均概率值
	C1	其他公告个数	披露其他公告的个数
	L1	其他公告平均长度	其他公告的平均字数
会议公告软信息	C2	会议公告个数	披露会议公告的个数
	L2	会议公告平均长度	会议公告的平均字数
MD&A 软信息	POS	管理层正语调	积极情感词分值/文档总词数
	NEG	管理层负语调	消极情感词分值/文档总词数

2）临时公告软信息影响效应分析

为了探索从临时公告软信息抽取的特征对财务困境预测的影响效应，本节使用
1197 个全样本构建 LR 模型。因变量为财务困境状态（1 或 0），控制变量为 12 个
会计特征（X1～X12），临时公告软信息提取的 11 个特征（T1～T7、C1、L1、C2、
L2）为其他自变量。保持控制变量不变，分别将抽取的 11 个临时公告特征逐一与
财务特征组合，得到 11 个模型（M1～M11），观察每个模型下临时公告特征的系
数及显著性，结果如表 4-5 所示。

表 4-5　单变量的 LR 模型结果

M1	M2	M3	M4	M5	M6
0.075 (0.075)	−1.143· (−1.759)	−2.814* (−2.077)	−2.982** (−3.022)	3.352** (3.172)	1.390 (1.477)
M7	M8	M9	M10	M11	
4.249*** (5.401)	0.088*** (5.992)	−0.0002 (−1.425)	−0.165*** (−4.515)	−0.002*** (−3.439)	

·、*、**、***分别表示在 0.1、0.05、0.01、0.001 水平下显著

注：括号内是 Z 统计量

表 4-5 结果显示，M2 对应的 T2（资金管理）系数为−1.143，Z 值为−1.759；
M3 对应的 T3（关联交易）系数为−2.814，Z 值为−2.077；M4 对应的 T4（对外投
资）系数为−2.982，Z 值为−3.022。说明资金管理、关联交易和对外投资三个主题
对财务困境有显著负影响，主题概率越高，财务困境风险越低；T2、T3 与 T4 分
别在 0.1、0.05 和 0.01 水平下显著。究其原因，这三个主题概率较高的企业可能
资金实力相对雄厚，因此减少了财务困境发生的概率。

M5 对应的 T5（违规处理）系数为 3.352，Z 值为 3.172；M7 对应的 T7（经
营异常）系数为 4.249，Z 值为 5.401。说明违规处理和经营异常两个主题对财务
困境有显著正影响，且经营异常的影响更大。这两个负面主题增加了财务困境发
生的概率，符合我们的日常认知。另外，T1（权益变动）和 T6（高管调动）对财
务困境亦有一定的正影响，但影响不显著。

M10 对应的 C2（会议公告个数）以及 M11 对应的 L2（会议公告平均长度）
对财务困境有显著负影响，即会议公告数量越多，内容越长，发生财务困境的
概率越低。相反地，M8 对应的 C1（其他公告个数）对财务困境有显著正影响，
而 M9 对应的 L1（其他公告平均长度）对财务困境的影响不显著。会议公告个
数和平均长度可以反映企业讨论事情的频率，及时开会才不至于导致问题积累
过度而爆发。其他公告个数反映了企业触发重大事件的概率，间接反映了企业
发展是否平稳。

3）临时公告与定期报告软信息的预测能力对比分析

为了检验临时公告软信息能否提升财务困境预测效果，并比较临时公告软信息与定期报告 MD&A 文本软信息的预测性能，本节共做了四组实验：第一组只包含财务信息；第二组包含财务信息和临时公告软信息；第三组包含财务信息和定期报告软信息；第四组同时包含财务信息、临时公告软信息和定期报告软信息。将各组信息的特征值分别代入 LR、CART、KNN、RF 模型，进行 10 次十折交叉验证，取100 次结果的平均值作为模型最终结果，并用 AUC、KS、HM 这三个指标来做评价，各模型关于这三个评价指标的平均值和95%置信区间（括号内）如表4-6 所示。

表 4-6　四种模型的预测能力比较

特征集	模型	AUC	HM	KS
单财务	LR	0.816(0.794, 0.838)	0.656(0.624, 0.688)	0.562(0.524, 0.599)
	CART	0.725(0.705, 0.745)	0.491(0.459, 0.524)	0.408(0.376, 0.440)
	KNN	0.745(0.720, 0.770)	0.511(0.468, 0.555)	0.422(0.379, 0.464)
	RF	0.863(0.849, 0.877)	0.678(0.656, 0.701)	0.573(0.544, 0.601)
财务＋临时	LR	0.912(0.893, 0.932)	0.799(0.776, 0.821)	0.697(0.672, 0.723)
	CART	0.728(0.702, 0.754)	0.556(0.514, 0.597)	0.481(0.440, 0.522)
	KNN	0.822(0.800, 0.843)	0.651(0.611, 0.691)	0.562(0.519, 0.604)
	RF	0.948(0.941, 0.955)	0.877(0.866, 0.888)	0.782(0.763, 0.801)
财务＋定期	LR	0.807(0.785, 0.828)	0.630(0.596, 0.664)	0.540(0.502, 0.578)
	CART	0.687(0.673, 0.702)	0.462(0.437, 0.487)	0.373(0.347, 0.398)
	KNN	0.761(0.745, 0.778)	0.534(0.507, 0.561)	0.421(0.396, 0.447)
	RF	0.864(0.853, 0.874)	0.697(0.677, 0.717)	0.601(0.578, 0.625)
财务＋定期＋临时	LR	0.915(0.896, 0.934)	0.801(0.778, 0.823)	0.703(0.677, 0.730)
	CART	0.739(0.715, 0.764)	0.571(0.528, 0.614)	0.504(0.462, 0.547)
	KNN	0.808(0.789, 0.827)	0.625(0.592, 0.659)	0.534(0.498, 0.569)
	RF	0.949(0.942, 0.956)	0.880(0.869, 0.890)	0.783(0.763, 0.802)

表 4-6 结果表明：①在四组实验中，各模型的 AUC、KS 及 HM 值均显示出 RF 模型＞LR 模型＞KNN 模型＞CART 模型，说明 RF 模型具有最优的财务困境预测性能，LR 模型次之，KNN 模型较弱，CART 模型最差；②通过对比第二组和第一组实验结果，发现在财务信息基础上，融入临时公告软信息，预测效果均有明显提升。RF、LR、KNN 与 CART 模型的 AUC 均值分别提升 0.085、0.096、0.077 和 0.003，四种模型平均提升了 0.065；③比较第三组和第一组实验结果，发现在财务特征信息上，融入定期报告软信息，LR 和 CART 模型效果不升反降，RF 模型提升效果不明显，KNN 模型的 AUC 值从 0.745 提升至 0.761，四种模型

平均下降了 0.004；④比较第四组和第二组实验结果，发现在财务信息和临时公告软信息基础上，再融入定期报告软信息，LR 和 RF 模型提升效果不明显，KNN 模型预测效果有所下降，CART 模型的 AUC 值从 0.728 提升至 0.739，四种模型平均提升了 0.0003。

4）显著性检验

为了观测临时公告软信息的预测性能是否显著，本节进行了弗里德曼（Friedman）非参数检验。检验前先将每组实验中每种模型 10 次十折交叉验证的 AUC 值、KS 值和 HM 值按一定的顺序排列，四组实验为四列，每列共包含 1200 个数据。最终检验结果如表 4-7 所示。

表 4-7　显著性检验结果

特征集	均值排名	调整 p 值		
		（2）财务＋临时	（3）财务＋定期	（4）财务＋临时＋定期
（1）单财务	1.85	0.000	1.000	0.000
（2）财务＋临时	3.09	—	0.000	0.492
（3）财务＋定期	1.87	0.000	—	0.000
（4）财务＋临时＋定期	3.18	0.000	0.000	—
自由度＝3		$\chi^2 = 1220.355$		

从均值排名看，第四组实验＞第二组实验＞第三组实验＞第一组实验，第四组与第二组、第三组与第一组结果相差很小。从调整 p 值结果看，第一组与第二组的 p 值为 0.000，证明两组分布存在显著差异，即说明临时公告软信息能显著提升财务困境预测性能。第一组与第三组分布的 p 值为 1.000，证明两组分布不存在显著差异，反映出定期报告软信息的财务困境预测效果不显著。第二组与第四组分布的 p 值为 0.492，检验结果同样不显著，说明临时公告软信息与定期报告软信息没有明显的相互补充作用。

通过分析检验结果，发现新三板企业定期报告 MD&A 文本中的管理层语调并不能很好地提升财务困境预测效果，这与以往学者针对上市企业的分析结论相悖。出现这种结果可能有几个原因：①可能是样本量较少；②或许是新三板企业的 MD&A 文本质量不高，缺乏管理层的情感表达；③临时公告可能在很大程度上涵盖了定期报告 MD&A 文本软信息。为此，本节随机选取 100 家新三板企业的 MD&A 文本，同 100 家 A 股上市企业的 MD&A 文本进行对比观察，发现上市企业 MD&A 文本披露更为详细；更重要的是，新三板企业未来展望属于自愿披露，而一部分企业该内容缺失。所以第④种可能的原因是未来展望中含有更多的管理层语调信息。总之，在没有年报的情况下，临时公告软信息与财务信息同样具有很强的预测能力。

5）稳健性检验

针对上述实验结果，本节基于 t–2 年年报发布后至 t–1 年半年报发布前的数据进行了稳健性检验，各组实验结果见表 4-8，Friedman 检验结果见表 4-9。

表 4-8　四种模型的预测能力比较

特征集	模型	AUC	HM	KS
单财务	LR	0.829（0.812，0.847）	0.704（0.680，0.728）	0.577（0.549，0.604）
	CART	0.626（0.606，0.645）	0.392（0.361，0.422）	0.316（0.286，0.346）
	KNN	0.800（0.787，0.812）	0.616（0.590，0.642）	0.468（0.441，0.495）
	RF	0.864（0.850，0.879）	0.715（0.692，0.735）	0.594（0.567，0.621）
财务 + 临时	LR	0.876（0.859，0.893）	0.741（0.711，0.772）	0.640（0.602，0.677）
	CART	0.768（0.746，0.791）	0.580（0.548，0.611）	0.499（0.469，0.529）
	KNN	0.848（0.835，0.861）	0.700（0.674，0.725）	0.627（0.598，0.656）
	RF	0.942（0.936，0.948）	0.804（0.786，0.822）	0.741（0.720，0.762）
财务 + 定期	LR	0.825（0.805，0.845）	0.691（0.661，0.720）	0.574（0.540，0.608）
	CART	0.656（0.633，0.679）	0.423（0.389，0.456）	0.342（0.309，0.374）
	KNN	0.796（0.778，0.815）	0.607（0.571，0.644）	0.500（0.462，0.538）
	RF	0.847（0.832，0.863）	0.694（0.669，0.719）	0.559（0.524，0.593）
财务 + 定期 + 临时	LR	0.881（0.865，0.897）	0.740（0.708，0.771）	0.645（0.609，0.682）
	CART	0.786（0.766，0.806）	0.600（0.570，0.629）	0.521（0.492，0.551）
	KNN	0.849（0.833，0.864）	0.696（0.666，0.725）	0.625（0.591，0.659）
	RF	0.934（0.927，0.942）	0.799（0.780，0.818）	0.732（0.709，0.756）

表 4-9　显著性检验结果

特征集	均值排名	调整 p 值		
		财务 + 临时	财务 + 定期	财务 + 临时 + 定期
单财务	1.76	0.000	1.000	0.000
财务 + 临时	3.27	—	0.000	1.000
财务 + 定期	1.72	0.000	—	0.000
财务 + 临时 + 定期	3.25	0.000	0.000	—

自由度 = 3　　　　χ^2 = 1740.442

从表 4-8 和表 4-9 可以看出：①四组实验中各模型的 AUC 值、KS 值及 HM 值均显示 RF 模型＞LR 模型＞KNN 模型＞CART 模型（除过第三组实验的 KS 值）；

②第一组与第二组的调整 p 值为 0.000，反映出临时公告软信息能显著提升财务困境预测性能；③第一组与第三组，以及第二组与第四组的调整 p 值均为 1.000，反映出定期报告软信息的财务困境预测效果不显著，对财务信息和临时公告软信息没有明显的补充作用。这些与表 4-6 和表 4-7 的实验结果相一致，说明模型鲁棒性较强。

4.4　基于词嵌入的信用特征构造方法[1]

4.4.1　问题描述

4.3 节利用 LDA 模型从文本中抽取了主题特征，用于新三板企业财务困境预测，提高了模型的预测性能。尽管如此，由于主题模型依赖于词袋建模而忽略了单词位置信息，其在语义度量方面仍然存在着不足。本节基于词嵌入方法，从文本信息中构造特征，探索其对信用评价的影响。

分析和识别有效的借款申请者信用特征有利于缓解借贷双方信息不对称性，从而降低借款申请者发生信用违约的可能性。传统借贷环境下，借款申请者信用特征识别主要以财务信息为主，辅以借款申请者相关信息[41, 42]。无论是财务信息还是借款申请者相关信息，结构化水平都较高，易于进行影响因素分析和信用特征识别。随着互联网的发展，数据开放性和可获取性更强，信用信息呈现出全息性，可以利用多源数据对借款申请者信用水平进行多个维度的评价。例如，借款申请者可通过借款文本描述传达出大量语义信息给贷款人，如借款目的、还款计划和经济现状等，以降低信息不对称性，提高借款成功的可能性。但信用信息也呈现出异构型，存在着大量的非结构化信息。针对非结构化信息的借款申请者信用特征识别面临着巨大挑战。

本节以借款申请者提供的借款文本信息为例，研究文本语义特征构造方法，用以提高信用评价模型的违约判别能力。首先，针对借款描述文本的内容特点展开分析。其次，提出融入语义软特征的借款申请者信用评价方法，通过语义分析对借款描述文本中关键词的语义进行量化，并通过语义聚类的方法抽取多个语义相似词集。再次，利用语义相似词集定义语义软特征，并将其加入借款申请者的信用评价模型中。最后，通过网络借贷平台的数据进行实验研究，验证语义软特征的有效性。

4.4.2　文本表示方法

如上所述，借款申请者在提出借款申请时，除了提交借款金额、借款期限、收入水平等结构化信息，还会利用借款描述文本来进一步描述借款目的、经济状况等因素。考虑如下真实的借款描述文本。

"I have a stable job and I will be absolutely no problem making monthly payments. Loan will be used to close high interest credit card accounts on which I've never had a late payment."

以往研究会从以下几方面分析：第一，借款描述文本中的内容易于理解，可读性较好；第二，借款描述文本中以第一人称描述，主观性强；第三，借款描述文本中正向情感词多，传递了正面情感。上述几个方面主要是从语言和表达风格来分析，但借款描述文本中更加直观和有效的信息却是隐含在内容中，这些内容信息往往由关键词表达且能反映借款申请者的信用水平。在本例中：关键词"stable job"（稳定的工作）表达了借款申请者有较强的还款能力[monthly payments（每月还款）]；关键词"close high interest credit card accounts"（关闭高息信用卡账户）表达了借款的目的；关键词"never had a late payment"（从未拖欠还款）表达了借款申请者的信用历史。

借款申请者通常利用一系列关键词来表达其想要表达的内容。对于某个特定方面的内容，不同的借款申请者会利用不同的关键词来表达，但语义应当是相似的。例如，借款申请者若想要表达积极的人格特征，那么他可能会用 studious（好学的）、industrious（勤奋的）、hardworking（努力工作的）等关键词；若借款申请者想要描述教育相关的信息，那么他可能会用 school（学校）、graduate（毕业）、college（学院）等关键词；若借款申请者仅仅是表述时间相关信息，那么他可能会用 today（今天）、yesterday（昨天）、this month（本月）等关键词。抽取这些具有相似语义的关键词集面临着挑战，其主要难点在于如何度量关键词之间的句法和语义关系[如关键词 school 应该更加接近于 college 而不是 city（城市）]。

度量词之间的语义相似度需要对借款描述文本的内容进行分析，常见的文本内容分析的方法有以下几类。

（1）独热编码，该类方法用一个向量来表示一个词，向量的长度为词典的大小，向量的分量只有一个 1，其他全为 0，1 的位置对应该词在词典中的位置。这种方法容易受维数灾难的困扰，且无法有效地刻画词与词之间的相似性[43, 44]。

（2）全局矩阵分解（global matrix factorization），代表性方法是 LSA[45, 46]。该类方法的优点在于可以有效利用全局统计信息，但缺点在于无法有效地构建向量空间来度量词之间的句法和语义关系。

（3）基于局部上下文窗口的词嵌入（word embedding based on local context window），代表性的方法是 word2vec[47, 48]。该类方法通过构建向量空间将每个词表示为词向量，且在向量空间中语义相似的词在距离上更接近，因此该类方法可以用于度量词之间的语义关系，但不足在于向量空间构建过程未能有效考虑全局的统计信息。

通过上述分析可以发现，上述三类方法在度量词之间的语义相似性上均存在着一定不足。综上所述，词嵌入方法可以较为有效地进行语义相似度分析，通过构建向量空间，将词用词向量的形式表达，词的语义相似度可以通过向量空间内的距离来度量。但基于局部窗口训练词嵌入模型无法有效地利用全局统计信息，为了更加有效地度量词之间的句法和语义关系，本节采用基于全局信息的词嵌入方法 GloVe[25]。

定义 X 为词的共现矩阵，且矩阵中的元素 X_{ij} 为词 j 出现在词 i 上下文中的数量，则 $X_i = \sum_k X_{ik}$ 表示词 i 上下文中出现的词的数量。在此基础上，进一步定义共现概率 $P_{ij} = P(j|i) = X_{ij} / X_i$ 为词 j 出现在词 i 上下文中的概率。

词 i 与词 j 的关系可以通过它们与探测词（probe words）k 的共现概率比来度量，即 P_{ik} / P_{jk}。若探测词 k 与词 i 相关而与词 j 不相关，则共现概率比 P_{ik} / P_{jk} 会较大；若探测词 k 与词 j 相关而与词 i 不相关，则共现概率比 P_{ik} / P_{jk} 会较小；若探测词 k 与词 i 和词 j 均相关或均不相关，则共现概率比 P_{ik} / P_{jk} 会趋近于 1。

基于上述分析可以发现，利用共现概率比而不是共现概率本身来训练词向量可能是更加合适的方法，GloVe 方法正是基于这一思想。共现概率比的取值依赖于三个词，即词 i、词 j 和探测词 k。因此，词嵌入模型的一般形式可以表示为

$$F(\mathrm{wv}_i, \mathrm{wv}_j, \widetilde{\mathrm{wv}}_k) = \frac{P_{ik}}{P_{jk}} \tag{4-5}$$

其中，wv_i 和 wv_j 为目标词的词向量，是主词向量；$\widetilde{\mathrm{wv}}_k$ 为探测词的词向量，是上下文词向量。

式（4-5）中等号右边的部分是可以利用语料信息计算的统计概率，等号左边的部分取决于尚未确定的函数 F，该函数拥有较多的选择，但若想赋予词嵌入模型一些独特的性质，函数形式的选择便相对唯一。接下来则根据词嵌入模型所期望具备的性质来进一步确定函数 F 的形式。

首先，函数 F 所构建的向量空间应当能够编码 P_{ik} / P_{jk} 中所包含的信息。由于向量空间本质上属于线性结构，若想表达出两个概率的比例差，最直观的方法便是作差，因此可对函数 F 的形式做一定约束，使其依赖于词向量的差。

$$F(\mathrm{wv}_i - \mathrm{wv}_j, \widetilde{\mathrm{wv}}_k) = \frac{P_{ik}}{P_{jk}} \tag{4-6}$$

可以注意到，在式（4-6）中，右边为数值形式，而左边函数内的参数为向量形式。该问题可通过对函数内的参数构建数量积解决。

$$F((\mathrm{wv}_i - \mathrm{wv}_j)^{\mathrm{T}} \times \widetilde{\mathrm{wv}}_k) = \frac{P_{ik}}{P_{jk}} \tag{4-7}$$

其次，考虑到词的共现矩阵 X 是对称矩阵，矩阵中目标词和上下文词是相对且可以互换的，函数 F 应该在词的身份变换过程中保持一致，而式（4-7）却不具备该性质。为了保持函数的一致性，需对函数 F 增加约束使其满足同态性。

$$F((\mathrm{wv}_i - \mathrm{wv}_j)^{\mathrm{T}} \cdot \widetilde{\mathrm{wv}}_k) = \frac{F(\mathrm{wv}_i^{\mathrm{T}} \widetilde{\mathrm{wv}}_k)}{F(\mathrm{wv}_j^{\mathrm{T}} \widetilde{\mathrm{wv}}_k)} \tag{4-8}$$

结合式（4-7），可以得到

$$F(\mathrm{wv}_i^{\mathrm{T}} \widetilde{\mathrm{wv}}_k) = P_{ik} = \frac{X_{ik}}{X_i} \tag{4-9}$$

满足式（4-8）的函数形式为 $F = \exp$，式（4-9）可进一步表示为

$$\mathrm{wv}_i^{\mathrm{T}} \widetilde{\mathrm{wv}}_k = \log P_{ik} = \log X_{ik} - \log X_i \tag{4-10}$$

此时，可以发现因为等号右侧中的 $\log X_i$ 项，式（4-10）并不满足对称性，且 $\log X_i$ 是和探测词 k 无关的项，所以可以针对词 i 增加一个偏差项 b_i 将 $\log X_i$ 替换掉，于是得到

$$\mathrm{wv}_i^{\mathrm{T}} \widetilde{\mathrm{wv}}_k + b_i = \log X_{ik} \tag{4-11}$$

式（4-11）仍不满足对称性，需对探测词 k 增加一个偏差项 $\tilde{b}_k$ 从而使其具有对称性，于是得到

$$\mathrm{wv}_i^{\mathrm{T}} \widetilde{\mathrm{wv}}_k + b_i + \tilde{b}_k = \log X_{ik} \tag{4-12}$$

其中，wv_i 和 $\widetilde{\mathrm{wv}}_k$ 分别为主词向量与上下文词向量；b_i 和 $\tilde{b}_k$ 分别为主词向量与上下文词向量的偏差。

式（4-12）仍不是词嵌入模型最有效的形式，因为等式右边的对数函数在 X_{ik} 趋近于零时会发散。该问题可以通过构建全局的对数线性回归模型来解决。通过构建一个最小二乘问题，式（4-12）可以转换成损失函数的形式。

$$J = \sum_{i,j=1}^{V} f(X_{ij})(\mathrm{wv}_i^{\mathrm{T}} \widetilde{\mathrm{wv}}_j + b_i + \tilde{b}_j - \log X_{ij})^2 \tag{4-13}$$

其中，V 为词典中词的数量；$f(X_{ij})$ 为权重函数。

$$f(x) = \begin{cases} \left(\dfrac{x}{x_{\max}} \right)^{\alpha}, & x < x_{\max} \\ 1, & \text{otherwise} \end{cases} \tag{4-14}$$

通过求解上述函数，可以得到主词向量 wv_i 及上下文词向量 $\widetilde{\mathrm{wv}}_k$。通常情况下，两类词向量是等价的，研究表明综合主词向量和上下文词向量可以取得更好的效果。因此，本节在语义软特征识别方法中对两类词向量作加和处理，得到了最终的词向量：

$$wv_{final} = wv + \widetilde{wv} \tag{4-15}$$

4.4.3　框架设计

基于上述分析，融入软信息的借款申请者信用评价方法的关键问题在于识别借款描述文本中的语义软特征，从而表达借款申请者表述的内容信息。而识别语义软特征的核心在于度量关键词的语义从而抽取语义相似词集，以及根据语义相似词集定义语义软特征。为此，本节提出一种基于词嵌入的信用特征构造方法与有效性验证框架，框架的流程如图 4-5 所示。

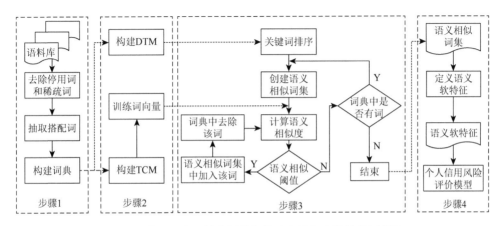

图 4-5　基于词嵌入的信用特征构造方法与有效性验证框架

注：TCM 即词共现矩阵（term co-occurrence matrix），DTM 即文档词矩阵（document term matrix）

借款描述文本语义软特征识别旨在识别好（未违约）、差（违约）两类借款申请者在借款描述文本中所表达的语义分布的差异。如前所述，借款描述文本中的内容由一系列关键词表达，不同借款申请者可能会利用不同的关键词来表述某方面内容，但语义是相似的，因而形成了语义相似词集。因此，本节首先利用语义分析方法构建词向量模型，度量不同关键词之间的语义相似性。其次，提出一种语义相似词集抽取方法，将向量空间中语义相似的关键词依次抽取出来，聚类为多个语义相似词集。最后，根据所抽取的语义相似词集，定义语义软特征，从而量化借款申请者所表达的不同方面的内容。如图 4-5 所示，融入语义软特征的借款申请者信用评价方法包括四个步骤。

（1）从语料库中去除停用词和稀疏词、抽取搭配词，构建词典。

（2）构建 TCM，训练词向量，计算词典中词之间的语义相似度。

（3）构建 DTM，对关键词进行排序，并依据排序结果创建语义相似词集，并向词集中依次加入语义相近的词。此过程反复进行，直至词典中所有词都被分配到某个语义相似词集中，即直至词典中没有词。

（4）根据语义相似词集定义语义软特征，并将语义软特征加入个人信用风险评价模型。

接下来，将针对四个步骤中的重点环节展开详细的说明。

1. 固定多词表达识别

语义软特征识别的第一步便是利用借款申请者的借款描述文本构建词典。单个词是词典中最为常见的形式，除此之外，关键的词形式还有固定多词表达（fixed multiword expressions），又称为搭配词。搭配词指两个或多个习惯性结合在一起表示某种特殊意义的词汇[1]。搭配词经常会出现在借款描述文本中，如"nest egg"表达了"储蓄金"的含义，而将其单个来看则会错误地理解为"某种鸡蛋"；再如"Lending Club"为美国最主要的网络借贷平台的名字，而将其单个来看则会理解为"某借贷俱乐部"。上述例子可以表明，搭配词在语义表达中发挥了重要作用，隐含了单个词无法表达的语义，因此搭配词识别对语义分析来说尤为重要。在本节的方法中，借款描述文本中的搭配词是通过多种统计指标来综合识别的。

（1）同现频率（co-occurrence frequency，COF），该指标表示词之间的同现频率，两个词经常共同出现则表示有很大概率搭配使用。定义词 w_i 和 w_j，则 COF 指标可以通过 $\text{count}(w_i w_j)$ 计算。

（2）点互信息（pointwise mutual information，PMI），该指标通过点互信息度量词之间的相关性。给定词 w_i 和词 w_j 在借款描述文本中出现的概率 $P(w_i)$ 与 $P(w_j)$，以及两词共同出现的概率 $P(w_i w_j)$，则可计算 PMI：

$$\text{PMI}(w_i, w_j) = \log_2 \frac{P(w_i w_j)}{P(w_i) \times P(w_j)} \tag{4-16}$$

（3）基于对数-频率的互偏依赖（log-frequency biased mutual dependency，LFMD），该指标综合了 t 分数（t-score）及相关性指标——互偏依赖（mutual dependency，MD），其计算方式为

$$\text{LFMD}(w_i, w_j) = \log_2 \frac{P^2(w_i w_j)}{P(w_i) \times P(w_j)} + \log_2 P(w_i w_j) \tag{4-17}$$

（4）Gensim，该指标为开源方法库 Gensim 中所采用的识别搭配词的方法。它的思路与点互信息指标类似，利用了词 w_i 和 w_j 在借款描述文本中出现的频次及两词共同出现的频次。

$$\text{Gensim}(w_i, w_j) = \frac{(\text{count}(w_i w_j) - \delta) \times N}{\text{count}(w_i) \times \text{count}(w_j)} \tag{4-18}$$

其中，δ 为折扣系数，用于防止识别过多由罕见词组成的搭配；N 为词典的词数。

值得注意的是，上述四种搭配词判别指标各自都具有一定优势和不足。为了尽可能降低噪声，识别有效的搭配词，本节综合了上述四个判别指标来识别借款描述文本中的搭配词，即所识别的搭配词需同时满足上述四种搭配词判别指标的最低阈值。

2. 词嵌入模型构建

在构建了词典之后，下一步则是度量词典中词的语义相似度。为了更加有效地度量词之间的句法和语义关系，本节采用基于全局信息的词嵌入方法 GloVe（如 4.4.2 节所述）。

3. 语义相似词集抽取

利用词嵌入模型得到词典中每个词的词向量之后，即可利用词与词在向量空间中的距离来度量两词之间的语义相似度。将语义相似的词抽取出来聚成类则形成了多个语义相似词集。该过程最常见的方法便是利用 K 均值（K-means）等聚类方法将所有词向量聚为多个类。该方法需要预设聚类数量及指定聚类中心，但在借款描述文本的语义分析中，语义相似词集的数量是分析的关键，最优词集数量依赖于语料集的特点，需根据场景实现自适应。与此同时，在分析借款描述文本时，更倾向于优先抽取重要的词，即将词加入语义相似词集的过程按照词的重要性依次进行。综上分析，传统的聚类方法无法很好地被应用到语义相似词集的抽取中，因此，本节提出一种自适应的语义相似词集抽取方法。

考虑到词的重要性不同，该方法先对语料中的词进行重要性排序。词的重要性度量采取了文本分析中最为常见的 TF-IDF 指标：

$$\text{TF-IDF}_{i,z} = \text{TF}_{i,z} \times \text{IDF}_i = \frac{n_{i,z}}{\sum_{t_k \in d_z} n_{k,z}} \times \log \frac{|D|}{1 + \left| \{ d_z \in D : t_i \in d_z \} \right|} \qquad (4\text{-}19)$$

其中，$\text{TF}_{i,z}$ 为词 i 在文档 z 中的词频，该指标度量了词在文章中的重要性；IDF_i 为词 i 的逆文档频率，该指标度量了词在语料中的普遍性。

基于 TF-IDF 指标，可进一步构建词的重要性度量指标 IMP_{t_i}：

$$\text{IMP}_{t_i} = \sum_{d_m \in D} \text{TF-IDF}_{i,m} \qquad (4\text{-}20)$$

其中，词 i 的重要性指标 IMP_{t_i} 为该词在所有文档中的 TF-IDF 指标值之和。

通过上述指标对词典中的词进行排序后，选择重要性最高的词构建一个语义相似词集，再从剩下的词中按重要性依次计算每个词与语义相似词集中所有词的平均语义相似度，若语义相似度高于阈值，则将该词加入语义相似词集。该过程循环进行，直至所有的词都加入了某个语义相似词集。语义相似词集的序列抽取算法如图 4-6 所示。

Input：Vocabulary　$KV = \{w_1, w_2, \cdots, w_i\}$；

Document-term matrix DTM；

Word vector for each term　$WV = \{wv_1, wv_2, \cdots, wv_i\}$；

Threshold on semantic similarity θ.

Output：Semantic cliques，$SC = \{sc_1, sc_2, \cdots, sc_k\}$.

1	Sort terms in DTM based on TF-IDF，$DTM_{sort} = Sort(DTM)$；
2	$SC = \varnothing$，$ss_{max} = 1$；
3	$K = 1$；
4	while count（KV）>1 do
5	$sc_k = \{DTM_{sort}[1]\}$；
6	while $ss_{max} > \theta$ do
7	$L_{SC} = count(sc_k)$；
8	for $w_x \in KV \wedge w_x \notin sc_k$ do
9	$ss_{w_x} = (1/L_{SC}) \sum_{w_z \in sc_k} cosine(w_x, w_z)$；
10	end for
11	$ss_{max} = \max_{w_x \in KV \wedge w_x \notin sc_k} (ss_{w_x})$；
12	if $ss_{max} > \theta$ then
13	$sc_k = sc_k \cup \{w_{ss_{max}}\}$；
14	$KV = KV - \{sc_k\}$；
15	end if
16	end while
17	Remove sc_k from DTM_{sort}；
18	$k = k+1$；
19	end while

图 4-6　语义相似词集抽取算法

语义相似词集抽取算法中需要设定的参数为语义相似度阈值，即判定两个词向量之间的距离达到什么样的水平即可定义两词语义相似。语义相似度阈值会对抽取的语义相似词集数量产生影响，阈值太大会造成词与词之间很难语义相似，因而会形成较多的语义相似词集，且会出现较多独立语义相似词集（词集由单个词构成）；阈值太小则会形成较少的语义相似词集，且词集内会包含较多的词，甚至会出现与语义无关的词。因此，语义相似度阈值需要在实际应用过程中进行调优。

4. 语义软特征定义

在抽取了语义相似词集之后，则可利用所抽取的语义相似词集定义语义软特征。每个语义相似词集表达了借款申请者在借款描述文本中所表达的某方面特定的语义信息，因此可以定义相应的语义软特征。在本节所提出的方法中，语义软特征被定义为每个语义相似词集中所有词的 TF-IDF 指标值之和。给定语义相似词集及语义相似词集中每个词所对应的 TF-IDF 指标向量，$\mathrm{SC}_x = \{W_tV_1, W_tV_2, \cdots, W_tV_l\}$，则该语义相似词集所对应的语义软特征为

$$\mathrm{SF}_x = \sum_{W_tV_u \in \mathrm{SC}_x} W_tV_u \tag{4-21}$$

4.4.4　实验研究及结果分析

为了验证提出的基于语义软特征的借款申请者信用评价方法的有效性，本节利用 Lending Club 平台的网络借贷数据展开实验研究。实验收集了 Lending Club 平台 2007 年到 2012 年的 36 个月的网络借贷申请信息，以及借款在后续的还款表现（至 2015 年）。数据集共包含 40 010 条借款信息，其中违约的 5007 条，违约率为 12.51%。违约的定义采用了平台对两类不良贷款的定义——如果至少有一笔付款延迟 120 天以上，并且不迟于 150 天，则视为贷款违约（"A loan observation is considered defaulted when at least one payment is more than 120 days late and it is charged-off no later than when it reaches 150 days late"）。数据集中的信用特征及其统计描述如表 4-10、表 4-11 所示。

表 4-10　实验数据（连续型）

编号	特征	描述性统计			
		最小值	最大值	均值	标准差
1	借款金额/美元	500	35 000	10 828	6 624.60
2	利率	5.42%	24.89%	11.70%	3.52%
3	月还款额/美元	15.69	1 380.63	358.25	225.60
4	年收入/美元	4 000	1 900 000	66 573	47 031.26
5	债务收入比	0	34.97%	14.83%	7.33%
6	两年内逾期数/次	0	14	0.15	0.54
7	信用记录/天	2 406	22 495	6 765	2 448.10
8	半年内信用查询数/次	0	8	0.81	1.02
9	最近一次逾期/月	0	115	13.05	21.76

续表

编号	特征	描述性统计			
		最小值	最大值	均值	标准差
10	最近公开记录/月	0	129	3.31	17.60
11	信用账户活跃数/次	2	46	9.88	4.34
12	负面公共记录数/次	0	3	0.04	0.20
13	循环账户余额/美元	0	149 527	13 416	13 907.36
14	循环账户利用率	0	99.90%	52.19%	26.56%
15	信用账户数量/个	2	90	22.22	10.93

表 4-11　实验数据（类别型）

编号	特征	类数	类别描述
1	信用等级	7	A，B，C，D，E，F，G
2	信用分类等级	35	A1~A5，B1~B5，…，F1~F5，G1~G5
3	工作年限	12	无，小于1年，1年，2年，…，9年，10+年
4	房产状态	4	抵押，自有，租赁，其他
5	审核状态	3	未验证，收入来源经过验证，收入经过验证
6	借款目的	14	债务合并，信用卡，……
7	所在地	44	加利福尼亚州，纽约，得克萨斯州，……
8	原始标的状态	2	整笔贷款，多笔贷款

注：整笔贷款是指只有一个出借人来支持借款人；多笔贷款是指多个人借钱给借款申请者

　　针对借款描述文本，不同的语态下词的形式有不同的变化，而其表达的语义是相同的。因此，在应用语义软特征识别方法抽取语义软特征之前，本节利用Stanford CoreNLP开源方法库对借款描述文本进行词形还原处理。

1. 实验设计

　　验证基于语义软特征的借款申请者信用评价方法的具体流程是：利用硬特征（结构化信息中的信用特征）、语义软特征及二者的组合构建借款申请者信用评价模型，预测违约概率，对比硬特征、软特征的违约预测效果，以及软特征的加入对违约预测效果的提升。

　　针对借款申请者信用评价模型，实验从线性模型和非线性模型中选择了具有代表性的四个模型。

　　（1）LR。该模型是信用评价中最为基本也是应用最为广泛的线性模型。由于其解释性强、性能稳健、不易于过拟合等特点，LR 模型在信用评价相关研究中通常作为违约预测分析的基准模型。

（2）LASSO。由于实验数据的信用硬特征和语义软特征的特征空间维度大，实验还选取了 LASSO 模型对信用特征进行嵌入式的特征选择，从而减少无效或低效特征对实验结果的影响。

（3）RF。该模型是非线性和集成学习方法的代表。利用 Bagging 方法和随机子空间方法，RF 模型可以有效地增强基分类器之间的异质性，从而增强基分类器集成所带来的违约预测效果的提升。

（4）XGB。该模型同样是非线性和集成学习方法的代表，与 RF 模型所采取的集成策略不同，XGB 模型采用的是串联的梯度提升策略，其有效性在众多数据科学和机器学习的挑战中均得到了验证。

针对模型违约预测效果的评价指标，与第 3 章中所选取的违约预测效果评价指标一致，实验也选取了 AUC、KS 和 HM 三个评价指标。预测性能的估计采取了十折交叉验证方法。在十折交叉验证过程中，数据集被分为十等份，逐次选择其中一份作为测试集，利用剩余九份作为训练集训练违约预测模型，对测试集中样本的违约概率进行预测，并结合真实类别分别计算 AUC、KS 和 HM 三种评价指标的值。为了获得模型违约预测效果的无偏估计，实验针对每个模型均进行了 10 次十折交叉验证，产生了 100 个评价指标值，并利用这 100 个评价指标值进行了进一步的统计检验。为了保证实验的严谨性，不同模型在每次的训练集和测试集划分中均保持一致。

2. 结果分析

在语义软特征识别过程中，实验首先过滤了借款描述文本中的无效词，包括停用词和稀疏词。停用词的过滤利用了停用词表，如{my, we, he, she, …}；低频词的过滤则是将词频低于 0.001 的词从词典中去除。其次，利用 COF、PMI、LFMD 及 Gensim 四个搭配词判别指标从借款描述文本语料中抽取了 256 个搭配词，如 san_francisio、active_duty、clean_slate 等，其中四个指标的阈值分别设为 10、8、−25、10。再次，利用 4.4.2 节中介绍的 GloVe 方法训练了词嵌入模型，并利用语义相似词集抽取方法从词典中抽取语义相似词集。如前所述，语义相似度阈值的不同，会产生不同语义粒度的词集，该阈值需要在实验中进行调优。语义相似度阈值调优采用了网格搜索的方法[49]，先设定阈值为 0.1，并逐次增加 0.1，直至阈值为 0.9。最后根据所抽取的语义相似词集分别识别语义软特征，并利用语义软特征构建 RF 模型，根据模型的效果选择最优的语义相似度阈值。值得注意的是，为了增强模型的稳健性，本节在语义相似词集抽取过程中过滤了独立语义相似词集（单个词构成的词集）。不同阈值下所抽取的语义软特征数如图 4-7 所示。

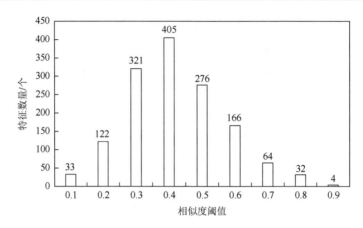

图 4-7　不同阈值下所抽取的语义软特征数

　　网格搜索的结果显示，语义相似度阈值的最优值为 0.6（10 次十折交叉验证中 RF 模型的平均 AUC 值为 0.622），最终抽取了 166 个语义相似词集。接下来，便利用这 166 个词集所对应的语义软特征进行后续实验验证。

　　不同信用特征下，借款申请者信用评价模型的违约预测效果如表 4-12 所示。表 4-12 中的结果显示，四种模型取得了类似的违约预测效果，其中单独使用软特征的模型违约预测效果低于单独使用硬特征的模型违约预测效果，但共同使用硬特征和软特征时，模型均取得了最好的违约预测效果，这表明所识别的语义软特征能够有效地提升借款申请者信用评价模型的违约预测效果。

表 4-12　违约预测模型的判别性能

模型	评价指标	硬特征	软特征	硬 + 软特征
LR	AUC	0.703(0.701, 0.706)	0.607(0.604, 0.609)	0.714(0.712, 0.717)
	KS	0.304(0.299, 0.308)	0.177(0.173, 0.181)	0.319(0.315, 0.323)
	HM	0.139(0.136, 0.142)	0.059(0.056, 0.061)	0.157(0.153, 0.160)
LASSO	AUC	0.704(0.701, 0.706)	0.606(0.604, 0.609)	0.715(0.713, 0.718)
	KS	0.303(0.299, 0.307)	0.175(0.171, 0.179)	0.317(0.313, 0.322)
	HM	0.140(0.137, 0.142)	0.058(0.056, 0.061)	0.158(0.154, 0.161)
RF	AUC	0.708(0.706, 0.710)	0.622(0.620, 0.625)	0.713(0.710, 0.715)
	KS	0.296(0.292, 0.299)	0.181(0.177, 0.185)	0.313(0.309, 0.317)
	HM	0.153(0.150, 0.156)	0.088(0.086, 0.091)	0.160(0.157, 0.163)
XGB	AUC	0.703(0.701, 0.706)	0.607(0.604, 0.609)	0.714(0.711, 0.716)
	KS	0.296(0.292, 0.300)	0.163(0.159, 0.167)	0.314(0.310, 0.318)
	HM	0.140(0.137, 0.143)	0.059(0.057, 0.061)	0.154(0.151, 0.156)

注：表中的值为模型预测效果评价指标的均值及其 95% 置信区间，下同

实验在上述结果的基础上进行了统计检验，包括非参数检验和参数检验。非参数检验采用了成对样本检验，其结果如表 4-13 所示。Friedman 检验的结果显示使用不同信用特征下，模型的违约预测效果存在显著性差异，进而进行成对比较。成对比较显示硬特征的效果显著优于软特征的效果，但两者组合可以得到显著的效果提升。参数检验采取了重复测量方差分析，其结果如表 4-14 所示。方差分析中信用特征作为主因素，评价模型作为组间因素。参数检验的结果同样显示语义软特征的增加，显著提升了模型的违约预测性能。

表 4-13 成对比较结果

项目	平均排名	硬特征	软特征
硬特征	1.89		
软特征	3.00	<0.001	
硬 + 软特征	1.11	<0.001	<0.001
Friedman χ^2	2166.602（<0.001）		

表 4-14 重复测量方差分析结果

评价指标	F 值	p 值	偏 η^2
AUC	794.136	<0.001	0.667
KS	437.417	<0.001	0.525
HM	1036.624	<0.001	0.724

上述结果证明了语义软特征对模型违约预测效果提升的有效性，接下来进一步比较不同类型语义软特征的有效性差异。首先，比较本节中所识别的语义软特征与主题软特征的有效性。实验利用借款描述文本语料训练了 LDA 模型，将每个借款文本所对应的不同主题概率作为主题软特征。LDA 模型需要确定主题数，实验根据不同主题数下主题分布的距离确定了主题数为 16。

语义软特征和主题软特征的有效性对比结果如表 4-15 所示。结果显示主题软特征同样能够在硬特征的基础上提升模型的违约预测效果，但与主题软特征相比，语义软特征带来的违约预测效果的提升更为显著。非参数相关样本的威尔科克森符号秩（Wilcoxon signed-rank）检验结果显示，语义软特征的违约判别性能要显著优于主题软特征的违约判别性能（$p < 0.001$）。

表 4-15　语义软特征和主题软特征对比

模型	评价指标	硬特征	硬 + 主题软特征	硬 + 语义软特征
LR	AUC	0.703(0.701, 0.706)	0.709(0.706, 0.711)	0.714(0.712, 0.717)
	KS	0.304(0.299, 0.308)	0.313(0.309, 0.317)	0.319(0.315, 0.323)
	HM	0.139(0.136, 0.142)	0.147(0.144, 0.150)	0.157(0.153, 0.160)
LASSO	AUC	0.704(0.701, 0.706)	0.709(0.707, 0.711)	0.715(0.713, 0.718)
	KS	0.303(0.299, 0.307)	0.312(0.308, 0.317)	0.317(0.313, 0.322)
	HM	0.140(0.137, 0.142)	0.147(0.144, 0.150)	0.158(0.154, 0.161)
RF	AUC	0.708(0.706, 0.710)	0.711(0.709, 0.713)	0.713(0.710, 0.715)
	KS	0.296(0.292, 0.299)	0.306(0.302, 0.309)	0.313(0.309, 0.317)
	HM	0.153(0.150, 0.156)	0.154(0.151, 0.157)	0.160(0.157, 0.163)
XGB	AUC	0.703(0.701, 0.706)	0.703(0.700, 0.705)	0.714(0.711, 0.716)
	KS	0.296(0.292, 0.300)	0.297(0.293, 0.301)	0.314(0.310, 0.318)
	HM	0.140(0.137, 0.143)	0.139(0.136, 0.142)	0.154(0.151, 0.156)

其次，除了主题软特征之外，实验同样比较了语义软特征与语言风格软特征的有效性，具体度量了三方面的语言风格软特征：①借款描述文本的统计特征，包括句子数、词数、词组数及字符数；②借款描述文本的可读性特征，包括自动可读性指数（automated readability index）、波尔穆特平均完形公式（Bormuth's mean cloze formula）、等级替代分数（grade placement score）、克尔曼可读性公式 1 和 2（Coleman's readability formula 1 & 2）；③借款描述文本的情感特征，实验利用情感分析工具"SentiStrength"计算了每条文本的正向情感分和负向情感分，正负向情感分计算过程中分别考虑了借款描述文本中情感词的平均情感、最强情感及累加情感，因而识别了六个情感特征（三组正负情感分）。

语义软特征和语言风格软特征的有效性对比结果如表 4-16 所示。结果显示，语言风格软特征的加入对线性模型（LR 和 LASSO）的性能提升要优于非线性模型（RF 和 XGB），对于所有线性模型，加入了语言风格软特征之后，模型的违约预测效果均得到显著提升。但与语言风格软特征相比，语义软特征对模型性能的提升显著优于语言风格软特征。对比表 4-16 中四种类型的信用软特征，语义软特征的加入均使模型取得了最优的违约预测效果。

表 4-16　语义软特征和语言风格软特征对比

信用特征	指标	LR	LASSO	RF	XGB
H	AUC	0.703(0.701, 0.706)	0.704(0.701, 0.706)	0.708(0.706, 0.710)	0.703(0.701, 0.706)
H + A		0.705(0.702, 0.707)	0.704(0.702, 0.707)	0.704(0.702, 0.706)	0.703(0.701, 0.705)
H + B		0.704(0.701, 0.706)	0.704(0.702, 0.706)	0.704(0.702, 0.706)	0.703(0.701, 0.705)

续表

信用特征	指标	LR	LASSO	RF	XGB
$H+C$		0.704(0.702, 0.707)	0.704(0.701, 0.706)	0.705(0.703, 0.707)	0.704(0.702, 0.706)
$H+D$		0.714(0.712, 0.717)	0.715(0.713, 0.718)	0.713(0.710, 0.715)	0.714(0.711, 0.716)
$H+A+B$	AUC	0.705(0.703, 0.707)	0.705(0.702, 0.707)	0.701(0.699, 0.703)	0.702(0.700, 0.705)
$H+A+B+C$		0.705(0.703, 0.707)	0.705(0.702, 0.707)	0.701(0.699, 0.703)	0.703(0.701, 0.705)
$H+A+B+C+D$		0.715(0.713, 0.718)	0.717(0.714, 0.719)	0.711(0.709, 0.713)	0.714(0.711, 0.716)
H		0.304(0.299, 0.308)	0.303(0.299, 0.307)	0.296(0.292, 0.299)	0.296(0.292, 0.300)
$H+A$		0.305(0.301, 0.309)	0.305(0.301, 0.309)	0.292(0.288, 0.296)	0.300(0.296, 0.304)
$H+B$		0.304(0.300, 0.308)	0.303(0.299, 0.307)	0.297(0.293, 0.301)	0.298(0.294, 0.302)
$H+C$		0.306(0.302, 0.310)	0.304(0.300, 0.308)	0.292(0.288, 0.296)	0.300(0.296, 0.304)
$H+D$	KS	0.319(0.315, 0.323)	0.317(0.313, 0.322)	0.313(0.309, 0.317)	0.314(0.310, 0.318)
$H+A+B$		0.306(0.302, 0.309)	0.305(0.301, 0.309)	0.293(0.289, 0.296)	0.298(0.294, 0.302)
$H+A+B+C$		0.306(0.302, 0.310)	0.304(0.300, 0.308)	0.293(0.290, 0.297)	0.299(0.295, 0.303)
$H+A+B+C+D$		0.322(0.318, 0.326)	0.320(0.316, 0.324)	0.309(0.305, 0.313)	0.315(0.311, 0.319)
H		0.139(0.136, 0.142)	0.140(0.137, 0.142)	0.153(0.150, 0.156)	0.140(0.137, 0.143)
$H+A$		0.141(0.138, 0.144)	0.140(0.137, 0.143)	0.147(0.144, 0.150)	0.139(0.136, 0.141)
$H+B$		0.140(0.137, 0.143)	0.140(0.137, 0.143)	0.146(0.144, 0.149)	0.139(0.136, 0.142)
$H+C$		0.140(0.137, 0.143)	0.139(0.137, 0.142)	0.148(0.145, 0.151)	0.139(0.137, 0.142)
$H+D$	HM	0.157(0.153, 0.160)	0.158(0.154, 0.161)	0.160(0.157, 0.163)	0.154(0.151, 0.156)
$H+A+B$		0.141(0.138, 0.144)	0.141(0.138, 0.144)	0.142(0.139, 0.145)	0.137(0.134, 0.140)
$H+A+B+C$		0.141(0.138, 0.144)	0.141(0.138, 0.144)	0.141(0.138, 0.144)	0.138(0.136, 0.141)
$H+A+B+C+D$		0.158(0.154, 0.161)	0.159(0.156, 0.162)	0.157(0.154, 0.160)	0.153(0.150, 0.156)

注：$H=$ 硬特征；$A=$ 统计特征；$B=$ 可读性特征；$C=$ 情感特征；$D=$ 语义软特征

　　上述实验充分证明了本节中所识别的语义软特征在违约预测中的有效性，接下来进一步验证所识别的语义软特征对模型授予性能的有效性。授予性能是指选择的贷款投资组合所带来的收益/损失大小。实验模拟比较了三种投资策略：①利用借款申请信息中的信用等级选择投资组合；②利用基于硬特征的借款申请者信用评价模型的结果选择投资组合；③利用基于硬特征＋语义软特征的借款申请者信用评价模型的结果选择投资组合。

　　三种策略下的授予性能如图 4-8 所示。其中横轴表示投资比例，由于信用等级是类别变量（A1～A5，…，G1～G5），实验对应于不同信用等级所占比例，设定了 35 个累积投资比例。例如，在第一个投资比例下，策略一选择投资所有 A1 等级的贷款，策略二和三根据模型结果对贷款进行排序，选择与 A1 信用等级对应比例的贷款。在第二个投资比例下，策略一选择 A1 + A2 信用等级的贷款，策略二和三选择对应比例的贷款，并以此类推。最终在第 35 个投资比例下，选择样本中所有的贷款，因此在该情况下三种策略所选投资组合的违约率均等于样本违约率，在图 4-8 中即表现为所有策略均收敛于同一违约率水平。

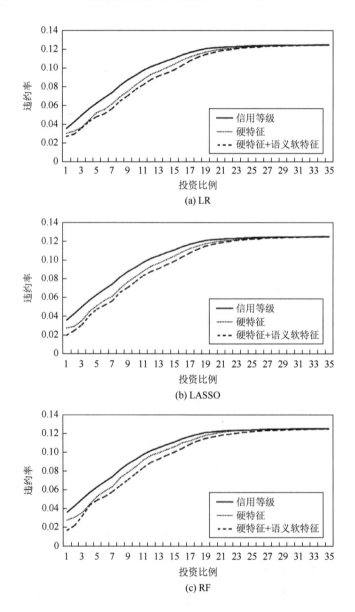

(a) LR

(b) LASSO

(c) RF

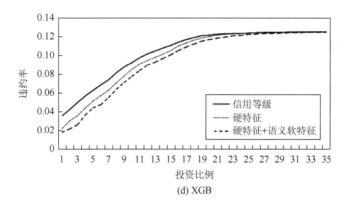

(d) XGB

图 4-8　模型授予性能

图 4-8 中结果显示，策略二和策略三所选投资组合的违约率显著低于策略一所选投资组合的违约率，表明在选择贷款投资组合时，信用评价模型的有效性显著优于仅仅依据贷款的信用等级。尤其是加入所识别的语义软特征之后，四种模型均取得了最优的授予性能，基于评价模型结果所选投资组合的违约率处于最低水平，证明了所识别的语义软特征的有效性。

4.5　基于规则匹配的信用特征构造方法[49]

4.5.1　问题描述

在众多文本类型中，有一类文本由专业人士按照一定书写规范撰写，如政府公告和行政处罚报告等。与口语化的表达方式不同，它们的观点阐述较为客观，专业词汇出现频率高，句式结构相似度高。本节以公开的司法判决文书为例，研究其作为非财务文本信息在中小企业信用评价中的有效性。

司法判决文书披露了企业在生产经营过程中与其他企业或个人所产生的纠纷，其中包含的大量信息在一定程度上可以反映中小企业信用风险。首先，相比于大型企业而言，司法处罚对于中小企业（评价对象）来说产生的负面影响更大。例如，法院要求一个中小企业向其他相关人员支付 500 万元，该处罚可能会严重影响中小企业的日常经营，甚至会导致其破产。但是对于大型企业来说，同样的赔付金额是可以负担的，不会影响到正常的生产经营。其次，司法判决文书中的纠纷类型等信息也反映了企业的偿债能力。对于一个中小企业来说，如果它由于借款纠纷等原因被起诉，则说明这个企业有还款能力不足或者缺乏还款意愿的记录。最后，司法判决文书作为一类公开可获得的文本信息，还可以帮助金融机构降低信息收集成本，保证信息来源可靠。但是，如何识别和筛选有效的司法判别文书，并从中挖掘有效的信用特征，提高模型违约预测的准确性是我们将面临的挑战。

相比于信用评价对象自行撰写的文本而言，司法判决文书的文本结构通常是固定的，文本内容由众多专业词汇组成，所以更适用于通过分析文本结构制定挖掘规则，从而提高信息挖掘的精准度。本节在分析判决文书结构的基础上，针对司法判决文书提出一个特征构造框架，首先利用法律词典和结构化规则，从司法判决文书文本中抽取结构化信息，包括文书编号、文书日期、借款申请者诉讼地位、案由、判决结果、判决金额。其次，将判决文书按照借款申请者的诉讼地位和判决结果分为四类，并对每一类文书的有效性进行检验，识别出与信用风险最相关的一类文书。最后，利用 χ^2 检验方法识别出具有信用风险判别能力的文本特征，将它们与基本特征一起加入信用评价模型中。

4.5.2　文本表示方法

本节将结合一个司法判决文书样例来分析其文本结构（图 4-9），并解释如何利用模式匹配方法使司法判决文书结构化。本节中，一篇完整的司法判决文书被拆成三个部分，以便进一步分析，分别是头部、正文部分和尾部。头部包括法院名称、文书类型、文本编号、诉讼双方基本信息；正文部分包括案由、审判过程、判决结果；尾部包括审判人员和判决文书日期（为了保护隐私，用 *代替敏感信息）。

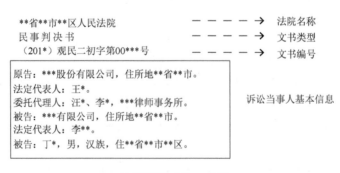

(a) 司法判决文书——头部

案由

> 原告***股份有限公司诉被告***有限公司、丁*金融借款合同纠纷一案，本院受理后，依法组成合议庭，公开开庭进行了审理。原告***股份有限公司委托代理人汪*、李*到庭参加诉讼。被告***有限公司、丁*经本院合法传唤，无正当理由，拒不到庭。本案现已审理终结。

审判过程

> ***股份有限公司诉称：······（具体内容）
> 原告***股份有限公司为证明其主张，举出如下证据：······（证据内容）
> 针对原告***股份有限公司所举证认定如下：
> 原告***股份有限公司所举证据因被告***有限公司、丁*未提出书面意见，故予以认定。
> 根据以上认定的证据及当事人的当庭陈述，本院确认如下事实：······（事实描述）

判决结果

> 本院认为：······（判决依据），判决如下：
> 一、判令被告***有限公司自本判决生效后十日内清偿原告***股份有限公司借款本金1 000 000元及利息（以借款本金2 000 000元、月利率2%计算自201*年1月22日起至201*年7月14日止的利息；以借款本金1 000 000元、月利率2%计算自201*年7月15日起至本判决书确定还款之日止的利息）。二、如果被告***有限公司逾期不能归还上述借款，被告丁*承担保证责任。三、驳回原告***股份有限公司其他诉讼请求。被告如果未按本判决指定的期间履行给付金钱义务，应当依照《中华人民共和国民事诉讼法》第二百五十三条规定，加倍支付迟延履行期间的债务利息。
> 本案诉讼费14 700元，保全费5000元，共计19 700元，由被告***有限公司承担。
> 如不服本判决，可在判决书送达之日起十五日内，向本院递交上诉状，并按对方当事人的人数提出副本，上诉于**省**市中级人民法院。

(b) 司法判决文书——正文部分

(c) 司法判决文书——尾部

图 4-9　司法判决文书

1. 文书编号

　　文书编号是司法判决文书的唯一标识，它的作用是帮助找到审判的最终判决。在司法程序中，任何一方如果对判决结果不满，有权提出上诉。因此，一个诉讼案件通常不止一个司法判决文书。因为先前判决的文书编号需要在后续的判决文书中交代清楚，所以可以使用文书编号将审判中的所有判决文书联系起来，找到最终的判决文书。

　　由于文书编号通常出现在文书类型之后，可以根据文书编号的位置信息和命名规则进行抽取。在收集了所有文书类型后创建一个词典，用于在文中进行匹配。经过归纳，文书编号的结构一般为：（具体年份）XXX 字第 XXX 号。从第一行开始匹配文书内容，当发现一个词典中的文书类型，且其后一行的内容结构符合文书编号的命名规则，则抽取这一行的内容作为"文书编号"。

2. 诉讼地位

诉讼地位指信用评价对象是在法庭上接受审判，还是对他人提起法律诉讼。在大多数情况下，如果评价对象是原告而不是被告，则判决对评价对象的负面影响较小。因此，本节认为该状态会影响司法判决文书评估信用风险的能力。

为了抽取评价对象的诉讼地位，需要构建一个诉讼地位词典，包括被告、原告、被执行人等，根据其出现的位置（文书编号之后），对文档进行扫描。当首次出现信用评价对象名字的时候，且这个名字前面的词组也出现在词典中，则认为这是信用评价对象的诉讼地位。

3. 案由

案由是对案件性质和过程的简要概括，本节使用司法判决文书中提及的纠纷类型作为关键词代替案由。一些纠纷与信用风险高度相关，如民间借贷纠纷和与企业运营相关的纠纷。因此，从司法判决文书中抽取这些纠纷类型十分重要。

案由的第一句话通常为"原告***诉被告*** XXX 纠纷一案……"，本节将这一具体的纠纷类型看作案由的关键词。因此，使用正则表达式和案由法律词典可以识别出文本中的纠纷类型。

4. 判决结果

判决结果由众多条目组成，本节只关注评价对象所涉及的部分。由于负面的判决结果往往需要评价对象支付相应的金额或赔偿相应的物品，对评价对象的信用风险影响较大。

判决结果往往从"判决如下："开始，到"本案诉讼费***元、保全费***元，共计***元，由被告***承担"结束。抽取这部分文本内容作为判决结果，并依据文中的序列号对这些句子进行分割，只保留涉及信用评价对象的判决条目。使用模式匹配的方法对这些条目进行匹配，如果某一条目匹配上，则用表 4-17 中的关键词代替这个条目。例如，"A 公司支付给 B 公司**元"，则该条目的关键词为"支付"；"B 公司支付给 A 公司**元"，则该条目关键词为"被支付"（其中 A 公司为评价对象）。

表 4-17 描述判决结果的关键词

判决结果	关键词
负面	支付，连带责任，冻结资产，划扣资产，拍卖资产，查封股权，查封资产，保全资产，立即履行义务，准许强制执行……
非负面	被支付，中止诉讼，撤诉，结案通知，解除资产保全，裁定书更正，判决书补正，确认劳动关系，维持原判，自动放弃诉讼……

5. 判决金额

司法判决文书中规定的金额是评价对象在判决文书中应当收到或者支付的总金额。如果评价对象收到法院处罚并责令支付高额费用，可能会给评价对象造成财务困境或者影响其日常生产经营。因此本节探讨了违约金额与信用风险评估之间的相关性。判决结果的条目中如果涉及判决金额，则通过触发词和模式匹配的方法抽取金额后，对它们进行相加。

6. 判决文书日期

司法判决文书对预测中小企业信用风险的有效性受判决日至借款申请日的时间跨度长短影响。如果时间跨度过长，该判决可能对借款违约没有太大影响。为了选择一个最佳观测期，需要先抽取判决文书的日期。判决文书的日期通常写在文档的最下方，包括"年""月""日"。从文档底部开始遍历，找到"XXXX 年 XX 月 XX 日"句式，并抽取这一行信息。

4.5.3　框架设计

本节提出了基于规则匹配的信用特征构造方法与有效性验证框架，如图 4-10 所示，用于从司法判决文书的文本中抽取有价值的信息，并使用该信息去评估中小企业的信用风险。在将文书结构化之后（如 4.5.2 节所述），为了识别有效的司法判决文书，本节从两个方面考虑：时间和文书类型。首先，关于时间，分析司法判决文书的时间跨度对于中小企业信用风险评估有效性的影响。其次，关于文书类型，依据诉讼地位和判决结果对文书进行分类，用于识别对中小企业信用风险评估有效的文书类别。最后，使用 χ^2 检验，对抽取的特征进行有效性检验。详细讨论如下。

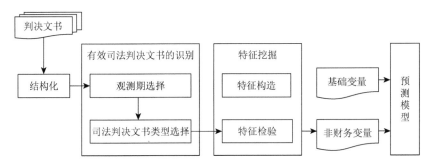

图 4-10　基于规则匹配的信用特征构造方法与有效性验证框架

1. 选择最佳观测期

司法判决文书对信用风险的影响会随着时间的推移而减弱。因此需要选择一个与信用风险相关性最大的观测期，并挑选出该观测期内所有的判决文书并计算判决文书日期到借款申请日期之间的年数。根据数据分布，本节发现这两个日期之间的最长时间是六年。因此本节定义了六个二元变量，表示借款申请者分别在1~6年内是否有司法判决文书。例如，如果中小企业一年内有两次以上的诉讼判决，且每个文书的日期与借款日期的差值都在四年以内，则这六个变量的取值为（0，0，0，1，1，1）。

2. 判决文书分类

将诉讼地位和判决结果各分为两类：负面与非负面。以此为依据，将判决文书分为四类，即C1~C4，具体划分准则如表4-18所示。

表4-18　判决文书类别划分准则

诉讼地位	判决结果	
	负面	非负面
负面	C4	C2
非负面	C3	C1

3. 特征构造

1）构造特征矩阵

在构造特征矩阵之前，用向量 j_i 表示一个有效的判决文书。

$$j_i = d_{i1}, \ d_{i2}, \cdots, d_{im}, \text{amount}_i, \quad m = 1, 2, \cdots, 11 \tag{4-22}$$

其中，i 为判决文书的序号；m 为案由的关键词序号；amount 为文书 i 的判决金额；d 为一个 0-1 变量，代表是否出现某一案由关键词，如果出现则取值为 1，反之取 0。

许多评价对象可能同时拥有不止一个判决文书，在这种情况下，用向量 e_p 代表一个评价对象。

$$e_p = \sum j_t \tag{4-23}$$

其中，p 为评价对象的序号；j_t 为属于评价对象 p 的所有判决文书。

由于不同评价对象对判决金额大小的承受能力不同，本节考虑判决金额和企业主营业务年收入之间的关系，构造了变量 ADYI，表示判决金额除以企业主营业务年收入的值。如果企业在不同年份都有判决文书，则采用判决文书涉及年份的平均主营业务收入。在实际应用中，金融机构还对 ADYI 的临界值感兴趣，也就是说，评价对象的 ADYI 超出多少比例时，更有可能会发生违约。为了进一步研究 ADYI 与信用风险之间的关系，本节将该特征划分为两个区间，然后用 χ^2 检验寻找临界值。

2）特征选择

χ^2 检验是一个非常受欢迎的特征选择方法，用于过滤不相关的、冗余的特征，以提高预测模型的准确率。本节使用 χ^2 检验去度量各个特征与信用风险之间的相关性，然后筛选出可以提高中小企业信用评价模型判别性能的特征。χ^2 的值越高，表示该特征与信用风险之间的相关性越强。当然，其他的特征选择方法也可以达到相同的效果，如基于相关性的特征选择（correlation-based feature selection，CFS）。χ^2 的计算公式如式（4-24）所示。

$$\chi^2(t,C) = \sum_{t\in\{0,1\}}\sum_{C\in\{0,1\}}(N_{t,C} - E_{t,C})^2 / E_{t,C} \tag{4-24}$$

其中，N 为特征 t 与类别 C 之间的观测频率；E 为特征 t 与类别 C 之间的期望频率。

4.5.4　实验研究及结果分析

1. 数据

评估上述框架所用的数据来自某商业银行、中国裁判文书网和企查查网站。为了获取全部的贷款信息，本节收集了 2015～2017 年申请的周期为一年的信贷记录和相应申请对象的财务数据。基于贷款时间节点前一年的财务数据计算了 10 个财务变量（表 4-19）。在剔除财务变量全部缺失的企业之后，样本总量为 1091 家制造行业的中小企业。针对缺失值问题，本节采用 KNN 模型进行填补。此外，本节还爬取了样本企业的基本信息（表 4-19）。

表 4-19　基本变量统计

序号	特征	统计			
		最小值	平均值	最大值	标准差
1	流动比率	0	100.460%	416.590%	0.538%
2	资产负债率	0	59.300%	91.930%	0.175%
3	速动比率	0.080%	74.549%	160.645%	0.231%
4	应收账款周转率/年	0	3.272	10.277	1.974
5	存货周转率/年	0	3.561	9.510	2.103
6	总资产周转率/年	0	0.792	4.318	0.809

续表

序号	特征	统计			
		最小值	平均值	最大值	标准差
7	营业利润率	−36.209%	−5.586%	27.113%	0.082%
8	股权回报率	−15.873%	−1.289%	17.288%	0.040%
9	总资产报酬率	−15.294%	−0.437%	14.383%	0.042%
10	缺失率	0	31.450%	90.000%	0.259%
11	企业年限/年	1	9.264	37	4.641
12	注册资本/万	3	2 266	55 880	4 386.557
13	参保人数/人	1	30.01	768	44.701
14	专利数量/个	0	9.652	237	20.605
15	所在城市	1	8.037	16	4.623
16	股东数量/人	1	2.467	46	2.464

注：缺失率是指序号 1～9 中的缺失值数量除以 9；所在城市是指某省的城市按照财务年份 GDP 大小排序，取值为连续整数

截至 2019 年 1 月，裁判文书网显示全国各地的判决量超过 6217 万次，访问量 2.1284 万人次。针对这 1091 家企业，本节爬取了涵盖 2010 年至 2017 年的 1920 篇判决文书，其中 44% 的样本企业拥有至少一篇判决文书。

因变量是一个二元变量，如果中小企业违约则取值为 1，反之取 0。根据银行规定，如果某一企业在贷款到期后 90 天内未还款，则定义为违约。在样本中，有 80 家违约企业和 1011 家未违约企业，违约率 7.33%。

2. 选择最佳观测期

在从判决文书中挖掘有效信息之前，需要先选择最佳观测期。本节使用 χ^2 检验度量不同观测期与违约风险之间的相关性，然后使用 LR 模型检验不同观测期的预测能力。

表 4-20 中显示了不同观测期内判决文书的数量和 χ^2 检验结果。结果显示，两年内的判决文书 χ^2 值最大，这表明两年内判决文书与贷款违约的相关性最高。除此之外，一年内的判决文书的 χ^2 值最低，原因可能有两个：一是判决文书的影响需要一段时间才会显现；二是一年内的判决文书在样本数据中最少，这可能会影响 χ^2 检验的结果。三年内到六年内的判决文书的 χ^2 值呈下降趋势，这表明判决文书对信用风险的影响随时间而减弱。

表 4-20　六个观测期的 χ^2 检验结果

观测期	χ^2 检验	p 值
一年内是否有文书	0.000	0.998
两年内是否有文书	0.971	0.325
三年内是否有文书	0.196	0.658
四年内是否有文书	0.115	0.734
五年内是否有文书	0.104	0.747
六年内是否有文书	0.093	0.761

使用 LR 模型建立六个预测模型（H1～H6），这六个模型中分别加入六个观测期变量，AUC 和 KS 的值如表 4-21 所示。H2 模型的 AUC 和 KS 值最大，表明两年内的判决文书具有最强的预测能力。因此选择借款时刻前两年内作为最佳观测期。

表 4-21　六个观测期在预测模型中的判别能力

模型	观测期	AUC	KS
H1	一年内是否有文书	0.702(0.681, 0.723)	0.455(0.424, 0.486)
H2	两年内是否有文书	0.709(0.689, 0.730)	0.461(0.431, 0.492)
H3	三年内是否有文书	0.707(0.686, 0.727)	0.459(0.429, 0.489)
H4	四年内是否有文书	0.706(0.686, 0.727)	0.458(0.428, 0.489)
H5	五年内是否有文书	0.706(0.686, 0.727)	0.458(0.428, 0.489)
H6	六年内是否有文书	0.706(0.686, 0.727)	0.458(0.428, 0.489)

3. 判决文书类别选择

将最佳观测期内的判决文书按照诉讼地位和判决结果分为四类（C1～C4），所有类别内的判决文书数量、企业数量和贷款违约概率如表 4-22 所示。其中，拥有 C4 类判决文书的中小企业违约概率最高，几乎是样本平均水平的两倍，表明 C4 类的判决文书可能对信用风险有较大的影响力。

表 4-22　四类判决文书的统计数据

文书类别	C1	C2	C3	C4
判决文书数量/篇	905	412	32	209
中小企业数量/个	300	239	28	125
中小企业违约概率	5.33%	9.62%	3.57%	14.4%

本节对每个类别的文书进行两个方面的测试：对于一个企业来说，是否有该

类别的判决文书（CW1、CW2、CW3、CW4）；有多少篇该类别的判决文书（CN1、CN2、CN3、CN4）。采用三种分类模型，即 LR、RF、XGB，建立模型去预测贷款违约风险。这些模型中分别加入了不同的特征子集，包括基本特征 B、CW1、CW2、CW3、CW4，以及它们的组合。例如，变量 CW1234 是指一个借款申请人至少有一篇判决文书在 C1、C2、C3、C4 类中。

表 4-23 展示了各个预测模型的 AUC 和 KS 的值，结果显示只有加入"B+CW4"这一特征集的模型的判别能力有显著的提升。因此，CW4 是最优的预测因子。综上，可以总结出两个结论：首先，并不是所有的判决文书对信用风险都有影响；其次，融入判决结果和诉讼地位皆为负面的判决文书这一有效信息可以显著提高中小企业信用评价模型的判别能力。

表 4-23 加入特征 CW1 至 CW4 及其组合的模型判别能力结果

特征集	LR		RF		XGB	
	AUC	KS	AUC	KS	AUC	KS
B	0.703	0.458	0.701	0.402	0.700	0.449
B+CW1	0.700	0.445	0.698	0.396	0.698	0.444
B+CW2	**0.708**	0.463	0.702	0.403	0.703	0.453
B+CW3	0.703	0.459	0.695	0.391	0.701	0.451
B+CW4	**0.719**	**0.476**	**0.716**	**0.432**	**0.718**	**0.475**
B+CW12	0.702	0.458	0.706	0.412	0.698	0.446
B+CW123	0.702	0.457	0.708	0.416	0.698	0.446
B+CW1234	**0.709**	0.461	0.701	0.402	**0.704**	0.450

注："B"表示基本特征；基于逐对 T 检验，加粗字体为 AUC 或 KS 值相比于只加入基本特征的模型的 AUC 或 KS 值有显著提高（p 值<0.05）

为了保证结果的稳定性，本节还使用连续变量检验判决文书对信用风险评估的有效性。表 4-24 展示了加入不同特征集的预测模型的判别能力。这些变量代表一个企业拥有某一类别或某些类别的文书的数量。结果与表 4-23 一致，都是加入特征集"B+CN4"的模型预测效果最好。上述结果证明了第四类判决文书对中小企业信用风险评估的影响最大。基于此结果，接下来只针对第四类判决文书展开研究。

表 4-24 加入特征 CN1 至 CN4 及其组合的模型判别能力结果

特征集	LR		RF		XGB	
	AUC	KS	AUC	KS	AUC	KS
B	0.703	0.458	0.701	0.402	0.700	0.449
B+CN1	0.696	0.438	0.699	0.398	0.695	0.444
B+CN2	**0.710**	0.464	0.704	0.407	0.704	0.452

续表

特征集	LR		RF		XGB	
	AUC	KS	AUC	KS	AUC	KS
B + CN3	0.703	0.460	0.704	0.408	0.701	0.452
B + CN4	**0.723**	**0.486**	0.709	0.418	**0.722**	**0.484**
B + CN12	0.701	0.455	0.698	0.395	0.696	0.442
B + CN123	0.701	0.455	0.695	0.389	0.697	0.442
B + CN1234	0.706	0.463	0.688	0.376	0.701	0.451

注:"B"表示基本特征;基于逐对 T 检验,加粗字体为 AUC 或 KS 值相比于只加入基本特征的模型的 AUC 或 KS 值有显著提高(p 值<0.05)

4. 有效特征检验

为了评估判决文书中是否还存在其他信息对中小企业信用风险有预测能力,针对样本中 1091 家中小企业的借款申请,将它们的基本特征与从第四类判决文书中抽取的特征相结合进行预测。如果一个企业没有 C4 类判决文书,则该申请人相应的特征值皆取 0。从判决文书中抽取的特征包括 amount、ADYI、纠纷类型(4.5.2 节中所述)。利用 χ^2 检验度量这些变量与信用风险之间的关系,χ^2 检验结果如表 4-25 所示。借款合同纠纷、生产经营性纠纷、买卖合同纠纷是与信用风险相关性最高的三个变量,其中借款合同纠纷相关性最高。

表 4-25　11 种纠纷类型的 χ^2 检验结果

序号	变量名称	χ^2	p 值
1	借款合同纠纷(D_LC)	17.031	0.000
2	生产经营性纠纷(D_PBO)	2.741	0.098
3	买卖合同纠纷(D_BC)	1.178	0.278
4	债权纠纷(D_CR)	0.873	0.350
5	劳动争议(D_L)	0.127	0.722
6	人格权纠纷(D_PR)	0.042	0.837
7	建设工程方面纠纷(D_CP)	0.000	1
8	其他(others)	0.000	1
9	担保方面纠纷(D_G)	0.000	1
10	物权纠纷(D_RR)	0.000	1
11	股东方面纠纷(D_S)	0.000	1

注:"其他"表示一些判决文书中没有写清楚的纠纷。例如,文书正文中没有提及任何一个纠纷类型

为了进一步评估判决文书的纠纷类型对信用风险评估的影响,将上述三个纠纷

类型分别加入中小企业信用评价模型,模型的 AUC 和 KS 值的结果如表 4-26 所示。加入借款合同纠纷变量的模型 D1 具有最高的 AUC 和 KS 值,且显著高于其他的预测模型($p<0.01$)。因此,相比生产经营性纠纷和买卖合同纠纷这两个变量而言,变量"借款合同纠纷"是一个强预测因子,可以用来评估中小企业信用风险。

表 4-26　加入不同纠纷类型的预测模型的判别能力

模型	特征集	AUC	KS
D1	$B+D\_LC$	0.725	0.488
D2	$B+D\_PBO$	0.703	0.457
D3	$B+D\_BC$	0.703	0.458

　　由于判决文书中的判决金额是对企业的处罚,可能会影响一个企业的日常生产经营,本节认为判决金额是一个有待挖掘的重要信息。首先,在预测模型中分别加入两个连续变量,即 amount 和 ADYI,但模型的判别能力并没有因为加入这两个变量而得到显著的提升。其次,用 χ^2 检验的方法去寻找最佳的临界值,即判决金额占年主营业务收入的比率大于一定值时,中小企业的信用风险更大。图 4-11 显示了在 ADYI 不同临界值下的 χ^2 值,且最佳的 ADYI 临界值是 12.15%,相应 χ^2 值是 26.882($p<0.000$)。这一结果表明当判决金额超过年主营业务收入的 12.15%时,判决金额对中小企业的信用风险具有较大影响。

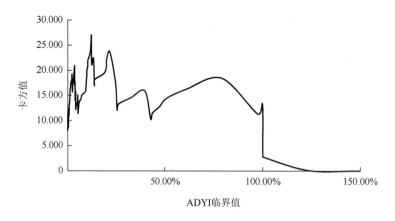

图 4-11　χ^2 检验结果——ADYI 的不同临界值

　　本节构造一个变量"ADYI>12.15%",即当 ADYI>12.15%时,取值为 1,否则取 0。将该变量加入预测模型中,AUC 与 KS 值相比加入 amount 和 ADYI 而言有显著的提高,结果如表 4-27 所示。

表 4-27　加入 amount 等变量的模型判别能力

模型	特征集	AUC	KS
A1	B + amount	0.705	0.461
A2	B + ADYI	0.707	0.460
A3	B + ADYI > 12.15%	0.734	0.497

基于上述结果分析，可以得到结论："借款合同纠纷"和"判决金额超过年主营业务收入的 12.15%"是两个有效的特征，可以用于提高信用评价模型的判别能力。将这两个变量加入 LR 预测模型中，AUC 取值 0.737，KS 取值 0.504，相比只加基本变量的 LR 预测模型（AUC = 0.703，KS = 0.458）有显著提升。综上，判决文书是一类有效的非财务信息，可以帮助提高信用评价模型的违约预测能力。

本 章 小 结

本章介绍了三种不同的方法用于从文本信息中构造信用特征，分别是基于主题模型的信用特征构造方法、基于词嵌入的信用特征构造方法和基于规则匹配的信用特征构造方法。这三种方法从语义和结构两个方面对文本信息进行挖掘，实现了高维非结构化数据向低维结构化数据的转化，构造了有效的信用特征，提高了信用评价模型的违约预测能力。

基于主题模型的信用特征构造方法采用主题模型抽取并量化临时公告中隐含的特征，并对这些特征的预测能力进行了实验研究；同时比较了临时公告和定期报告的财务困境预测性能。研究发现：①新三板企业临时公告中确实含有财务困境预测的增量信息，是财务信息的重要补充；②新三板企业定期报告 MD&A 文本的预测效果不显著。

基于词嵌入的信用特征构造方法包括词典构建、词嵌入模型训练、语义相似词集抽取、语义软特征定义四个关键步骤。通过比较加入语义软特征前后信用评价模型的违约预测效果，验证了语义软特征在借款违约预测中的有效性。市场投资者可以利用所提出的语义软特征识别方法分析借款人的借款描述文本，从而构建更为有效的借款人信用评价模型，对市场中借款人的信用风险进行评估，进而为投资决策提供支持。

基于规则匹配的信用特征构造方法在分析判决文书文本结构的基础上，首先筛选出了最佳的判决文书观测期，其次根据诉讼地位和判决结果识别了有效的判决文书，最后通过特征工程发现了可以提高违约预测精度的信用特征。同时，本章通过实验证明了并不是所有的判决文书都对申请人的信用风险有影响，只有当判决文书发生在申请借款时刻的两年内，且申请人相关的诉讼地位和判决结果皆为负面，这类判决文书才会对申请人的信用风险产生影响。此外，本章还发现了当在信用评价模型中加入"借款合同纠纷"和"判决金额超过年主营业务收入的12.15%"这两个关键特征时，模型的违约预测能力会显著提高。

参 考 文 献

[1]　Jiang C Q，Wang Z，Wang R Y，et al. Loan default prediction by combining soft information extracted from descriptive text in online peer-to-peer lending[J]. Annals of Operations Research，2018，266（1）：511-529.

[2]　Chen X，Huang B H，Ye D Z. The role of punctuation in P2P lending：evidence from China[J]. Economic Modelling，2018，68：634-643.

[3]　Yuan H，Lau R Y K，Xu W. The determinants of crowdfunding success：a semantic text analytics approach[J]. Decision Support Systems，2016，91：67-76.

[4]　赵宇亮. 年报净语调对企业债权融资的影响研究[J]. 经济管理，2020，42（7）：176-191.

[5]　杨兵，杨杨，杜剑. 企业发展预期的创新效应：基于上市企业年报文本挖掘的实证[J]. 科技进步与对策，2022，39（3）：107-117.

[6]　Wang S X，Fu B，Liu H Z，et al. Feature engineering for credit risk evaluation in online P2P lending[J]. International Journal of Software Science and Computational Intelligence（IJSSCI），2017，9（2）：1-13.

[7]　Gao Q，Lin M F. Linguistic features and peer-to-peer loan quality：a machine learning approach[J]. SSRN Electronic Journal，2013，2446114.

[8]　Iyer R，Khwaja A I，Luttmer E F P，et al. Screening peers softly：inferring the quality of small borrowers[J]. Management Science，2016，62（6）：1554-1577.

[9]　Wang S X，Qi Y W，Fu B，et al. Credit risk evaluation based on text analysis[J]. International Journal of Cognitive Informatics and Natural Intelligence（IJCINI），2016，10（1）：1-11.

[10]　Dorfleitner G，Priberny C，Schuster S，et al. Description-text related soft information in peer-to-peer lending—evidence from two leading European platforms[J]. Journal of Banking & Finance，2016，64：169-187.

[11]　Netzer O，Lemaire A，Herzenstein M. When words sweat：identifying signals for loan default in the text of loan applications[J]. Journal of Marketing Research，2019，56（6）：960-980.

[12]　陈林，谢彦妩，李平，等. 借款陈述文字中的违约信号——基于 P2P 网络借贷的实证研究[J]. 中国管理科学，2019，27（4）：37-47.

[13]　Ye Q X，Doermann D. Text detection and recognition in imagery：a survey[J]. IEEE Transactions on Pattern Analysis and Machine Intelligence，2015，37（7）：1480-1500.

[14]　Cecchini M，Aytug H，Koehler G J，et al. Making words work：using financial text as a predictor of financial events[J]. Decision Support Systems，2010，50（1）：164-175.

[15]　郭振东，林民，李成城，等. 基于 BERT-CRF 的领域词向量生成研究[J]. 计算机工程与应用，2021：1-9.

[16]　Inzalkar S，Sharma J. A survey on text mining-techniques and application[J]. International Journal of Research In Science & Engineering，2015，24：1-14.

[17]　韩亚楠，刘建伟，罗雄麟. 概率主题模型综述[J]. 计算机学报，2021，44（6）：1095-1139.

[18]　Landauer T K，Foltz P W，Laham D. An introduction to latent semantic analysis[J]. Discourse processes，1998，25（2-3）：259-284.

[19]　Hofmann T. Probabilistic latent semantic indexing[C]. The 22nd Annual International ACM SIGIR Conference on Research and Development in Information Retrieval. Berkeley，1999.

[20]　Blei D M，Ng A Y，Jordan M I. Latent dirichlet allocation[J]. Journal of Machine Learning Research，2003，3：993-1022.

[21]　Xu S，Shi Q W，Qiao X D，et al. Author-topic over time（AToT）：a dynamic users' interest model[M]//Park J J，Adeli H，Park N，et al. Mobile，Ubiquitous，and Intelligent Computing. Berlin：Springer Publishing Company，2014：239-245.

[22]　Jaradat S，Matskin M. On dynamic topic models for mining social media[M]//Agarwal N，Dokoohaki N，Tokdemir S. Emerging Research Challenges and Opportunities in Computational Social Network Analysis and Mining. Berlin：Springer Publishing Company，2019：209-230.

[23]　Mikolov T，Chen K，Corrado G S，et al. Efficient estimation of word representations in vector space[J]. arXiv：Computation and Language，2013.

[24]　Mikolov T，Sutskever I，Chen K，et al. Distributed representations of words and phrases and their compositionality[J]. Advances in Neural Information Processing Systems，2013：3111-3119.

[25]　Pennington J，Socher R，Manning C D. GloVe：global vectors for word representation[C]. The 2014 Conference on Empirical Methods in Natural Language Processing（EMNLP）. Doha，2014.

[26]　Peters M E，Neumann M，Iyyer M，et al. Deep contextualized word representations[J]. arXiv：1802.05365，2018.

[27]　Devlin J，Chang M W，Lee K，et al. Bert：pre-training of deep bidirectional transformers for language understanding[J]. arXiv：1810.04805，2018.

[28]　何小波，罗跃，金贤锋，等. 规则匹配和深度学习结合的文本空间信息识别及定位[J]. 地理信息世界，2020，27（5）：121-128.

[29]　昝红英，毕银龙，石金铭. 基于 Adaboost 算法与规则匹配的垃圾评论识别[J]. 郑州大学学报（理学版），2017，49（1）：24-28.

[30]　张远鹏，王理，董建成. 基于规则和词共现的中文电子病历否定检出[J]. 计算机应用与软件，2015，32（3）：50-52.

[31]　Tsai M F，Wang C J. On the risk prediction and analysis of soft information in finance reports[J]. European Journal of Operational Research，2017，257（1）：243-250.

[32]　Davis A K，Piger J M，Sedor L M. Beyond the numbers：measuring the information content of earnings press release language[J]. Contemporary Accounting Research，2012，29（3）：845-868.

[33]　于忠泊，田高良，曾振. 上市公司临时报告对资本市场信息传递的影响[J]. 系统工程理论与实践，2012，32（6）：1151-1165.

[34]　Carter M E，Soo B S. The relevance of form 8-K reports[J]. Journal of Accounting Research，1999，37（1）：119-132.

[35]　DeFond M，Hung M Y，Trezevant R. Investor protection and the information content of annual earnings announcements：international evidence[J]. Journal of Accounting and Economics，2007，43（1）：37-67.

[36]　Lerman A，Livnat J. The new Form 8-K disclosures[J]. Review of Accounting Studies，2010，15（4）：752-778.

[37]　陈艺云. 基于信息披露文本的上市公司财务困境预测：以中文年报管理层讨论与分析为样本的研究[J]. 中国管理科学，2019，27（7）：23-34.

[38]　Li Q，Wang T J，Li P，et al. The effect of news and public mood on stock movements[J]. Information Sciences，2014，278：826-840.

[39]　Sun J，Fujita H，Chen P，et al. Dynamic financial distress prediction with concept drift based on time weighting combined with Adaboost support vector machine ensemble[J]. Knowledge-Based Systems，2017，120：4-14.

[40]　Geng R B，Bose I，Chen X. Prediction of financial distress：an empirical study of listed Chinese companies using

data mining[J]. European Journal of Operational Research，2015，241（1）：236-247.

[41] Jiang Y，Ho Y C，Yan X B，et al. Investor platform choice：herding，platform attributes，and regulations[J]. Journal of Management Information Systems，2018，35（1）：86-116.

[42] Zhang T W，Tang M F，Lu Y，et al. Trust building in online peer-to-peer lending[J]. Journal of Global Information Technology Management，2014，17（4）：250-266.

[43] Morse A. Peer-to-peer crowdfunding：information and the potential for disruption in consumer lending[J]. Annual Review of Financial Economics，2015，7：463-482.

[44] Gao R Q，Feng J W. An overview study on P2P lending[J]. International Business and Management，2014，8（2）：14-18.

[45] 冯博，叶绮文，陈冬宇. P2P 网络借贷研究进展及中国问题研究展望[J]. 管理科学学报，2017，20（4）：113-126.

[46] Wei Z Y，Lin M F. Market mechanisms in online peer-to-peer lending[J]. Management Science，2017，63（12）：4236-4257.

[47] Yoon Y，Li Y，Feng Y. Factors affecting platform default risk in online peer-to-peer（P2P）lending business：an empirical study using Chinese online P2P platform data[J]. Electronic Commerce Research，2019，19（1）：131-158.

[48] Gao Y，Yu S H，Shiue Y C. The performance of the P2P finance industry in China[J]. Electronic Commerce Research and Applications，2018，30：138-148.

[49] Yin C，Jiang C Q，Jain H K，et al. Evaluating the credit risk of SMEs using legal judgments[J]. Decision Support Systems，2020，136：113364.

第5章 基于关系网络的信用特征构造方法

5.1 引　　言

随着企业、政府和市场的数字化转型深入推进，企业与投资者、消费者、金融机构、政府间的联系越来越紧密，形成了复杂的关系网络。一方面，关系网络能为信用主体带来发展机遇，使得相关资源能够在信用主体之间进行有效配置，提高资源利用效率。另一方面，关系网络也给风险在信用主体间的传播提供了路径，形成了关联风险，即当关系网络中某个信用主体出现风险时，导致与其存在关联关系的其他信用主体出现信用风险问题的概率增大。本章主要以中小企业为信用评价对象，聚焦信用风险在企业关系网络中的传播，研究如何基于中小企业关系网络提取信用评价特征。

现有的中小企业信用评价研究主要基于企业自身的财务与非财务指标、行业和宏观经济环境变量等。但是，跨地区、跨行业和集团化经营使得企业之间越来越紧密地相互关联。这种关联既有投资、借贷或担保等所形成的资产关联，又有上下游企业间产品交易所形成的交易关联，还有企业间共享实际控制人、董监高等管理人员所形成的人际关联。在各种关联关系的相互作用下，企业间形成了复杂的关系网络，为企业间的风险传导提供了通道，容易造成信用风险传播的"多米诺骨牌"效应[1]。例如，2012 年，在广东、福建、浙江、江苏等出口企业的联保互保圈中，相继出现一家企业违约引发圈中多家企业违约的现象。此外，相对于大型企业，中小企业抗风险能力弱，更容易受到企业关系网络中其他企业风险的影响。基于上述分析，在评价中小企业信用风险时，不仅要考虑企业自身的财务与非财务指标、行业和宏观经济环境变量，还要充分考虑企业间的关系网络，建立兼顾企业自身风险特征和关联风险特征的信用评价方法[2]。

中小企业财务制度相对不健全，财务信息透明度低，基于关系网络抽取的关联风险特征可以有效地补充财务信息，提升中小企业信用评价模型的违约预测能力。但是，基于中小企业关系网络抽取关联风险特征面临诸多挑战。①中小企业的信息披露制度不健全，导致构建关系网络的关系信息有限。现有研究主要是基于大型企业或上市企业的交叉持股、关联交易、供应链等关联关系构建关系网络，进而抽取关联风险特征。但是，对于中小企业而言，这些关联关系稀疏且披露程度低，因此，需要研究基于公开信息的中小企业的关系网络的构建方法。②中小企业成立时间相对较短，缺乏历史信用记录，且信用信息的数据开放程度较低，难以抽取关联风险特征[3, 4]。现有研究主要是基于关联企业的历史信用信息抽取关联风险特征，该类研究的基本假设是每个关联企业的历史信用信息都是已知的，但实际情况是企业信用信息大多分布在多个金融机构，评价时很难获得一个企业的所有关联企业的历史信用信息，因此该类研究存在数据可获得性的局限，需要研究基于公开信息的关联风险特征构造方法。③企业间的高阶关系会影响风险在企业间的传播，但现有的关联风险特征构造方法难以融入高阶关系信息。现有研究主要以二元关系的形式对企业与企业之间的关系进行编码，进而抽取关联风险特征，很少研究三个或多个企业间的高阶关系对风险传播的影响。因此，需要研究融入高阶关系信息的关联风险特征的构造方法。

　　本章首先对现有的关联风险研究进行综述和分析；其次，提出基于企业关系网络的关联风险特征的构造方法；再次，针对企业间的高阶关系，提出融入高阶关系信息的关联风险特征的构造方法；最后，通过实验研究验证上述方法的有效性。

5.2　国内外研究状况

　　企业间的各类关联关系使得企业间形成了复杂的关系网络，探寻关系网络中的风险信息是进行有效信用评价的重要前提之一，受到学术界和业界的高度关注。一方面，企业信用风险具有传染效应，一家企业的信用风险可以通过关系网络传导至其他关联企业；另一方面，关系网络的复杂结构导致关联风险难以被量化和抽取。因此，本章将从风险传染机理分析和关联风险特征构造两个方面对国内外研究进行归纳与分析。

　　企业风险传染是指一家企业违约导致另一家企业违约的可能性[5, 6]。企业风险传染的研究主要包括两个方面。一方面，关注宏观环境因素对企业信用风险传染的影响。宏观环境因素影响市场上所有企业的经营状况，导致在一个经济周期内大量企业的违约存在关联性[7, 8]。例如，Gersbach 和 Lipponer[9]假设两个企业资产关联并符合联合正态分布，研究了企业银行贷款违约相关性与资产回报相关性之间的关系，发现宏观的经济危机不仅会增加企业违约的可能性，还会增加企业间违约的相关性。另一方面，基于企业间交叉持股、供应链和担保等各类关联关系分析信用风险传染机制。例如，Barro 和 Basso[10]将交易对手风险、关联企业之间的业务关系网络等纳入影响企业价值的因素，并通过数值模拟，研究银行贷款组合中企业间的业务关系所导致的传染机制。曲昭光和陈春林[11]利用风险价值模型，分析我国金融企业集团控股的子公司之间的信用风险的传染效应，研究发现金融企业集团控股下的子公司之间存在传染效应。Li 和 Sui[12]基于企业间的担保关系构建了担保网络，研究发现担保网络为风险传染提供了渠道，加剧了企业之间的风险传染；同时，合作伙伴的选择对风险传染也有影响。谢小凤等[13]针对供应链上同时存在交易关联、资产关联和人际关联等三重关联关系的场景，构建了关联信用风险传染强度模型，采用仿真模拟实验，分析了关联风险微观传染机理，探讨了三种关联关系及链外市场对传染效应的影响。

　　上述研究主要是采用仿真模拟实验分析企业风险传染的机制，并研究风险传染机制对投资组合损失分布和企业资产价值变化的影响，较少基于风险传染机制构建关联风险特征、并将其应用于中小企业信用评价。此外，上述研究对象主要是大型企业，其分析方法难以应用到中小企业信用评价场景。具体表现在：①需要借助交叉持股，或交易对手信息，但中小企业缺乏这方面的信息，难以构建关系网络；②这类研究的基本假设是每个关联企业的历史信用信息是已知的，但在实际情况是中小企业信用信息的数据市场开放程度低，企业历史信用数据难以获得。因此，这类方法普遍存在数据无法获得的现实问题。

　　在风险传染研究的基础上，近年来有部分学者利用复杂网络分析技术研究如何从企业关系网络中构造关联风险特征。这类研究主要是探讨如何基于企业关联关系构建关系网络、在关系网络的基础上构造和量化关联风险特征，以及将构造的关联风险特征应用于企业信用评价[14, 15]。基于关系网络构造关联风险特征的研究主要分为两类。一类是基于网络结构，构建关联风险特征，包括网络的中心度、中介中心性、接近中心度等网络结构特征。例如，Vinciotti 等[16]基于中小企业的交易数据构建了企业关系网络，研究发现企业的出度和入度会影响中小企业的信用风险。刘堃等[2]从企业关联关系和信贷信息角度建立了一种全新的信用风险预警模型，构建了同一法人企业个数与关系密切企业个数占比、同一法人企业是否在当期显现风险等网络统计性特征，研究发现构建的关联风险特征具有较强的风险识别和预警能力。另一类是融合网络结构和节点属性信息，构建关联风险特征。例如，Fernandes 和 Artes[17]利用普克金法估计中小企业之间的空间依赖性，并以此构建了关联风险特征，研究发现关联风险特征可以提升中小企业信用评价模型的违约预测能力。Tobback 等[18]将有共同高管的两个企业看作关联企业，利用二部图技术构建了中小企业关系网络，然后利用融合网络结构和节点属性信息的加权投票关系分类器，构建关联风险特征，研究发现关联风险能够作为财务信息的补充，提升了信用评价模型的违约预测能力。钱茜等[19]揭示了企业关系网络中关联风险的传染概率与不完全免疫及资产关联之间的关系，研究发现加入关联风险特征能有效提升中小企业信用评价模型的违约预测能力。

　　上述研究虽然探索了基于企业关系网络的关联风险特征的构建方法，但研前提依旧是每个关联企业的历史信用信息是已知的。此外，上述研究主要是基于单部图和二部图模型描述企业间的关系，从而构建出企业关系网络。这两类图模型只能以二元形式描述两个企业之间是否存在关联关系，然而，实际场景中，企业间可能存在高阶关联关系，即多个企业之间存在共同的关联关系[20, 21]。

综上所述，国内外学者从不同角度对关联风险展开了探索性研究，取得了一些具有借鉴意义的研究成果。但仍然存在以下局限性和需要解决的问题：①现有研究主要基于关联企业的历史信用信息构建关联风险特征，然而中小企业信用信息的数据市场开放程度低，因此，现有的关联风险特征构造方法存在数据可获得性的局限，需要研究基于公开信息的关联风险特征的构造方法；②现有研究主要以二元形式描述企业间的关联关系，而企业间的关系既有成对关系又有高阶关系，因此需研究融入高阶关系的关联风险特征的构造方法。

5.3　基于企业关系网络的关联风险特征构造方法

5.3.1　问题描述

中小企业是国民经济和社会发展的重要力量，也是建设现代化经济体系、推动经济实现高质量发展的重要基础。2018 年，我国中小微企业占所有企业总数的99.8%，其就业人口占所有企业就业人口的 79.4%，其营业收入占全部企业全年营业收入的 68.2%。然而，中小企业发展过程中"融资难""融资贵"问题尤为突出。主要原因是中小企业可用于融资担保的高质量资产少、财务信息透明度低且不对称性严重，金融机构难以有效、准确地评估中小企业信用风险，从而增加了金融机构对中小企业的借款信用的顾虑[22, 23]。因此，融合企业关系网络中的非财务信息、构造关联风险特征、评价中小企业信用风险，对提高金融机构识别中小企业的信用风险能力、降低信息不对称、解决中小企业"融资难""融资贵"问题具有重要理论价值和现实意义。

国内外学者针对中小企业信用评价展开了大量研究，这些研究所采用的信用评价特征主要包括基本统计特征（如规模、业务类型、地区等）、财务特征（如流动比率、负债与总资产比率等）和信用历史特征[3, 4, 24]。这三种类型特征主要描述了企业自身的基本状态、财务信息、经营成果和信用历史。近年来，相关研究发现企业信用会受到关联企业风险的影响[14, 25, 26]。对于中小企业而言，其抗风险能力较弱，更容易受到外部关联风险影响，如关系网络中的风险事件传播带来的影响[27]。同时，中小企业财务报表质量参差不齐、财务信息透明度低、信用历史数据稀缺。因此，仅仅基于中小企业自身的相关信息，难以准确刻画其信用水平。

本节将从关系网络的角度，研究关联风险特征的构建方法，以提升中小企业信用评价模型的违约预测能力。

企业间的关系网络的描述如图 5-1 所示。一些学者从关系的角度研究发现中小企业的信用水平不仅取决于其自身的状态，而且还与其关联企业的风险密切相关[14,28]。这些研究主要利用关系网络中的同质信息构建关联风险特征，如图 5-1（a）所示，已知主体企业 A 的所有关联企业（B、C、D、E、F）的历史违约信息，从而推断出关联企业对企业 A 信用水平的影响。然而在实际应用场景中，企业信用历史数据大多分布在不同的金融机构，评价时很难获得某企业的所有关联企业的历史违约信息。因此，这类方法存在数据可获得性差的局限。

图 5-1　关系网络

近年来，随着数字化转型的快速推进，中小企业的工商、税务、环保、质量及司法等信息被实时记录在各类信息系统中，形成了信用风险事件大数据，为从关系网络角度研究中小企业信用评价提供了数据支持，如图 5-1（b）所示。因此，基于关联企业的风险事件信息，研究关联企业的风险对主体企业信用水平的影响引起学术界和产业界的高度关注。但现有研究大多聚焦在关系网络中的同质信息上[18,28]，即关联企业的历史违约信息；鲜有基于关联企业的异质信息，即关联企业的风险事件信息开展关联风险研究的。

本节聚焦关联企业的异质信息，研究关联风险特征的构建方法，以提高中小企业信用评价模型的违约预测能力。首先，基于企业的关联关系，构建企业的关系网络；其次，基于风险事件信息，识别关联企业的风险；再次，利用加权投票关系分类器，构建异质的关联风险特征；最后，利用某地方银行的中小企业信贷数据进行实验研究，并比较基于不同粒度的关系网络构建的关联风险特征对信用评价绩效的提升能力。

5.3.2　框架设计

基于关系网络，构建关联风险特征的关键问题包括关系网络的构建、关联企业风险的识别及关联风险的量化。而关系网络构建的核心在于关联关系信息和网络构建技术的选择。关联企业风险识别的核心在于公开风险事件的选择。关联风险量化的核心在于关系网络结构和关联企业的风险信息的融合方法。为此，本节提出一个基于关联企业异质信息构建关联风险特征进而预测中小企业信用风险的研究框架。如图 5-2 所示，该框架主要包括四个部分：①基于企业间的股权关系和管理关系，利用二部图模型构建企业关系网络；②利用公开的行政处罚或借款纠纷事件信息，识别关联企业的风险；③基于构建的关系网络及关联企业的风险信息，使用加权投票关系分类器量化企业的关联风险，根据所量化的关联风险，定义关联风险特征；④结合企业自身的基本特征和构建的关联风险特征预测中小企业的信用风险。

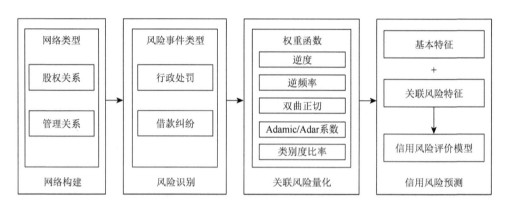

图 5-2　基于关联企业异质信息的关联风险特征抽取方法与有效性验证框架

注：Adamic/Adar 系数由亚当（Adamic）和艾达尔（Adar）提出，又称 Adamic/Adar 指数

1. 网络构建

关联风险特征构造的第一步便是基于企业间的关联关系构建企业关系网络。现有用于构建企业关系网络的方法包括：①基于企业与企业间的直接关联关系，如交叉持股、上下游交易、母子公司等关系，利用单部图模型构建企业关系网络；②基于企业间的间接关联关系，如企业通过共享董事、自然人股东等资源与其他企业建立的关系，利用二部图模型构建企业关系网络。鉴于中小企业间的直接关联关系较稀疏且披露程度较低，本节聚焦间接关联关系，利用二部图模型构建企业关系网络。

首先，利用二部图模型描述企业与企业资源之间的关联关系。二部图的节点可以分为两个互斥的独立集合，即企业节点和资源节点两个集合，如果企业和资源之间有关联关系，则用一条边连接企业和资源，如图 5-3（a）所示。

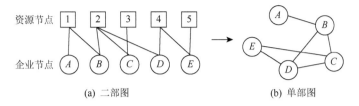

图 5-3　二部图的投影

其次，从资源节点向企业节点投影，将二部图转换成单部图，从而构建企业关系网络。如图 5-3（b）所示，如果两个企业之间共享了一个或多个资源，则这两个企业之间有一条边。此外，在二部图转换成单部图的过程中，本节将资源节点的信息压缩成企业间边的权重，资源节点加权函数共有五种，如表 5-1 所示。这些加权函数主要是基于微亲和力（micro-affinity）理论设计的[29]。以董事和企业之间的关联关系为例，在五家企业任职的董事对其中某个企业的影响要比在两家企业任职的董事对其中某个企业的影响小。资源节点加权函数通常是作为一个超参数，在训练模型时被优化。基于资源节点加权函数，公司 i 和公司 j 之间的权重 w_{ij} 等于两个企业间所有共享资源的权重 s_k 的总和，即 $w_{ij} = \sum_{k \in N(i) \cap N(j)} s_k$，其中 $N(i)$ 为企业 i 的关联企业。

表 5-1　权重函数

权重函数	公式
逆度	$s_k = 1 / d_k$
逆频率	$s_k = \log_{10}(N / d_k)$
双曲正切	$s_k = \tanh(1 / d_k)$
Adamic/Adar 系数	$s_k = 1 / \log_{10} d_k$
类别度比率	$s_k = d_k^c / d_k$

注：k 为资源；s_k 为资源 k 的加权函数；d_k 为资源 k 的度，即该资源连接的企业数；N 为企业关系网络中的总企业数；d_k^c 为资源 k 连接的有风险的企业数

最后，不同的资源可以构建不同的关系网络。例如，如果企业间通过共享地理位置与其他企业建立联系，则可以建立基于地理位置关系的企业关系网络[10, 17]。股权关系和管理关系是中小企业中较常见且重要的关联关系[29]，为此，本节主要基于股权关系和管理关系，构建两种企业关系网络，即股权关系网络和管理关系网络。

股权关系网络是指企业通过股权关系与其他企业构建联系的企业网络。其中，企业表示为节点，股权关系将不同的企业连接起来。研究表明股权关系网络可以

用于分析企业间的财务困境风险的传播[29]，即一个企业的财务困境风险可以通过股权关系传导至其他企业，导致其他企业出现财务问题。

管理关系网络是指企业通过实际控制人、法定代表人、董监高等管理人员与其他企业构建联系的企业网络。其中，企业表示为节点，企业间共同的管理人员将企业连接起来。管理人员的管理能力与企业的经营风险息息相关，经营风险可以通过管理关系网络传导至其他企业。例如，管理人员会影响企业绩效，不称职或欺诈性的管理人员可能会导致企业违约或破产。如果两个企业共享同一管理人员，两家企业的经营状况可能会相似，面临的经营风险也会相似；企业间共享的管理人员越多，面临的经营风险表现也会越相似[30]。

2. 风险识别

考虑到数据的可获得性，用于识别关联企业风险的风险事件主要是指由政府或司法机构公布的、公开可获得的风险事件。主要考虑行政处罚和借款纠纷两类风险事件。

借款纠纷是指因借款人与贷款人达成借贷协议，由借款人向贷款人借款，借款人不能按期归还而产生的纠纷。当企业在借款纠纷中被指定为债务人，并且必须偿还所有相关债务时，该企业无法偿还债务，则说明该企业的还款能力存在问题；或该企业故意拖欠不还款，说明该企业的还款意愿不强。因此，借款纠纷中可能包含企业的还款能力和还款意愿的风险信息[3, 31]，有助于识别关联企业的信用风险。

行政处罚是指特定的行政主体对违反行政管理秩序但尚未构成犯罪的法人或其他社会组织予以制裁的行政行为，主要包括纪律警告、罚款、没收违法所得、责令停止生产、吊销许可证或者其他类似性质的证书，以及其他类型的行政处罚。如果一个企业受到行政处罚，其日常经营可能会受到影响，从而其偿债能力和偿债意愿也会受到影响。例如，企业因环境处罚需停业整顿，而停业整顿可能会导致该企业面临严重的财务问题。由羊群效应可知，如果一个企业与多个有不良行为的企业有关联关系，该企业的经营能力可能也存在问题，出现财务问题的概率较大。

3. 关联风险量化

在构建了关系网络和识别了风险事件之后，即可量化关联风险，进而定义关联风险特征。在分析企业关联风险时，常用的假设是如果一个企业与多家有风险的企业有关联，则该企业发生风险的概率高[5, 18]。考虑到企业信用评价模型对可解释性的要求，采用加权投票关系分类器量化关联风险。加权投票关系分类器是一种简单的基于投票机制的节点分类算法，该算法通过聚合所有邻居节点的类别信息来对节点进行分类，权值较大的边所连接的邻居节点对投票结果影响比较大[32, 33]，且算法的可解释性较高。加权投票关系分类器如式（5-1）所示。

$$P(L_i = c|N(i)) = \frac{\sum\limits_{j \in N(i)} w_{ij} \cdot P(L_j = c|N(j))}{Z} \tag{5-1}$$

其中，w_{ij} 为节点 i 和 j 之间边的权重；Z 为归一化因子，等于 $\sum\limits_{j \in N(i)} w_{ij}$；$P(L_i = c | N(i))$ 为节点 i 属于类别 c 的概率，等于其关系网络中邻居节点 $N(i)$ 属于类别 c 的概率的加权平均。c 的取值取决于是否涉及风险事件，即 $L_i = \{$涉及了风险事件，未涉及风险事件$\}$。

企业 i 与企业 j 之间的权重是 i 和 j 之间所有共享资源 k 的权重的聚合，即 $w_{ij} = \sum\limits_{k \in N(i) \cap N(j)} s_k$，资源 k 的权重函数见表 5-1。关联企业的风险概率，即 $P(L_j = c|N(j))$，取值为 0 或 1，取决于该关联企业 j 是否涉及借款纠纷或行政处罚事件。一个企业发生风险的概率 $P(L_i = c|N(i))$ 等于其关联企业风险概率值的加权平均，该加权平均值表示被量化的关联风险水平。

此外，考虑到以下四种情况：①如果某企业没有关联企业，则该企业与网络中其他企业的边的权重为 0，式（5-1）的分母为 0，公式不成立；②如果某企业只有一个关联企业，且该关联企业有风险事件，即唯一的关联企业有风险事件，会导致主体企业被认为发生风险的概率过高；③如果某企业的所有关联企业都存在风险事件，这也会导致主体企业被认为发生风险的概率过高；④如果某企业的所有关联企业都没有风险事件，则会导致主体企业被认为发生风险的概率过低。本节引入 Tobback 等[18]提出的平滑版加权投票关系分类器算法，如式（5-2）所示。平滑版加权投票关系分类器引入一个边界值 μ_c，该边界值等于整个关系网络所有企业的风险概率的平均值。本节使用平滑版加权投票关系分类器来计算关系网络中每个企业的关联风险分，量化所有企业的关联风险，进而定义所有企业的关联风险特征。

$$P(L_i = c|N(i)) = \frac{\sum\limits_{j \in N(i)} w_{ij} \times P(L_j = c|N(j)) + 2\mu_c}{Z + 2} \tag{5-2}$$

在量化关联风险时，考虑到企业在某段时间内可能涉及多个风险事件，而有效的风险事件的观测时间是未被研究的，因此，风险事件的观测时间需通过预实验进行分析和选择。

5.3.3　实验研究及结果分析

为了验证基于关联企业异质信息的关联风险特征抽取方法的有效性，本节利用某地方银行的制造型中小企业贷款数据进行实验研究。

1. 场景与数据

制造型中小企业是我国中小企业的主力军。由于供应链较长、投资较大、交叉持股及多企业任职现象普遍,制造型中小企业与其他企业之间的关系种类较多。因此,本节以制造型中小企业为例,验证了研究框架的有效性。实验收集了某地方银行 2016 年和 2017 年期间的 2136 家制造型中小企业的借贷信息。根据国家统计局印发的《统计上大中小微型企业划分办法（2017）》[33],制造型中小企业的定义是:营业收入为 300 万~4 亿元人民币、员工人数为 20~1000 人。数据集中共有 136 家违约企业,违约率为 6.4%。违约采用《巴塞尔新资本协议》对违约的定义"逾期 90 天以上的贷款被定义为违约贷款"[34]。数据集中的信用特征及其统计描述如表 5-2 和表 5-3 所示。

表 5-2　连续型信用特征的描述性统计

编号	特征	最小值	平均值	最大值	标准差
1	成立年限/年	1.000	9.033	36.000	5.141
2	注册资本的对数/万元	2.790	6.978	12.180	0.736
3	流动比率	0.001%	96.083%	199.306%	39.170%
4	资产负债率	−96.520%	75.180%	1286.910%	77.967%
5	应收账款周转率	0.049%	270.356%	2082.090%	347.769%
6	存货周转率	0.013%	462.656%	1971.464%	361.009%
7	资产周转率	0.028%	121.384%	299.346%	69.732%
8	速动比率	0.035%	71.299%	199.891%	43.394%
9	营业利润率	−501.863%	−6.285%	80.700%	28.656%
10	净资产收益率	−81.920%	0.323%	39.729%	7.119%
11	资产收益率	−10.695%	1.414%	91.196%	7.286%

表 5-3　类别型信用特征的描述性统计

编号	特征	类数	类别描述
1	地区	13	{3403, 3404, 3405, …, 3416}
2	企业自身的风险事件	2	{0, 1}

在关系网络构建方面,我们从企查查上收集了 2136 家主体企业的连锁股东、

董监高及法人等关联关系数据，并基于这三类关系构建了企业关系网络。2136 家中小企业通过三类关联关系与其他 9672 家企业建立了关联关系，因此，实验中的关系网络共有 11 808 家企业。关系网络的统计描述如表 5-4 所示。

表 5-4　关系网络的描述性统计

统计指标	混合关系网络	董监高关系网络	股东关系网络	法人关系网络
每个企业的平均人数/个	3.59	2.61	2.68	1.00
每个企业的平均邻近企业数/个	5.63	3.76	3.51	2.80
每个人的平均企业数/个	3.17	2.80	2.67	2.77

表 5-4 中的混合关系网络是指基于三类关联关系构建的企业关系网络；董监高关系网络是指基于董监高关联关系构建的企业关系网络；股东关系网络是指基于连锁股东关系构建的企业关系网络；法人关系网络是指基于法人关联关系构建的法人关系网络。

2. 实验设计

本节共设计三组实验评估和分析关联风险特征在中小企业信用评价中的有效性，以及关系网络粒度对关联风险特征有效性的影响，如图 5-4 所示。关系网络的粒度主要由关联关系的类型及风险事件的类型定义。

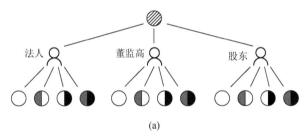

(a)

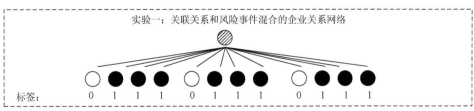

(b)

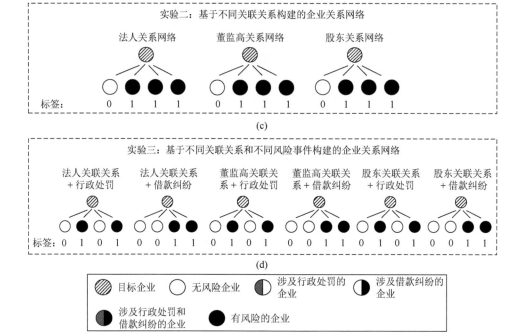

图 5-4　基于不同粒度的关系网络的关联风险特征

第一组实验：验证关联关系和风险事件混合的企业关系网络中的关联风险特征在中小企业信用评价中的有效性。在混合网络中，所有的关联关系（法人、董监高及连锁股东关系）都可以连接两个企业，且基于两类风险事件识别关联企业的风险。目标企业通过共享的法人、董监高及股东与所有的关联企业建立联系。每个关联企业的风险概率为 1 或 0，取决于其是否涉及了行政处罚和借款纠纷两类风险事件。

第二组实验：验证基于不同关联关系构建的企业关系网络中的关联风险特征在中小企业信用评价中的有效性。主要包括三类关系网络：法人关系网络、董监高关系网络及股东关系网络。每个关联企业的风险概率取值为 1 或 0，取决于其是否涉及了行政处罚或借款纠纷两类风险事件。

第三组实验：验证基于不同关联关系和不同风险事件构建的企业关系网络中的关联风险特征在中小企业信用评价中的有效性。例如，由法人关联关系和行政处罚事件定义的关系网络是指：目标企业通过共享法人与其他企业建立关系，每个关联企业的风险概率取值为 1 或 0，取决于该企业是否涉及了行政处罚事件。以此类推，该实验中共有六类关系网络：由法人关联关系和行政处罚事件定义的关系网络、由法人关联关系和借款纠纷事件定义的关系网络、由董监高关联关系和行政处罚事件定义的关系网络、由董监高关联关系和借款纠纷事件定义的关系网络、由股东关联关系和行政处罚事件定义的关系网络、由股东关联关系和借款纠纷事件定义的关系网络。

每组实验验证关联风险特征在中小企业信用评价中有效性的具体流程是：利用企业自身的基本特征（表 5-2 和表 5-3）、关联风险特征，以及二者的组合构建中小企业信用评价模型，预测企业的违约概率，对比基本特征、关联风险特征的违约预测效果，以及关联风险特征的加入对违约预测效果的提升作用。

对于评价模型的选择，实验从线性模型和非线性模型中选择了三类代表性的模型：①LR 模型，该模型是一种典型的线性模型，由于其具有较强的可解释性，常被用于信用评价[35]；②RF 模型，该模型是非线性模型的代表，利用 Bagging 方法和随机子空间方法，可以有效地增强基分类器之间的异质性，从而增强基分类器集成所带来的违约预测效果的提升[36, 37]；③XGB 模型，该模型同样是非线性和集成学习方法的代表，与 RF 模型所采取的集成方法不同，XGB 模型采用的是串联的 boosting 方法，其有效性在众多数据科学和机器学习的挑战比赛中均得到了验证[38, 39]。

对于模型性能评价，考虑到数据集中违约企业和非违约企业的比例不均衡问题，选择 AUC、KS、HM 作为模型性能的评价指标[40]。AUC、KS、HM 三个指标的值越高，表明模型的性能越好。同时，实验还模拟了真实的投资场景，利用各评价模型的结果选择投资组合，比较最终带来的收益的大小。例如，根据各评价模型的结果对中小企业贷款进行排序，选择前 10% 的贷款进行模拟投资，然后比较不同评价模型所选择出来的贷款投资组合的违约率的大小。

3. 参数估计

如前所述，实验需要优化两个超参数，即权重函数和风险事件的观测时间。权重函数有五种类型，如表 5-1 所示。实验将风险事件的观测时间按季度划分为 17 个时间间隔，即 $T = \{3, 6, 9, 12, 15, 18, 21, 24, 27, 30, 33, 36, 39, 42, 45, 48\}$ 的 T 个月内和超过 48 个月。T 是指从风险事件发生日期到借款申请日期的持续时间。

本节采用嵌套交叉验证进行模型的超参数优化和评价性能的估计[41]。在嵌套交叉验证过程中，一个内部交叉验证被嵌入一个外部交叉验证。内部交叉验证用于超参数选择，基于选择的超参数，利用外部交叉验证平均多次训练的测试误差，获得模型的最终评价性能。实验选择十折交叉验证作为内部交叉验证和外部交叉验证方法。在外部交叉验证中，首先将数据集划分成十等份，逐次选择其中一份作为测试集，利用剩余九份作为训练集训练信用评价模型，对测试集中样本的违约概率进行评估。其次基于九份训练集再进行一次十折交叉，类似地被分为十等份，逐次选择其中一份作为验证集，利用剩余九份作为内部交叉验证的训练集训练评价模型，并结合真实是否违约的标签分别计算 AUC、KS 和 HM 三种评价指标的值。为了获得模型评价效果的无偏估计，实验中针对每个模型均进行了 10 次十折交叉验证，产生了 100 个评价指标值。在内部的 10 次十折交叉验证中，基于 100 个评价指标的平均值选择最优的超参数。然后，回到外部交叉验证中，基于最优的超参数重新训练评价模型，产生 100 个评价指标值，这 100 个值的平均值为模型最终的性能指标值。

4. 实验结果

嵌套交叉验证实验结果显示，最优的权重函数是类别度比率，最优的风险事件的观测时间是距离借款申请日期前的 18 个月。基于以上两个超参数值进行后续实验验证如下。

1）关联关系和风险事件混合的企业关系网络中的关联风险特征的违约预测性能

实验比较了基于混合关系网络构建的关联风险特征的违约预测性能。企业自身的基本特征，以及基本特征和关联风险特征的组合的违约预测效果如表 5-5 所示。结果显示，三种模型取得了类似的违约预测效果，其中单独使用企业自身的基本特征的模型违约预测效果低于共同使用基本特征和关联风险特征的模型违约预测效果，表明基于混合关系网络所构建的关联风险能够提升中小企业信用评价模型的违约预测效果。

表 5-5　信用评价模型的违约预测性能

模型	指标	基本特征	基本特征+关联风险特征
LR	AUC	0.712(0.696,0.728)	0.725(0.710,0.740)
	KS	0.418(0.395,0.442)	0.428(0.404,0.451)
	HM	0.257(0.235,0.279)	0.276(0.254,0.297)
RF	AUC	0.737(0.723,0.752)	0.750(0.736,0.763)
	KS	0.444(0.420,0.468)	0.464(0.442,0.485)
	HM	0.287(0.266,0.309)	0.312(0.293,0.331)
XGB	AUC	0.714(0.699,0.729)	0.726(0.714,0.739)
	KS	0.378(0.355,0.400)	0.432(0.411,0.453)
	HM	0.238(0.218,0.258)	0.267(0.249,0.285)

2）基于不同关联关系构建的企业关系网络中的关联风险特征的违约预测性能

与混合关系网络相比，由特定关联关系定义的细粒度关系网络具有更高的特异性，即基于单一关联关系构建的关系网络中的关联风险特征可以更准确地识别风险传播的路径。不同的关联关系可以形成不同的关系网络，不同关系网络中的关联风险特征对模型违约预测能力的提升效果也可能是不同的。因此，实验基于法人关系、董监高关系及股东关系分别构建了法人关系网络、董监高关系网络及

股东关系网络，进而抽取了法人关联风险、董监高关联风险及股东关联风险三类
关联风险特征。三类关联风险特征的预测性能，如表 5-6 所示。结果表明：三类
关联风险特征都能提升中小企业信用风险评价模型的违约预测效果，但三类关联
风险特征的提升效果存在差异性，法人关联风险特征的提升效果优于股东关联风
险特征的提升效果，而董监高关联风险特征的提升效果优于法人关联风险特征和
股东关联风险特征的提升效果，实现了最优的提升效果。

表 5-6　不同关系网络中的关联风险特征的违约预测性能

模型	指标	基本特征	基本特征 + 法人 关联风险	基本特征 + 董监高 关联风险	基本特征 + 股东 关联风险
LR	AUC	0.712(0.696, 0.728)	0.724(0.709, 0.739)	0.728(0.714, 0.743)	0.722(0.707, 0.737)
	KS	0.418(0.395, 0.442)	0.427(0.404, 0.450)	0.431(0.409, 0.453)	0.421(0.398, 0.444)
	HM	0.257(0.235, 0.279)	0.268(0.248, 0.289)	0.274(0.253, 0.295)	0.268(0.247, 0.290)
RF	AUC	0.737(0.723, 0.752)	0.752(0.739, 0.766)	0.753(0.739, 0.767)	0.747(0.733, 0.761)
	KS	0.444(0.420, 0.468)	0.459(0.438, 0.481)	0.459(0.438, 0.481)	0.457(0.434, 0.479)
	HM	0.287(0.266, 0.309)	0.311(0.290, 0.331)	0.313(0.293, 0.332)	0.308(0.287, 0.328)
XGB	AUC	0.714(0.699, 0.729)	0.728(0.715, 0.741)	0.732(0.721, 0.744)	0.722(0.710, 0.735)
	KS	0.378(0.355, 0.400)	0.427(0.406, 0.447)	0.441(0.421, 0.462)	0.426(0.406, 0.448)
	HM	0.238(0.218, 0.258)	0.270(0.253, 0.287)	0.272(0.254, 0.291)	0.260(0.241, 0.279)

3）基于不同关联关系和不同风险事件构建的企业关系网络中的关联风险特征
的违约预测性能

不同风险事件在不同关系网络中传播后对关联企业的信用违约影响可能存在
差异。为此，实验采用全因子设计，基于三类关联关系和两类风险事件共构建了
六类关系网络，并相应地抽取了六类关联风险特征，如表 5-7 所示。

表 5-7　由关联关系和风险事件共同定义的关系网络与相应的关联风险特征

关系类型	风险事件类型	关系网络	关联风险特征
法人	行政处罚	法人关联关系 + 行政处罚	法人 + 行政处罚
	借款纠纷	法人关联关系 + 借款纠纷	法人 + 借款纠纷
董监高	行政处罚	董监高关联关系 + 行政处罚	董监高 + 行政处罚
	借款纠纷	董监高关联关系 + 借款纠纷	董监高 + 借款纠纷
股东	行政处罚	股东关联关系 + 行政处罚	股东 + 行政处罚
	借款纠纷	股东关联关系 + 借款纠纷	股东 + 借款纠纷

实验结果如表 5-8 和表 5-9 所示。表 5-8 和表 5-9 总结了六类关联风险特征的

违约预测性能。借款纠纷风险事件在不同的评价指标和模型中显示出稳健的违约预测性能。在法人关系网络中，基于法人和借款纠纷组合抽取的关联风险特征在所有模型性能指标方面都优于基于法人和行政处罚组合抽取的关联风险特征。在股东关系网络中，股东和借款纠纷的组合在所有模型性能指标方面都优于股东与行政处罚的组合（除了 LR 模型的 HM 值）。在董监高关系网络中，董监高和借款纠纷的组合在所有模型性能指标方面都优于董监高与行政处罚的组合。此外，由表 5-8 和表 5-9 可知，基于董监高和借款纠纷组合构建的关联风险特征，在所有模型及其模型性能指标方面都取得了最优的提升性能。

表 5-8　基于不同关联关系和风险事件构建的关联风险特征的违约预测性能（一）

模型	指标	基本特征	基本特征 + 董监高 + 行政处罚	基本特征 + 董监高 + 借款纠纷
LR	AUC	0.721(0.706, 0.736)	0.726(0.712, 0.741)	0.733(0.719, 0.748)
	KS	0.420(0.398, 0.443)	0.430(0.407, 0.452)	0.436(0.414, 0.458)
	HM	0.266(0.245, 0.287)	0.270(0.249, 0.290)	0.292(0.271, 0.312)
RF	AUC	0.740(0.725, 0.754)	0.739(0.725, 0.753)	0.756(0.743, 0.769)
	KS	0.442(0.418, 0.467)	0.442(0.419, 0.464)	0.469(0.448, 0.490)
	HM	0.292(0.271, 0.314)	0.289(0.269, 0.309)	0.318(0.300, 0.337)
XGB	AUC	0.723(0.710, 0.735)	0.719(0.707, 0.732)	0.737(0.726, 0.748)
	KS	0.421(0.401, 0.440)	0.416(0.396, 0.435)	0.450(0.433, 0.468)
	HM	0.261(0.243, 0.279)	0.254(0.235, 0.272)	0.276(0.260, 0.292)

表 5-9　基于不同关联关系和风险事件构建的关联风险特征的违约预测性能（二）

模型	指标	基本特征 + 法人 + 行政处罚	基本特征 + 法人 + 借款纠纷	基本特征 + 股东 + 行政处罚	基本特征 + 股东 + 借款纠纷
LR	AUC	0.721(0.706, 0.736)	0.728(0.714, 0.743)	0.719(0.704, 0.735)	0.729(0.714, 0.744)
	KS	0.420(0.398, 0.443)	0.427(0.405, 0.449)	0.418(0.395, 0.440)	0.427(0.405, 0.450)
	HM	0.266(0.245, 0.287)	0.280(0.260, 0.300)	0.418(0.395, 0.440)	0.283(0.262, 0.303)
RF	AUC	0.740(0.725, 0.754)	0.753(0.740, 0.766)	0.735(0.721, 0.749)	0.751(0.738, 0.764)
	KS	0.442(0.418, 0.467)	0.467(0.446, 0.488)	0.437(0.414, 0.460)	0.463(0.442, 0.483)
	HM	0.292(0.271, 0.314)	0.309(0.289, 0.329)	0.285(0.264, 0.306)	0.310(0.291, 0.328)
XGB	AUC	0.723(0.710, 0.735)	0.731(0.718, 0.744)	0.718(0.706, 0.730)	0.727(0.714, 0.739)
	KS	0.421(0.401, 0.440)	0.438(0.418, 0.458)	0.423(0.405, 0.442)	0.429(0.410, 0.448)
	HM	0.261(0.243, 0.279)	0.273(0.255, 0.291)	0.256(0.239, 0.273)	0.260(0.242, 0.278)

4）授予性能的比较

实验模拟真实的投资场景，基于各评价模型的结果选择投资组合，比较不同模型的授予性能，以验证所构建的关联特征是否可以提升金融机构的经济效益。实验模拟比较了两种投资策略：仅使用基本特征的基准模型与同时使用基本特征和关联风险特征的模型。首先，通过十折交叉验证估计每笔贷款的违约概率，并将违约概率从大到小排序；其次，基于排序结果，选择贷款发放比例的不同分界值，即借款申请被批准的百分比，并计算不同发放比例下的违约率，即违约者的比例。

　　两种投资策略的授予性能比较如图 5-5 所示。其中横轴表示贷款发放比例，纵轴表示不同发放比例下的贷款违约率。实验设定了 30%至 100%的发放比例。例如，在 30%的发放比例下，策略一和策略二根据模型结果对贷款进行排序，选择前 30%的贷款，并计算该批贷款的违约率。由此类推，在 100%的发放比例下，选择样本中所有的贷款，因此在该情况下两种策略所选投资组合的违约率等于样本违约率，图 5-5 中表现为两类策略均收敛于同一违约水平。结果显示，三类评价模型中，策略二所选投资组合的违约率低于策略一所选投资组合的违约率，表明在选择贷款投资组合时，加入关联风险特征，可以取得更优的授予性能，从而证明加入关联风险特征后的信用评价模型可以给金融机构带来更多的经济效益。

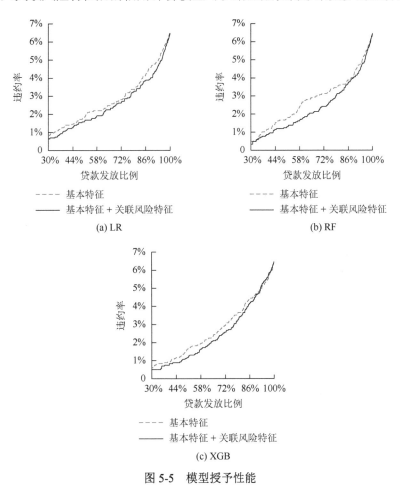

图 5-5　模型授予性能

5. 结果讨论

综上所述，本节提出了一个基于关联企业异质信息的关联风险特征抽取方法与有效性验证框架。首先，利用二部图模型，构建基于企业股权关系和管理关系的企业关系网络；其次，使用公开风险事件信息识别网络中企业的风险；再次，使用平滑版加权投票关系分类器构建关联风险特征；最后，结合企业基本特征和关联风险特征预测中小企业信用水平，并利用地方银行的中小企业信用贷款数据进行实验研究，研究发现如下结论。

（1）关联企业的公开风险事件可以用于构建基于异质信息的关联风险特征，扩展了现有的关联风险研究。以往研究主要基于关联企业的历史信用信息构建关联信用风险特征，分析基于同质信用信息的关联风险特征对企业信用水平的影响。本节研究了基于关联企业的风险事件信息构建关联风险特征的方法，并通过实验研究证明了基于异质信息的关联风险特征在中小企业信用评价中的有效性，从而扩展了现有的关联风险研究。此外，本节进一步分析了风险事件类型对关联风险特征的违约预测性能的影响。风险事件主要分为借款纠纷和行政处罚两种类型。实验发现基于借款纠纷构建的关联风险特征对模型违约预测性能的提升优于基于行政处罚构建的关联风险特征。以上结果表明不是所有的风险事件都可以用于构建有效的关联风险特征，相比于与管理相关的风险事件，与企业财务相关的风险事件可以更直接、更有效地反映企业的信用风险，从而可以构建出更有效的关联风险特征[8]。

（2）基于异质信息的关联风险特征可以提升中小企业信用评价模型的违约预测能力。以往中小企业信用评价研究主要依赖于企业自身的基本特征，本节从关系网络角度研究了基于异质信息的关联风险特征的构建方法，结合基本特征和关联风险特征预测企业的信用水平。实验研究发现，关联风险特征可以有效补充基本特征，提升中小企业信用评价模型的违约预测能力。此外，通过比较不同投资策略下的授予性能，发现加入关联风险特征能够提升金融机构的经济效益。研究结果表明，在评价中小企业信用水平时，不仅要考虑企业自身的风险因素，还要考虑关联风险因素。

（3）网络粒度会影响关联特征的违约预测性能。本节构建了三种粒度的关系网络：①基于混合关系构建的关系网络；②由特定关联关系定义的关系网络；③由不同关联关系和风险事件共同定义的关系网络。通过比较分析不同网络粒度下的关联风险特征的违约预测能力，发现网络粒度越细，构建的关联风险特征的违约预测能力越强。其中，董监高关系网络、法人关系网络及股东关系网络优于混合关系网络，而董监高关系网络优于法人关系网络、股东关系网络，董监高和借款纠纷组合的关系网络优于其他所有关系网络。研究结果表明在分析基于异质信息的关联风险特征时，需要对关联关系和风险事件进行更细化的处理，从而构建更有效的关联风险特征，实现更为有效的违约预测。

5.4 融合高阶关系的关联风险特征构造方法

5.4.1 问题描述

基于关系网络构建关联风险特征的研究大致可以分为两类，一类是基于直接关联关系构建企业关系网络，进而构建关联风险特征；另一类是基于间接关联关系构建企业关系网络，进而构建关联风险特征。但如前所述，中小企业间直接关联关系较稀疏且披露程度低，因此，本节聚焦分析基于间接关联关系的关联风险特征的研究。

现有研究主要利用二部图技术描述企业与资源之间的间接关联关系，具体方法有两类。一类研究将二部图中资源节点投影至企业节点，从而将描述企业与资源之间的关联关系的二部图转化为描述企业与企业之间的关联关系的单部图，即如果两个企业之间共享某个资源，则这两个企业之间存在一条边，进而获取了一个只有企业节点的关系网络。转化过程中，资源节点的风险信息未被保留[43, 44]，造成信息丢失。例如，Tobback 等[18]利用二部图技术描述了董监高与企业之间的关系，通过投影获得企业关系网络，再基于网络中企业节点的风险信息构建关联风险特征。另一类研究不是将二部图转化为单部图，而是直接基于二部图的网络结构和企业节点的风险信息构建关联风险特征[45]。上述两类研究都是基于企业节点的风险信息构建关联风险特征，而资源节点风险信息对于分析关联风险也很重要，但鲜有研究结合企业和资源两类节点的风险信息构建关联风险特征。此外，上述研究主要以二元的形式描述企业与企业或企业与资源间的关系，较少分析企业与企业间及企业与资源间一对多的高阶关系。

二元关系表示的是一对一的关系，高阶关系表示的是一对多的关系。如图 5-6 所示，董事 P 同时在三个企业（A，B，C）任职。二部图将董事与三个企业之间的关系转化为三组二元关系：(P，A)、(P，B) 和 (P，C)。在这种情况下，董事对企业的影响路径被拆成三组独立的影响路径。而实际中，若一个董事在多家企业任职，他对多家企业应该既有共同影响路径也有独立影响路径。单部图将企业间的关系转化为三组二元关系：(A，B)、(A，C)、(B，C)。同样地，研究人员只能分别分析 A 对 B、B 对 C、A 对 C 的影响，不能分析三个企业共同作用的影响。而分析多个节点间共同作用的影响的前提是：准确描述董事与三个企业间的高阶关系。

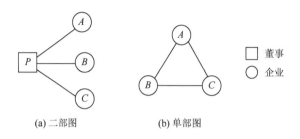

(a) 二部图　　　　　(b) 单部图

图 5-6　二部图与单部图的分析

综上所述，现有研究针对关联风险特征的构造展开了探索性研究，取得了一些有价值的研究成果。但如何基于高阶关系构造融合资源和企业节点信息的关联风险特征的问题仍未解决。因此，本节聚焦基于高阶关系的融合资源和企业信息的关联风险特征构造，研究解决如何描述企业与资源间的高阶关系，以及如何结合资源与企业的风险信息构建关联风险特征的问题。

超图是二部图和单部图的推广，其一条边可以连接任意数量的节点[20, 45]，是能同时满足描述高阶关系和整合资源与企业信息要求的网络分析技术。超图可以有效地描述资源与企业间一对多的高阶关系，同时可以保留企业和资源两类节点，有利于同时整合资源与企业的信息。

因此，本节采用超图分析方法，研究融合高阶关系的关联风险特征的构建问题。首先，利用超图描述企业与资源之间的关系，即资源表示为超边，企业表示为节点。其次，为了整合资源的风险信息，利用资源的风险信息对超图的边进行加权，构建加权超图。再次，基于构建的加权超图，围绕节点的度、节点的超度、聚集系数、超边的超度、超图关联风险分等五个方面构建关联风险特征，其中，超图关联风险分由改进后的个性化网页排名（PageRank）算法计算得出，用以度量共享资源与关联企业风险对一个企业信用水平的影响。最后，通过地方性商业银行的制造型中小企业贷款数据进行实验研究，验证关联风险特征的有效性。

5.4.2　框架设计

基于上述分析，融合高阶关系构造关联风险特征的关键问题在于如何描述企业与资源之间的高阶关系及如何融合企业与资源的风险信息。而高阶关系描述的核心在于超图的构建，企业与资源风险信息融合的核心在于企业与资源风险信息的识别，以及基于超图结构和识别的风险信息构建关联风险特征。为此，本节提出了融合高阶关系的关联风险特征抽取方法与有效性验证框架，如图 5-7 所示。该框架主要包括三个部分：①构建超图，利用超图模型描述企业与资源之间的关联关系，获取企业关系网络；②识别风险，根据公开的风险事件，识别企业和资源的风险；③构造关联风险特征，基于构建的超图及企业和资源的风险信息，从超边的超度、节点的超度、聚集系数、节点的度、超图关联风险分五个方面构建关联风险特征。

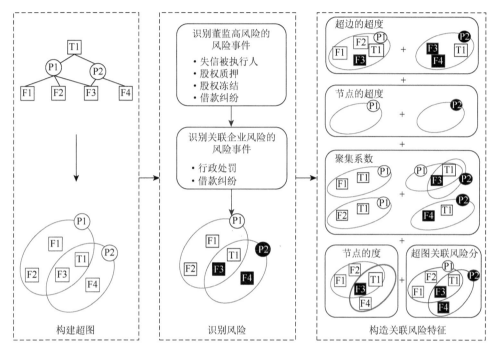

图 5-7　融合高阶关系的关联风险特征抽取方法与有效性验证框架

注：圆形表示人员，黑色圆形表示风险人员，正方形表示企业，黑色正方形表示风险企业

1. 构建超图

超图 $G(V,E)$ 是由一组超边 E 和一组节点 V 组成的图，其中超边包围着节点[45,46]。如果一个节点 v 被一条超边 e 所包围，则认为该节点与该超边之间存在关联关系；如果多个节点被同一条超边所包围，则认为多个节点与该超边有关联关系，且多个节点之间也存在着关联关系。

企业与资源之间的关系可以用超图表示，即资源表示为超边，企业表示为节点。如图 5-7 中构建超图部分所示，原始的关联关系数据中包含三种类型节点：目标企业节点 T1、与目标公司相关的资源 P1 和 P2、和资源联系的其他企业节点（关联企业，F1、F2、F3、F4）。由于资源节点 P1 与四个企业节点 T1、F1、F2 和 F3 有关系，在超图中，超边 P1 包围着这四个企业节点。

5.3 节研究发现，基于董监高关系网络构建的关联风险特征对中小企业信用评价模型违约预测能力的提升效果最为显著。因此，本节基于董监高与企业之间的关系构建超图，其中董监高表示为超边，企业表示为节点。

2. 识别风险

理想情况下，可以基于所有共享董监高和关联企业的历史信用信息，识别其风险。然而，考虑到隐私和成本问题，获取共享董监高和关联企业的历史信用信息的难度较大。Altman 等[3]的研究表明，风险事件（如法院判决、财务报告迟交）与中小企业信用风险密切相关。因此，本节使用与信用风险相关的公开风险事件来识别董监高和关联企业的风险。

用于识别董监高风险的风险事件包括：①失信被执行人；②股权质押；③股权冻结；④借款纠纷。失信被执行人是指有能力但不履行法律义务的被执行人。如果一个董事被认定为失信被执行人，其还款能力和还款意愿可能较低。股权质押是指出质人将其持有的企业股权作为融资质押品的事件。股权冻结是股权质押事件的结果之一，即出质人将其股权作为融资质押品，但因无法按期偿还借款，其质押的股权被冻结[47]。Dou 等[48]研究发现，股权质押和股权冻结事件会影响企业的经营状况，进而影响企业价值。如果一名董事质押了其股权，或其股权被冻结，其任职的企业可能面临经营风险，进而可能影响任职企业的还款能力。借款纠纷是指因借款人与贷款人达成借贷协议，由借款人向贷款人借款，借款人不能按期归还而产生的纠纷。如果一个董事在借款纠纷中被指定为债务人，且必须偿还所有相关债务，其还款能力和还款意愿可能较低。用于识别关联企业风险的风险事件主要是行政处罚和借款纠纷。

3. 构造关联风险特征

1）构建加权超图

为融合董监高的风险信息，将董监高的风险信息转化为超边的权重，构建加权超图。加权超图表示为 $\mathrm{WHG}(V, E, W(E))$，其中，$W(E)$ 为超边 E 的权重。加权超图的关联矩阵 $H_{W(|V| \times |E|)}$ 中的元素如式（5-3）所示。

$$h_w(v, e) = \begin{cases} 1, & v \in e \\ 0, & v \notin e \end{cases} \tag{5-3}$$

董监高的风险信息和其任职的企业数量共同定义了超边的权重，如式（5-4）所示。

$$w(e) = \begin{cases} \left(\sum_{k \in K} (I_{e,k}) + 1 \right) \times \left(\dfrac{1}{|e|} \right), & \text{如果董监高 } e \text{ 涉及了风险事件 } k \\ 1, & \text{其他情况} \end{cases} \tag{5-4}$$

董监高的风险信息，即董监高涉及的公开风险事件，被转化成风险值，如式（5-5）所示。

$$I_{e,k} = \begin{cases} \exp(-\gamma h), & \text{如果一个董监高 } e \text{ 参与了风险事件 } k \\ 0, & \text{其他情况} \end{cases} \tag{5-5}$$

首先，考虑到风险事件 k 的影响会随着时间的推移而变化，根据牛顿冷却定律[44]，引入时间衰减函数来定义风险事件的影响。γ 为时间衰减常数，是风险事件影响的下降率，可由专家指定，也可作为超参数在训练模型时被优化。h 为风险事件发生的日期与借款申请日期之间的时间长度。

其次，董监高可能涉及多个风险事件，不同的风险事件可能发生在不同的时间段内。因此，董监高的风险值应是其涉及的所有风险事件的影响总和，即 $\sum_{k \in K}(I_{e,k})$，其中，K 为董监高涉及的所有风险事件的集合。

再次，根据微亲和力的概念[49]，董监高对单个企业的影响力将随着其任职企业数量的增加而下降。为此，使用董监高任职企业的数量的倒数 $1/|e|$ 分配董监高的影响强度。

最后，考虑到如果一名董监高从未涉及过风险事件，其风险影响强度为 0，超边的权重等于 0，这会导致后期的超图特征在构建时面临计算无效的问题。为此，将董监高风险值的最小值定义为 1 而不是 0。董监高的风险值最终由 $\sum_{k \in K}(I_{e,k}) + 1$ 和 $1/|e|$ 的乘积给出。

关联企业的风险信息，即关联企业涉及的公开风险事件，也被转化成风险值，如式（5-6）所示。$I_{v,k}$ 为企业 v 的风险事件 k 的影响。同样地，这里考虑了关联企业的风险事件的时间及发生的次数，且关联企业风险值的最小值是 1 而不是 0。

$$R(v) = \begin{cases} \sum_{k \in K}(I_{v,k}) + 1, & \text{如果企业 } v \text{ 参与了风险事件 } k \\ 1, & \text{其他情况} \end{cases} \tag{5-6}$$

2）超边的超度

超边的超度是指超边所包围的顶点数[50]，本节中超边的超度具体是指董监高所任职的企业数量。考虑到目标企业可能有多个董监高，目标企业的超边的超度是其所有董监高超边的超度的总和。基于超边的超度的定义，构造三个关联风险特征。

（1）超边的超度的相对值：每位董监高任职的风险企业数量与该董监高任职的企业总数的平均比率。首先计算每位董监高任职的风险公司数量与每位董监高任职的公司总数的比率，其次计算目标公司的所有董监高的风险企业占比的均值。

（2）超边的超度的最大值：一个目标企业的所有董监高中，有风险的关联企业的最大数。

（3）超边的超度的平均值：有风险的关联企业的总数与目标企业董监高总数的比值。

例如，图 5-7 中目标企业 T1 有两个董监高，P1 和 P2，超边 P1 包围了四个企业节点，其中企业 F3 涉及了风险事件，被定义为风险企业。同理，超边 P2 包围了三个企业节点，有两个风险企业 F3 和 F4。目标企业 T1 的超边的超度的相对值为（1/4 + 2/3）/2。董监高 P2 的风险企业数量为 2，大于董监高 P1 的风险企业数量，因此，目标企业 T1 的超边的超度的最大值为 2。目标企业 T1 的超边的超度的平均值则为（1 + 2）/2。

3）节点的超度

节点的超度定义为某个节点被包围的超边数[51]，本节中节点的超度具体是指企业拥有的董监高人数。基于节点的超度的定义，构造三个关联风险特征。

（1）节点的超度的相对值：目标企业有风险的董监高人数与该企业董监高总人数之比。

（2）节点的超度的最大值：目标企业的董监高所涉及风险事件的最大影响。

（3）节点的超度的平均值：目标企业所有的董监高涉及的风险事件的影响的平均值。

例如，目标企业 T1 有两个董监高，其中 P1 无风险，P2 有风险。因此，目标企业的节点的超度的相对值是 1/2。考虑到 T1 只有一位涉及风险事件的董监高，因此，目标企业的节点的超度的最大值是董监高 P2 涉及的风险事件的最大影响。目标企业的节点的超度的平均值为董监高 P2 涉及的风险事件的影响的平均值。

4）聚集系数

聚集系数定义为一个节点与其他节点重叠的超边的数量[52]，本节中聚集系数具体是指两个企业之间共享的董监高人数。两个企业之间共享的董监高人数越多，两个企业之间的联系越紧密。聚集系数是基于两两企业计算的，而一个目标企业可能与其关联企业组成多个企业对，因此，在计算一个目标企业的聚集系数时，需综合多个企业对的聚集系数。基于聚集系数的定义，构造三个关联风险特征。

（1）聚集系数的相对值：目标企业及其关联企业共享的董监高中，风险董监高的平均比率。首先计算每个企业对的聚集系数，即目标企业和一个关联企业共享的风险董监高数量与两家企业共享的董监高总数的比率；其次计算目标企业的所有企业对的聚集系数的均值，其中，目标企业的企业对数量等于其关联企业的数量。

（2）聚集系数的最大值：在目标企业的所有企业对中，目标企业与关联企业共有的风险董监高的最大数目。

（3）聚集系数的平均值：目标企业与关联企业共有的风险董监高的平均数量。

例如，图 5-7 中目标企业有四个关联企业，因此，目标企业 T1 共有四个企业对：目标企业 T1 通过无风险董监高 P1 与关联企业 F1 重叠；目标企业 T1 通过无风险董监高 P1 与关联企业 F2 重叠；目标企业 T1 通过有风险董监高 P2 与关联企业 F4 重叠；目标企业 T1 通过无风险董监高 P1 和有风险董监高 P2 与关联企业 F3 重叠。目标企业的聚集系数的相对值为（0/1 + 0/1 + 1/1 + 1/2）/4；聚集系数的最大值为 1；聚集系数的平均值为（0 + 0 + 1 + 1）/4。

5）节点的度

节点的度定义为同一超边中某一节点的邻居节点的数量，本节中节点的度具体是指关联企业的数量。基于节点的度的定义，构建两个关联风险特征。

（1）节点的度的相对值：目标企业的风险关联企业与所有关联企业的比例。

（2）风险关联企业的数量：涉及风险事件的关联企业的数量。

例如，图 5-7 中的目标企业 T1 总共有四个关联企业，其中两个是有风险的，即 F3 和 F4。因此，目标企业的风险关联企业的数量为 2；节点的度的相对值为 2/4。

6）超图关联风险分

超边的超度、节点的超度、聚集系数和节点的度这四种类型的关联风险特征刻画了董监高的风险或关联企业的风险，为了有效融合董监高的风险和关联企业的风险及高阶关系，本节设计一种基于加权超图的个性化 PageRank 算法，构造超图关联风险分特征，度量一个企业同时受到其董监高和关联企业的风险的影响程度。

个性化 PageRank 算法是一种随机游走方法，旨在量化节点在图网络中访问其他节点的概率[44]。其基本思路是：首先获取节点的转移矩阵以描述随机游走者沿着图随机访问各个节点的行为，其次使用个性化 PageRank 算法实现随机游走过程，获取节点访问其他节点的概率[53]。个性化 PageRank 算法已被广泛用于风险传播的研究，以分析风险节点对其他节点的影响[44, 54]。

实现个性化 PageRank 算法，最重要的一步是随机游走过程的描述，即节点转移矩阵的确定。在超图上随机游走的概念最早是由 Zhou 等提出的[43]，其随机游走过程如下：首先，选定起始节点 u，根据包含该节点的超边数均匀地选择一条包含当前节点 u 的特定超边 e；其次，在已经选中的这条超边中，根据超边中所包含的节点数均匀地选择转移节点 v。设 P 为节点的转移矩阵，其计算方法如式（5-7）所示：

$$P(u,v) = \sum_{e \in E} \frac{h(u,e)}{\sum_{\hat{e} \in E} w(\hat{e}) \times h(u,\hat{e})} \times \frac{h(v,e)}{\sum_{\hat{v} \in e} h(\hat{v},e)} \tag{5-7}$$

其中，$\sum_{\hat{e}\in E} w(\hat{e}) \times h(u,\hat{e})$ 为节点 u 的度，即围绕该节点的超边的权重之和。在未加权的超图上，超边的权重通常设置为 1。$\sum_{\hat{v}\in e} h(\hat{v},e)$ 为超边的度，即超边所包围的所有节点的数目。

转移矩阵 P 基于公式 $P = D_v^{-1}HD_e^{-1}H^T$ 计算得出[55, 56]。D_v 为对角矩阵，对角线上的元素为每个节点的度；H 为普通超图的指示矩阵；D_e 为对角矩阵，对角线上的元素为每条超边的超度。值得注意的是，计算所得的转移矩阵 P 是按行归一化后的结果。

上述计算得到的转移矩阵用于描述未加权超图上的随机游走过程。为融合董监高的风险，需要将超图转化成加权超图。因此，针对加权超图上的随机游走，重新设计转移概率矩阵 P 的计算方法，如式（5-8）所示。加权超图上的随机游走过程可以被描述为：首先选定起始节点 u，根据超边权重 $w(e)$ 选择一条包含当前节点 u 的特定超边 e；其次，在已经选中的这条超边中，根据超边中所包含的节点数均匀地选择转移节点 v。加权超图上的转移矩阵 P 通过公式 $P = D_v^{-1}HW_eD_e^{-1}H^T$ 计算得出，其中 W_e 为超边权重的对角线矩阵。

$$P(u,v) = \sum_{e\in E} w(e) \times \frac{h(u,e)}{\sum_{\hat{e}\in E} w(\hat{e}) \times h(u,\hat{e})} \times \frac{h(v,e)}{\sum_{\hat{v}\in e} h(\hat{v},e)} \tag{5-8}$$

节点的转移矩阵确定后，使用个性化 PageRank 算法实现随机游走过程，以分析一个节点如何受到其他节点的影响。个性化 PageRank 算法的计算方法如式（5-9）所示：

$$\vec{v}_{i+1} = \alpha \times P \times \vec{v}_i + (1-\alpha) \times \vec{S}_i \tag{5-9}$$

其中，$\vec{S}_i$ 为初始向量；$\vec{v}_i$ 为超图上所有企业节点经过 i 次迭代后的风险值的向量；$\vec{v}_0$ 为企业节点初始风险值的向量，每个企业的初始风险值可通过式（5-6）计算获得；α 为阻尼系数，表示任何一条超边上的节点都有可能以一个较小的概率瞬间转移到另外一条超边上，通常取值为 0.85[55]。该计算是不断迭代的，直至向量 $\vec{v}$ 趋于稳定。经过多次迭代，每个企业节点都可重新获得一个风险值，该值度量一个企业同时受到其董监高和关联企业的风险的影响程度。本节将该值称为超图关联风险分。

综上，本节结合董监高和关联企业的风险及超图的网络拓扑特征，即超边的超度、节点的超度、聚集系数、节点的度，构建了关联风险特征。此外，本节设计了一个转移概率矩阵来描述加权超图上的随机游走，然后利用个性化 PageRank 算法为每个企业生成了一个关联风险分，进而分析了一个企业的风险如何同时受到其共享董监高和关联企业的风险的影响。

5.4.3　实验研究及结果分析

为了验证融合高阶关系的关联风险特征抽取方法的有效性，本节利用某地方性商业银行的制造型中小企业贷款数据进行实验研究。

1. 场景与数据

本节的实验研究与 5.3.3 节的实验研究使用同一个数据集，数据集中共包含 2136 家制造型中小企业的借贷数据，违约率为 6.4%。企业的基本特征如表 5-2 和表 5-3 所示。

在关系网络构建方面，我们从企查查上收集了 2136 家主体企业的董监高关联关系数据，基于董监高关系构建了企业超图。2136 家中小企业通过董监高关系与 6911 家企业建立了关联关系，因此，实验中的超图共包含 9047 家企业，董监高 5542 人。同时从企查查上收集了 5542 名董监高和 9047 家企业的风险事件。

构建关联风险特征的实验过程是：首先，构造描述企业与董监高关系的超图；其次，利用失信被执行人、股权质押、股权冻结及借款纠纷四类风险事件识别董监高的风险；再次，利用借款纠纷和行政处罚两类风险事件识别关联企业的风险；最后，基于构建的超图和识别的风险，从超边的超度、节点的超度、聚集系数、节点的度、超图关联风险分五个方面构建关联风险特征。

2. 实验设计

本节共设计了两组实验验证融合高阶关系的关联风险特征对信用违约预测的有效性。一组实验是验证融合高阶关系的关联风险特征在中小企业信用评价中的有效性，实验流程是：分别利用企业自身的基本特征、基于超图构建的关联风险特征及二者的组合构建中小企业信用风险评价模型，预测借款企业的违约概率，并对比基本特征、关联风险特征的违约预测效果，以及关联风险特征的加入对违约预测效果的提升作用。

另一组实验是验证董监高信息及高阶关系对关联风险特征违约预测性能的影响。首先比较基于单部图、二部图和超图构建的关联风险特征的违约预测性能；其次，通过解释模型的预测结果，回答四个问题：①基于超图构建的关联风险特征如何影响中小企业信用风险模型的违约预测性能？②董监高的风险是否会影响关联风险特征对模型违约预测性能的提升效果？③董监高之间的互动关系是否会影响关联风险特征对模型违约预测性能的提升效果？④企业与董监高之间的高阶关系是否会影响关联风险特征对模型违约预测性能的提升效果？

实验选择 LR、RF、XGB 三个信用风险评价模型及 AUC、KS 和 HM 三个模型绩效指标来判断相关特征的有效性。

3. 参数估计

实验引入时间衰减效应来分析企业和董监高的风险事件的影响随时间推移的变化情况，如式（5-5）所示。γ 为时间衰减常数，实验以 0.01 为增量在 0.01 到 0.1 区间内选择 10 个时间衰减常数，其最优值是通过在信用评价模型中将 γ 作为超参数来确定的。实验采用嵌套交叉验证[41]进行模型的超参数优化和预测性能的估计，内部交叉验证和外部交叉验证都为 10 次十折交叉验证。

4. 实验结果

实验基于嵌套交叉验证优化风险事件的时间衰减常数 γ，得到的最优时间衰减常数为 0.04，后续实验的 γ 取值 0.04。

1）基于超图构建的关联风险特征的预测性能

实验比较了基于超图构建的关联风险特征的预测性能，模型的违约预测效果如表 5-10 所示。结果显示三种模型取得了类似的违约预测效果，其中单独使用关联风险特征的模型违约预测效果低于单独使用企业自身的基本特征的模型违约预测效果，但共同使用基本特征和关联风险特征时，三种模型均取得了较好的违约预测效果。实验表明基于超图构建的关联风险特征能够提升中小企业信用评价模型的违约预测性能。

表 5-10　基于超图构建的关联风险特征的预测性能

模型	指标	基本特征	关联风险特征	基本特征+关联风险特征
LR	AUC	0.716(0.701, 0.732)	0.693(0.681, 0.705)	0.758(0.744, 0.772)
	KS	0.422(0.398, 0.446)	0.385(0.366, 0.405)	0.473(0.452, 0.493)
	HM	0.269(0.247, 0.291)	0.213(0.197, 0.229)	0.308(0.287, 0.329)
RF	AUC	0.744(0.731, 0.758)	0.627(0.614, 0.639)	0.769(0.756, 0.782)
	KS	0.451(0.430, 0.473)	0.300(0.279, 0.321)	0.491(0.470, 0.512)
	HM	0.295(0.275, 0.314)	0.153(0.136, 0.170)	0.333(0.314, 0.353)
XGB	AUC	0.710(0.696, 0.724)	0.602(0.589, 0.614)	0.741(0.728, 0.753)
	KS	0.413(0.390, 0.435)	0.265(0.249, 0.280)	0.447(0.427, 0.467)
	HM	0.245(0.224, 0.265)	0.137(0.124, 0.149)	0.282(0.263, 0.300)

实验在上述结果的基础上进行了非参数检验，以分析关联风险特征的提升是否显著。非参数检验采用了 Friedman 检验，其结果如表 5-11 所示。

表 5-11　成对比较结果

项目	平均排名	成对比较的 p 值	
		基本特征	关联风险特征
基本特征	1.99	—	—
关联风险特征	2.63	<0.001	—
基本特征 + 关联风险特征	1.38	<0.001	<0.001
Friedman χ^2		709.818（<0.001）	

结果显示不同信用特征集下，模型的违约预测效果存在显著性差异，进而进行成对比较。成对比较显示企业自身的基本特征的效果显著优于关联风险特征的效果，但两者组合可以得到显著的效果提升。

2）与基于单部图构建的关联风险特征的预测性能的比较

单部图中，如果两个企业共享董监高，则两个企业之间存在一条边，边的权重定义为企业间共享董监高的人数的倒数。企业的风险值由企业所涉及的风险事件影响的总和决定。实验采用两种方法构建基于单部图的关联风险特征，一是 van Vlasselaer 等[44]提出的基于单部图的个性化 PageRank 算法，二是 Tobback 等[18]提出的加权投票关系分类器算法。这两类算法都可以产生一个基于单部图的关联风险分，用以表示一个企业受到其关联企业风险的影响程度。

基于超图构建的关联风险分和基于单部图构建的关联风险分的有效性对比结果如表 5-12 所示。结果显示基于单部图构建的关联风险分同样能够在企业自身的基本特征的基础上提升模型的违约预测效果，但与基于超图构建的关联风险分相比，后者的违约预测效果提升更为显著。此外，采用加权投票关系分类器算法构建的关联风险分的提升效果要优于采用基于单部图的个性化 PageRank 算法提取的关联风险分。

表 5-12　超图和单部图中的关联风险分的预测性能的比较

模型	指标	基本特征	基本特征 + 超图关联风险分	基本特征 + 单部图 PR 分	基本特征 + 单部图 wvRN 分
LR	AUC	0.716(0.701, 0.732)	0.737(0.723, 0.752)	0.721(0.706, 0.736)	0.728(0.714, 0.743)
	KS	0.422(0.398, 0.446)	0.445(0.422, 0.468)	0.425(0.401, 0.449)	0.433(0.409, 0.456)
	HM	0.269(0.247, 0.291)	0.283(0.262, 0.304)	0.273(0.252, 0.294)	0.276(0.255, 0.297)

续表

模型	指标	基本特征	基本特征＋超图关联风险分	基本特征＋单部图 PR 分	基本特征＋单部图 wvRN 分
RF	AUC	0.744(0.731, 0.758)	0.758(0.744, 0.771)	0.749(0.735, 0.763)	0.751(0.737, 0.765)
	KS	0.451(0.430, 0.473)	0.482(0.458, 0.506)	0.465(0.444, 0.486)	0.464(0.441, 0.487)
	HM	0.295(0.275, 0.314)	0.320(0.299, 0.341)	0.302(0.282, 0.322)	0.310(0.289, 0.330)
XGB	AUC	0.710(0.696, 0.724)	0.736(0.723, 0.750)	0.716(0.702, 0.730)	0.724(0.711, 0.737)
	KS	0.413(0.390, 0.435)	0.443(0.421, 0.464)	0.421(0.399, 0.422)	0.433(0.413, 0.454)
	HM	0.245(0.224, 0.265)	0.271(0.252, 0.291)	0.250(0.229, 0.271)	0.251(0.232, 0.270)

注：单部图 PR 分为采用基于单部图的个性化 PageRank 算法构建的关联风险分；单部图 wvRN 分为采用加权投票关系分类器算法构建的关联风险分；超图关联风险分为采用基于加权超图的个性化 PageRank 算法计算的关联风险分

3）与基于二部图构建的关联风险特征的预测性能的比较

二部图包含企业和董监高两种类型节点，如果一个董事任职于一个企业，则该董事与该企业之间存在一条边。其中，边的权重等于 0 或 1 取决于企业是否与董监高有关联关系。二部图中关联企业的风险也是由关联企业所涉及的风险事件影响的总和所决定的。实验使用 van Vlasselaer 等[44]在二部图上提出的个性化 PageRank 算法来生成一个关联风险分，以度量一个企业是如何受到其董监高和关联公司的风险的影响的。值得注意的是，二部图虽然保留了董监高节点，但是该方法并未融合董监高节点的风险信息。

基于超图构建的关联风险分和基于二部图构建的关联风险分的有效性对比结果如表 5-13 所示。结果显示基于二部图构建的关联风险分同样能够在企业自身的基本特征的基础上提升模型的违约预测能力，但基于超图构建的关联风险分更为显著地提升了模型的违约预测能力。

表 5-13　基于超图和二部图的关联风险特征的预测性能比较

模型	指标	基本特征	基本特征＋超图关联风险分	基本特征＋二部图 PR 分
LR	AUC	0.716(0.701, 0.732)	0.737(0.723, 0.752)	0.725(0.710, 0.740)
	KS	0.422(0.398, 0.446)	0.445(0.422, 0.468)	0.426(0.402, 0.449)
	HM	0.269(0.247, 0.291)	0.283(0.262, 0.304)	0.271(0.250, 0.292)
RF	AUC	0.744(0.731, 0.758)	0.758(0.744, 0.771)	0.748(0.734, 0.761)
	KS	0.451(0.430, 0.473)	0.482(0.458, 0.506)	0.458(0.435, 0.481)
	HM	0.295(0.275, 0.314)	0.320(0.299, 0.341)	0.302(0.283, 0.322)
XGB	AUC	0.710(0.696, 0.724)	0.736(0.723, 0.750)	0.718(0.705, 0.731)
	KS	0.413(0.390, 0.435)	0.443(0.421, 0.464)	0.415(0.394, 0.436)
	HM	0.245(0.224, 0.265)	0.271(0.252, 0.291)	0.252(0.232, 0.271)

注：二部图 PR 分为采用基于二部图的个性化 PageRank 算法计算的关联风险分

　　为了进一步比较基于超图、二部图及单部图构建的关联风险特征的违约预测性能，本节进行了成对样本检验实验，结果如表 5-14 所示。Freidman 检验的结果显示使用基本特征和不同关联风险特征的组合，模型违约预测能力存在显著性差异。成对比较显示所有关联风险特征都能显著提升中小企业信用评价模型的违约预测能力。其中，基于超图构建的关联风险特征的提升效果显著优于基于单部图与基于二部图构建的关联风险特征（ $p < 0.001$ 和 $p = 0.002$ ）。采用加权投票关系分类器算法构建的关联风险分的提升效果显著优于采用基于单部图的个性化 PageRank 算法提取的关联风险分，同时也优于采用基于二部图的个性化 PageRank 算法提取的关联风险分特性（ $p < 0.001$ ）。而采用基于单部图的个性化 PageRank 算法提取的关联风险分和采用基于二部图的个性化 PageRank 算法提取的关联风险分之间的提升效果的差异性不显著。

表 5-14　成对比较的结果

项目	平均排名	成对比较的 p 值			
		基本特征	基本特征 + 超图关联风险分	基本特征 + 二部图 PR 分	基本特征 + 单部图 PR 分
基本特征	3.50	—	—	—	—
基本特征 + 超图关联风险分	2.38	<0.001	—	—	—
基本特征 + 二部图 PR 分	3.11	<0.001	<0.001	—	—
基本特征 + 单部图 PR 分	3.17	<0.001	<0.001	1	—
基本特征 + 单部图 wvRN 分	2.84	<0.001	0.002	0.003	<0.001
Friedman χ^2	254.424（<0.001）				

4）模型解释

　　实验尝试对中小企业信用评价模型结果进行解释，从而进一步探讨二部图、单部图及超图之间的差异。首先，实验分析了基于超图构建的关联风险特征对中小企业信用水平的影响。实验基于基本特征和基于超图构建的关联风险特征，采用 10 次十折交叉验证法，训练了 XGB 模型，并使用 SHAP 方法[57]解释模型的预测结果。SHAP 方法作为一种经典的事后解释框架，可以对每一个样本中的每一个特征变量计算出其贡献值，达到解释的效果。贡献值在 SHAP 中被专门称为夏普利（Shapley）值，该值不仅可以反映出每一个样本中的每个特征的影响力，而且还可以表现出影响的正负性，如图 5-8 所示。SHAP 汇总图显示了每个样本的每个特征的 Shapley 值，纵轴为特征值，横轴为每个样本的每个特征的 Shapley 值，颜色从浅到深，代表了从低到高的特征值。对于某个样本的某个特征，在其 Shapley

值大于 0 的情况下，Shapley 值越大，该特征对预测该样本为违约的贡献越大；相反地，在其 Shapley 值小于 0 的情况下，Shapley 值越小，该特征对预测该样本为非违约的贡献越大。图 5-8 左侧的特征是按照特征重要性从高到低进行排列的，在特征数量较多的情况下，重要性相对较低的特征不会显示。从图 5-8 中可以看出，节点的度的相对值（nd_re）、节点的超度的平均值（nh_mean）、聚集系数的最大值（c_max）、超图关联风险分（hppr）等关联风险特征的重要性高于部分企业自身的基本特征。其中，聚集系数的最大值这一特征值越低，Shapley 值越高，说明聚集系数的最大值与中小企业的违约概率之间存在负向关系。而超图关联风险分越高，Shapley 值越高，说明超图关联风险分与中小企业的违约概率之间存在正向关系。同理可得，节点的度的相对值和节点的超度的平均值与中小企业的违约概率之间存在正向关系。以上结果表明，加入基于超图构建的关联风险特征可以提升中小企业信用评价模型的违约预测能力，且不同的关联风险特征与企业违约概率呈现不同的相关关系。

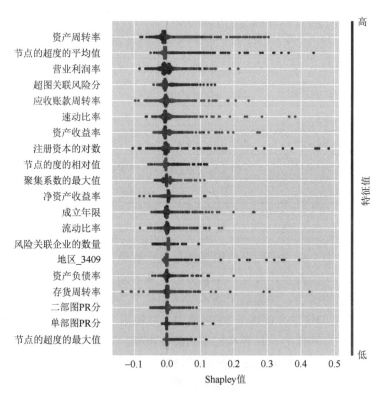

图 5-8　SHAP 汇总图

注：地区_3409 表示代号为 3409 的地区

　　其次，实验进一步利用 SHAP 方法分析了董监高之间的互动是否会影响关联风险特征的提升效果。由回音室理论[58]可知，当用户与有相似品味或态度的同伴重复互动时，用户对某个话题的信念会得到加强。据此，本节假设一个企业和关联企业之间共享的董监高越多，董监高之间的互动就越强。基于该假设，实验使用企业的平均 Jaccard 相似系数来度量董监高之间的交互程度。例如，一家企业 F 有三个董事和三个关联企业（N1，N2，N3），F 和 N1 共享所有董事，F 和 N2 共享所有董事，F 和 N3 共享所有董事。另一家企业 f 有三名董事（d1，d2，d3）和三家关联企业（n1，n2，n3），但 f 和 n1 只共享董事 d1，f 和 n2 共享董事 d2，f 和 n3 共享董事 d3。F 中董事之间的互动可能比 f 中董事之间的互动更强。鉴于 Jaccard 相似系数是基于两两企业计算的，而一个目标企业可能与多个关联企业组成多个企业对。为此，实验计算了每个企业对的 Jaccard 相似系数，即两家企业共有的董监高数量与两家企业拥有的董监高数量总数的比值，然后求所有企业对的 Jaccard 相似系数的平均值，该平均值即目标企业的最终的平均 Jaccard 相似系数。

　　SHAP 依赖图（图 5-9）分析了基于三类图构建的关联风险分与平均 Jaccard 相似系数的相互作用对企业信用评价模型违约预测性能的影响。三类图上的关联风险分主要包括：①超图上基于加权超图的个性化 PageRank 算法计算的关联风险分；②单部图上基于加权投票关系分类器计算的关联风险分；③单部图上基于个性化 PageRank 算法计算的关联风险分；④二部图上基于个性化 PageRank 算法计算的关联风险分。图 5-9 中的四个子图分别显示了四类关联风险分与平均 Jaccard 相似系数之间的交互效果。当平均 Jaccard 相似系数（mj）较高，且超图关联风险分（hppr）较高时，超图关联风险分与平均 Jaccard 相似系数的交互作用对模型的违约预测性能影响较大。当平均 Jaccard 相似系数较高，单部图上基于个性化 PageRank 算法计算的关联风险分（upper）较高时，两者的交互作用对模型的违约预测性能影响较大。由于大多数样本的 Shapley 值都在 0 左右，平均 Jaccard 相似系数与单部图上基于加权投票关系分类器计算的关联风险分（wvRN）之间的交互作用对模型的违约预测性能没有明显的影响。与超图和单部图结果不同，当平均 Jaccard 相似系数越高，且二部图上基于个性化 PageRank 算法计算的关联风险分越低时，Jaccard 相似系数与关联风险分的交互对模型的违约预测性能影响越大。二部图的网络结构可能是导致上述结果差异的原因，二部图只能描述企业与董监高的交互关系，无法描述董监高与董监高之间的交互关系。以上结果表明，董监高之间的交互作用对关联风险特征的提升效果有影响。

　　最后，实验进一步利用 SHAP 方法分析了高阶关系信息是否会影响关联风险特征的提升效果。从样本中选择所有董监高都在两个以上的企业任职的企业，二部图上表现为所有董监高都与两个以上的企业有联系，即高阶关系，进而构建一个只有高阶关系的企业关系网络。通过比较被选取的企业的四类关联风险分的

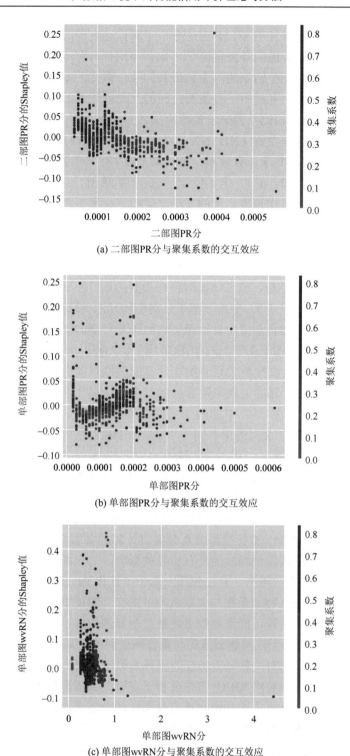

(a) 二部图PR分与聚集系数的交互效应

(b) 单部图PR分与聚集系数的交互效应

(c) 单部图wvRN分与聚集系数的交互效应

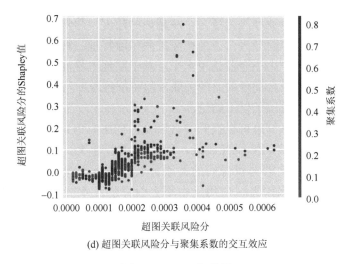

(d) 超图关联风险分与聚集系数的交互效应

图 5-9　SHAP 依赖图

Shapley 值，可以分析高阶关系信息对关联风险特征提升效果的影响，如图 5-10 所示。从图左侧的特征排名可以看出，超图关联风险分的重要性高于其他三类关联风险分。超图关联风险分越高，预测违约样本的能力越强。其他关联风险分也可以用于预测违约样本，但大部分样本的 Shapley 值都聚集在 0 附近，表明这些关联风险分预测违约的能力是有限的。综上所述，高阶关系信息会影响关联风险特征的提升效果，且超图相对于二部图和单部图可以更好地捕获高阶关系。

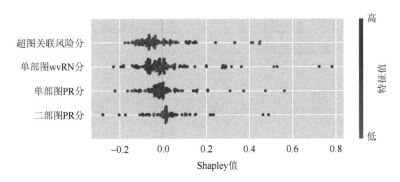

图 5-10　关联风险特征的 Shapley 值

5. 结果讨论

　　综上所述，本节提出了一种融合高阶关系的关联风险特征抽取方法与有效性验证框架。首先，利用超图描述资源与企业之间的成对关系和高阶关系；其次，使用公开风险事件信息识别网络中关联企业和资源的风险信息；再次，基于构建的超图及识别的风险企业和风险资源，从超边的超度、聚集系数、节点的度、节点的超度及超图关联风险分五个方面构建关联风险特征；最后，结合企业基本特征和关联风险特征预测中小企业信用水平，基于某地方性商业银行的中小企业信贷数据的实验验证了融合高阶关系的关联风险特征抽取方法的有效性。

本节的研究同时发现了以下结论。

（1）融入高阶关系信息可以提升关联风险特征在中小企业评价模型中的有效性，扩展了现有的关联风险研究成果。现有研究主要基于单部图和二部图以二元形式描述企业间或企业与资源间的关联关系，进而构建关系网络和抽取关联风险特征，并将关联风险特征应用于中小企业评价。本节利用超图描述资源和企业之间的关系，不仅描述了企业与资源间的二元关系，还描述了一对多的高阶关系，进而基于超图研究了融合高阶关系的关联风险特征的构建方法。研究表明：融合高阶关系的关联风险特征可以显著提升中小企业信用评价模型的违约预测性能。同时，利用 SHAP 方法分析发现：与基于单部图和二部图构建的关联风险分相比，基于超图构建的关联风险分可以实现最优的提升效果。研究结论表明：在分析关联风险时，不仅要考虑企业间的成对关系，还需考虑企业间的高阶关系。

（2）加入董监高的风险信息可以提升关联风险特征的违约预测性能。以往基于二部图和单部图构建的关联风险特征，只考虑了企业节点的风险信息，较少关注董监高节点的风险信息。本节研究发现基于超图构建的关联风险分可以实现最优的提升效果。另外，董监高间的交互信息可以提升关联风险特征的违约预测性能。研究发现：董监高之间的互动程度越高，关联风险特征对中小企业信用评价模型的提升效果越好。研究结论表明：在分析关联风险时，需要考虑董监高的风险信息及董监高间的交互关系。

本 章 小 结

企业之间越来越紧密地相互关联，形成了复杂的关系网络。关系网络一方面为企业发展创造了新机遇，另一方面也给信用风险在企业之间传播提供了路径，形成了关联风险。因此，在评价中小企业信用水平时，不仅要考虑中小企业自身的风险信息，还要考虑企业关系网络中的关联风险信息。为此，本章从基于企业网络的关联风险特征构造方法和融合高阶关系的关联风险特征构造方法两方面进行了探索性研究。

本章基于公开可获得的风险事件，提出了一种基于关联企业异质信息的关联风险特征抽取方法与有效性验证框架。首先，利用二部图技术，基于管理关系和股权关系构建了企业关系网络;其次,利用公开的行政处罚和借款纠纷信息识别出关联企业的风险事件;再次,基于构建的关系网络和识别的风险事件,利用平滑版加权投票关系分类器构建了关联风险特征;最后,结合企业自身的信用特征和关联风险特征进行中小企业信用评价。研究表明:基于关联企业异质信息构建的关联风险特征可以有效地提升中小企业信用评价模型的违约预测性能,同时关系网络的粒度会影响关联风险特征的提升效果。

针对企业间的高阶关系信息,本章提出了一种融合高阶关系的关联风险特征抽取方法与有效性验证框架。首先,利用超图描述企业与资源之间的成对关系和高阶关系;其次,利用公开风险事件,识别企业和资源的风险;再次,基于构建的超图和识别的风险事件,从节点的度、节点的超度、超边的超度、聚集系数及超图关联风险分五个方面,构建了关联风险特征;最后,结合基本特征和关联风险特征评价中小企业的信用风险。研究表明:基于超图构建的关联风险特征可以有效地提升中小企业信用评价模型的性能;同时,加入董监高的风险信息、董监高之间的交互关系信息及董监高与企业间的高阶关系信息可以提升关联风险特征的违约预测性能。

综上所述,基于关联企业异质信息构建的关联风险特征有利于提高中小企业信用评价模型的预测性能,同时高阶关系会影响关联风险特征在信用评价中的效用。

参 考 文 献

[1] 李冰清, 张潇元. 基于网络结构的企业集团内部风险传染机制研究[J]. 中国管理科学, 2023: 1-12.

[2] 刘堃, 任亮, 巴曙松. 中国信用风险预警模型及实证研究——基于企业关联关系和信贷行为的视角[J]. 财经研究, 2009, 35 (7): 13-27.

[3] Altman E I, Sabato G, Wilson N. The value of non-financial information in small and medium-sized enterprise risk management[J]. The Journal of Credit Risk, 2010, 6 (2): 95-127.

[4] Cassar G, Ittner C D, Cavalluzzo K S. Alternative information sources and information asymmetry reduction: evidence from small business debt[J]. Journal of Accounting and Economics, 2015, 59 (2-3): 242-263.

[5] Dolfin M, Knopoff D, Limosani M, et al. Credit risk contagion and systemic risk on networks[J]. Mathematics, 2019, 7 (8): 713.

[6] 荣梦杰, 李刚. 区域金融风险的空间关联、传染效应与风险来源[J]. 统计与决策, 2020, 36 (24): 119-124.

[7] Nickerson J, Griffin J M. Debt correlations in the wake of the financial crisis: what are appropriate default correlations for structured products?[J]. Journal of Financial Economics, 2017, 125 (3): 454-474.

[8] Azizpour S, Giesecke K, Schwenkler G. Exploring the sources of default clustering[J]. Journal of Financial Economics, 2018, 129 (1): 154-183.

[9] Gersbach H, Lipponer A. Firm defaults and the correlation effect[J]. European Financial Management, 2003, 9 (3): 361-378.

[10] Barro D, Basso A. Credit contagion in a network of firms with spatial interaction[J]. European Journal of

Operational Research，2010，205（2）：459-468.

[11] 曲昭光，陈春林. 基于 VAR 模型的我国金融控股集团风险传染效应分析[J]. 金融理论与实践，2017，（5）：39-45.

[12] Li S W，Sui X. Contagion risk in endogenous financial networks[J]. Chaos，Solitons & Fractals，2016，91：591-597.

[13] 谢小凤，杨扬，张凤英，等. 多重关联关系下供应链上关联信用风险的传染效应[J]. 中国管理科学，2021，29：77-89.

[14] Beaver W H，Cascino S，Correia M，et al. Group affiliation and default prediction[J]. Management Science，2019，65（8）：3559-3584.

[15] Shen F，Zhao X C，Kou G. Three-stage reject inference learning framework for credit scoring using unsupervised transfer learning and three-way decision theory[J]. Decision Support Systems，2020，137：113366.

[16] Vinciotti V，Tosetti E，Moscone F，et al. The effect of interfirm financial transactions on the credit risk of small and medium-sized enterprises[J]. Journal of the Royal Statistical Society：Series A（Statistics in Society），2019，182（4）：1205-1226.

[17] Fernandes G B，Artes R. Spatial dependence in credit risk and its improvement in credit scoring[J]. European Journal of Operational Research，2016，249（2）：517-524.

[18] Tobback E，Bellotti T，Moeyersoms J，et al. Bankruptcy prediction for SMEs using relational data[J]. Decision Support Systems，2017，102：69-81.

[19] 钱茜，周宗放，李永奎. 管控策略对关联企业网络稳定状态的影响——基于关联信用风险传染的视角[J]. 中国管理科学，2019，27（6）：21-29.

[20] Alvarez-Rodriguez U，Battiston F，de Arruda G F，et al. Evolutionary dynamics of higher-order interactions in social networks[J]. Nature Human Behaviour，2021，5（5）：586-595.

[21] Giusti C，Ghrist R，Bassett D S. Two's company，three（or more）is a simplex：algebraic-topological tools for understanding higher-order structure in neural data[J]. Journal of Computational Neuroscience，2016，41：1-14.

[22] Stiglitz J E，Weiss A. Credit rationing in markets with imperfect information[J]. The American Economic Review，1981，71（3）：393-410.

[23] Zhang Y，Xiong X，Zhang W，et al. Credit rationing and the simulation of multi-bank credit market model：a computational economics approach[J]. Computational Economics，2018，52（4）：1233-1256.

[24] Dainelli F，Giunta F，Cipollini F. Determinants of SME credit worthiness under Basel rules：the value of credit history information[J]. PSL Quarterly Review，2013，66：28.

[25] Cossin D，Schellhorn H. Credit risk in a network economy[J]. Management Science，2007，53（10）：1604-1617.

[26] Calabrese R，Andreeva G，Ansell J. "Birds of a feather" fail together：exploring the nature of dependency in SME defaults[J]. Risk Analysis，2017，39（1）：71-84.

[27] Boschmans K，Pissareva L. Financing SMEs and Entrepreneurs 2019：An OECD Scoreboard [M]. Paris：Organisation for Economic Co-operation and Development（OECD），2019.

[28] Macskassy S A，Provost F. A simple relational classifier[C]. The Second International Workshop on Muti-Relational Data Mining. Washington D.C.，2003.

[29] Elliott M，Golub B，Jackson M O. Financial networks and contagion[J]. American Economic Review，2014，104（10）：3115-3153.

[30] Bonsall S B，Holzman E R，Miller B P. Managerial ability and credit risk assessment[J]. Management Science，2016，63（5）：1425-1449.

[31] Yin C，Jiang C Q，Jain H K，et al. Evaluating the credit risk of SMEs using legal judgments[J]. Decision Support

Systems，2020，136：113364.

[32] Stankova M，Praet S，Martens D，et al. Node classification over bipartite graphs through projection [J]. Machine Learning，2021，110（1）：37-87.

[33] 国家统计局. 关于印发《统计上大中小微型企业划分办法（2017）》的通知[EB/OL]. http://www.stats.gov.cn/ tjgz/tzgb/201801/t20180103_1569254.html[2022-02-01].

[34] The Basel Committee on Banking Supervision. Basel II：The new Basel capital accord—third consultative paper[R]. Basel：The Basel Committee on Banking Supervision，2003.

[35] Dumitrescu E，Hué S，Hurlin C，et al. Machine learning for credit scoring：improving logistic regression with non-linear decision-tree effects[J]. European Journal of Operational Research，2022，297：1178-1192.

[36] He H L，Zhang W Y，Zhang S. A novel ensemble method for credit scoring：adaption of different imbalance ratios[J]. Expert Systems with Applications，2018，98：105-117.

[37] Veganzones D，Séverin E. An investigation of bankruptcy prediction in imbalanced datasets[J]. Decision Support Systems，2018，112：111-124.

[38] Sigrist F，Hirnschall C. Grabit：gradient tree-boosted Tobit models for default prediction[J]. Journal of Banking & Finance，2019，102：177-192.

[39] Chen T Q，Guestrin C. XGBoost：a scalable tree boosting system[C]. The 22nd Acm Sigkdd International Conference on Knowledge Discovery and Data Mining. San Francisco，2016.

[40] Hand D J. Measuring classifier performance：a coherent alternative to the area under the ROC curve[J]. Machine Learning，2009，77（1）：103-123.

[41] Varma S，Simon R. Bias in error estimation when using cross-validation for model selection[J]. BMC Bioinformatics，2006，7（1）：91.

[42] Wang Z，Jiang C Q，Zhao H M，et al. Mining semantic soft factors for credit risk evaluation in peer-to-peer lending[J]. Journal of Management Information Systems，2020，37（1）：282-308.

[43] Zhou D Y，Huang J Y，Schölkopf B. Learning with hypergraphs：clustering，classification，and embedding[J]. Advances in Neural Information Processing Systems，2006，19：1601-1608.

[44] van Vlasselaer V，Eliassi-Rad T，Akoglu L，et al. Gotcha! Network-based fraud detection for social security fraud[J]. Management Science，2017，63（9）：3090-3110.

[45] Bretto A. Hypergraph Theory：An Introduction[M]. Berlin：Springer，2013.

[46] Fatemi B，Taslakian P，Vazquez D，et al. Knowledge hypergraphs：prediction beyond binary relations[C]. The Twenty-Ninth International Joint Conference on Artificial Intelligence. Yokohama，2020.

[47] Fich Eliezer M，Shivdasani A. Financial fraud，director reputation，and shareholder wealth[J]. Journal of Financial Economics，2007，86（2）：306-336.

[48] Dou Y，Masulis R W，Zein J. Shareholder wealth consequences of insider pledging of company stock as collateral for personal loans[J]. The Review of Financial Studies，2019，32（12）：4810-4854.

[49] Martens D，Provost F. Pseudo-social network targeting from consumer transaction data：faculty of applied economics[R]. New York：New York University Stern School of Business，2011.

[50] Suo Q，Sun S W，Hajli N，et al. User ratings analysis in social networks through a hypernetwork method[J]. Expert Systems with Applications，2015，42（21）：7317-7325.

[51] Zhang Z K，Liu C. A hypergraph model of social tagging networks[J]. Journal of Statistical Mechanics：Theory and Experiment，2010，2010（10）：P10005.

[52] Carletti T，Fanelli D，Lambiotte R. Random walks and community detection in hypergraphs[J]. Journal of Physics：

Complexity，2021，2（1）：015011.

[53] Brin S，Page L. The anatomy of a large-scale hypertextual web search engine[J]. Computer Networks and ISDN Systems，1998，30（1）：107-117.

[54] Óskarsdóttir M，Bravo C. Multilayer network analysis for improved credit risk prediction[J]. Omega，2021，105：102520.

[55] Carletti T，Battiston F，Cencetti G，et al. Random walks on hypergraphs[J]. Physical Review E，2020，101（2）：022308.

[56] 马慧芳，张迪，赵卫中，等. 基于超图随机游走标签扩充的微博推荐方法[J]. 软件学报，2019，30（11）：3397-3412.

[57] Rodríguez-Pérez R，Bajorath J. Interpretation of compound activity predictions from complex machine learning models using local approximations and Shapley values[J]. Journal of Medicinal Chemistry，2020，63（16）：8761-8777.

[58] Cinelli M，de Francisci Morales G，Galeazzi A，et al. The echo chamber effect on social media[J]. Proceedings of the National Academy of Sciences，2021，118（9）：e2023301118.

第6章 基于社会资本的信用特征构造方法

6.1 引 言

企业与企业、自然人、金融机构、政府机关等之间构成了包含投资、交易、管理、债务、监管等多种关系在内的复杂关系网络。因此，企业的信用水平受到网络中其他实体的影响[1]，且这种影响具有两面性，既可能是负面的，也可能是正面的。社会资本理论将正面的网络影响称为"社会资本"[2]。一方面，社会资本能够促进企业健康发展[3]，在改善企业绩效[4]、加强企业合作[5, 6]、提升技术优势[7]和保持供应链稳定[8]等方面具有重要作用。另一方面，当市场环境恶化或负面事件爆发导致企业陷入经营危机时，社会资本可以提供缓冲经营风险的资源，帮助企业摆脱经营危机[4]。例如，资金流压力大的企业可以通过良好的企业声誉获得其他企业提供的贸易信贷，防止因现金流紧张而违约或倒闭。因此，从提供资源、促进发展、缓冲风险的角度，社会资本能够降低企业的违约概率，可以作为评价企业信用水平的有效信息。

社会资本的积累是一个持续的过程，网络中的个体和其他个体需要通过不断互动来积累社会资本，同时在互动过程中社会资本也可能会流失[9]。例如，借款者的违约行为可能损害经济活动中其他参与者的利益，进而损害借款者与其他参与者之间的关系，导致该借款者的社会声誉受到影响，社会资本遭受损失。如果该借款者认为其违约所获得的收益不足以弥补违约导致的社会资本的流失，那么借款人就不会轻易违约。社会资本较高的企业为了维持组织声誉、避免社会资本流失，往往会积极履行契约义务。因此，社会资本能够帮助金融机构获得关于企业履约意愿的相关信息，能够减少信息不对称。

虽然社会资本对企业信用水平具有潜在的影响力，但信用主体尤其是中小企业和个人的社会资本量化面临两大挑战。第一，社会资本嵌入在非结构化的关系网络中，多节点、多连接的网状特点使得关系网络难以构建。关系网络中的投资、交易、债务、监管等多种关系不仅涉及社会关系，还涉及组织关系、经济关系，这些关系具有网状非结构化的特点，如何从复杂关系中抽象出能够量化社会资本的网络模型面临挑战。第二，用于量化中小企业关系和认知社会资本的公开数据较少。国内外学者一般从结构、关系和认知三个维度量化社会资本，常见的企业社会资本量化方法大多只关注企业的结构社会资本，忽视了关系社会资本和认知社会资本，同时这些方法依赖于调查问卷或企业内部数据[5]。调查问卷或企业内部数据对企业信息透明程度的要求较高，而中小企业大多不是上市公司，信息透明程度较低[10]，如何基于企业公开的数据，量化中小企业的社会资本面临挑战。

　　本章针对顾客对顾客电子商务（consumer to consumer，C2C）中卖家及中小企业认知社会资本与关系社会资本难以量化的问题，基于社会资本理论，遵循设计科学研究范式，研究基于认知社会资本和关系社会资本的信用特征构建方法，抽取社会资本中的信用特征，并通过实验研究验证方法的有效性。

6.2　国内外研究状况

　　国内外学者将社会资本理论应用于信用评价、企业管理和政府治理等领域的研究中，取得了丰硕的成果[2]。现有研究从宏观和微观两个层面对社会资本的内涵进行了解读[11]，见表 6-1。

表 6-1　社会资本内涵

学者	观点
布迪厄（Bourdieu）	社会资本是实际和潜在资源的集合体，这些资源与制度性的关系网络存在密切的关系。制度性的关系网络包括权威关系、信任关系、信息网络、多功能组织和联盟等
科尔曼（Coleman）	社会资本是产生信任的一种机制
希夫（Schiff）	社会资本是社会结构中一组可以影响生产功能或效用功能的人与人之间的关系要素
博特（Burt）	社会资本是企业与其他实体之间的一种关系，它是影响企业成功的决定性因素之一
方丹（Fountain）	信任的可传递性是社会资本最重要的特征，在比较大的社会网络中，主体之间无需直接的接触也可以获得相互间的信任
林南（Lin Nan）	社会资本是嵌入在结构关系网络中的能够被个体获取和使用的资源。这种资源包括信息、线索、构思、金融资本、商业契机、情感支持、权力与影响，甚至还包括良好的祝愿，以及信任与合作等
安黑尔（Anheier）	社会资本是一种实际的或潜在的资源集合体。这种资源主要通过制度化的关系网络来取得，它是与文化资本和经济资本相对应的三种基本的资本形态之一
阿德勒（Adler）	社会资本是一种可供个体或群体利用的信誉，它蕴涵在个体的社会关系结构之中，它的作用是产生对个体有利的信息，并积极影响个体与他人之间的友好关系
盖比（Gabbay）	社会资本是一种可以通过关系网络获得的资源。企业社会资本是企业的无形资源，会随着关系网络中关系强度的提升而增加

　　宏观层面的研究关注地区或国家的社会资本，分析社会资本对经济增长、社会福利的作用。本节聚焦微观层面的社会资本，从结构、关系和认知三个维度研究社会资本对企业信用水平的影响。

　　结构社会资本又称结构性嵌入，反映了个体之间的结构关系。结构社会资本的高低取决于个体所处的网络结构位置及与其他个体的联系数量。国内外研究发现结构社会资本可以有效帮助个体获取各种资源，如信用贷款等[12]。Zheng 等分析了结构社会资本与众筹绩效之间的关系，发现企业在关系网络中的中心度与众筹绩效成正比，即企业对外的网络连接数量越多，筹款额越高[13]。

关系社会资本又称关系性嵌入，主要来源于信任、互惠和履行义务等行为。关系社会资本与个体之间关系的强弱有关。Granovetter 提出判断网络关系强弱的四个主要指标——情感的紧密性、关系的时间量、熟识程度及交互程度[14]。Lin 等通过实验研究发现当借款人的关系社会资本较高时，越容易获得新的贷款，而且违约概率也较低[12]。Liu 等的研究也发现类似的现象：借款人和弱关系的投资者打交道次数越多，越容易受到潜在投资者的信任，从而获得新的贷款[15]。

认知社会资本反映个体被网络中其他个体理解的程度。这种理解和个体间是否具有共同的符号、语言、习惯及文化等有关。认知社会资本能够促使双方互相信任、达成共识，并能够有效避免由于对方违约而产生的昂贵诉讼费用[12]。Liu 等[15]研究发现：如果潜在投资者的好朋友向借款人投标，那么潜在投资者也会向该借款人投标。从借款人角度看，当其获得了潜在投资者好友的资助，意味着借款人能够被潜在投资者的好友充分理解与信任，借款人便具有了较高的认知社会资本。这种认知社会资本有利于该借款人在未来获取潜在投资者的信任与投标。

网络借贷的相关研究发现结构社会资本、关系社会资本和认知社会资本较高的个人违约概率相对较低[12, 13]。这些发现启发我们借助企业的结构社会资本、关系社会资本和认知社会资本信息来评价企业的信用水平。由于缺乏像金融资本或人力资本一样的物质载体，企业社会资本的量化一直存在困难[4]。表 6-2 汇总了通过调研访谈、社会网络分析、企业社会责任（corporate social responsibility，CSR）信息来量化企业社会资本的相关研究。这些研究聚焦企业的结构社会资本，且依赖于调查问卷或企业内部数据。

表 6-2 企业社会资本的相关研究

作者	领域	数据来源	量化方法	维度类型	机制
张润宇和余明阳[16]	企业投资	商业数据库	关系数量	关系	资源
孙博等[17]	企业绩效	商业数据库	网络分析（结构中心性）	结构	资源
Lee 和 Hallak[18]	企业绩效	调研访谈	问卷分析	结构、关系	资源
Ravindran 等[5]	合同管理	商业数据库	网络分析（度中心性、特征向量中心性）	结构、关系	资源
Lins 等[4]	企业绩效	商业数据库	CSR	关系	信号
Xue 等[6]	采购管理	商业数据库	关系数量	关系	资源
Karahanna 等[7]	技术优势	商业数据库	关系数量、地理分析	结构	资源
Gölgeci 和 Kuivalainen[8]	供应链	调研访谈	问卷分析	结构、关系	资源

综上所述，国内外学者基于社会资本理论，围绕信用评价、企业绩效管理等问题展开了大量研究，取得了一系列有价值的研究成果。这些研究揭示了社会资本在评价企业信用水平、预测企业违约风险等方面具有巨大潜力，但企业社会资本尤其是认知社会资本和关系社会资本的量化仍面临挑战。

一方面，社会资本嵌入在网状、非结构化的关系网络中，这种复杂的关系网络难以被构建。在信用评价领域，相关研究使用朋友数量指标量化结构社会资本[19]，使用朋友间的联系次数指标量化关系社会资本，将借款人会不会被好朋友资助作为量化认知社会资本的代理变量[12]。这些方法聚焦个人的社会关系，而企业关系网络涉及管理、投资、交易、债务、监管等关系，这些关系不仅有个人社会关系，还有组织关系和经济关系。哪些关系能够用于构建关系网络、哪些信息能够用于反映关系社会资本和认知社会资本有待进一步研究探讨。

另一方面，用于量化中小企业关系社会资本和认知社会资本的公开数据较少。企业社会资本的相关研究基于调研访谈、商业数据库的数据，使用问卷分析和社会网络分析等方法可以量化企业的社会资本，但对企业信用评价的借鉴意义有限。首先，通过调研访谈收集数据并进行问卷分析的方法不具备经济性。例如，在信贷业务中，中小企业的贷款金额小，而中小企业的数量规模巨大。问卷分析方法需要金融机构的审核人员到申请借款的企业进行深入的现场调研，审核人员还需要主观判断受访者提供的信息的真实性和有用性。因此，问卷分析方法具有高成本、低效率、质量差的缺陷。其次，大部分中小企业缺乏 CSR 信息，这使得现有基于 CSR 信息量化社会资本的方法难以适用于中小企业[4]。中小企业往往缺乏充足的资金来从事 CSR 活动，并且第三方机构仅仅分析和发布关于上市公司的 CSR 数据，如明晟全球环境、社会和治理评级数据库等。因此，金融机构难以获得中小企业的 CSR 信息。最后，国内外研究大多通过网络分析方法量化企业社会资本，但网络分析方法重点关注结构关系，难以从结构、关系和认知三个维度全面分析企业社会资本。

因此，如何基于公开数据，量化信用主体尤其是中小企业的认知社会资本和关系社会资本，以及挖掘社会资本在中小企业信用评价方面的巨大潜力成为大数据环境下企业信用评价理论和方法研究的重要内容之一。

6.3 基于结构和认知社会资本的信用特征构造方法[20]

6.3.1 问题描述

随着线上经济的发展，电子商务已经从实物商品交易发展到数字商品交易，从原始的货币支付服务发展到先进的金融信用服务。在 C2C 平台中，交易者和交易过程的虚拟化使得人们很难判断交易者的信用水平，这降低了交易效率、增加了交易成本。因此，支付宝的网上小额贷款项目、Lending Club 网络借贷平台等使用网络信用评分来评价交易者的信用水平。网络信用评分的应用降低了网上交易者之间的信息不对称，缓解了道德风险和逆向选择问题，减少了网上交易的违约概率[21]。但目前 C2C 平台上的卖家信用评价面临两方面的挑战。第一，国内外研究仅将卖家信用与货币资本联系起来，哪些因素影响及如何影响 C2C 平台上卖家信用的机制尚不清晰[20]。第二，在线平台的用户生成内容给卖家信用评价提供了海量的数据，蕴涵大量有价值的信用评价信息，可以揭示卖家的信用水平，但其具有信息量大、速度快、种类多的特点，同时与网络信用相关的数据分布在不同的在线平台上，需要进行跨平台的信息融合和分析。这些挑战都给 C2C 平台上的卖家信用评价带来了困难。

C2C 平台上的卖家违约行为不仅会给消费者带来损失，也会扰乱市场环境，因此，开展针对 C2C 平台上卖家信用评价的研究对保障交易安全、提高交易效率具有重要意义。C2C 平台上卖家信用是一种特殊的虚拟资产，它不仅与货币资本相关，也与社会资本相关，社会资本可以促进发展、缓冲风险、加强履约意愿，对卖家信用具有重要影响。同时社会资本和货币资本可以相互转化，当 C2C 平台上的卖家货币资本信息难以获得时，可以通过观察 C2C 平台上的卖家社会资本来评价他们的信用水平。

社会资本可以从结构社会资本、关系社会资本和认知社会资本等维度进行研究[21]。卖家微博数据蕴涵大量的结构社会资本和认知社会资本信息。结构社会资本与个体在网络中的结构关系有关。卖家微博的关注数、粉丝数说明了卖家的朋友数量，体现卖家在个人社会网络中的人际活动关系，可以用来挖掘卖家的结构社会资本[12]。认知社会资本与个体之间的价值观、相互理解程度有关。卖家在微博中的帖子反映卖家的观点，转发行为表达卖家对帖子的认同，这些行为信息体现卖家的价值观，可以用来量化卖家的认知社会资本。

本节以 C2C 平台上的卖家为研究对象，针对传统信用评价方法难以评价卖家信用的挑战，对 C2C 平台和微博平台的用户生成内容进行跨平台信息融合与分析，构建基于结构社会资本和认知社会资本的卖家信用评价模型，并通过实验研究揭示社会资本影响 C2C 平台上卖家信用的机制。

6.3.2　模型设计

卖家的信用水平和社会资本之间具有相关性。因此，本节以卖家信用水平作为因变量，以卖家的结构社会资本特征和认知社会资本特征作为自变量，构建线性回归模型作为卖家信用评价模型，通过线性回归模型的 R 平方值检验结构社会资本特征和认知社会资本特征与卖家信用水平之间的关系，并评价模型的拟合程度。

卖家信用水平没有统一的量化指标，本节采用 C2C 平台的用户在线评论作为卖家信用水平的代理变量。用户在线评论蕴涵消费者对卖家产品、卖家信誉的评价信息，对卖家信用具有重要影响，可以反映卖家信用水平。因此，本节根据 C2C 平台的用户在线评论量化卖家信用，用卖家信用评分作为因变量。C2C 平台提供了显示用户在线评论的不同方式。例如，浏览者可以根据用户在线评论生成的时间来阅读评论信息，也可以按照在线评论是否具有帮助来阅读评论信息。前者是 C2C 平台的默认展示方式，因此，在线评论的时间影响是需要考虑的因素之一。同时，好评和差评反映用户对卖家的不同情感倾向，对卖家评价具有重要影响，这也是评价模型关注的因素。

研究表明在线评论对卖家信用的影响会随时间流逝减小[20]，近期的用户在线评论比早期的用户在线评论对卖家信用的影响更显著，即动态效应。虽然早期的评论对近期的评论也会有影响，但这种影响可以反映在后来的评论中，因此，我们假设近期的评论对卖家信用有更重要的影响。除动态效应外，信用是建立在信任基础上的，信任很难获得，但很容易失去，因此，相比于正面的在线评论，负面的在线评论对卖家信用的影响将更显著，即多样性效应。

考虑到在线评论的动态效应，我们将在线评论分为两个部分：过去六个月内的评论和六个月前的评论，并赋予前者更大的权重。此外，我们通过实验测试了三个时间阈值：一周、一个月和六个月。实验研究发现卖家信用评分没有显著差异，因此选择六个月作为时间阈值，这与 Lin 等[12]的实验设置一致。考虑到正面和负面评论对卖家信用的多样性影响，在计算卖家信用评分时赋予后者更大的权重。基于以上讨论，本节构建了四种卖家信用评价模型，如式（6-1）、式（6-2）、式（6-3）和式（6-4）所示。

$$\text{Credit}_{ab}^{1} = \frac{T \times (a \times P_{t_1} + P_{t_2})}{b \times (a \times N_{t_1} + N_{t_2})} \tag{6-1}$$

$$\text{Credit}_{ab}^{2} = T + (a \times P_{t_1} + P_{t_2}) - b \times (a \times N_{t_1} + N_{t_2}) \tag{6-2}$$

$$\text{Credit}_{ab}^{3} = T + \frac{(a \times P_{t_1} + P_{t_2})}{b \times (a \times N_{t_1} + N_{t_2})} \tag{6-3}$$

$$\text{Credit}_{ab}^{4} = T \times ((a \times P_{t_1} + P_{t_2}) - b \times (a \times N_{t_1} + N_{t_2})) \tag{6-4}$$

其中，T 为用户在线评论的数量；P_{t_1} 为过去六个月内的正面用户评论的数量；P_{t_2} 为六个月前的正面用户评论的数量；N_{t_1} 为过去六个月内的负面用户评论的数量；

N_{t_2} 为六个月前的负面用户评论的数量；a 为动态效应系数；b 为多样性效应系数。式（6-1）至式（6-4）都反映了在线评论对卖家信用的动态性和多样性影响。以式（6-1）为例，正面评论 (P_{t_1}, P_{t_2}) 和负面评论 (N_{t_1}, N_{t_2}) 分别代表在线评论对卖家信用的正面影响与负面影响。系数 $a(a \geqslant 1)$ 反映动态效应，表明最近的评论 (P_{t_1}, N_{t_1}) 比早期的评论 (P_{t_2}, N_{t_2}) 对卖家信用评分有更显著的影响。同时还考虑了正面和负面评论对卖家信用的多样性影响，即 $b(b \geqslant 1)$，表明负面评论 (N_{t_1}, N_{t_2}) 相比于正面评论 (P_{t_1}, P_{t_2}) 对卖家信用评分的影响更显著。与式（6-1）类似，本节通过探索不同的函数关系来构建其他三种卖家信用评价模型。四种模型体现不同类型的在线评论对卖家信用的综合和独立影响。例如，式（6-1）考虑正面和负面评论对网络信用的综合影响；而式（6-2）考虑正面和负面评论对网络信用的独立影响。本节还考虑了在线评论的评论总数 (T)，因为由其他变量 $(P_{t_1}, P_{t_2}, N_{t_1}, N_{t_2})$ 构建的表达式隐藏了一些潜在的重要信息。例如，在式（6-1）中和式（6-3）中，如果不考虑在线评论总数，5/10 等于 500/1000。然而，这两者显著不同，后者的评论总数远远大于前者。用户在线评论的总数可以被视为销售额的代理，评论总数对卖家信用有积极的影响，因此卖家信用评价模型考虑了评论总数 (T)。

在卖家的结构社会资本特征和认知社会资本特征构建方面，我们基于 C2C 平台上卖家的新浪微博数据构建卖家的结构社会资本和认知社会资本特征，通过实验研究揭示社会资本对卖家信用水平的影响。新浪微博是阿里巴巴重要的合作伙伴，淘宝平台的卖家可以将自己的卖家账号链接到新浪微博账号，展示自己的产品和服务。因此，可以根据卖家在新浪微博上的活动来衡量他们的社会资本，构造粉丝数量 (X_1)、关注数量 (X_2)、发帖数 (X_3) 和活跃天数 (X_4) 四类特征。其中，X_1 和 X_2 为社会资本结构方面的特征，反映卖家在其社交网络中的中心地位。X_3 和 X_4 为社会资本认知方面的特征，更高数量的推文和活跃天数可以提高客户对卖家及其产品与服务的理解。

采用线性回归模型量化卖家信用评分和社会资本特征间的关系如式（6-5）所示。

$$\mathrm{Ln}(\mathrm{Credit}_{ab}^{i}) = w_1 \cdot \ln X_1 + w_2 \cdot \ln X_2 + w_3 \cdot \ln X_3 + w_4 \cdot \ln X_4 + C \qquad (6\text{-}5)$$

式（6-5）的 Credit_{ab}^{i}（$i = 1, 2, 3, 4$）代表四种不同的卖家信用评价模型生成的卖家信用评分。为了避免原始数据高方差和偏正态分布对模型造成的影响，我们采用对数变换对卖家信用评分和社会资本变量进行了预处理。同时采用线性回归模型的 R 平方值来检验结构社会资本和认知社会资本特征与卖家的信用水平之间的关系。R 平方值作为反映自变量与因变量之间的相关程度的偏差平方和，是评估回归模型拟合程度的重要指标，一般介于 0 到 1 之间，值越高代表模型的拟合程度越高，即自变量与因变量之间的相关程度越高。

6.3.3 实验研究及结果分析

1. 实验数据

实验从淘宝和新浪微博网站共收集了 23 715 条卖家记录。剔除缺失值后有效记录为 23 683 条。这些卖家来自各个行业，如服装、电子和汽车。每个卖家记录包含两种类型的信息：在线评论数据和卖家的微博数据。鉴于淘宝平台具有检测虚假评论的机制，实验假设所有评论都是真实的。

2. 实验结果

实验结果如图 6-1 所示。图 6-1 表明 6.3.2 节构建的卖家信用评价模型有效。图 6-1 中纵坐标表示由卖家信用评分和社会资本变量构建的评价模型的 R 平方值；横坐标为卖家信用评分 $Credit_{ab}$，用不同的参数值 a 和 b 构造，横坐标中从左到右的卖家信用评分为 $Credit_{11}, Credit_{12}, \cdots, Credit_{19}, Credit_{21}, \cdots, Credit_{29}, \cdots, Credit_{99}$。从图的对比效果可以看出结构社会资本和认知社会资本特征与式（6-1）计算的卖家信用评分之间的 R 平方值最高。当考虑不同的参数值 a 和 b 时，$Credit_{32}^1$ 所对应的卖家信用评分对应最高的 R 平方值，R 平方值为 0.15。

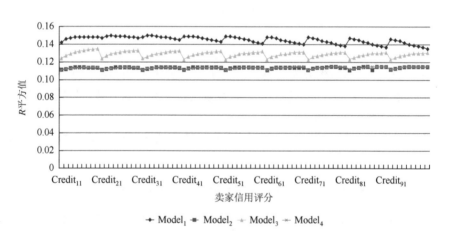

图 6-1 结构社会资本和认知社会资本特征对卖家信用评价模型的解释力

注：$Model_1$ 至 $Model_4$ 分别代表四类卖家信用评价模型，如式（6-1）、式（6-2）、式（6-3）和式（6-4）所示

$Credit_{32}^1$ 与结构社会资本和认知社会资本特征之间相关性的分析结果如表 6-3 所示，$Credit_{32}^1$ 与其他两类社会资本特征之间具有显著的相关性。卖家的网络信用

评分与粉丝数量 X_1 呈正相关关系。粉丝数量可以反映出卖家的人气,人气较高的卖家为了维持高人气,会积极维护自己的信用。研究结果与前期的相关研究结论一致[12]。卖家信用评分与发帖数 X_3 和活跃天数 X_4 呈正相关关系,活跃的卖家在电商上有更多的曝光机会,可以通过微博营销强化卖家形象。研究结果与前人对众筹平台的研究相似,认知社会资本对卖家信用有显著的正向影响。然而,卖家信用评分与关注数 X_2 呈负相关,这反映了信用评分较差的卖家希望通过关注别人来获得更多的曝光机会。

表 6-3　$Credit_{32}^1$ 与结构社会资本和认知社会资本特征的相关性分析

相关性	X_1	X_2	X_3	X_4
$Ln(Credit_{32}^1)$	0.278**	−0.085**	0.179**	0.322**

**表示相关性在 0.01 的水平上显著(双尾)

3. 结果讨论

为准确评价 C2C 平台中卖家的信用水平,本节从社会资本的角度研究了卖家信用评价问题,并利用 C2C 平台和微博平台的用户生成内容构建了卖家信用评价模型。研究结果显示卖家结构社会资本和认知社会资本特征与卖家信用评分之间存在显著的正向关系,这表明在社交媒体环境下社交媒体信息能够用来量化卖家的信用水平,进而对卖家信用进行评价。在货币资本数据难以获得的情况下,构建基于社会资本的卖家信用评价模型有助于准确评价卖家的信用水平。

随着社交媒体和平台经济的发展,卖家融入在线社会网络的趋势越来越明显。在线社会网络主要有两类,一类是嵌入型社会网络,另一类是独立型社会网络。嵌入型社会网络通常由网络交易平台自建形成,是一种为交易活动提供服务的社会网络。例如,网络借贷平台为了促使借贷交易的达成,以及降低借贷双方的信息不对称性,构建了连接借贷双方的社会网络。独立型社会网络与网络交易平台间的关系相对独立,如微博、微信、推特(Twitter)和脸书(Facebook)等第三方社会网络。然而,随着电子商务的发展,经济活动日益线上化,各类新型网络交易业务层出不穷,网络交易平台与独立型社会网络间的关系也日益紧密。例如,很多网络交易者也逐渐通过微博与微信等第三方平台进行营销、融资和投资活动。卖家在在线社会网络中的活动和行为能够有效反映其结构维度与认知维度的社会资本。这些维度的社会资本一方面体现了卖家获取资源的能力,另一方面也反映了卖家所受到的监管和约束力,这些能够显著影响卖家的履约能力和履约意愿。因此,独立型社会网络能够有效反映卖家的社会资本,可用来评价其在嵌入型社会网络中的信用状况。

本节的研究对信用评价和社会资本理论具有重要启示。第一，在社会资本理论的指导下，我们从结构社会资本和认知社会资本两个角度出发，设计了基于公开数据的结构社会资本特征和认知社会资本特征构造方法，构建了卖家信用评价模型，并通过实验研究检验了卖家信用评价模型的有效性。研究过程遵循了设计科学研究范式，为信息系统领域的信用评价研究提供了借鉴。第二，研究结果发现卖家信用评分与社会资本之间的积极关系，这为网络借贷、众筹等其他新兴信用产品的相关研究提供了方法启示和理论基础。第三，开发了一种融合多源异构数据的卖家信用评价方法。基于在线评论数据量化卖家信用评分，基于微博社交数据构建社会资本特征，并通过回归模型对两者之间的联系进行建模。这一方法具有可扩展性，适用于大数据环境下的信用评价研究。

本节的研究结果对业务实践同样具有借鉴意义。我们提出的卖家信用评价模型可以帮助电子商务平台评价卖家的网络信用，从而建立一个可信的网络商务环境。研究模型还可以帮助消费者在C2C平台的众多交易对象中找到可信任的卖家，有效降低风险和因卖家违约产生的交易成本。

6.4　基于结构和关系社会资本的信用特征构造方法

6.4.1　问题描述

中小企业是国民经济和社会发展的重要力量，也是建设现代化经济体系、推动经济实现高质量发展的重要基础。但中小企业信用历史数据相对较少、财务信息透明度低，导致以信用历史和财务数据为基础的大型企业信用评价方法很难精准刻画中小企业的信用水平[10]，也导致金融机构在评价中小企业信用风险时面临准确性低、效率低的双重挑战[22]。准确性低将导致金融机构不良贷款率提升，金融风险增加。例如，在经济合作与发展组织的所有成员中，各类规模企业的不良贷款率从2008年的3.71%降低到2018年的3.50%，而中小企业的不良贷款率则从2008年的3.78%上升到2018的6.12%。效率低导致金融机构难以快速响应中小企业的借款申请，难以有效降低信贷管理成本。虽然中小企业信贷的单笔金额相对较小，但总体规模巨大，总违约损失大，信用管理成本高，具有典型的长尾特征，需要借助智能化手段提高信用风险管理效率。

国内外学者从影响企业信用的自身因素出发，基于财务比率、管理模式、治理结构等企业内部因素构建了相关的信用特征，用于评估中小企业信用水平[23]。但这些特征仅能刻画企业自身的信用属性，忽视了企业关系网络对企业信用水平的影响[24, 25]。近年来，部分研究开始从企业关系网络中挖掘预测特征来评价中小企业信用水平，但这些研究基于关联风险假设，仅仅关注网络风险因素[26]，忽视了网络中的社会资本因素。社会资本理论指出嵌入在网络中的资源可以为中小企业的发展提供外部支持[8]，这对资源有限的中小企业具有重要意义。由于社会资本和企业绩效之间存在显著的正向相关性，而企业绩效与企业信用水平间又具有显著相关性，所以社会资本特征是中小企业信用评价的重要补充信息。但大部分中小企业是非上市企业，没有公开披露经营状况、经营成果和各类社会关系的义务，如何运用散落在信息空间的信用大数据构建中小企业信用特征，面临着巨大挑战。

机器学习模型一直面临着如何权衡可解释性与准确性的问题。准确性较高的机器学习模型一般可解释性较差。例如，RF 或 NN 等复杂模型擅长处理输入数据和预测目标之间的非线性关系，相比于 LR 模型预测能力更好，但其可解释性也相对较差。我国的相关法规和《巴塞尔协议》均对信用评价的可解释性提出了相应的要求[24]。因此，一些研究尝试通过提取决策规则来提高模型的可解释性[27]，但是，这些方法并不能有效分析数值型变量，缺乏通用性。另一些研究基于训练好的预测模型来分析特征的重要性，但特征的重要性仅仅能解释特征对预测结果的重要程度，并不能解释特征对预测结果的影响机理，即具有正向影响还是负向影响[28]。近年来，相关研究使用 LIME 方法[29]和 SHAP 方法[30]来分析机器学习模型的可解释性，其中 LIME 方法擅于揭示预测模型对单一样本的预测结果，而 SHAP 方法能够提供特征影响预测结果的全局解释。

本节针对中小企业信用评价存在的准确性低、成本高、可解释性差等挑战，使用网络信息空间的公开数据，研究基于结构和关系社会资本的信用特征构造方法，构建中小企业社会资本特征，提高中小企业信用评价的准确性和效率。同时，采用可解释机器学习方法，量化社会资本对中小企业信用水平的影响，揭示社会资本特征对中小企业信用水平的作用机制，为金融机构信贷决策提供支持。

6.4.2　研究假设

本节采用林南教授的社会资本定义，即社会资本为嵌入在企业关系网络中的资源[31]。国内外研究大多从结构和关系两个维度研究企业社会资本[5-7]。结构社会资本的研究关注企业在网络中的结构位置，关系社会资本的研究聚焦企业之间的友好关系。我们将仅考虑企业结构位置的结构社会资本称为一般结构社会资本，将仅考虑企业友好关系的关系社会资本称为一般关系社会资本。社会资本不仅受结构和关系的影响，还受网络中企业资源的影响[32]。例如，某企业与资产优质的企业联系紧密，可以通过这些企业的资产担保获得信贷。因此，在一般结构社会资本和一般关系社会资本的基础上，我们分别提出基于资源溢出的结构社会资本和基于资源溢出的关系社会资本。本节将从一般结构社会资本、一般关系社会资本、基于资源溢出的结构社会资本和基于资源溢出的关系社会资本四个维度出发，研究如何构造企业社会资本特征。

一般结构社会资本通常与企业在网络中的结构中心性有关[5]，某企业的结构中心性越高，该企业就有更多的机会与其他企业建立关系，这些关系可以帮助企业获得更多的有价值的信息、知识、资金或技术等资源。因此，中小企业的结构社会资本越多，未来的绩效表现可能越好。同时，中小企业普遍具有规模较小、资金短缺、管理不完善和抗风险能力弱等特点，潜在的内外部经营风险对资源有限的中小企业将产生更大的影响[33]，而一般结构社会资本有助于中小企业利用外部资源抵御内外部经营风险，降低违约概率。与单纯使用财务比率等财务信息构建的基准特征相比，一般结构社会资本特征可以反映网络结构关系对中小企业信用水平的影响。因此，本节提出假设1。

假设1：一般结构社会资本特征有助于提升中小企业信用评价模型的准确性。

基于资源溢出的结构社会资本在网络中心性的基础上考虑网络中企业资源溢出效应。网络中心性反映了企业间互动的结构关系，而网络中流动的资源作为企业间互动的物质载体，反映了企业在互动时会受到什么资源的影响，对结构社会资本同样具有重要影响[32]。例如，具有相同网络中心性的企业，其中一些企业的邻居企业的研发水平高，邻居企业会对这些企业产生技术溢出效应，促进其技术进步；而另一些企业的邻居企业的研发能力弱，这些企业的创新成果会被邻居企业学习和模仿，削弱创新积极性。相比于仅考虑网络结构的一般结构社会资本，基于资源溢出的结构社会资本能反映网络结构及网络中的企业资源对中小企业信用水平的影响。因此，本节提出假设2和假设3。

假设2：基于资源溢出的结构社会资本特征有助于提升中小企业信用评价模型的准确性。

假设3：相比于一般结构社会资本特征，基于资源溢出的结构社会资本特征更能提升中小企业信用评价模型的准确性。

一般关系社会资本来源于企业之间的信任、互惠和履行义务等行为。信任是关系社会资本的核心，企业越值得信任，其他企业对其未来行为具有更高的期望，越愿意和该企业建立关系并交换信息与资源[5]。一般关系社会资本越高的企业，越能坚持履行合约、诚信经营。一般关系社会资本有助于缓解市场中交易双方的信息不对称，如消费者在社交网络中的关系社会资本可以反映消费者的信用水平[12]。相比于反映企业自身信用属性的基准特征，一般关系社会资本可以反映网络友好关系对中小企业信用水平的影响。因此，本节提出假设4。

假设4：一般关系社会资本特征有助于提升中小企业信用评价模型的准确性。

基于资源溢出的关系社会资本在网络友好关系的基础上考虑网络中企业资源的影响。和基于资源溢出的结构社会资本一致，资源对关系社会资本具有重要影响。例如，同样值得被信任的企业，有些企业的邻近企业的优质资产多，而有些企业的邻近企业的优质资产少，前者更有机会凭借邻近企业的资产担保而获得信贷。相比于一般关系社会资本，基于资源溢出的关系社会资本考虑了企业能通过友好关系获得的资源类型和资源内容，对中小企业的信用水平具有重要影响。因此，本节提出假设 5 和假设 6。

假设 5：基于资源溢出的关系社会资本特征有助于提升中小企业信用评价模型的准确性。

假设 6：相比于一般关系社会资本特征，基于资源溢出的关系社会资本特征更能提升中小企业信用评价模型的准确性。

结构社会资本和关系社会资本具有互补性，这两类社会资本特征在评价中小企业信用水平时能够产生协同效应。相比于一般结构社会资本和一般关系社会资本特征，我们更关注基于资源溢出的结构社会资本和关系社会资本特征的评价能力，因此本节提出假设 7～假设 9。

假设 7：基于资源溢出的结构社会资本和关系社会资本特征的组合有助于提升中小企业信用评价模型的准确性。

假设 8：相比于基于资源溢出的结构社会资本特征，基于资源溢出的结构社会资本和关系社会资本特征的组合更能提升中小企业信用评价模型的准确性。

假设 9：相比于基于资源溢出的关系社会资本特征，基于资源溢出的结构社会资本和关系社会资本特征的组合更能提升中小企业信用评价模型的准确性。

6.4.3　框架设计

设计科学研究范式要求在理论的指导下构建研究框架[34]。本节将社会资本划分为一般结构社会资本、一般关系社会资本、基于资源溢出的结构社会资本和基于资源溢出的关系社会资本四个维度，提出基于结构和关系社会资本的信用特征构造方法与有效性验证框架（credit feature construction method and validity verification framework based on structural and relational capital，CVFSRC），如图 6-2 所示。

CVFSRC 共包括六个主要模块：网络构建、资源传播算法设计、结构社会资本构造、关系社会资本构造、信用评价模型和影响机理解释。网络构建模块旨在将二部图转换为加权无向企业网络，二部图包括企业节点和人员节点构成的两个互不相交的节点子集，且图中每条边的两个顶点分属于不同的节点子集，如图 6-2 的网络构建模块所示。资源传播算法是一个基于 PageRank 算法的创新方法，旨在量化企业网络中企业资源对其他企业的影响。结构社会资本构造模块用于构建中小企业的一般结构社会资本特征和基于资源溢出的结构社会资本特征，

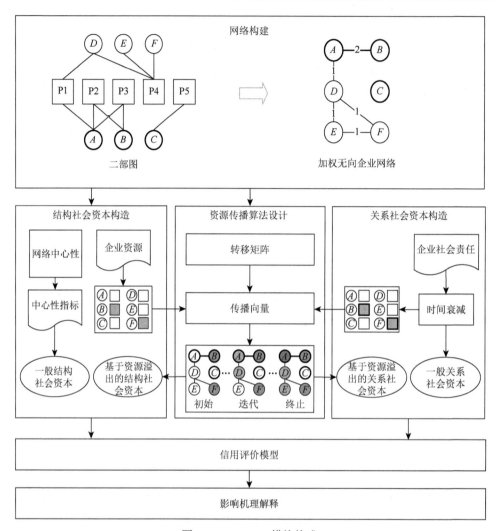

图 6-2　CVFSRC 模块构成

注：A、B 和 C 代表评价对象，D、E 和 F 代表与评价对象具有关联关系的其他企业；
Ⓐ□代表 A 没有该项资源，Ⓑ▨代表 B 拥有该项资源；Ⓓ代表 D 没有受到资源的影响，Ⓓ代表 D 受到资源的
影响，其余同理

而关系社会资本构造模块用于构建一般关系社会资本特征和基于资源溢出的关系社会资本特征。信用评价模型包括六类机器学习预测模型，即 LR、NB、RF、SVM、XGB 和 NN，通过预测中小企业的违约风险，检验构造的社会资本特征的有效性。接着，使用 SHAP 方法来解释社会资本特征对中小企业违约预测结果的影响机理。

1. 网络构建

社会资本嵌入在企业所处的企业关系网络之中。企业关系网络的构建需要根

据研究对象与相关理论选择节点和边界[35, 36]。选择节点是指选择什么节点及关系构建网络。边界指节点集合的范围,选择边界即确定网络包含哪些节点、排除哪些节点。为了降低企业关系网络的复杂性,仅将企业作为节点。在关系选择方面,将两个企业之间是否存在连锁董事或(和)连锁高管作为判断两个企业之间是否存在连接的依据。如果两个企业在董事或(和)高管团队中共享一名或更多的人员,则在两个企业之间构建一条边。连锁董事或(和)连锁高管是企业之间交换信息与资源的重要方式[37]。董事或高管人员是企业战略的制定者和运营的管理者,对经营管理和市场变化具有深入的认识,能够充当企业之间交换资源的渠道,促进企业社会资本的发展。此外,董事或高管信息是中小企业需要在国家企业信用信息公示系统(national enterprise credit information publicity system,NECIPS)①上公开披露的数据,能够满足基于公开数据评价中小企业信用水平的需求。

在边界选择方面,将节点范围确定为包括核心企业、一度关联企业和二度关联企业在内的节点集合。核心企业指研究对象;核心企业与直接相连的邻居企业之间的关系称为直接关系,这些邻居企业称为核心企业的一度关联企业;核心企业与邻居的邻居之间的关系称为间接关系,这些邻居的邻居企业称为核心企业的二度关联企业。直接关系与间接关系都能影响网络中信息和资源的流动[27],有助于量化社会资本。

基于上述分析,本书聚焦包含直接和间接关系的企业二度网络。企业二度网络包括三类节点:核心企业节点,通过连锁董事或(和)连锁高管与核心企业建立直接关系的一度关联企业节点,以及与这些一度关联企业存在直接关系的二度关联企业节点。企业二度网络构建过程如图 6-2 所示,A、B 和 C 是核心企业,D、E 和 F 是与核心企业具有直接或间接关系的其他企业,P1、P2、P3、P4 与 P5 是与这些企业相关的连锁董事或(和)连锁高管。首先,基于中小企业公开披露的董事和高管数据构建一个二部图。其次,基于两个企业共享人员的数量将二部图映射为一个加权无向企业网络 $G_{director} = (N, E, W)$,N 为所有企业节点的集合,E 为所有企业间边的集合,W 为所有边的权重的集合。该网络构建模块具有可扩展性,管理关系、股东关系、地区关系等都可以用来构建企业关系网络。

2. 资源传播算法设计

PageRank 算法是一类经典的随机游走算法,旨在量化节点在网络中访问其他节点的概率。通过 PageRank 算法计算的节点网络中心性可以用来量化结构社会资

---

① NECIPS 是中国社会信用体系的一部分,更详细的信息请参考:www.creditchina.gov.cn。

本[38]。PageRank 算法的计算过程分为两步，首先将网络中的节点关系转换为一个随机游走矩阵，其次通过迭代的方式计算节点的网络中心性。PageRank 算法如式（6-6）所示。

$$\overrightarrow{(S)} = \alpha M \overrightarrow{(S)} + (1-\alpha)\vec{v} \tag{6-6}$$

其中，$\overrightarrow{(S)}$ 为每一个节点访问其他节点的概率向量；α 为阻尼系数，α 的默认值为 0.85；M 为关于节点随机游走到其他邻居节点的状态转移矩阵；$\vec{v}$ 为初始化向量，$\vec{v}$ 的每个元素均等于网络中所有节点数量的倒数。原始的 PageRank 算法适用于无权有向网络，$M = D^{-1}A$，D 为每个节点的出度的对角线矩阵，$A = (a_{i,j})_{n\times n}$ 为网络节点的邻接矩阵，$a_{i,j} = 1$。

然而，PageRank 算法并没有考虑节点属性对其他节点的影响，无法量化企业网络中企业资源对其他企业的影响，而这种资源溢出影响是构建基于资源溢出的结构社会资本和关系社会资本特征的重要内容。为此，提出一种资源传播算法，该算法旨在捕捉企业网络中的结构关系和资源溢出，并被期望满足三个要求：①保留状态转移矩阵以捕捉企业网络中节点的关系信息；②易于捕捉企业资源在网络中的影响；③适用于稀疏网络。

受基于重启向量的随机游走算法的启发，将反映企业资源的属性信息作为重启向量，赋予 PageRank 算法捕捉网络中企业资源溢出的能力。首先，为了捕捉节点的结构关系，重新定义了状态转移矩阵 $M = D^{-1}A$，将 $A = (w_{i,j})_{n\times n}$ 定义为一个加权邻接矩阵，n 为节点的数量，$w_{i,j}$ 为两个节点之间的权重。如果两个节点之间没有直接联系，权重为 0。与之相对应，定义 $D_i = \sum_{j=1}^{n} w_{i,j}$，$D = \mathrm{diag}(D_1, D_2, \cdots, D_n)$。

通过定义基于加权无向网络的状态转移矩阵，资源传播算法满足要求①。其次，使用重启向量捕捉企业资源在网络中的影响，如式（6-7）所示。

$$\overrightarrow{(S)} = \alpha M \overrightarrow{(S)} + (1-\alpha)\vec{v} \odot \vec{x} \tag{6-7}$$

其中，$\vec{x}$ 为反映企业资源的属性向量；$\vec{v} \odot \vec{x}$ 为将属性向量和原有的初始化向量作点乘，构成重启向量；$\overrightarrow{(S)}$ 捕捉了企业资源在网络中的影响。由于 $\vec{x}$ 不依赖于节点之间的关联关系，其具有良好的可扩展性，并且适用于稀疏网络，这种设计满足要求②和要求③。

3. 结构社会资本构造

CVFSRC 包含两类构造中小企业结构社会资本特征的方法。一类使用经典的网络中心性指标构造一般结构特征，另一类使用资源传播算法构造基于资源溢出的结构特征。

经典的网络中心性指标包括度中心性、中介中心性和接近中心性等。度中心性统计了节点的一度邻居节点的数量，代表企业与其他企业的直接关联程度。度中心性计算公式如式（6-8）所示。

$$D(i) = \frac{\sum\limits_{i \neq j \in n} w_{i,j}}{Z} \tag{6-8}$$

其中，$w_{i,j} \in w_{n \times n}$，$Z = \sum\limits_{j \in n} \sum\limits_{i \in n} w_{i,j}$。

中介中心性是指经过节点的所有最短路径的数量，代表企业在网络中的重要程度。中介中心性计算公式如式（6-9）所示。

$$B(u) = \sum\limits_{i \neq j \neq u \in n} \frac{\sigma(i,j|u,w_{i,j})}{\sigma(i,j \mid w_{i,j})} u \tag{6-9}$$

其中，$\sigma(i,j \mid w_{i,j})$ 为加权距离下两个节点 i 和 j 之间的最短路径数量，加权距离指两个直接相连的节点距离 $1/w_{i,j}$；$\sigma(i,j|u,w_{i,j})$ 为节点 u 在节点 i 和 j 之间最短距离的路径上的数量。

接近中心性是指一个节点与其他节点的联系有多近，代表企业与其他企业联系的便利性。与中介中心性类似，使用加权距离的接近中心性计算方法，如式（6-10）所示。

$$C(i) = \frac{m-1}{\sum\limits_{j=1}^{m-1} d(i,j \mid w_{i,j})} \tag{6-10}$$

其中，m 为能够和节点 i 产生直接关系的节点数量。

资源传播算法使用式（6-7）构建基于资源溢出的结构社会资本特征。首先，将企业网络的邻接矩阵转换为状态转移矩阵 M。其次，制作反映企业资源的属性向量 $\bar{x}$。本节将企业存续时间作为企业资源的代理变量。企业资源受企业存续时间的影响，相比于存续时间较长的企业，初创型中小企业相对缺乏资金、技术和管理经验，资源相对有限，因此对其他企业的影响有限。最后，将 M 和 $\bar{x}$ 代入资源传播算法中，构建基于资源溢出的结构社会资本特征。

4. 关系社会资本构造

CVFSRC 包含两类构造中小企业关系社会资本特征的方法：一类根据企业纳税等级构造一般关系社会资本特征，另一类通过资源传播算法构造基于资源溢出的关系社会资本特征。

中小企业信息透明度低，以信任、义务履行等为核心的关系社会资本特征构造面临巨大挑战。受 Lins 等[4]使用 CSR 构造社会资本特征的启发，同时考虑到数据的公开可获取性，本节根据企业 A 级纳税等级构造一般关系社会资本特征。纳税等级是指国家税收部门根据企业在上一年履行纳税义务的表现将企业评定为 A 级至 D 级，其中 A 级为最优级别。将 A 级纳税等级作为构造一般关系社会资本特征的依据包括以下两点。①积极纳税是维护社会发展的表现、是 CSR 的基本要求。纳税信息被公开记录在 NECIPS 中，对企业的日常经营具有重要影响，同时国际社会也越来越多地关注企业纳税责任[①]。②中小企业没有法定义务披露企业是否履行 CSR，同时由于中小企业资源受限，社会责任的履行意愿和能力较低。而积极纳税作为企业的基本义务，具有一般性。此外，纳税等级是一个纳税年度评价一次，不同年份的纳税等级反映了不同时间的 CSR 表现。近期的纳税等级相比于早期的纳税等级更能反映企业的关系社会资本。因此，需要考虑纳税等级的时间衰减效应。

基于上述分析，首先采用式（6-11）构造基于时间衰减的纳税等级特征 $EventScore_f$。其次将基于不同衰减参数得到的 $EventScore_f$ 作为候选特征集合，使用单向方差分析方法选择对预测结果影响最大的 $EventScore_f$ 作为一般关系社会资本特征。再次，将影响最大的 $EventScore_f$ 作为反映企业资源的属性向量，代入资源传播算法，得到基于资源溢出的关系社会资本特征。

$$EventScore_f = \sum_{t=1}^{T} Count_{f,t} \times e^{-\gamma t} \qquad (6-11)$$

其中，γ 为时间衰减参数；f 为企业；t 为企业 f 获得 A 级纳税等级时间与企业申请借款时间之间的季度间隔；$Count_{f,t} = 1$ 为企业 f 在 t 季度间隔内获得一次 A 级纳税等级。

最后，采用典型的机器学习分类技术构建违约风险预测模型，检验结构和关系社会资本特征对中小企业违约风险的判别能力，同时采用 SHAP 方法解释结构和关系社会资本特征对中小企业违约预测结果的影响，即结构和关系社会资本特征对违约风险判别结果的影响程度和影响方向。SHAP 方法是一类加性特征归因方法，通过一个线性函数捕捉特征对某个实例的预测贡献，如式（6-12）所示。

$$f(x) = g(z) = \theta_0 + \sum_{i=1}^{m} \theta_i z_i \qquad (6-12)$$

其中，$f(x)$ 为预测模型的输出；$g(z)$ 为解释模型的输出；$z_i \in \{0,1\}^m$ 为一个实例的特征 i 是否能够被观察到；m 为输入特征的总数；θ_0 为所有实例的预测结果的平均值；θ_i（Shapley 值）反映了特征 i 对模型预测的边际贡献。

SHAP 方法的目标是通过计算每个特征的 Shapley 值来解释该特征对预测的

---

① 二十国集团财长和央行行长就国际税收框架达成历史性协议. https://m.gmw.cn/baijia/2021-07/11/1302398512.html [2022-07-20].

贡献，即该特征的预测能力或重要性。当特征的 Shapley 值大于零时，值越大，该特征对正类样本的预测贡献越大；相反，当特征的 Shapley 值小于零时，值越小，该特征对负类样本的预测贡献越大。

6.4.4　实验研究及结果分析

本节以 1090 家申请借款的中小企业为实验评价对象，检验 CVFSRC 的有效性。在 1090 家企业中有 899 家企业与 14 627 家企业存在直接的或间接的连锁董事或（和）连锁高管关系，而其余的 191 家企业没有连锁董事或连锁高管关系，本节将这些企业的社会资本特征值设置为 0。基于连锁董事或（和）高管关系及孤立的 191 家企业构建一个包含 15 717 家企业在内的二度企业网络，构造中小企业的一般结构社会资本特征、一般关系社会资本特征、基于资源溢出的结构社会资本特征和基于资源溢出的关系社会资本特征。我们设计了三组实验，研究一般结构社会资本与基于资源溢出的结构社会资本特征、一般关系社会资本和基于资源溢出的关系社会资本特征，以及基于资源溢出的结构社会资本和关系社会资本特征的组合对中小企业违约风险预测结果的影响。

1. 数据收集

实验数据集包括三类信息：企业基本信息和财务信息、企业网络信息、纳税等级信息。实验从 NECIPS 收集企业的基本信息，包括企业在 2015 年年末的注册资本、企业存续时间、经营地区等数据。从合作的商业银行处获得了 1090 家制造业企业的贷款信息和财务比率数据，该商业银行于 2016 年向这些企业批准过一笔一年期的短期贷款。考虑到制造业中小企业占我国中小企业总数的比重较大[①]，同时对信用借贷具有很强的依赖性，本节内容聚焦制造业中小企业的信用评价问题。在 1090 家企业中，有 80 家企业违约，违约比率为 7.3%，根据企业贷款违约情况将企业划分为违约企业或正常企业，作为实验的样本企业。参考信用评价的相关研究，分别从偿债能力、盈利能力、运营能力等财务分析维度中选择了九个财务比率指标。偿债能力方面，杠杆比率反映了公司如何利用债权人提供的资金进行商业活动，流动比率和速动比率反映了企业满足短期债务并将资产转换为现金以偿还债务的能力。盈利能力方面，营业利润率、资产报酬率和净资产收益率分别反映了企业通过运营、投资与股东资本获得利润的能力。运营能力方面，资产周转率、存货周转率和应收账款周转率分别反映了企业在资产周转、库存

---

① 国家统计局的数据显示，2019 年底制造业中小企业的数量约为 342 000，占所有中小企业的 94.0%。

管理、应收账款等方面的效率。这九个财务比率指标的描述性统计结果如表 6-4 所示。

表 6-4　财务信息的描述性统计

变量	平均值	方差	最小值	最大值
杠杆比率	0.895 847%	0.341 074%	0.001 152%	1.974 365%
流动比率	0.634 234%	0.185 744%	0.000 979%	0.998 457%
速动比率	0.746 647%	0.224 175%	0.025 860%	1.121 298%
营业利润率	4.048 341%	2.976 257%	0.010 323%	19.431 650%
资产报酬率	4.729 010%	3.505 230%	0.030 733%	17.889 640%
净资产收益率	0.704 826%	0.580 835%	0.000 771%	2.993 618%
资产周转率	−0.061 770%	0.076 993%	−0.380 000%	0.142 734%
存货周转率	−0.009 960%	0.027 491%	−0.089 670%	0.118 046%
应收账款周转率	−0.001 860%	0.021 833%	−0.059 860%	0.079 547%

企业网络信息方面，实验从 NECIPS 上收集了 1090 家企业在 2015 年年末的董事或高管数据。采用 CVFSRC 中的网络构建方法，通过分析董事和高管数据，构建一个二度加权无向网络（以下简称董监高网络）。董监高网络的节点数量、关系数量与网络密度分别为 15 717，61 856 和 0.000 513。

纳税等级信息方面，实验从 NECIPS 中收集了 15 717 家企业在 2014 到 2015 年间的纳税等级信息。根据式（6-11）的要求，将企业获得 A 级纳税等级的时间与该企业申请借款时间之间的天数差除以 90，然后向上取整得到 A 级纳税等级时间与申请借款时间之间的季度间隔。由于样本企业获得 A 级纳税等级的时间最早发生在 2014 年 12 月 31 日，所以 A 级纳税等级的最长季度间隔为 9。此外，与 1090 家样本企业关联的 14 627 家其他企业没有申请借款时间，我们采用标签传播的方法将与其他企业关联的样本企业的申请借款时间赋予这些企业。因为这些企业与样本企业具有直接或间接关系，A 级纳税等级对样本企业的影响较高，所以将样本企业的申请借款时间赋予这些企业具有合理性。

2. 实验设计

违约风险预测是一个二分类问题，本节利用历史数据来预测某企业未来是否会违约。实验选择信用评价研究中典型的六类模型来构建违约风险预测模型[39]，即 LR、NB、RF、SVM、XGB 和 NN。考虑到样本标签不平衡，使用合成少数类过采样技术（synthetic minority over-sampling technique，SMOTE）来缓解数据不平衡给模型训练带来的困难。

按照相关研究中代表性的评价指标选择策略，实验采用 AUC、KS 和 HM 三个评价指标来衡量模型的预测性能。AUC 反映正例排在负例前面的概率，对不平衡样本不敏感。KS 常用于判别分类器区分正负类样本的能力。HM 有助于克服使用不同分布的 AUC 和 KS 引起的潜在偏差。AUC、KS 及 HM 的指标值越高，代表模型的预测性能越强。为了准确估计模型的预测性能，首先使用重复 30 次的十折交叉验证方法计算模型的 AUC、KS 和 HM 的指标值，其次使用邦弗朗尼校正的多重比较方法对不同评价指标中的指标值进行统计检验。

在实验设计上，首先，采用六类预测模型测试企业基本特征和财务特征（以下简称基准特征）的预测能力，并根据 AUC、KS 和 HM 的综合评价结果选择预测性能最优的模型作为基本模型。其次，使用三组实验验证 CVFSRC 的有效性，分析社会资本特征如何作用于中小企业的违约风险预测。

第一组实验中，首先根据网络中心性指标构造一般结构社会资本特征，其次采用资源传播算法构造基于资源溢出的结构社会资本特征，最后使用基本模型和 SHAP 方法分析一般结构社会资本与基于资源溢出的结构社会资本特征是否及如何影响违约风险预测结果（假设 1～假设 3）。

第二组实验中，首先根据关系社会资本构造方法构建一般关系社会资本特征，其次结合资源传播算法构建基于资源溢出的关系社会资本特征。最后使用基本模型和 SHAP 方法分析一般关系社会资本与基于资源溢出的关系社会资本特征如何作用于违约风险预测结果（假设 4～假设 6）。

第三组实验中，将上述基于资源溢出的结构社会资本和关系社会资本特征组合为社会资本特征，使用基本模型和 SHAP 方法分析社会资本特征是否及如何提高违约风险预测模型的预测性能（假设 7～假设 9）。

3. 实验结果

按照实验方案，本节采用六类典型的预测模型分别检验了基准特征的预测能力，实验结果如表 6-5 所示。结果显示 XGB 模型相比于其他模型具有最高的 AUC 和 KS 值，且 HM 指标的值也较高。因此，后续实验使用 XGB 模型作为评价中小企业信用的基本模型。

表 6-5　基准特征在六类模型上的预测结果

性能指标	LR	NB	RF	SVM	NN	XGB
AUC	0.667	0.659	0.664	0.661	0.652	0.677
KS	0.403	0.383	0.401	0.391	0.383	0.416
HM	0.224	0.232	0.257	0.228	0.182	0.232

根据 CVFSRC 构建三种一般结构社会资本特征（度中心性、中介中心性和接近中心性）及一种基于资源溢出的结构社会资本特征，并将这些特征依次与基准特征组合，分别构建四类特征集合：基准特征和度中心性（以下简称度特征集）、基准特征和中介中心性（以下简称中介特征集）、基准特征和接近中心性（以下简称接近特征集）、基准特征和基于资源溢出的结构社会资本特征（以下简称结构社会资本特征集）。四类特征集合在基本模型上的预测能力如表 6-6 所示。

表 6-6　董监高网络中不同结构社会资本特征预测能力的比较结果

性能指标	基准特征	度特征集	中介特征集	接近特征集	结构社会资本特征集
AUC	0.677	0.696**	0.695**	0.684	0.705**
KS	0.416	0.442**	0.440**	0.427	0.460**
HM	0.232	0.260**	0.250**	0.243**	0.279**

**表示 $p < 0.001$

表 6-6 表明：度特征集、中介特征集和结构社会资本特征集的预测能力显著优于基准特征的预测能力，而接近特征集并没有显著提升基准特征的预测能力。因此，实验结果完全支持假设 2，部分支持假设 1。为了进一步比较基于资源溢出的结构社会资本特征和一般结构社会资本特征在预测能力上的差异，采用邦弗朗尼校正的多重比较方法对上述特征集的预测性能指标值进行显著性检验，结果如表 6-7 所示，表明结构社会资本特征集的预测能力均显著优于度特征集、中介特征集和接近特征集，结果支持假设 3。

表 6-7　基于资源溢出的结构社会资本特征与三种一般结构社会资本特征的预测能力比较

性能指标	结构社会资本特征集 -度特征集		结构社会资本特征集 -中介特征集		结构社会资本特征集 -接近特征集	
	百分比	统计量	百分比	统计量	百分比	统计量
AUC	0.9%	−3.88**	1.0%	−3.72*	2.1%	−5.97**
KS	1.8%	−3.63*	2.0%	−3.7*	3.3%	−5.36**
HM	1.8%	−4.74**	2.9%	−6.17**	3.5%	−6.99**

*表示 $p < 0.05$，**表示 $p < 0.001$

为检验不同结构社会资本特征对中小企业违约风险预测结果的影响效应，实验采取 SHAP 方法，将度中心性、中介中心性、接近中心性及基于资源溢出的结构社会资本特征的 Shapley 值绘制成散点图，并基于特征重要性对特征进行排序，如图 6-3 所示。

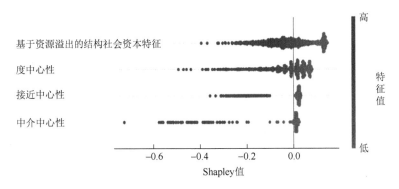

图 6-3　不同结构社会资本特征对预测结果的影响性

注：每一个点代表一个实例，点的分布反映了特征如何贡献于预测结果。点的颜色反映了特征值的大小，从浅色的最低值到深色的最高值。沿横坐标轴，点越靠近 1（–1），代表特征对实例的正类（负类）标签的预测能力越强。当特征的 Shapley 值大于 0 时，Shapley 值越大，特征对正类标签的预测能力越强；反之，当特征的 Shapley 值小于 0 时，Shapley 值越小，特征对负类标签的预测能力越强

图 6-3 的可视化结果表明以下三点。①基于资源溢出的结构社会资本特征的重要性高于其他一般结构社会资本特征。②度中心性对正负类样本均有预测能力，但相比于基于资源溢出的结构社会资本特征，度中心性的 Shapley 值在 0 附近的聚集程度更密集，说明度中心性的预测能力较弱。度中心性和基于资源溢出的结构社会资本特征对中小企业违约风险均存在负向影响，即结构社会资本越多，企业越不容易违约。③接近中心性和中介中心性的 Shapley 值聚集在 0 附近，说明其对企业违约风险预测的影响较低。

在构建一般关系社会资本特征和基于资源溢出的关系社会资本特征时，需要确定式（6-11）中 A 级纳税等级的时间衰减参数。不同时间衰减参数的单向方差分析结果显示：A 级纳税等级的时间衰减参数为 0 时①，一般关系社会资本特征和基于资源溢出的关系社会资本特征的预测能力最优。因此，在时间衰减参数为 0 的条件下，根据 CVFSRC 构建一般关系社会资本特征和基于资源溢出的关系社会资本特征，进而将两类关系社会资本特征依次与基准特征组合，分别构建两类特征集合：基准特征和一般关系社会资本特征（以下简称关系社会资本特征集）、基

---

① A 级纳税等级的时间衰减参数为 0 表明 A 级纳税等级的影响力不随时间衰减。原因在于：基于信号理论，信号的影响力随着信号可观察性的提升而增强。政府部门每年都会宣传和表彰积极纳税的企业，因此 A 级纳税等级的可观察性高，影响力大；同时企业获得 A 级纳税信用后，将有资格获得优惠政策和金融支持，对未来的经营活动会产生持续影响。

准特征和基于资源溢出的关系社会资本特征（以下简称资源关系社会资本特征集）。两类特征集合在基本模型上的预测能力如表 6-8 所示。

表 6-8　董监高网络中不同关系社会资本特征的预测能力的比较结果

性能指标	基准特征	关系社会资本特征集	资源关系社会资本特征集	资源关系社会资本特征集-关系社会资本特征集	
				百分比	统计量
AUC	0.677	0.684	0.703**	3.6%	−6.78**
KS	0.416	0.424	0.455**	4.8%	−6.03**
HM	0.232	0.239	0.271**	6.4%	−8.56**

**表示 $p < 0.001$

　　表 6-8 表明：资源关系社会资本特征集的预测能力显著优于基准特征和关系社会资本特征集的预测能力，而关系社会资本特征集并没有显著提升基准特征的预测能力。因此，实验结果拒绝假设 4，支持假设 5。

　　为观察不同关系社会资本特征对中小企业违约风险的影响程度和方向，实验采用 SHAP 方法解释不同特征集合的模型预测结果，不同关系社会资本特征的Shapley 值如图 6-4 所示。

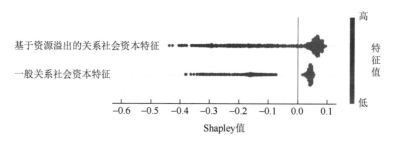

图 6-4　不同关系社会资本特征对预测结果的影响性

　　从图 6-4 可以发现：①基于资源溢出的关系社会资本特征负向影响中小企业违约风险，即关系社会资本越多，企业违约的可能性越低；②一般关系社会资本特征的 Shapley 值聚集在 0 附近，而一部分 Shapley 值位于 Y 轴左侧，说明一般关系社会资本特征对非违约企业具有一定的预测能力，但对违约企业没有预测能力。

　　实验将基于资源溢出的结构社会资本特征和关系社会资本特征组合为社会资本特征集，检验社会资本对中小企业违约风险预测的作用，实验结果如表 6-9 所示。社会资本特征集的预测能力不仅显著优于基准特征的预测能力，而且显著优于结构社会资本特征集或资源关系社会资本特征集的预测能力。因此，实验结果支持假设 7、假设 8 和假设 9，这三个假设均成立。

表 6-9　社会资本特征的预测结果

性能指标	基准特征	社会资本特征集	社会资本特征集-结构社会资本特征集		社会资本特征集-资源关系社会资本特征集	
			百分比	统计量	百分比	统计量
AUC	0.677	0.742**	3.7%	−8.25**	3.9%	−9.24**
KS	0.413	0.524**	6.4%	−9.26**	6.9%	−10.59**
HM	0.231	0.348**	7.0%	−10.22**	7.7%	−11.29**

**表示 $p < 0.001$

　　上述社会资本特征的 Shapley 值的散点图（图 6-5）显示，基于资源溢出的结构社会资本特征和关系社会资本特征均对中小企业违约风险具有良好的预测能力，并且实验结果发现基于资源溢出的关系社会资本特征的预测能力显著优于基于资源溢出的结构社会资本特征。

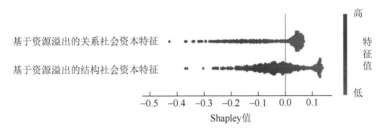

图 6-5　不同社会资本特征对预测结果的影响性

4. 网络变更与违约贷款回收实验

　　本节通过改变企业关系网络的节点和边界进一步验证 CVFSRC 的有效性。企业关系网络中边界的选择会影响核心企业与其关联企业的直接和间接关系的数量，这些关系数量影响信息和资源的积累。此外，考虑到违约贷款回收在贷后管理中的重要作用，本节将分析社会资本对违约贷款回收的影响。

　　为了减少网络边界，实验构建了一个一度董监高网络，该网络包含两类节点：核心企业节点及基于连锁董事或（和）连锁高管形成的一度关联企业节点。该网络共有 3635 个企业节点和 2999 个边。采取与 6.4.4 节第 2 部分相同的实验设计，实验结果与二度董监高网络的基本一致。

　　考虑到连锁董事和连锁高管与连锁股东具有不一样的性质，实验构建了一个二度股东网络来研究关系类型的改变是否影响社会资本对违约风险的预测作用。二度股东网络包含 23 035 个企业节点和 60 888 条边。采取与 6.4.4 节第 2 部分相同的实验设计，除了假设 1 被实验结果拒绝之外，其余假设的验证结果与二度董监高网络的基本一致。

　　将连锁股东、连锁董事和连锁高管的关系合并，实验构建了一个二度混合网络。二度混合网络包含 25 477 个企业节点和 102 535 条边。采取与 6.4.4 节第 2 部分相同的实验设计，除了假设 1 被实验结果拒绝之外，其余假设的验证结果与二度董监高网络的基本一致。

　　为观察不同网络的社会资本特征对中小企业信用评价的影响程度，实验使用邦弗朗尼校正的多重比较方法检验不同网络的社会资本特征的违约风险预测能力差异性。这些社会资本特征分别来源于二度董监高网络（D）、一度董监高网络（F）、二度股东网络（S）和二度混合网络（H）。实验结果如表 6-10 所示。

表 6-10　不同网络的社会资本特征的预测能力比较

模型/性能指标		D	F	S	H	D-F	D-S	D-H	F-S	F-H	S-H
LR	AUC	0.733	0.729	0.723	0.745	1.84	3.30*	−3.22*	1.64	−3.90**	−7.72**
	KS	0.508	0.489	0.482	0.509	4.12**	4.29**	−0.12	1.00	−3.08*	−5.14**
	HM	0.335	0.323	0.306	0.348	2.76*	5.46**	−2.36	2.99*	−3.90**	−8.55**
NB	AUC	0.719	0.716	0.682	0.696	1.05	10.60**	6.16**	9.61**	4.48**	−2.95*
	KS	0.467	0.456	0.419	0.441	2.60	9.09**	4.81**	6.60**	2.19	−3.60*
	HM	0.298	0.298	0.267	0.291	0.10	6.27**	1.29	5.97**	1.03	−3.98**
RF	AUC	0.742	0.714	0.700	0.727	8.60**	11.11**	4.95**	4.09**	−3.80**	−9.97**
	KS	0.490	0.463	0.444	0.479	5.02**	7.36**	2.11	3.03*	−2.80*	−6.87**
	HM	0.348	0.330	0.303	0.342	3.74**	8.73**	1.39	4.61**	−2.25	−8.81**
SVM	AUC	0.737	0.729	0.723	0.744	2.52	3.86**	−1.90	1.54	−3.58*	−6.43**
	KS	0.508	0.485	0.480	0.510	4.08**	4.56**	−0.36	0.84	−3.54*	−5.20**
	HM	0.337	0.326	0.311	0.358	2.16	4.55**	−3.59*	2.66*	−4.70**	−8.49**
XGB	AUC	0.742	0.737	0.728	0.749	2.10	3.64*	−1.90	2.13	−2.81*	−6.44**
	KS	0.524	0.522	0.492	0.523	0.38	5.36**	0.17	4.70**	−0.11	−5.48**
	HM	0.348	0.347	0.319	0.361	0.39	5.13**	−2.07	4.63**	−2.11	−7.79**
NN	AUC	0.727	0.703	0.708	0.719	6.30**	4.03**	2.09	−1.28	−4.20**	−2.87*
	KS	0.495	0.452	0.461	0.476	6.91**	4.59**	3.14*	−1.29	−4.00**	−2.38
	HM	0.315	0.269	0.272	0.306	7.99**	6.05**	1.52	−0.51	−5.80**	−5.79**
平均	AUC	0.733	0.721	0.711	0.730	7.00**	11.01**	1.77	4.87**	−3.80**	−10.80**
	KS	0.499	0.478	0.463	0.490	7.80**	11.10**	3.04*	4.34**	−3.36*	−9.37**
	HM	0.330	0.315	0.296	0.334	6.04**	11.36**	−1.30	5.92**	−5.30**	−13.5**

*表示 $p<0.05$，**表示 $p<0.001$

　　从六种模型的平均预测能力来看，二度董监高网络的社会资本特征的平均预测能力显著优于一度董监高网络的预测能力。一个可能的解释是二度董监高网络中有更多的间接关系，这些间接关系是积累、交换信息和资源的重要纽带。然而，更广泛的网络边界所产生的间接关系对信用评价的积极影响受到网络密度的限制。从表 6-10 的 "D" "H" 和 "D-H" 三列来看，二度董监高网络的社会资本特征的平均预测能力与二度混合网络的没有显著差异。虽然二度董监高网络的关系数量（61 856）少于二度混合网络的关系数量（102 535），但是二度董监高网络的网络密度（0.000 51）高于二度混合网络的网络密度（0.000 32）。因此，二度混合网络的稀疏性限制了间接关系的正面效应，阻碍了社会资本的流动和积累。二度董监高网络和二度股东网络对比结果也揭示了网络稀疏性对预测结果的重要影响。二度董监高网络的网络密度（0.000 51）高于二度股东网络的网络密度（0.000 23），与之类似，二度董监高网络的社会资本特征的平均预测能力显著优于二度股东网络的预测能力。

违约贷款回收率是指债务人贷款违约后资产的回收程度[40]。违约贷款回收率一直是金融机构贷后管理的重要内容。由于缺乏与违约贷款回收率直接相关的银行数据，本节使用贷款违约的企业是否会被银行起诉作为违约贷款回收的代理指标，1 表示企业没有被起诉，0 表示企业被起诉。实验数据集中共有 80 个违约样本，实验使用本节构建的社会资本特征及财务特征作为自变量分析社会资本对违约贷款回收的影响。LR 的实验结果显示财务指标中存货周转率和营业利润率对贷款回收具有正向影响（$p < 0.10$），基于资源溢出的结构社会资本对贷款回收具有显著的正向影响（$p < 0.05$），但基于资源溢出的关系社会资本则没有显著影响。这说明社会资本特征与违约贷款回收率有潜在的相关性。

5. 结果讨论

为提高中小企业信用评价模型的性能，本节遵循设计科学研究范式[35]，设计了 CVFSRC，并通过一系列实验验证了 CVFSRC 的有效性，假设检验的实验结果如表 6-11 所示。基于资源溢出的结构社会资本特征和关系社会资本特征均有助于提升中小企业信用评价的准确性，并且基于资源溢出的结构社会资本特征和关系社会资本特征的组合更能提升中小企业信用评价的准确性。

表 6-11　假设检验的汇总结果

编号	假设内容	结果
假设 1	一般结构社会资本特征有助于提升中小企业信用评价模型的准确性	部分
假设 2	基于资源溢出的结构社会资本特征有助于提升中小企业信用评价模型的准确性	支持
假设 3	相比于一般结构社会资本特征，基于资源溢出的结构社会资本特征更能提升中小企业信用评价模型的准确性	支持

编号	假设内容	结果
假设 4	一般关系社会资本特征有助于提升中小企业信用评价模型的准确性	拒绝
假设 5	基于资源溢出的关系社会资本特征有助于提升中小企业信用评价模型的准确性	支持
假设 6	相比于一般关系社会资本特征，基于资源溢出的关系社会资本特征更能提升中小企业信用评价模型的准确性	支持
假设 7	基于资源溢出的结构社会资本和关系社会资本特征的组合有助于提升中小企业信用评价模型的准确性	支持
假设 8	相比于基于资源溢出的结构社会资本特征，基于资源溢出的结构社会资本和关系社会资本特征的组合更能提升中小企业信用评价模型的准确性	支持
假设 9	相比于基于资源溢出的关系社会资本特征，基于资源溢出的结构社会资本和关系社会资本特征的组合更能提升中小企业信用评价模型的准确性	支持

与实验预期相反的是，通过经典的网络中心性（中介中心性、接近中心性）指标量化的结构社会资本对中小企业违约风险的预测影响不显著。这和先前在组织管理领域的相关研究结果并不一致[8]。这可能归因于研究对象的不同。中介中心性强调企业的桥梁作用，接近中心性强调与更多的企业产生联系。先前的研究对象集中在上市企业，上市企业往往规模较大、实力较强，而中小企业往往规模较小、实力较弱。后者较少能起桥梁作用或与很多企业产生联系，从而削弱了这些中心性指标的作用。

结构和关系社会资本的组合效应进一步说明了社会资本对中小企业信用评价的重要影响。图 6-5 所示的可解释性结果不仅与社会资本理论的相关观点相符，而且与信贷决策的实践经验一致，进一步验证了本节的结论。由于基于资源溢出的结构社会资本和关系社会资本特征的构建都使用了资源传播算法，并且这些特征都有很好的违约预测能力，证明资源传播算法具有可扩展性。

通过研究，得到两点理论启示。第一，在考虑传统的结构关系和友好关系的基础上，我们将网络中企业资源的影响纳入结构社会资本和关系社会资本中，提出了基于资源溢出的结构社会资本和关系社会资本概念，并设计了相应的量化方法。这为基于社会资本理论的相关研究提供了借鉴。此外，这种考虑了网络节点关系和节点属性的研究设计为基于复杂网络的相关研究提供了方法参考。第二，不同类型网络的社会资本特征均能用来评价中小企业信用水平，但预测能力有差异。二度董监高网络的社会资本特征的预测能力优于一度董监高网络的预测能力，但与二度混合网络的预测能力没有差别。这体现了奥卡姆剃刀定律：在获取了必要的关系信息的基础上，简单网络中的社会资本特征的预测能力并不比复杂网络中的社会资本特征预测能力差。未来研究需要结合问题场景选择最佳的网络构建方法。

研究结论对金融机构和中小企业具有重要的实践价值。金融机构可以利用社会资本来管理信贷业务,包括贷前的信用评价及贷后的违约贷款回收。使用本节提出的 CVFSRC,金融机构可以提升对中小企业信用评价的准确性和效率。通过利用公开数据减少对中小企业私有数据的依赖性,整合自动分析工具,减少手工操作,可以促进大数据环境下线上信贷系统的发展,有效降低管理成本和运营风险,提高信贷业务的智能化水平。此外,研究的相关发现对帮助中小企业如何获取更多信用贷款具有一定启发作用。中小企业可以通过扩大企业网络并与其他企业进行互动来增加社会资本,通过积累社会资本来提高信用资质,从而更容易获得金融机构的信贷。例如,当中小企业选择贸易伙伴时,可以采取战略性策略,选择那些拥有更多社会资本的企业进行合作,通过不断地交换信息和资源,增加自己的社会资本。同时,中小公司应当遵守法律法规,保持良好的企业形象,避免社会资本的流失。

本 章 小 结

虽然社会资本在评价企业信用方面具有巨大潜力,但社会资本的复杂性、C2C 卖家和中小企业的信息可获取性差等问题给社会资本特征构造带来巨大挑战。如何利用公开数据,构造基于社会资本的 C2C 卖家信用特征和中小企业信用特征是本章研究的重点与难点。

传统信用评价方法无法有效评价 C2C 平台上的卖家信用,为了充分利用分布在不同在线平台上的信用大数据,本章对 C2C 平台和微博平台的用户生成内容进行了跨平台信息融合与分析,构建了基于社会资本理论的卖家信用评价模型。然后应用该模型从在线评论中抽取了卖家信用评分,同时基于社交媒体信息构建了卖家的结构社会资本和认知社会资本特征,通过量化卖家信用评分和社会资本特征之间的相关性验证了模型的有效性,量化了社会资本对卖家信用的影响。

中小企业财务信息质量不高、可用信贷抵押物少、信息透明度低等问题给中小企业信用评价带来了挑战,本章利用公开数据提出了 CVFSRC,该框架包含一个可扩展的资源传播算法和基于结构与关系社会资本的信用特征构造方法。根据该框架,本章构造了中小企业结构和关系社会资本特征,提高了中小企业信用评价的准确性,并采用可解释性机器学习方法,量化了社会资本对企业信用的影响,揭示了社会资本对企业违约风险预测的作用机制:企业的社会资本越多,企业的违约概率越低。

参 考 文 献

[1] 吴德胜,曹渊,汤灿,等. 分类管控下的债务风险与风险传染网络研究[J]. 管理世界,2021,37(4):35-54.

[2] 林志帆,龙小宁. 社会资本能否支撑中国民营企业高质量发展? [J]. 管理世界,2021,37(10):56-73.

[3] Gao Z Q,Li L Y,Lu L Y. Social capital and managers' use of corporate resources[J]. Journal of Business Ethics,

2021，168（3）：593-613.

[4] Lins K V，Servaes H，Tamayo A. Social capital，trust，and firm performance：the value of corporate social responsibility during the financial crisis[J]. The Journal of Finance，2017，72（4）：1785-1824.

[5] Ravindran K，Susarla A，Mani D，et al. Social capital and contract duration in buyer-supplier networks for information technology outsourcing[J]. Information Systems Research，2015，26（2）：379-397.

[6] Xue L，Yang K，Yao Y L. Examining the effects of interfirm managerial social ties on it components diversity：an agency perspective[J]. MIS Quarterly，2018，42（2）：679-694.

[7] Karahanna E，Chen A，Liu Q Q B，et al. Capitalizing on health information technology to enable advantage in U.S. hospitals[J]. MIS Quarterly，2019，43（1）：113-140.

[8] Gölgeci I，Kuivalainen O. Does social capital matter for supply chain resilience？The role of absorptive capacity and marketing-supply chain management alignment[J]. Industrial Marketing Management，2020，84：63-74.

[9] Kölbel J F，Busch T，Jancso L M. How media coverage of corporate social irresponsibility increases financial risk[J]. Strategic Management Journal，2017，38（11）：2266-2284.

[10] 黄益平，邱晗. 大科技信贷：一个新的信用风险管理框架[J]. 管理世界，2021，37（2）：12-21，50.

[11] Tasdemir D C，Bahar A D，Cayiragasi F. A study on social capital concept，development and importance[J]. International Journal of Management Science and Business Administration，2017. 4（1）：52-56.

[12] Lin M F，Prabhala N R，Viswanathan S. Judging borrowers by the company they keep：friendship networks and information asymmetry in online peer-to-peer lending[J]. Management Science，2013，59（1）：17-35.

[13] Zheng H C，Li D H，Wu J，et al. The role of multidimensional social capital in crowdfunding：a comparative study in China and US[J]. Information & Management，2014，51（4）：488-496.

[14] Granovetter M. Economic institutions as social constructions：a framework for analysis[J]. Acta Sociologica，1992，35（1）：3-11.

[15] Liu Z C，Shang J，Wu S Y，et al. Social collateral，soft information and online peer-to-peer lending：a theoretical model[J]. European Journal of Operational Research，2020，281（2）：428-438.

[16] 张润宇，余明阳. 社会资本、债务约束与非效率投资——基于中国上市家族企业数据的分析[J]. 管理评论，2020，32（12）：61-77.

[17] 孙博，刘善仕，姜军辉，等. 企业融资约束与创新绩效：人力资本社会网络的视角[J]. 中国管理科学，2019，27（4）：179-189.

[18] Lee C，Hallak R. Investigating the effects of offline and online social capital on tourism SME performance：a mixed-methods study of New Zealand entrepreneurs[J]. Tourism Management，2020，80：104128.

[19] 琚春华，邹江波，傅小康. 融入在线社会资本的个人信用价值度量模型[J]. 管理科学学报，2017，20（11）：114-126.

[20] Liang K，Jiang C Q，Lin Z X，et al. The nature of sellers' cyber credit in C2C e-commerce：the perspective of social capital[J]. Electronic Commerce Research，2017，17（1）：133-147.

[21] Chen X F，Ma J Q，Wei J，et al. The role of perceived integration in WeChat usages for seeking information and sharing comments：a social capital perspective[J]. Information & Management，2021，58（1）：103280.

[22] Stevenson M，Mues C，Bravo C. The value of text for small business default prediction：a deep learning approach[J]. European Journal of Operational Research，2021，295（2）：758-771.

[23] Yin C，Jiang C Q，Jain H K，et al. Evaluating the credit risk of SMEs using legal judgments[J]. Decision Support Systems，2020，136：113364.

[24] Kou G，Xu Y，Peng Y，et al. Bankruptcy prediction for SMEs using transactional data and two-stage multi

objective feature selection[J]. Decision Support Systems，2021，140：113429.

[25]　Calabrese R，Andreeva G，Ansell J. "Birds of a feather" fail together：exploring the nature of dependency in SME defaults[J]. Risk Analysis，2019，39（1）：71-84.

[26]　Gamage S K N，Prasanna R，Jayasundara J，et al. Social capital and SME：a systematic literature review and research directions[J]. Ecoforum，2020，9（3）：1-12.

[27]　Soui M，Gasmi I，Smiti S，et al. Rule-based credit risk assessment model using multi-objective evolutionary algorithms[J]. Expert Systems with Applications，2019，126：144-157.

[28]　孔祥维，唐鑫泽，王子明. 人工智能决策可解释性的研究综述[J]. 系统工程理论与实践，2021，41（2）：524-536.

[29]　Ribeiro M T，Singh S，Guestrin C. Why should I trust you？Explaining the predictions of any classifier[C]. The 22nd ACM SIGKDD International Conference on Knowledge Discovery and Data Mining. San Francisco，2016.

[30]　Lundberg S，Lee S I. A unified approach to interpreting model predictions[C]. The 31st International Conference on Neural Information Processing Systems. Los Angeles，2017.

[31]　Lin N. Social Capital：A Theory of Social Structure and Action[M]. Cambridge：Cambridge university press，2002.

[32]　Prashantham S，Dhanaraj C. The dynamic influence of social capital on the international growth of new ventures[J]. Journal of Management Studies，2010，47（6）：967-994.

[33]　黄苒，范群，郭峰. 中小企业违约风险系统性和异质性测度——基于违约风险成分分析法的研究[J]. 中国管理科学，2018，26（3）：13-21.

[34]　Hevner A R，March S T，Park J，et al. Design science in information systems research[J]. MIS Quarterly，2004，28（1）：75.

[35]　Bakker S R，Hendriks P H J，Korzilius H P L M. Let it go or let it grow？—Personal network development and the mobilization of intra-organizational social capital[J]. Social Networks，2022，68：179-194.

[36]　Larcker D F，So E C，Wang C C Y. Boardroom centrality and firm performance[J]. Journal of Accounting and Economics，2013，55（2/3）：225-250.

[37]　Chen Y，Liu J M，Zhao H，et al. Social structure emergence：a multi-agent reinforcement learning framework for relationship building[C]. The 19th International Conference on Autonomous Agents and MultiAgent Systems. Auckland，2020.

[38]　Wasiuzzaman S，Nurdin N，Abdullah A H，et al. Creditworthiness and access to finance of smes in malaysia：do linkages with large firms matter？[J]. Journal of Small Business and Enterprise Development，2020，27（2）：197-217.

[39]　Arora N，Kaur P D. A Bolasso based consistent feature selection enabled random forest classification algorithm：an application to credit risk assessment[J]. Applied Soft Computing，2020，86：105936.

[40]　Gambetti P，Gauthier G，Vrins F. Recovery rates：uncertainty certainly matters[J]. Journal of Banking & Finance，2019，106：371-383.

第7章 基于深度学习的非均衡数据处理方法

7.1 引 言

信用评价本质上是一个分类任务[1]，使用包含非违约与违约两种类别样本的数据集训练出的信用评价模型具有预测信用主体违约概率的能力。信用评价模型可以有效预测违约是否发生，为信贷业务提供决策支持，从而减少相关金融机构由于信用主体违约而造成的经济损失。因此，信用评价模型直接影响信用评价质量和信用风险管理水平。

然而在训练数据集中，相比于非违约样本，违约样本的数量非常少，模型不可避免地面临类别不平衡问题[2]。类别不平衡问题指的是在分类任务中，某一类别的样本数量远大于其他类别的样本数量。以信用评价中的二分类任务为例，非违约样本的一类称为多数类，而违约样本的一类称为少数类。由于传统分类任务基于不同类别间的样本数量差距较小的假定，类别不平衡问题与传统的分类任务有本质上的区别。类别不平衡问题会使得信用评分模型输出的预测结果偏向非违约类，而不能准确地识别违约类的样本。同时，在类别不平衡问题下，常规分类任务中使用的评估指标也变得不适用。例如，由于不同类别样本数量的巨大差距，如果分类器错误地将一个违约样本判断为非违约样本，即使模型给出了较高的总体预测精度，未能准确识别违约样本也会给金融机构造成巨大经济损失。所以，在信用评分中，类别不平衡问题影响着模型的学习能力与学习效率，是信用评价中一个不容忽视的问题，如何克服类别不平衡为模型带来有偏预测结果的缺陷，成为国内外相关学者的研究重点。

近年来，随着大数据、云计算、人工智能等相关技术的发展，非均衡数据的处理方式正发生着巨大的变革。大数据环境下的信用评价存在着诸多的挑战，如金融环境下的日交易量，其数据量大，数据种类来源多样，数据规模增长速度快，传统的基于统计或机器学习的模型难以胜任当今环境下的信用评价任务。蓬勃发展的基于深度学习的技术在保证数据处理能力与运算效率的同时，也为处理类别不平衡问题提供了新的解决思路。一方面，从数据本身看，基于深度学习技术的非均衡数据处理方法着眼于整体的数据分布，如 GAN 可以学习到训练数据中不同类别样本的整体分布态势，摒弃了传统的 SMOTE 系列方法的"局部合成"手段。根据数据整体分布进行少数类样本平衡操作，可以使少数类样本合成质量大大提高。另一方面，深度学习技术可以挖掘与任务相关的多源数据并高效采用，不聚焦于非均衡数据本身，而是利用多方信息从侧面解决类别不平衡问题。例如，应用深度迁移学习技术，在实现源域与目标域对齐后，就可以将在平衡的数据集中预训练好的模型直接迁移到信用评价场景中，从而侧面地解决类别不平衡问题；再如，应用基于关系的图表示学习技术，可以挖掘与借款人相关的多方数据或相关联的信用主体，从而在关系网络中丰富了少数类样本信息，弥补了样本数量不平衡的负面影响。同时，这种处理方式也更符合实际应用需求，在实际业务中正被广泛应用。

　　本章将首先介绍常用的非均衡数据处理方法，包括数据级处理方法、算法级处理方法、代价敏感方法和集成学习方法；其次提出深度学习与非均衡数据处理相结合的全新处理方法，包括基于深度神经网络（deep neural network，DNN）和对抗学习的 GAN，以及基于深度迁移学习的几类主流非均衡数据处理方法；最后进行对比实验研究。

7.2　国内外研究状况

　　国内外学者围绕非均衡数据处理方法展开了大量研究，提出了不同类型的非均衡数据处理方法。主流的非均衡数据处理方法可分为四类：第一类是数据级处理方法[3-5]，该类方法通过改变样本数量实现不同类别样本分布的一致性；第二类是算法级处理方法[6-11]，该类方法通过对现有模型进行算法改进或设计新的损失函数，使模型能更好地适应非均衡数据场景；第三类是代价敏感方法[12]，该类方法通过为模型设置误分类代价使模型聚焦于少数类样本，避免输出有偏的预测结果；第四类是集成学习方法[13]，该类方法将非均衡数据处理思路融入集成学习模型，在保证模型性能的前提下增强对少数类样本的学习能力。

7.2.1　数据级处理方法

　　数据级处理方法是通过直接地改变不同类别样本的数量比，从样本数量的角度平衡数据集，进而克服类别不平衡问题的一种处理方法。数据级处理方法原理简单，通俗易懂且易于操作。以平衡样本数量比为目的，数据级处理方法具体包括增加少数类样本的数量和减少多数类样本的数量两类，分别对应过采样算法与欠采样算法，二者统称为重采样算法。

　　1. 随机重采样算法

最简单的重采样算法为随机重采样算法，包括随机过采样（random over-sampling，

ROS）算法和随机欠采样（random under-sampling，RUS）算法。ROS 算法通过随机复制少数类样本并将其加入训练集中来实现不同类别之间的样本数量平衡。RUS 算法操作恰好相反，通过随机删除多数类样本来实现样本间的数量平衡。随机重采样算法 ROS 与 RUS 的原理简单并且易于操作，常作为方法对比实验中的基准方法，它们反映了数据级处理方法的基本思想。然而这两种算法也存在着比较致命的缺陷：对于 ROS，当不同类别间的样本数量极度不平衡时，大量随机引入重复样本势必会增加模型训练中的过拟合问题，而 RUS 随机删除多数类样本也容易造成关键信息丢失，这些被删除的样本可能是对提升分类精准度贡献较大的重要样本。

2. 改进的随机重采样算法

针对随机重采样问题存在的不足，相关文献提出了多种改进的重采样算法，这些算法的基本思想是在重采样的过程中加入对数据集的数据分布与噪声清除的思考。例如，在 RUS 过程中加入最近邻的思想，只选择保留符合近邻关系的多数类样本以减少关键信息丢失的基于最近邻的欠采样（Nearmiss）算法；将欠采样与"边界清理"的思想结合，仅剔除那些与它们的大多数近邻样本（k 个近邻，k 是一个超参数，可以根据具体的数据集做出调整）都相异的多数类样本的编辑最近邻（edited nearest neighborhood，ENN）算法；还有托梅克联系对清洗（Tomek-link removing，Tomek）算法，当两个异类样本互为最近邻时就构成托梅克联系对（Tomek-link），此时通过删除其中的多数类样本来实现欠采样。

3. SMOTE

SMOTE[3]与自适应合成采样（adaptive synthetic sampling，ADASYN）[4]是两种经典的主流数据级非均衡处理方法。SMOTE 采用过采样重新平衡数据集，其关键思想是引入合成样本，而不是对少数类样本进行简单的复制。这些新的少数类样本是在一些少数类样本之间通过线性插值得到的，基于这个原因，SMOTE 的侧重点是"特征空间"而不是"数据空间"。

SMOTE 的具体操作流程是：首先，设置过采样总量 N，它通常被定义为获得近似 1:1 的类分布的整数；其次，进行一个由多个步骤组成的迭代过程，即从训练集中随机选择一个少数类样本并找到它的 k（k 默认为 5）个最近邻样本，再从 k 个最近邻样本中随机选取 N 个，计算该少数类样本与近邻样本的插值并乘以随机因子 r，由此得到合成的少数类样本。该过程的数学描述如式（7-1）所示：

$$x_g = x_i + r \cdot (x_i - x_{in}) \tag{7-1}$$

其中，r 为从 $(0,1)$ 区间选取的随机数；x_{in} 为与少数类样本 x_i 同属一类的 k 个最近邻样本中的一个（k 通常设定为 5）。

在数据级别的处理中几乎所有的方法都受到了 SMOTE 的启发。同时，针对

SMOTE 存在的"随机性插值"缺陷,即引入随机性插值生成的额外数据点可能会模糊分类边界并增加分类器在学习过程中的难度,出现了许多 SMOTE 的改进版本。例如,基于编辑最近邻的合成少数类过采样技术(synthetic minority over-sampling technique with edited nearest neighborhood,SMOTEENN,以下简称 SE)、基于托梅克联系对清洗的合成少数类过采样技术(synthetic minority over-sampling technique with Tomek-link removing,SMOTETomek,以下简称 ST)和基于边界样本的合成少数类过采样技术(borderline synthetic minority over-sampling technique,BorderlineSMOTE,以下简称 BS)。SE 和 ST 是将传统的 SMOTE 分别与 ENN 及 Tomek 算法相结合的综合性方法,原理简单,而 BS 则在 SMOTE 的基础上更多关注分类边界的样本点(borderline samples)。由于边界上的样本点比远离边界的样本点更容易被分类器错分,所以其对分类精度的提升更为重要。BS 有两个版本:BS1 和 BS2。为了尽可能正确分类边界附近的样本点,BS1 在寻找 k 个少数类样本的近邻样本后,将这些样本分类为"安全点"(safe)、"噪声点"(noise)与"危险点"(danger)。详细过程如下。

(1)假设用 D 表示整个训练样本集,其中多数类样本集为 M,少数类样本集为 N,相应的集合中样本数量分别用 N^- 和 N^+ 表示,对于少数类样本集中的样本点 $p_i(i=1,2,\cdots,N^+)$,从整个训练集中计算它的 $\hat{m}$ 个近邻样本点,其中的多数类样本点数量记为 $\hat{m}(0\leqslant\hat{m}\leqslant m)$。

(2)如果所有的 m 个近邻样本点都为多数类样本点,那么 p_i 就被视为"噪声点"并在接下来的步骤中不予处理;如果 m 个近邻样本点中多数类样本个数大于少数类样本个数 $(m/2\leqslant\hat{m}\leqslant m)$,那么 p_i 就会被视为容易被错分的"危险点";而如果 m 个近邻样本点中多数类样本个数小于少数类样本个数 $(0\leqslant\hat{m}\leqslant m/2)$,则 p_i 就是"安全点"并且无须参与下面的步骤。

(3)"危险点"就是算法所关注的边界样本中的少数类样本点,对于"危险点"中的样本点 $\hat{p}$,寻找它的同类最近邻样本点。

(4)最终,从"危险点"中生成 $D\times S$ 个少数类样本点,其中 s 是介于 1 与 m 之间的整数,对于每个"危险点"$\hat{p}$,随机选取 s 个同类最近邻样本点,首先分别计算 $\hat{p}$ 与 s 个样本点的差异 $\text{dif}_j(j=1,2,\cdots,s)$,其次用差异 dif 乘上 0~1 的随机数 r,最后得到新合成的少数类样本点:$\text{syn}=\hat{p}+r\times\text{dif}$。

算法遍历"危险点"并重复以上步骤,直到合成目标数量为 $D\times S$ 的少数类样本点。而对于 BS2,上述过程不仅作用于少数类样本点中的"危险点",还在"危险点"的最近邻异类样本点(多数类样本点)发挥作用,因此新合成的样本点就更接近于少数类。与 SMOTE 有关的变体数量繁多,截至 2018 年,在科学期刊和会议上发表的与 SMOTE 相关的论文超过 90 余篇。时至今日,SMOTE 仍是一个主流的研究方向,许多学者致力于改进 SMOTE 使其不断适应各种不同的应用场景。

4. ADASYN

ADASYN 是根据样本分布自适应地生成"少数类样本"思想的一种过采样算法。其最明显的特点是自适应机制，即根据训练集的真实数据分布去选择合适的少数类样本并以此为基础进行学习。相较于那些模型容易学习的少数类样本，ADASYN 更倾向于难以学习的少数类样本，即该方法不仅可以减少原始数据分布不平衡带来的学习偏差，而且可以自适应地改变决策边界，将注意力集中在那些难以学习的样本上。

ADASYN 的具体流程如下。

（1）计算不同类别之间样本的不平衡度：$d = N^+ / N^-$，其中 N^+ 和 N^- 分别为少数类与多数类的样本数量。

（2）设置最大不平衡度的容忍值 $\hat{d}$，即 d 的阈值为 $\hat{d}$，如果满足 $d < \hat{d}$，则进行下面的步骤：①计算需要合成的少数类样本数量 $G = (N^- - N^+) \times \beta$，其中 β 是在[0, 1]区间内的参数，它的作用是指定所需要的平衡级别，如 $\beta = 1$ 就意味着完全平衡（不同类别之间的样本数量相等）；②对于每个少数类样本 x_i，基于欧氏距离找到它的 k 个近邻样本，并计算比率 r_i，$r_i = \Delta i / k, i = 1, 2, \cdots, N^+$，其中 Δi 为 x_i 的 k 个近邻中的多数类样本数，因此 $r_i \in [0,1]$；③对 r_i 进行正则化操作得到 r_i^*，使 r_i^* 成为一个密度分布，正则化过程为 $r_i^* = r_i \Big/ \sum_{i=1}^{N^+} r_i \left(\sum_i r_i = 1 \right)$；④计算对于每个少数类样本 x_i 需要合成的少数类样本数 g_i，$g_i = r_i^* \times G$，G 为步骤①中求得的需要合成的总样本数；⑤对于每个少数类数据示例 x_i，根据下一个循环合成 g_i 个样本：从 x_i 的 k 个近邻中随机选择一个少数类样本 x_{ii}，并合成新的少数类样本 $s_i = x_i + (x_{ii} - x_i) \times \Lambda$，其中 Λ 为[0,1]的随机数。

ADASYN 的自适应机制可以简单解释为：对于不同的少数类样本 x_i，算法会根据其所处的"空间位置"赋予其不同的权重并以此为基础进行新数据的合成，x_i 的 k 个近邻中多数类样本越多，其周围合成的少数类样本就越多。这种自适应合成过程避免了人为设定合成样本数量对实验结果产生的偏差影响，合成数量完全由算法根据样本的实际位置"自行决定"，但这也产生了一个问题，即 ADASYN 对异常、离群的少数类样本点不敏感，这种样本点周围充斥了不同类别的样本。如果盲目对这类异常点进行数据合成，势必会造成大量无关噪声点的引入，影响模型的预测效果。

7.2.2　算法级处理方法

算法级处理方法可以被看作处理非均衡数据集的替代方法。与数据级处理方法相比，这类方法的目的是修改分类器学习过程，而不是改变类间样本数量比来平衡数据集。这就需要对所选择的方法有深入的了解，以便确定造成分类偏差的机制。算法级的解决方案不会导致数据分布的任何变化，其处理过程是只针对给定的分类器类型进行具体处理，因此更能适应各种类型的不平衡数据集。为了提出一个算法级的修改，必须先理解是什么阻碍了给定分类器在不平衡数据上的性能。通常，分类偏差是由多个因素造成的，相关的算法设计人员需要了解各个因素的独立影响及它们之间的相互作用。算法层面的解决方案在文献中并不流行，因为它们比数据级处理方法更难设计和实现。尽管如此，仍然存在一些有效的解决类别不平衡的方法，这些方法依赖于对算法的直接优化。许多流行的机器学习算法都受到了这种变化的影响，包括 SVM 模型及其变体[6, 7]、DT 模型[8]、NN 模型[9, 10]、NB 模型[11]等。我们主要选取 SVM、DT 和 NB 这几种经典的模型介绍其算法级优化过程。

1. SVM 方法

SVM 具有强大的泛化能力、收敛性和适应各种学习困难的灵活性，是目前最受欢迎的模式分类算法之一。然而，原始的 SVM 模型不利于处理非均衡数据。在理解造成这种缺陷的原因及如何减轻这种缺陷方面，相关研究人员做了大量的努力，研究出许多替代解决方案，这些解决方案优化了 SVM 的底层机制，使得算法对样本类别不平衡不敏感。改进的 SVM 模型通常与专门的采样解决方案和特征选择相结合，以解决类不平衡问题，但其真正的潜力在于优化其底层机制。针对非均衡样本，有三类 SVM 模型改进方法：核修改方法、加权方法和主动学习方法。

1）核修改方法

核修改方法指直接对 SVM 所使用的核函数进行修改。由于核函数对 SVM 的性能起着至关重要的作用，修改核函数可以减轻 SVM 对于非均衡数据的预测偏差。核修改方法又有两种。第一种核修改方法通过操纵核边界和边际转移，直接影响选定的核函数在训练数据上产生的内核矩阵。该方法的主要优点在于直接依赖来自变换特征空间中样本的信息，从而使其更加灵活。由于这种核修改方法在映射空间中起作用，可以很容易地将学习到的边界识别为估计边缘的中心超平面。

第二种核修改方法称为内核目标对齐。内核对齐用在 SVM 训练时的模型选择中，它衡量了两个核函数之间或者核与目标函数之间的相似性。内核对齐允许量化内核和分类问题之间的一致性水平，并且可以用来代替其他度量（如边距），从而高效且更简单地改进 SVM 模型。为了确定使用的内核是否获得了正确的数据表示，需要检查类间距离之和与类内距离之和之间的差异。这种差异可以直接转化为所使用的内核与理论内核之间获得的对齐方式，从而检查当前使用的内核的适合度。在计算内核的适合度时考虑非均衡的数据分布，可以使内核对齐方法应用于类不平衡学习中。

2）加权方法

加权方法是通过对给定的训练样本（通常来自少数类样本）赋予更高的重要性，以提高它们对 SVM 训练过程的影响，并增加它们成为支持向量的机会。另外，一些方法直接将权重方案应用于支持向量来重塑决策边界。加权方法有样本加权、支持向量加权和模糊方法三种操作方式。

样本加权方法赋予训练样本不同的权重来区别它们对于模型训练的重要性，可以通过重写软间隔优化目标来实现。虽然这种方法看起来非常有吸引力，但其局限性也十分明显。正确设置权重对获得好的性能起着至关重要的作用，因此这是一个高度敏感和依赖数据的过程。此外，由于数据的非平稳特性，样本的重要性可能会随着时间而变化，甚至在决策空间几何形状发生改变的训练过程中也会发生变化。因此样本的权重值并不是一成不变的，而是处于一个动态更新的状态。重新计算权值可能在计算上很昂贵，特别是对于大规模的数据集。针对这一问题，Karasuyama 等提出了一种加权 SVM 的多参数求解路径算法[14]，将用于单参数问题的标准解路径算法扩展到多参数公式（每个权值可以被视为一个独立的参数），同时还处理了参数搜索过程中出现的高维断点问题。Wang 等提出对不平衡数据集同时具有 1-范数和 2-范数的加权 SVM 模型，其中样本权值由 boosting 过程获得，该方法在大规模类别不平衡问题中取得了显著的效果[15, 16]。

支持向量加权方法是通过使用原始的非均衡数据集训练 SVM 模型，然后对得到的支持向量进行加权，以移动决策边界。考虑乘法权重（z）的 z-SVM[17]是最早遵循这个想法的算法，它基于式（7-2）修改 SVM 的决策函数。

$$f(x) = \mathrm{sign}\left(\sum_{i=1}^{l_1} \alpha_i^+ y_i K(x_i, x) + \sum_{j=1}^{l_2} \alpha_j^- y_j K(x_j, x) + b \right) \tag{7-2}$$

其中，α_i^+ 和 α_j^- 分别为少数类与多数类支持向量的拉格朗日乘数；l_1 和 l_2 分别为每个类的训练样本数；K 为核函数。z-SVM 通过重新加权少数类来增加少数类样本的重要性，进而促使少数类样本成为支持向量。该过程通过引入少数类样本的乘法权重 z 来实现，因此决策函数被重写为式（7-3）：

$$f(x) = \mathrm{sign}\left(z \cdot \sum_{i=1}^{l_1} \alpha_i^+ y_i K(x_i, x) + \sum_{j=1}^{l_2} \alpha_j^- y_j K(x_j, x) + b \right) \tag{7-3}$$

式（7-3）增加了少数类样本支持向量对形成的决策边界的影响，能够有效缓解分类的偏差。由于参数 z 的值对该方法的性能起着至关重要的作用，必须对其进行仔细的调优。

　　模糊方法是将模糊隶属机制与 SVM 结合，利用模糊逻辑建立样本加权求解的替代公式来解决类别不平衡问题的方法。模糊支持向量机（fuzzy SVM，FSVM）模型通过将每个训练样本与模糊隶属函数关联，赋予它们不同的重要性级别。FSVM 最初被开发用来处理包含噪声样本和异常值的数据集。然而，对于不平衡域，模糊隶属机制具有很高的吸引力。

　　Cheng 和 Liu 开发了一种非均衡的 FSVM（imbalanced FSVM，IFSVM）[18]，该模型使用去噪因子和类补偿因子来计算成员函数。前者允许处理相对于底层类结构的少数类和多数类样本的分布，而后者允许将类别不平衡比例纳入决策边界计算中。Fan 等使用熵来计算模糊隶属函数[19]，并提出了一种自动解决方案，可以自动将足够大的隶属函数值关联到少数类样本，从而有效地缓解非均衡带来的预测偏差。

　　3）主动学习方法

　　主动学习方法用于在需要考虑标注代价情况下选择样本进行标签查询，或者从训练集中选择信息量最大的样本来提高分类器的质量。在数据不平衡的情况下，可以利用主动学习来平衡训练集，从多数类中选择最具代表性的样本，去除噪声少数类样本，降低数据集整体失衡比例。

　　Ertekin 等提出了第一个 SVM 的对类别不平衡问题不敏感的主动学习方法[20]。该方法从训练集的小子集开始，并从一组未使用的样本中迭代选择离决策边界最近的样本，然后将其添加到训练集中并重新训练 SVM。这允许仅选择最相关的样本，并通过使用早停法（early stopping）显著提高模型在大规模数据集上的训练速度。早停法是在深度学习中广泛采用的解决模型过拟合问题的训练方法，基本含义是在训练中计算模型在验证集上的表现，当模型在验证集上的表现开始下降时停止训练，这样就能避免继续训练导致的模型过拟合问题。Zieba 和 Tomczak 提出 SVM、boosting 与主动学习的组合方法，以实现更好地消除不相关样本和更好地估计集成中每个基分类器的错误分类代价[21]。

　　2. DT 方法

　　DT 算法具有高效、简单、低计算复杂度和可解释性等优点，是目前非常流行的分类算法。现有许多有效的改进 DT 算法，其中大多数方案将代价敏感方法与 DT 模型结合起来，从而使 DT 模型可以有效缓解类别不平衡问题带来的负面影响。从算法优化的角度来看，改进 DT 最直接的方法是修改其关键组件——分裂函数。

　　Cieslak 等[22]首次提出使用 HD（又称巴氏距离，Bhattacharyya distance）来创建决策树分裂。HD 是一种衡量两个概率分布相似性的测度。设 (Ω, B, ν) 为一个测量空间，其中 P 是 B 上相对于 ν 绝对连续的所有测量值的集合。考虑两个属于集合 P 的概率度量 P_1 和 P_2，P_1 和 P_2 之间的巴氏系数定义为

$$p(P_1, P_2) = \int_\Omega \sqrt{\frac{\mathrm{d}P_1}{\mathrm{d}v} \frac{\mathrm{d}P_2}{\mathrm{d}v}} \mathrm{d}v \qquad (7\text{-}4)$$

使用巴氏系数推导出的 HD 定义为

$$h_H(P_1, P_2) = 2\left[1 - \int_\Omega \sqrt{\frac{\mathrm{d}P_1}{\mathrm{d}v} \frac{\mathrm{d}P_2}{\mathrm{d}v}} \mathrm{d}v\right] = \sqrt{\int_\Omega \left(\sqrt{\frac{\mathrm{d}P_1}{\mathrm{d}v}} - \sqrt{\frac{\mathrm{d}P_2}{\mathrm{d}v}}\right)^2 \mathrm{d}v} \qquad (7\text{-}5)$$

机器学习通常比较来自离散数据的条件概率，而非连续函数，条件概率通常表示为 $P(Y=y \mid X=x)$，其中 x 和 y 分别从特征集与标签集中抽取。在可数空间而非连续空间上求值时，可将式（7-5）的积分转化为所有值的总和，即 h_H 重新表示为 d_H：

$$d_H(P(Y^+), P(Y^-)) = \sqrt{\sum_{i \in v} \left(\sqrt{P(Y^+ \mid X_i)} - \sqrt{P(Y^- \mid X_i)}\right)^2} \qquad (7\text{-}6)$$

由此便提出一种距离，该距离量化了以完整特征值集为条件的两类数据的可分离性，可以作为具有以下属性的决策树的分裂标准。

（1）$d_H(P(Y^+), P(Y^-))$ 有界于 $[0, \sqrt{2}]$。

（2）d_H 对称且非负。例如，$d_H(P(Y^+), P(Y^-)) = d_H(P(Y^-), P(Y^+)) \geqslant 0$。

（3）HD 的平方是 KL（Kullback-Leibler）散度的下界（KL 散度也是一种衡量两个概率分布相似性的测度）。

综上，HD 可以进一步扩展为

$$d_H(\mathrm{TPR}, \mathrm{FPR}) = \sqrt{\left(\sqrt{\mathrm{TPR}} - \sqrt{\mathrm{FPR}}\right)^2 + \left(\sqrt{1-\mathrm{TPR}} - \sqrt{1-\mathrm{FPR}}\right)^2} \qquad (7\text{-}7)$$

其中，TPR 为真阳率（true positive rate）；FPR 为假阳率（false positive rate）。HD 允许产生类别不敏感的树，建立在 DT 算法上的 HD 决策树未经过剪枝和压缩处理，且在叶子处做了拉普拉斯平滑处理，因而在少数类样本上有更好的性能，也没有牺牲多数类样本的有效性。HD 的局限性在于其二元性，不能直接应用于多类别不平衡问题。

3. 贝叶斯方法

贝叶斯方法具有良好的理论背景、较低的计算复杂度和良好的性能，它通过操纵类先验概率来缓解类偏差，以适应不平衡的数据。贝叶斯方法在文本分类及应对文本分类问题的数据非均衡问题中很流行[23-25]，下面简单阐述几种基于贝叶斯方法的算法级非均衡数据处理方法。

Frank 等开发出一种局部加权的 NB 模型[26]，通过在预测时学习局部模型，放宽了独立假设，因此是一种懒惰的学习解决方案，即仅存储训练样本，直到分类时才训练模型。对于每个测试样本，使用来自测试样本的加权训练样本集构造一个全新的 NB 模型，这样的预测过程较为耗时。Maragoudakis 等提出一种用于非均衡文本分类的贝叶斯网络，该模型可以同时处理离散变量和连续变量，通过在训练过程中嵌入带有 Tomek 的欠采样算法来处理不平衡的数据类[27]。Lee 等提出一种基于 NB 模型的不平衡数据样本主动选择方法[28]，从一个平衡的训练子集开始，依次添加信息丰富的样本来训练 NB 模型，这些样本是当前分类器以较高的错误率误分类的样本。Liu 和 Martin 提出一种多项式朴素贝叶斯平滑方法[29]，该方法不受类别分布不均衡的影响，进一步提高了传统分类器的泛化性能。

贝叶斯方法也是解决类别不平衡问题的混合模型的基础之一。Hsu 等提出一种贝叶斯 SVM 模型[30]，将贝叶斯模型扩展到 SVM 的实用问题解决方案中，并评估了底层分类器与所考虑的不平衡数据集的对齐程度。该方法是通过开发一个模型选择方案来实现的，考虑了概率估计、决策代价和最佳边际分类器的二次规划。Datta 和 Das 提出另一种混合了 SVM 的贝叶斯解决方案[31]，它将决策边界偏移与每个类的不同正则化参数值相结合。这种方法进一步将利用贝叶斯方法解决类别不平衡问题扩展到多种应用场景，并允许考虑多类别代价敏感的情况。

7.2.3　代价敏感方法

代价敏感方法是指一组特定的非均衡数据处理方法，它们对与所考虑问题的某些特征相关的不同代价敏感。这些代价可以源自与给定现实问题相关的各个方面，由领域专家提供或者在分类器训练阶段学习得到。代价敏感分类器中的代价有两种解释，一种是与特征相关的代价，另一种是与类别相关的代价。

与特征相关的代价假设获取数据的某个特征与给定的代价有关，也称为测试代价。这种代价可以从经济角度（如提取特征所需要的计算资源或者货币资源）、时间角度（如提取特征所耗费的时间）或者其他角度（如获取特征涉及的各种实体测试给测试者带来的痛苦的过程）观测到。代价敏感学习的目的是创建一个分类器来获得可能的最佳分类性能，同时可以以最低的代价（或者代价总和低于给定的阈值）获得数据特征。该过程可以被看作一种多目标学习，试图在数据特征和获得代价之间得到平衡。在多数情况下，较高的分类性能往往意味着较高的代价，如何衡量二者之间的水平是该类方法需要考虑的。同时特征相关的代价敏感方法也可以被看作一个特征选择任务，但是许多代价敏感的分类器（如决策树）都内置了代价优化过程。

与类别相关的代价假设在不同的场景中（如金融、医疗）错分特定的类别会带来较高的代价。以信用评分为例，对于银行来说，给予信用评分较差的人信贷可能会比拒绝给予信用评分较高的人信贷带来更大的经济损失，因此模型将违约用户错误地分类为非违约用户就意味着较大的损失，不利于维持正常且公平的经济秩序。虽然在过去的十年中,代价敏感学习在类别稀疏分布问题上获得了更多的关注,但是它也是数据不平衡场景中的常用方法,在这些场景中,不正确的分类结果(特指错分少数类样本)可能会导致严重的后果。

在类别样本数量失衡的背景下,代价敏感学习可以被视为一种特定类型的算法级方法。它通过代价矩阵的形式,假定类别之间存在非对称的误分类代价。标准机器学习方法通常使用 0-1 损失函数,该函数将 0 赋给正确分类的样本,将 1 赋给错误分类的样本。然后,程序训练的目标是最小化总代价,即最小化错误预测的数量。由于 0-1 损失函数假定不同的分类结果具有相同的代价,所以很容易受到非均衡数据的影响,通过关注多数类并忽略(或在极端情况下甚至完全忽略)少数类,可以轻松地将不平衡数据上的 0-1 损失函数最小化。随着不平衡率的增加,这个问题变得越来越普遍。然而这样训练出来的模型不具备对少数类样本的识别能力,因此是没有实际意义的。

代价敏感学习的目的是通过调整不同的损失函数来缓解非均衡数据的问题,每个类对应不同的代价。这种代价可以被看作在分类器训练过程(或在某些情况下在预测步骤)中引入的惩罚因素,目的是增加困难类(如少数类)的重要性。通过对给定类上的错误进行更强的惩罚,迫使分类器训练过程集中来自少数类的样本。表 7-1 是代价矩阵及代价值 C 的简单例子。

表 7-1　代价矩阵

	真实的少数类	真实的多数类
预测为少数类	$C(0, 0)$	$C(0, 1)$
预测为多数类	$C(1, 0)$	$C(1, 1)$

根据所提供的代价矩阵,新样本应该被归类为期望代价最低的类,即最小预期代价原则。将样本 x 分类为第 i 类的期望代价(条件风险)$R(i|x)$ 可以表示为

$$R(i|x) = \sum_{j=1}^{M} P(j|x) \cdot C(i, j) \tag{7-8}$$

其中,$P(j|x)$ 为在样本集 M 中将 x 分类为 j 类的概率。对于标准的二分类问题,当且仅当式(7-9)成立时,代价敏感分类器将给定的样本 x 归类为少数类。

$$P(0|x) \cdot (C(1,0) - C(0,0)) \leqslant P(1|x) \cdot (C(0,1) - C(1,1)) \tag{7-9}$$

由于非均衡分类任务仅重点关注误分类代价,所以 $C(0,0) = C(1,1) = 0$,上述问题转化为:对于样本 x,当且仅当式(7-10)成立时,代价敏感分类器将 x 分为少数类。

$$P(0|x) \cdot C(1,0) \leqslant P(1|x) \cdot C(0,1) \tag{7-10}$$

根据 $P(0|x) = 1 - P(1|x)$，可以观测到分类阈值 p。如果 $P(1|x) \geqslant p$，则 x 就被分类为少数类，其中阈值 p 通过式（7-11）求得。

$$p = C(1,0) / [C(1,0) + C(0,1)] \tag{7-11}$$

代价敏感方法大致可以分为直接处理方法与元学习方法两类。

1. 直接处理方法

直接处理方法将误分类代价直接引入分类器的训练过程中，与其他算法级方法对应，只是所利用的代价矩阵不同。该类方法的重点在于确定合适的代价矩阵。代价敏感学习的有效性在很大程度上依赖于所提供的代价矩阵，因此代价矩阵中的参数对于训练和预测步骤都至关重要，且初始化错误的代价会影响学习过程。使用过低的代价值将无法恰当调整分类边界，而过高的代价值将导致对其余类的泛化能力的损失。在数据非均衡的情况下，错误地设置代价值实际上会导致模型关注的类别产生差异，因此应该致力于在这两者上取得平衡表现。常用的代价矩阵获取方法有领域专家给定和使用训练数据估计两种。

在领域专家给定代价矩阵这种情况下，专家所提供的数据附带的代价矩阵直接取决于问题的性质，实现这种操作通常需要能够评估具体问题最实际代价值的相关领域专家给出代价矩阵，这种操作的可行性与复杂程度将直接影响代价敏感方法最终的效果。通常，这种"专家矩阵"难以获得，或者获取需要耗费大量的财力物力，并且所获得的代价矩阵具有领域相关性，不具备普适规律。例如，在分析信用卡欺诈检测时获得的代价矩阵无法应用到一般的信用评分任务中，但是这类代价矩阵可以较为真实地反映实际问题，因此在特定任务中确实可以收获较好的预测效果。

2. 元学习方法

元学习方法基于修改训练数据或分类器的输出来实现代价敏感的思想。修改训练数据的操作类似于数据级解决方案，如根据提供的代价矩阵对样本进行加权，从而使模型在训练中增加对少数类样本的关注程度；而修改分类器输出的操作不涉及在模型训练之前或期间的任何优化，仅对分类阈值做修改。元学习方法不涉及算法优化，因此是一种不受分类器限制的普适方法。针对上述两种操作，这里分别以事后调整（post-hoc adjusting）和元代价（meta cost，MC）两种方法为例介绍。

事后调整方法可以被看作代价敏感的"分类"任务，该任务不涉及在训练过程中针对样本进行模型优化学习，只对输出结果进行调整。由于在非均衡数据场景下，默认的分类阈值（0.5）可能导致分类器产生有偏的预测结果。通过在代价矩阵中设置不同的代价值，分类器将重建预测结果，以牺牲部分多数类样本预测精度为代价来提高对少数类样本的预测精度。虽然有部分多数类样本被错误分类，但是考虑到现实世界中的问题，该方法仍然是具有重要意义的。

MC 是一种"包装类"的预处理元学习方法，可以应用于任何的分类器而不限于其返回值类型（类标签或者概率估计），在使分类器适应代价敏感的场景中具有独特的灵活性。MC 方法的基本假设是：在引入代价矩阵后，分类器应该有利于对代价较高的类别进行分类，这转换为在决策空间中为这些类别分配扩展区域。如果这些类的样本将被重新标记到代价矩阵所建议的最优类，那么就不需要进一步采取数据预处理工作，可以使用 0-1 损失函数构建标准的分类器，否则将修改训练集以找到最优的决策边界并最小化错分总代价。

MC 利用基于集成的数据操作，使用原始的训练集按照 Bagging 的思想训练多个分类器，并使用投票的方式得到样本预测的概率值，接着重新标记原始数据集以实现最小化的条件风险。当数据集被重新标记结束后，集成学习的步骤结束，使用新得到的数据集训练一个全新的分类器。MC 框架不受分类算法和模型输出的限制，具有灵活与响应快等优点，可以快速地实现代价敏感学习，帮助研究者验证他们的想法。

除了上述两种主流的代价敏感处理方法，一些文献也提出将代价敏感的思想融入传统的机器学习模型或者与数据级非均衡数据处理方法相结合，以获得较高的模型适用性[12]。

7.2.4　集成学习方法

集成学习的目的是通过训练几个不同的分类器，并结合其输出来做出最终的决策，从而提高分类的性能。由于集成学习在各种各样的应用中表现出色，在数据挖掘和机器学习中得到广泛应用。

集成学习算法的设计通常是为了优化模型精度，但是将其直接应用于非均衡数据并不能解决分类器本身存在的问题，需要结合其他方法来解决类别不平衡问题。优化集成学习算法以适应类别不平衡场景的常用做法有两种：一种是嵌入数据级处理方法，即在学习每个分类器之前对数据进行预处理；另一种是将代价思想嵌入集成学习中。

1. 嵌入数据级处理方法的集成学习

针对传统的集成学习不能处理非均衡数据集的问题，将数据级处理方法嵌入集成学习中是一种常用的改进措施。其主要思想是在每次训练基分类器之前先在样本数量上平衡数据集，最小化类别不平衡对每个基分类器分类的影响，最终再将多个无偏的基分类器聚合成为一个强分类器。例如，基于 RUS 的 boosting

（以下简称 RUSB）方法通过在每次基分类器训练前使用 RUS 平衡训练集来减少非均衡数据的影响，融合了预处理与 boosting 的优点，不仅增加了类别间数据的多样性，还与单一分类器相比提升了模型的分类能力。类似地，SMOTEBoost 是将 SMOTE 与 boosting 相结合的方法；EasyEnsemble（以下简称 EasyEn）是另一种先进的混合集成学习方法，集成了 ROS 与 AdaBoost 方法，在不增加计算代价的前提下允许构建更多的基分类器，提升模型最终的分类能力。

2. 嵌入代价思想的集成学习

嵌入代价思想的集成学习可以分为代价敏感提升方法和集成具有代价敏感特点的分类器的方法。其中代价敏感提升方法修改了集成学习的过程：将代价矩阵融入每一轮集成学习中而保留原始的分类器不做更改；集成具有代价敏感特点的分类器的方法保留了原始的集成学习过程，直接将基分类器替换为经过优化得到的代价敏感分类器。接下来以代价敏感提升方法为例介绍代价敏感思想的嵌入过程。

代价敏感提升方法的主流思想是基于 AdaBoost 集成训练方法，融入代价的思想来区分不同类别样本的重要程度，从而产生集成代价敏感的非均衡解决策略。基于代价敏感思想的 AdaBoost 方法（AdaBoost with cost-sensitive，Adacost）、基于代价敏感思想的 boosting 方法（cost-sensitive based boosting approach，CSB）、稀有提升（rareboost）方法等就是这类思想的代表方法，接下来简单介绍这几种方法的基本原理。

Adacost 通过引入代价调整函数 ϕ 来实现对样本权重的更新。对于代价较高的样本，如果被分类器误分类，则 ϕ 将增加其权重，反之则减少其权重。令 C_i 为第 i 个样本被误分类的代价，代价调整函数为 $\phi^+ = -0.5C_i + 0.5$ 和 $\phi^- = 0.5C_i + 0.5$，则样本的权重被定义为

$$D_{t+1}(i) = D_t(i) \cdot \exp(-\alpha_t y_i h_t(x_i)\phi_{\text{sign}(h_t(x),y_i)}) \tag{7-12}$$

其中，α_t 定义为

$$\alpha_t = \frac{1}{2}\ln\frac{1 + \sum_i D_t(i) \cdot \exp(-\alpha_t y_i h_t(x_i)\phi_{\text{sign}(h_t(x_i),y_i)})}{1 - \sum_i D_t(i) \cdot \exp(-\alpha_t y_i h_t(x_i)\phi_{\text{sign}(h_t(x_i),y_i)})} \tag{7-13}$$

CSB[29]方法族中的 CSB1 和 CSB2 不像 Adacost 那样使用代价调整函数，并且这些方法只考虑权值更新公式中的代价，避免了对 α_t 进行的计算。在 CSB1 方法中，α_t 恒等于 1；在 CSB2 方法中，使用与 AdaBoost 相同的参数 α_t，基于上面两种情况，CSB 的权重调节就被替换为

$$D_{t+1}(i) = D_t(i)C_{\text{sign}}(h_t(x,i),y_i) \cdot \exp(-\alpha_t y_i h_t x_i) \tag{7-14}$$

其中，$C^+ = 1$ 和 $C^- = C_i \geq 1$ 分别为误分类少数类样本与多数类样本的代价值。

rareboost[13]是针对 AdaBoost 的一种特定优化,试图通过简单改变 α_t 的计算来解决不平衡问题。具体实现方法是在每个迭代中使用混淆矩阵来赋予不同类别样本不同的误分类代价,进而实现代价敏感,而每次迭代得到的 α_t 值也会不同。通过这种方式,FPR 与 TPR、假阴率(false negative rate,FNR)与真阴率(true negative rate,TNR)实现了等比例缩放。一方面针对样本预测为"少数类"的,计算 $\alpha_t^P = TP_t / FP_t$,其中,TP(true positive)表示实际为阳且预测为阳的样本数,FP(false positive)表示实际为阴但预测为阳的样本数;另一方面针对样本预测为"多数类"的,计算 $\alpha_t^N = TN_t / FN_t$,其中,TN(true negative)表示实际为阴且预测为阴的样本数,FN(false negative)表示实际为阳但预测为阴的样本数。最终,根据每个样本的预测结果,使用这两个因子分别进行权重更新。因此,即使权值更新公式不变,最终得到的权值也会有所不同。需要说明的是,尽管将 rareboost 包含在考虑代价的集成学习方法中,但是它并没有直接利用代价,与其他基于 AdaBoost 修改的方法相比较,该算法也存在自身的缺陷,即只有当 $TP_t > FP_t$ 并且 $TN_t > FN_t$ 成立时,TP_t 和 TN_t 才会减少,FP_t 和 FN_t 才会增加,这等价于要求预测少数类的精度应大于 50%。

7.3　基于 GAN 的非均衡数据处理方法

GAN[32]是为解决生成建模问题而设计的一种基于半监督学习与非监督学习的新兴人工智能算法。GAN 不直接对数据分布进行建模,而是使用一种确定性变换或 NN 对高维数据分布进行隐式建模,模型基于数据分布,无须前提假设。Facebook 首席数据科学家杨立昆曾评价"GAN 是 21 世纪最伟大的发现"。近年来,将 GAN 用作非均衡数据处理方法也同样吸引了大批研究学者的关注,相关研究产生了较好的实验效果,一定程度上克服了类别不平衡问题造成的偏差。本节将首先简单介绍 GAN 的基本原理与数学实现过程,其次对几种主流的 GAN 变体方法做出介绍,包括条件生成对抗网络(conditional GAN,CGAN)、基于瓦瑟斯坦距离的生成对抗网络(Wasserstein GAN,WGAN)、融合梯度惩罚思想的 WGAN(Wasserstein GAN with gradient penalty,WGAN-GP),最后列举 GAN 在实际任务场景中的应用,以及将其作为非均衡数据处理方法的探索。

7.3.1　GAN 的基本原理

GAN 是一种深度学习模型,主要由生成器网络和判别器网络两部分组成,如图 7-1 所示,生成器和判别器相互博弈学习产生最终的输出。生成器 G 接收从随机噪声(如高斯分布)中所采样本并输出生成少数类样本,判别器 D 同时接收生成少数类样本与原始少数类样本（从原始训练集中采样）并进行判别。对于原始少数类样本，判别器输出高概率值，而对于生成少数类样本，判别器生成低概率值，这一判别结果通过梯度的方式反向传播到生成器网络中，生成器网络据此优化生成的少数类样本的质量。生成器与判别器不断重复这种交替训练的过程，直到生成器难以区分生成样本与原始样本（输出概率值在 0.5 附近）时，整个 GAN 训练结束。此时单独选取生成器，继续输入随机噪声，便能生成高质量的逼真样本。

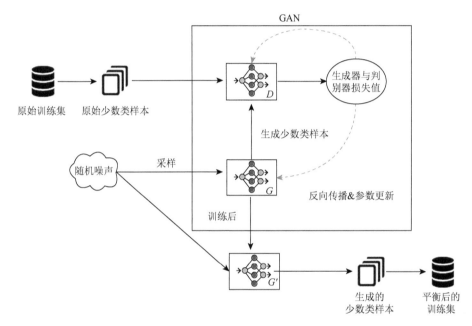

图 7-1　GAN 的组成部分

7.3.2　GAN 的数学解释

GAN 的精辟之处在于两个组成部分之间的交替训练、迭代博弈学习过程，最终生成器可以实现在不直接获取真实数据的前提下依然能够生成以假乱真的逼真数据。下面从数学的角度描述 GAN 的实现过程。

1. 符号表示

令 G 代表生成器网络，其参数为 θ_g，D 代表判别器网络，其参数为 θ_d。$P_{\text{data}}:\{x_i\}_{i=1}^N$ 代表原始数据的分布，z 代表从一种已知的数据分布中采样得到的数据（如高斯分布），$P_g(x;\theta_g)$ 代表由生成器生成的数据分布，那么生成器新生成的样本就可以表示为 $x=G(z;\theta_g)$；用 $D(x;\theta_d)$ 表示鉴别器的鉴定结果，它是一种概率值，表示 x 属于"真实数据"的概率，$D(x;\theta_d)$ 越接近 1，x 源于真实数据的可能性就越大。

2. 优化目标

判别器的训练目标是提升自己的判别能力，即如果 x 是真实数据，则赋予其高概率值，反之则赋予其低概率值，即如果 $x \sim P_{\text{data}}$，那么 $D(x)$ 应尽可能接近于 1，$D(x)$ 等价于 $\log D(x)$；反之，如果 $x \sim P_g$，那么 $D(x)$ 应尽可能接近 0，等价于 $1 - D(x)$ 接近于 1。与判别器相反，生成器的训练目标实际上是在"干扰"判别器的正常判断过程，因此其优化目标与判别器相反，即当生成器生成 $x \sim P_g$ 数据时，使得判别器产生错误的判断，即 $D(x)$ 尽可能接近于 1；如果数据来源于真实的数据分布，判别器也应该做出错误的判断，即 $D(x)$ 接近于 0，$1 - D(x)$ 接近于 1。

可以看出，生成器与判别器的训练目标完全相反。为了简化计算，在取对数的情况下，判别器的训练目标如式（7-15）所示：

$$\max_D V(D,G) = \mathbb{E}_{x \sim P_{\text{data}}(x)}[\log D(x)] + \mathbb{E}_{x \sim P_z(z)}[\log(1 - D(G(z)))] \quad (7\text{-}15)$$

生成器的训练目标如式（7-16）所示：

$$\min_G V(D,G) = \mathbb{E}_{z \sim P_z(z)}[\log(1 - D(G(z)))] \quad (7\text{-}16)$$

其中，$\mathbb{E}$ 为经验分布，融合生成器与判别器两个目标，得到最终的 GAN 优化总目标为

$$\min_G \max_D V(D,G) = \mathbb{E}_{x \sim P_{\text{data}}(x)}[\log D(x)] + \mathbb{E}_{x \sim P_z(z)}[\log(1 - D(G(z)))] \quad (7\text{-}17)$$

3. 训练过程

训练 GAN，实际上是求解一个极小极大问题，求解问题本身符合纳什博弈过程。对于优化总目标，首先最大化该目标得到最优的判别器 $D_G^* = P_d / (P_d + P_g)$，其次根据式（7-18）中的 KL 散度与式（7-19）中的 JS（Jensen-Shannon）散度的定义：

$$\text{KL}(p_d \parallel p_g) = \mathbb{E}_{x \sim p_d} \log\left(\frac{p_d}{p_g}\right) \quad (7\text{-}18)$$

$$\text{JS}(p_d \parallel p_g) = \frac{1}{2}\text{KL}\left(p_d \parallel \frac{p_d + p_g}{2}\right) + \frac{1}{2}\text{KL}\left(p_g \parallel \frac{p_d + p_g}{2}\right) \quad (7\text{-}19)$$

可以得到在最优判别器 D_G^* 的情况下，优化总目标可推导为

$$\min_G \max_D V(D,G) = 2\text{JS}(p_d \parallel p_g) - 2\log 2 \geqslant -2\log 2 \quad (7\text{-}20)$$

式（7-20）满足 $p_g = p_d$ 时优化总目标取到最小值。因此当 GAN 完成训练后，生成数据分布理论上等于真实数据分布时，优化总目标取最小值，此时判别器无

法对生成器生成的数据做出准确的判断。当交替训练结束时，判别器的输出概率 $D_G^* = 0.5$ ，最终生成器与判别器达到一种纳什均衡的状态。

7.3.3　改进的 GAN 模型

自 GAN 提出以来，人们在网络训练阶段面临着一系列问题。首先，GAN 的训练过程缺乏稳定性。如果训练过程中判别器在生成器之前达到最优状态，则有可能出现梯度消失的问题，即在 NN 的反向传播过程中，更新生成器所需要的参数不会从判别器中获得。由于拟合真实数据分布由生成器来实现，判别器仅作梯度传递与辅助判断，所以生成器的作用更大，而梯度消失会直接导致生成器提前结束训练，所产生的数据分布也就会与真实的数据分布大相径庭。

其次，在原始的 GAN 模型中，生成器在训练过程也容易陷入模式崩溃的问题[33]。源数据分布一般是含有间断点的非连续分布，对于 NN，拟合这种特殊的分布存在困难。如果目标概率测度的子集具有多个连通分支，GAN 训练得到的又是连续映射，则可能连续映射的值域集中在某一个连通分支上，即产生模式崩溃问题。模式崩溃问题会直接影响生成器生成样本的质量与多样性。对于前者，生成器会产生一些与原始数据差异较大甚至是"噪声"的样本点；对于后者，生成器仅能捕捉到原始数据的部分分布并进行生成，导致生成结果单一、无多样性。

原始 GAN 存在的上述问题属于训练优化问题。针对这些优化问题，相关研究进行了大量的有益探索。在优化 GAN 训练过程方面，导致原始 GAN 模型在训练阶段产生上述问题的根本原因是其所使用的 JS 散度的不合理[34]，本节通过推导发现 GAN 中生成器与判别器的原始优化目标实际上是相悖的：JS 散度可以从 KL 散度中推导得到，但是原始目标经过变换之后会产生 JS 散度和 KL 散度相反的优化目标；从理论上阐述了目标不合理后，本节提出一种改进的 WGAN 模型，该模型使用瓦瑟斯坦距离（又名推土机距离）替代原始的 JS 散度来衡量真实数据分布和生成数据分布之间的差异，通过在每一轮训练结束后对梯度进行剪枝，使其限制在固定的范围内来实现对真实数据与生成数据的分布差异的衡量。它的目标函数如式（7-21）所示：

$$W(\mathbb{P}_{\text{real}}, \mathbb{P}_g) = \inf_{\gamma \in \Pi(\mathbb{P}_{\text{real}}, \mathbb{P}_g)} \mathbb{E}_{(x,y) \sim \gamma}[\| x - y \|] \qquad (7\text{-}21)$$

其中，$\Pi(\mathbb{P}_{\text{real}}, \mathbb{P}_g)$ 为真实数据分布与生成数据分布之间的联合分布，其边缘分布分别为 P_{real} 和 P_g。该公式可以直观地理解为试图在所有可能的解决方案中找到最优的路径规划。WGAN 彻底解决了 GAN 训练不稳定问题，同时无须谨慎平衡生成器与判别器的训练程度以防止造成梯度消失；此外，还确保了生成样本的多样性，并且在模型训练过程中可以通过观察一种类似于交叉熵、准确率的数值来指示训练进程。

由于原始的 GAN 对于生成的数据缺乏控制，即所有的生成结果都是随机出现的，近年来一些研究致力于提高对生成结果的控制能力，增强模型的可解释性。例如，Mirza 和 Osindero 将类别标签作为附加信息融入 GAN 的训练过程[35]，并由此提出 CGAN。该模型将样本的标签同时融入生成器与判别器的输入中，生成器不仅接收随机高斯采样，同时接收真实样本的标签；判别器在进行"真假"数据判断的同时，也获得了真实数据所对应的类标。这样，当模型训练完成，将随机噪声与具体的标签提供给生成器后，生成器就会按照标签定向生成数据。该模型的数学表达为

$$\min_{G} \max_{D} V(D,G) = \mathbb{E}_{x \sim P_{\text{data}}(x)}[\log D(x \mid y)] + \mathbb{E}_{x \sim P_z(z)}[\log(1 - D(G(z \mid y)))] \quad (7\text{-}22)$$

其中，y 为标签信息（附加信息）。CGAN 利用微小的变化克服了生成结果的随机性。在模型的可解释性方面，基于互信息的 GAN（information-theoretic extension to GAN，InfoGAN）[36]试图通过非监督学习得到可分解的特征表示，通过捕捉随机噪声与生成器输入数据特征之间的对应关系，使数据生成过程变得更加可控。InfoGAN 使用互信息，即两种分布的熵的差值，来表示生成数据分布与输入随机噪声分布之间的相似性，通过最大化生成数据和输入编码之间的互信息来获得可解释性的特征，该过程最大的好处就是可以不需要监督学习，而且在特征获取时不需要大量额外的计算花销。为了增强生成样本与相应标签之间的关联关系，Odena 等将判别器修改为双目标的 NN，即判别器不仅要区分出输入数据的来源（真实数据或合成数据），还要对数据做出正确的类别分类，这一改动有效地提高了合成数据的质量，由此产生了辅助分类生成对抗网络（auxiliary classifier GAN，ACGAN）模型[37]。

7.3.4　GAN 的实际应用

目前，GAN 在计算机视觉、自然语言处理与音视频处理等领域均取得了较大技术突破，在信用评价场景中，GAN 主要发挥特征提取与样本生成两个作用。

1. 特征提取

特征提取定义为从初始数据开始，建立旨在提供信息和非冗余的特征，从而促进后续的学习和泛化过程，并在某些情况下带来更好的可解释性的操作过程。特征的好坏对模型的泛化能力有着至关重要的影响，因此有效的特征提取能显著提高模型的训练效果及泛化能力。

传统的特征提取与降维操作相关，而在大数据环境下，数据类型多样且复杂，引发特征提取工作产生巨大变革。在信用评价中，特征提取的操作对象不仅局限于传统的表格数据（结构化数据），还增加了图像、文本等非结构化数据。这些非

结构化数据蕴涵丰富信息。例如，从财务临时公告中提取到的文本信息能反映企业在短时期内的发展态势，从论坛网站中的用户评论中提取到的投资者情绪信息可以较好地展示企业在市场中所处的情景，从管理层或股东的演讲音频中深入分析其语气语调可以提取到公司的发展态势信息等。在信用评价的不同业务场景中，较好地利用这些丰富的信息能达到事半功倍的效果。

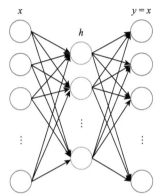

图 7-2　自编码器模型结构

　　GAN 作为特征提取工具，时常与自编码器模型相结合。自编码器（图 7-2）是一种能够通过无监督学习，将所学到的数据高效表示的模型，本质上是人工 NN 模型。自编码器包含编码器和解码器两部分，在进行特征提取工作时，编码器（图 7-2 最左侧神经网络层）接收数据 x，经过编码器编码得到降维后的输出 h，而后解码器（图 7-2 最右侧神经网络层）接收降维结果 h 并输出 y，由于编码器与解码器网络层相同但顺序相反，x 与 y 维度相同。自编码器的优化目标是最小化 y 与 x 之间的"差异"，这种差异一般通过经典的损失函数（如平方损失或绝对损失函数）表示。当训练结束后，编码器所输出的 h 即特征提取后的结果。而 GAN 与自编码器相结合的方式，可以在大数据特征提取的基础上进一步确保所提取特征的质量。将上一段提到的多样化非结构数据经由自编码器进行特征提取工作，同时应用对抗训练的思想进一步提高所抽取特征的质量，这种组合的方式既使得特征抽取工作不局限于表格数据本身，丰富了特征源，又提高了所抽取到的特征的质量。因此在大数据环境下，这种基于多源信息的特征提取工作将会极大提高信用评价模型的泛化效果，为各种真实任务带来便捷。

2. 样本生成

　　GAN 在计算机视觉领域中应用广泛，然而在信用评价中，数据多为结构化表格型数据（tabular data），这些数据的基本形式为：数据的行代表记录（如个人借款记录或者公司借款记录等），数据的列代表不同的特征。针对信用评价中的类别不平衡问题，将少数类样本用作训练集来训练 GAN，理论上可以达到数据合成的效果，进而缓解类别不平衡问题。Fiore 等首次实践了此想法，将经典的 GAN 用作数据合成工具来缓解信用卡欺诈检测场景中的类别不平衡问题[38]，并选用欧洲信用卡欺诈检测数据集进行实验研究。该数据集存在着极端类别不平衡问题，其坏样本率不足 1%。使用违约样本训练 GAN，将训练好的模型用于坏样本合成；同时选取 SMOTE 方法作为实验对照组，研究发现两种方法在不同的生成样本数量下，评估指标变化趋势大体相同，这进一步证明了 GAN 在处理类别不平衡问题时的适用性。

与 SMOTE 方法的局部插值不同，GAN 在样本合成上更趋向于从整体视角拟合训练样本集，其优势在于从全局上学习真实数据分布，更能避免局部噪声点的引入。

之后，Douzas 和 Bacao 将传统的 CGAN 应用在表格数据中[39]，选取公开数据集与人工合成数据集进行实验并发现：融入类别信息的 GAN 生成的少数类样本更有助于提升最终分类器的 AUC 值。为了弥补 GAN 模式崩溃的缺陷，同时加入附加信息控制样本合成质量，Zheng 等将 CGAN 与 WGAN-GP 模型结合[40]，选取信用评价数据集进行研究，发现融合的模型生成效果显著优于单一模型。

目前，将 GAN 应用于处理表格型数据的非均衡问题吸引了学者的关注，相关的研究也层出不穷[41-43]。与 SMOTE 等现有的经典方法相比，GAN 在拟合数据分布时立足于整个数据集的整体分布，而不是关注局部信息，这一优势更有利于模型从整体上把控数据分布，进而生成对缓解类别不平衡问题贡献更大的样本。信用评价数据符合表格型数据的特点，因此，上述的这些相关工作都充分说明了 GAN 作为一种缓解信用评价场景类别不平衡问题的处理方法的可行性。

7.4　基于深度迁移学习的非均衡数据处理方法

在现实场景的分类任务中，任务相关的数据集大多来自不同的实际应用场景。由于一些技术、成本或人为因素，实验数据在收集的初期就有可能存在诸如数据缺失、属性值缺失和标签缺失等问题，因此将数据集直接应用于模型训练很难达到理想的效果，而数据预处理对最终的模型效果起着决定性的作用。由于数据在获取阶段可能面临不同类别的样本数量天然不均衡或者样本类标缺失等问题，对于前者，在天然极端类别不平衡情况下，现有的非均衡处理方法难以高效地发挥作用，对于后者，进行人工数据标注也需要耗费大量的人力物力。这种情况下深度迁移学习方法提供了一种恰当且高效的解决方案。

7.4.1　迁移学习简介

迁移学习是一种机器学习方法，利用数据、任务或者模型之间的相似性，将在旧领域（称为"源域"）学习到的知识应用于新的领域（称为"目标域"）。迁移学习的核心问题是找到新问题与原问题之间的相似性并进行相关经验、知识的迁移。迁移学习符合人类的学习方式，即根据不同的事件之间的相似性进行"举一反三"。

迁移学习方法在大数据时代应运而生。一方面，动态更新迭代的海量数据为模型构建与精度提升带来新机遇，充分挖掘并分析动态海量数据背后蕴涵的信息和知识对于模型性能增强意义重大。然而，面对海量的原始数据，样本间的不平衡问题也加重了对模型训练的负面效果，给深度学习的项目落地带来挑战。另一方面，海量复杂数据对信息处理系统的计算能力提出了更高的要求，由计算代价问题引发出大数据与弱计算之间的矛盾。此外，特定数据集训练出的模型往往不具备理想的泛化能力，尤其在特定的小众领域，经典模型通常无法产生预期的效果，模型的落地应用面临各种各样的问题。而迁移学习能够较好地解决上述问题，特别地，知识迁移能够缓解由于类别不平衡造成的关键信息缺失与产生有偏估计结果的问题，这使得迁移学习在处理非均衡数据问题中前景广阔。

7.4.2　迁移学习的定义与分类

本节先介绍迁移学习的相关概念与符号表示。

域（domain）：迁移学习的主体学习部分，分为源域与目标域。源域是指已有知识的领域，记为 $\mathcal{D}_S$；目标域是指需要学习的领域，记为 $\mathcal{D}_T$。域由两部分组成：样本空间 $\mathcal{X}$ 与边缘分布 $P(X)$，即 $\mathcal{D} = \{\mathcal{X}, P(X)\}$，并且 X 为一个样本集，定义为 $X = \{x \mid x_i \in \mathcal{X}, i = 1, 2, \cdots, n\}$。

任务（task）：学习的目标，任务 T 主要由类标与类标对应的函数两部分组成，即 $T = \{\mathcal{Y}, f(\cdot)\}$。函数 $f(\cdot)$ 为预测函数，可以对未知的样本进行标签预测，从概率上看 $f(\cdot)$ 等价于 $P(x \mid y)$。一般用 y_s 与 y_t 分别表示源域与目标域的实际类标均属于标签空间 $\mathcal{Y}$。

根据概念，可以对迁移学习进行形式化描述：给定一个有类标的源域 $\mathcal{D}_S = \{(x_{S_i}, y_{S_i})\}_{i=1}^{ns}$，其中 $x_{S_i} \in \mathcal{X}_S$，$y_{S_i} \in \mathcal{Y}_S$；类似地，$\mathcal{D}_T = \{(x_{T_i}, y_{T_i})\}_{i=1}^{nt}$ 为目标域有标签的数据，$x_{T_i} \in \mathcal{X}_T$，$y_{T_i} \in \mathcal{Y}_T$，两个领域的数据分布不同且在大多数情况下 $0 \leqslant nt \leqslant ns$。基于以上符号定义，迁移学习定义如下：给定源域 $\mathcal{D}_S$ 和学习任务 T_S、目标域 $\mathcal{D}_T$ 和学习任务 T_T，迁移学习的目的是获取源域 $\mathcal{D}_S$ 和学习任务 T_S 中的知识以帮助提升目标域中对预测函数 $f(\cdot)$ 的学习，其中 $\mathcal{D}_S \neq \mathcal{D}_T (T_S \neq T_T)$。

迁移学习思路可以概括为：最大化利用有标注的源域知识来辅助目标域的知识获取与学习，找到源域和目标域之间的相似性。之后便可以利用恰当的方式方法，借助这种相似性对知识进行迁移从而帮助解决实际问题。常用的相似性测度有余弦相似性、互信息和皮尔逊相关系数等。

主流的迁移学习方法有：基于样本权重的迁移学习方法、基于特征的迁移学习方法及基于模型的迁移学习方法[44, 45]等。

1. 基于样本权重的迁移学习方法

基于样本权重的迁移学习方法试图从源域 $\mathcal{D}_S$ 中选取一个数据子集 $\mathcal{D}_S'$，使得选择后的子集 $\mathcal{D}_S'$ 能够足够表征源域 $\mathcal{D}_S$ 中的所有信息，并且 $\mathcal{D}_S'$ 与 $\mathcal{D}_S$ 之间的相似度最大。由于迁移学习的样本维度和数量通常都非常大，直接对其边缘分布进行估计是不可行的，可以从源域 $\mathcal{D}_S$ 中选取样本子集，使得所选择的子集的概率分布与目标域概率分布相同，此时再进行常规的建模操作。由于数据筛选可以被看作赋予权重的特殊形式，那么选择何种数据筛选的方式，或者说设计何种样本迁移规则是此类方法的关键。

在迁移学习中，给定一个有标签的源域 $\mathcal{D}_S$ 与一个无标记的目标域 $\mathcal{D}_T$，两个领域拥有不相等的联合概率分布。令向量 v_t 表示源域中的样本权重，则基于样本权重的迁移学习方法的目标是学习最优权重向量 v_t^*，使得经过权重计算后，源域与目标域的分布差异变小，即 $D(P_S(x,y|v_t^*), P_T(x,y)) < D(P_S(x,y), P_T(x,y))$。其中 P_S 与 P_T 分别为源域与目标域的联合概率分布，D 为分布差异，而如何寻找 v_t^* 就成了此类方法的重点。

由于联合概率定义为 $P(x,y) = P(x)P(y|x)$，分布差异 D 由边缘分布 $P(x)$ 与条件分布 $P(y|x)$ 决定。该类方法在方法设计上通常假定二者中的一项是固定的，由此引出了基于样本权重的迁移学习方法中的样本选择与权重自适应两个子方法。样本选择法是一种假设两个领域具有近似相等的边缘概率分布，当条件概率分布发生改变时，利用筛选机制进行样本选择的方法。样本选择法的基本过程为：首先使用样本选择器（常用强化学习技术）从源域中选择样本子集，使之与目标域数据分布差异较小；其次使用表现评估器来量化所选的样本子集与目标域的差异程度；最后根据评估表现的结果指导后续的选择过程。

权重自适应法与样本选择法相反，它假设两领域的条件概率分布相同而边缘分布不同。令 θ 为模型的学习参数，则目标域模型最优参数为

$$\theta_t^* = \arg\max_{\theta} \int_x \sum_{y \in \mathcal{Y}} P_T(x,y) \log P(y|x;\theta)\mathrm{d}x \qquad (7\text{-}23)$$

根据贝叶斯公式，式（7-23）可以改写为

$$\theta_t^* = \arg\max_{\theta} \int_x P_T(x) \sum_{y \in \mathcal{Y}} P_T(y|x) \log P(y|x;\theta)\mathrm{d}x \qquad (7\text{-}24)$$

此时，利用条件概率近似相等的假定（$P_S(y|x) \approx P_T(y|x)$）可进行如式（7-25）的变换。

$$\begin{aligned} \theta_t^* &\approx \arg\max_{\theta} \int_x \frac{P_T(x)}{P_S(x)} P_S(x) \sum_{y \in \mathcal{Y}} P_S(y|x) \log P(y|x;\theta)\mathrm{d}x \\ &\approx \arg\max_{\theta} \int_x \frac{P_T(x)}{P_S(x)} \widetilde{P_S}(x) \sum_{y \in \mathcal{Y}} \widetilde{P_S}(y|x) \log P(y|x;\theta)\mathrm{d}x \\ &\approx \arg\max_{\theta} \frac{1}{N_S} \sum_{i=1}^{N_S} \frac{P_T(x_i^S)}{P_S(x_i^S)} \log P(y_i^S|x_i^S;\theta) \end{aligned} \qquad (7\text{-}25)$$

令 $\dfrac{P_T(x_i^S)}{P_S(x_i^S)}$ 为概率密度比，该项将指导样本进行权重学习，通过概率密度比构

建出源域和目标域的概率密度关系，则目标域模型参数可表示为

$$\theta_t^* \approx \arg\max_{\theta} \frac{1}{N_S} \sum_{i=1}^{ns} \frac{P_T(x_i^S)}{P_S(x_i^S)} \log P(y_i^S \mid x_i^S; \theta) \qquad (7\text{-}26)$$

式（7-26）所有项均可求解，即基于样本权重的迁移学习问题得到解决。

2. 基于特征的迁移学习方法

基于特征的迁移学习方法是指通过特征变换的方法互相迁移来减少源域和目标域之间的差异，或者将源域和目标域的数据特征变换到统一的特征空间中再利用传统的机器学习方法进行分类识别。根据特征的同构性和异构性，又可以将该方法分为同构特征迁移学习和异构特征迁移学习，其中同构和异构的区分依据是特征空间是否一致。

基于特征的迁移学习方法的引入是由于特征存在领域相关性，即一些特征只出现在固定的领域，导致基于样本的迁移方法的源域数据与目标域数据有"相似性"的假设很难满足，此时采用基于样本重新加权或者重新采样的方法不能减少域之间的差异。基于特征的迁移学习方法在抽象的"特征空间"实现迁移而并非原始的输入空间，可操作性较大。该方法的基本思想是学习映射函数 φ 将来自源域与目标域的数据映射到共同的特征空间，使域间差异性减少，再使用映射之后具有新的特征表示的源域数据训练目标域数据的分类器。因此，如何学习映射函数，或者等效地学习上述的这种"域不变性"，是该方法的核心。

学者提出了许多度量标准来测量学习特征的域不变性，其中最大均值差异（maximum mean discrepancy，MMD）是一种经典的方法。MMD 最早源于统计学的两样本检验。对于两个概率分布，假设分布相等，根据不同的两样本检验法可以决定接收或者拒绝这个假设，在众多的检验法中 MMD 方法简单且适用性强。给定来自两个域的样本 X_S（源域）与 X_T（目标域），MMD 距离定义为

$$\text{MMD}(X_S, X_T) = \left\| \frac{1}{n_S} \sum_{i=1}^{n_S} \phi(x_i^S) - \frac{1}{n_T} \sum_{i=1}^{n_T} \phi(x_i^T) \right\|_{\mathcal{H}} \qquad (7\text{-}27)$$

其中，$\phi(x)$ 将每个样本映射到与核函数 $k(x_i, x_j) = \phi(x_i)^T \phi(x_j)$ 相关联的希尔伯特空间 $\mathcal{H}$；n_S 和 n_T 分别为源域与目标域的样本大小。式（7-27）又可以简化为

$$\text{MMD}(X_S, X_T) = \text{tr}(KL) \qquad (7\text{-}28)$$

其中，$K = \begin{pmatrix} K_{s,s} & K_{s,t} \\ K_{s,t}^T & K_{t,t} \end{pmatrix} \in \mathbb{R}^{(n_s+n_t)(n_s+n_t)}$ 为复合矩阵，由分别在源域、目标域和交叉域中的核矩阵 $K_{s,s}$、$K_{t,t}$、$K_{s,t}$ 组成；L 亦为矩阵，其元素 l_{ij} 定义为式（7-29）；tr 为矩阵的迹。

$$l_{ij} \begin{cases} \dfrac{1}{n_s^2}, & x_i, x_j \in X_s \\[2mm] \dfrac{1}{n^2}, & x_i, x_j \in X_t \\[2mm] -\dfrac{1}{n_s n_t}, & \text{else} \end{cases} \qquad (7\text{-}29)$$

利用 MMD 距离，最大均值差异嵌入（maximum mean discrepancy embedding, MMDE）算法是一种经典的用于迁移学习的降维算法，该方法的基本思想是学习映射函数 ϕ，用于将原始数据映射到一个低维空间的交叉域中，该原理的数学表达式为

$$\min_{\phi} \mathrm{MMD}(\phi(X_s), \phi(X_T)) + \lambda \Omega(\phi) \qquad (7\text{-}30)$$

式（7-30）的第一项旨在最小化两个领域之间数据的 MMD 距离，而 Ω 为映射函数 ϕ 的正则项，该条件用于保留原始数据的特性。结合式（7-28）中对 MMD 距离的定义，式（7-30）可以改写为

$$\min_{\phi} \mathrm{tr}(KL) + \lambda \Omega(\phi) \qquad (7\text{-}31)$$

复合矩阵 K 由核函数构成，通常情况下核函数的优化问题在计算上难以处理，有学者又提出将式（7-30）转化为核矩阵的学习问题，形式为

$$\min_{K \geq 0} \mathrm{tr}(KL) - \lambda \mathrm{tr}(K)$$
$$\text{s.t. } K_{ii} + K_{jj} - 2K_{ij} = d_{ij}^2, \quad K_1 = 0 \qquad (7\text{-}32)$$

式（7-32）目标函数第一项同样是为了最小化两个领域数据之间的 MMD 距离，而第二项是为了最大化 K 矩阵的迹，进而保留新特征空间的方差。当式（7-32）的优化问题得到解决后，可以在 K 上使用主成分分析法来获得主要特征向量，进而重构源域与目标域之间的期望映射。MMDE 可以较好地应用 MMD 距离来实现特征迁移，然而这种方法的一个明显的缺点是缺乏泛化性。由于对优化问题进行直接推导，其计算成本也十分高昂。

3. 基于模型的迁移学习方法

基于模型的迁移学习方法也称为基于参数的迁移学习方法，其基本思路是从源域和目标域中找到可共享的模型参数信息，以实现迁移。基于模型的迁移学习方法不要求两个领域处于相同的类别空间，这符合大部分实际应用场景。该方法的核心目标是明确源域模型哪个部分有助于目标域模型的学习。与上述两种迁移学习方法不同，基于模型的迁移学习方法能够避免对数据抽取或复杂数据表示的关系推理，能更高效地捕捉高层次知识。现有的基于模型的迁移学习方法大多结合 DNN 模型，有的对现有神经网络的结构进行调整，在网络中加入领域适配层，

并进行联合训练，因此这些方法也可以被看作模型和特征方法的结合。随着模型复杂度的提高，若直接从头开始重新训练，时间成本会十分高昂，因此可以将模型进行改进，以 DNN 为例，固定前面若干层的参数，仅针对目标领域任务微调后几层。这样会极大加快网络的训练速度，同时对提高任务表现也有正向促进作用。例如，Huang 等提出了一种共享隐藏层的可处理多种语言的深度神经网络（shared-hidden-layer multilingual deep neural network，SHL-MDNN）[46]，用于完成跨语种转换翻译任务。该网络分为前后两部分。前一部分为对语种不敏感的特征转换层，其中输入层和隐藏层可以跨语种间共享模型参数；而后一部分（最后一层）为语言相关的归一化指数函数分类层 softmax，该 softmax 层不做参数共享，实际上，每种语言都有自己的 softmax 层来估计特定语言特性的后验概率，进而实现由公共特征向不同语种的转化。Huang 等选取了微软内部演讲数据集对 SHL-MDNN 模型进行了评估，该数据集包含法语、德语、西班牙语和意大利语四种语言，他们通过实验发现，隐藏跨语言共享层的迁移可以增加对新语言的识别准确率，相较于未利用层迁移的 DNN 模型来说，识别误差可以减少 6% 到 28%。再如，为了解决生物医学领域缺乏数据与标签的问题，Chang 等提出了一种新颖的多尺度卷积稀疏编码（multi-scale convolutional sparse coding，MSCSC）方法[47]，该方法从无监督学习的角度以联合的方式自动学习不同尺度的滤波器组，并强制学习模式的尺度特异性。在多个二维生物细胞图片数据集上的实验结果表明，这种方法可以胜任多种生物医学任务，同时为迁移学习提供了无监督的解决方案，较好地克服了领域内数据天然缺失的缺陷。

预训练不只针对 DNN 有促进作用，对传统的非深度学习也有很好的效果。例如，基于预训练并微调模型的方法可以较好地替代传统的人工特征提取方法，在传统的机器学习模型中应用这些特征可以避免烦琐的手动特征提取工作，同时又能使所提取到的特征更具表现力。

7.4.3　深度迁移学习的实际应用

迁移学习的设计是为了解决由于数据获取困难而造成的数据源不足或数据标签缺失等问题。类似地，可以假设正常数据集为源域，含有类别不平衡样本的数据集为目标域。理论上讲在源域数据上训练模型并将其应用于目标域数据集中，能缓解目标域的类别不平衡问题，这提供了一种基于迁移学习的非均衡数据处理思路。同样地，在大数据环境下，海量复杂的数据集也对模型的拟合能力提出了较高的要求。如何将深度学习模型与迁移学习思路相结合，更好地处理极端数据分布下的类别不平衡问题，成了相关学者的研究重点。本节以信用评价场景中应用深度迁移学习技术来简述其实际应用价值。

在信用评价领域，客户信用评分一直是国内外学术界的关注点。然而在实际应用中，训练数据和测试数据服从"相同分布"的传统假设往往令模型难以达到令人满意的性能，因为客户通常来源于不同地区，并且在现实中可能服从不同的分布。因此，为了解决这一问题，Xiao 等将集成学习与迁移学习两种方法结合起来，提出了一种基于聚类和选择的动态迁移集成（clustering and selecting based dynamic transfer ensemble，CSTE）模型[48]。CSTE 旨在从相关的源域提取重要信息，来辅助目标域进行建模。CSTE 模型包括四个阶段。

（1）对目标域训练集 T_1 使用信息熵方法首先确定聚类数 k_1，其次使用 K-means 方法进行聚类，得到聚类结果 C_1。

（2）将每个源域数据集分别与目标域训练集合并并重新聚类，得到聚类结果 Cl_i，并计算 C_1 与 Cl_i 的相关性 Φ，其中 $\lambda^{(a)}$ 和 $\lambda^{(b)}$ 为通过 K-means 方法聚类得到的含有 k 个子集的带标记向量，即两种聚类结果。$\lambda^{(a)} = \{C_1^{(a)}, C_2^{(a)}, \cdots, C_k^{(a)}\}$，$\lambda^{(b)} = \{C_1^{(b)}, C_2^{(b)}, \cdots, C_k^{(b)}\}$，$C_i^{(a)}$ 与 $C_i^{(b)}$ 中分别含有 n_i 和 n_j 个样本，n_{ij} 为二者含有相同样本的数量，选择相关性较大的一半源域数据添加到 T_1 中构成 T_R。

（3）对 T_R 重复（1）中的操作得到 k_2 个聚类结果 $\mathrm{Clus}_i (i = 1, 2, \cdots, k_2)$，同时对新的聚类结果进行清洗，删除样本数较少的子集，得到最终的训练集 T_f。

（4）训练基分类器对目标域样本进行分类。每次从 T_f 中随机采样 N 个训练子集并用 ROS 进行样本数量平衡，然后分别训练基分类器 $C = \{C_1, C_2, \cdots, C_N\}$ 并进行分类，接着按照权重投票的准则集成所有分类结果并输出最终分类结果。

为了验证 CSTE 模型的效果，Xiao 等在客户信用评分数据集上同时选取了五种迁移学习对照模型：基于 Bagging 的子数据集采样（sub-sampled dataset with Bagging，Subagging）模型、仅使用目标域数据的 Subagging（subagging by utilizing target domain data only，Subagg-OT）模型、迁移特征选择（transfer feature selection，TFS）模型、基于 Bagging 的迁移学习（transfer learning with Bagging，TrBagg）模型、基于 AdaBoost 的迁移学习（transfer learning with AdaBoost，TrAdaBoost）。该数据集来源于亚太知识发现与数据挖掘会议，共 7 万个客户信用评分样本，每个样本包含 22 个特征。将数据集按照 5:1:1 的比例划分为训练集、验证集与测试集，同时以 AUC 作为评估指标。结果发现，CSTE 模型取得了最高的 AUC 得分与最低的方差值（表 7-2），进一步证明了将集成学习和迁移学习结合的模型在信用评分场景下的稳定性与强大适用性。

表 7-2 数据集中六种模型的客户信用评分表现

指标	CSTE	Subagging	Subagg-OT	TFS	TrBagg	TrAdaBoost
AUC	0.6689	0.6548	0.6456	0.6482	0.6593	0.6581
方差	0.0345	0.0462	0.0732	0.0832	0.0492	0.0583

迁移学习思想来源于实际生活场景，又服务于解决实际场景中存在的问题。研究表明：将迁移学习思路用在信用评分场景可以有效地解决类别不平衡问题，这种模型既保证了在大数据信用评价场景中的数据处理效率，又避免了计算资源的浪费，是一种高效的基于深度学习的非均衡数据处理方法。

7.5　非均衡数据处理方法对比实验

为了探究信用评价场景下不同的非均衡数据处理方法性能的差异，我们选择28 种常见的非均衡数据处理方法在三个公开的信用数据集（表 7-3）中进行横向对比实验[49]。这 28 种非均衡数据处理方法涵盖了本章提及的大多数方法类别，如表 7-4 所示。

表 7-3　非均衡数据处理方法对比实验所选取的数据集信息

数据集	样本数/条	特征数/个	不平衡比率	少数类样本比率	来源
德国	1 000	24	2.33%	30%	UCI
中国台湾	29 932	30	3.51%	22.15%	UCI
GMSC	120 170	10	13.38%	6.95%	Kaggle

注：UCI 代表加州大学欧文分校机器学习数据库；Kaggle 代表某机器学习平台；GMSC 全称为 give me some credit，是一种信用卡交易数据集

表 7-4　对比实验选取的非均衡数据处理方法

类别	子类别	方法名	简称	模型数/个
重采样算法	过采样	随机过采样	ROS	1
	欠采样	随机欠采样	RUS	1
		基于最近邻的欠采样	Nearmiss	3
		编辑最近邻	ENN	1
		托梅克联系对清洗	Tomek	1
合成类方法	合成少数类样本技术	合成少数类过采样技术	SMOTE	1
		基于边界样本的合成少数类过采样技术	BS	2
		基于编辑最近邻的合成少数类过采样技术	SE	1
		基于托梅克联系对清洗的合成少数类过采样技术	ST	1
	生成对抗网络	生成对抗网络	GAN	1
		条件生成对抗网络	CGAN	1

续表

类别	子类别	方法名	简称	模型数/个
合成类方法	生成对抗网络	基于瓦瑟斯坦距离的生成对抗网络	WGAN	1
		融合梯度惩罚思想的基于瓦瑟斯坦距离的生成对抗网络	WGAN-GP	1
	自适应采样	自适应合成采样	ADASYN	1
嵌入式方法	集成学习中嵌入重采样	基于随机过采样的AdaBoost	EasyEn	1
		基于随机欠采样的boosting	RUSB	1
	代价敏感学习	代价敏感学习	CSL	3
事后调整方法	简单调整	代价敏感分类	CSC	3
	MetaCost	元代价	MC	3
合计 28				

注：CSL 即 cost-sensitive learning，CSC 即 cost-sensitive classification

数据集以五折交叉验证为划分方式。在划分好的训练集中首先采用不平衡数据处理方法进行平衡处理。其次使用平衡后的训练集训练经典分类器。实验选择 LR、DT 和 RF 三种模型。为了突出非均衡数据处理方式对实验效果的影响，实验仅使用默认参数而没有进行调参操作。整个实验通过固定随机数种子的方式重复五次五折交叉验证来训练模型。最后在测试集中以平衡准确率（balanced accuracy，BACC）、F_1 分数（F_1 score，F_1）、精确率（precision，P）和召回率（recall，R）四个指标评估实验效果，分别得到表 7-5、表 7-6 及表 7-7，对比实验研究的最终排名结果如表 7-8 所示。其中排名按照升序进行，排名值越小，代表该方法的效果越优异。

表 7-5 非均衡处理方法在 LR 分类器下不同指标的得分排名

类别	方法缩写	BACC	F_1	P	R
传统分类	无（不进行非均衡数据处理）	25.0	28.0	1.0	28.0
重采样算法	ROS	1.0	1.0	10.0	16.0
	RUS	5.0	6.0	17.0	10.0
	ENN	7.0	8.0	7.0	20.0
	Tomek	22.0	23.0	2.0	27.0
	Nearmiss1	29.0	25.0	28.0	5.0
	Nearmiss2	28.0	26.0	29.0	17.0
	Nearmiss3	13.5	16.0	22.0	18.0

续表

类别	方法缩写	BACC	F_1	P	R
合成类方法	SMOTE	3.0	4.0	13.0	11.0
	BS1	9.0	7.0	15.0	13.0
	BS2	6.0	5.0	18.0	6.0
	SE	11.0	11.0	23.0	1.0
	ST	2.0	2.0	11.0	14.0
	ADASYN	8.0	9.0	20.0	4.0
	GAN	4.0	3.0	16.0	9.0
	CGAN	18.0	17.0	27.0	19.0
	WGAN	12.0	15.0	8.0	22.0
	WGAN-GP	20.0	19.0	12.0	23.0
嵌入式方法	EasyEn	10.0	10.0	9.0	21.0
	RUSB	26.0	29.0	3.0	29.0
	CSL12	13.5	12.0	6.0	24.0
	CSL14	19.0	20.0	21.0	12.0
	CSL16	24.0	24.0	26.0	3.0
事后调整方法	CSC12	16.0	13.0	5.0	26.0
	CSC14	17.0	18.0	14.0	8.0
	CSC16	23.0	21.0	25.0	2.0
	MC12	15.0	14.0	4.0	25.0
	MC14	21.0	22.0	19.0	15.0
	MC16	27.0	27.0	24.0	7.0

表 7-6　非均衡处理方法在 DT 分类器下不同指标的得分排名

类别	方法缩写	BACC	F_1	P	R
传统分类	Original	25.0	29.0	1.0	29.0
重采样算法	ROS	1.0	2.0	18.0	9.0
	RUS	5.0	10.0	21.0	5.0
	ENN	11.0	11.0	3.0	15.0
	Tomek	14.0	15.0	2.0	28.0
	Nearmiss1	29.0	27.0	29.0	3.0
	Nearmiss2	28.0	28.0	28.0	11.0
	Nearmiss3	12.0	13.0	23.0	12.0
合成类方法	SMOTE	4.0	4.0	22.0	6.0
	BS1	8.0	7.0	24.0	7.0
	BS2	6.0	6.0	25.0	4.0
	SE	9.0	8.0	27.0	1.0

续表

类别	方法缩写	BACC	F_1	P	R
合成类方法	ST	2.0	3.0	28.0	8.0
	ADASYN	7.0	12.0	26.0	2.0
	GAN	3.0	1.0	9.0	10.0
	CGAN	23.0	18.0	5.0	24.0
	WGAN	17.0	17.0	12.0	18.0
	WGAN-GP	22.0	23.0	19.0	23.0
嵌入式方法	EasyEn	16.0	16.0	13.0	17.0
	RUSB	18.0	19.0	14.0	22.0
	CSL12	20.0	21.0	16.0	20.0
	CSL14	20.0	21.0	16.0	20.0
	CSL16	20.0	21.0	16.0	20.0
事后调整方法	CSC12	24.0	24.0	11.0	25.0
	CSC14	26.0	25.0	10.0	26.0
	CSC16	27.0	26.0	8.0	27.0
	MC12	15.0	14.0	7.0	16.0
	MC14	13.0	9.0	4.0	14.0
	MC16	10.0	5.0	6.0	13.0

表 7-7 非均衡处理方法在 RF 分类器下不同指标的得分排名

类别	方法缩写	BACC	F_1	P	R
传统分类	Original	18.0	18.0	1.0	22.0
重采样算法	ROS	3.0	7.0	16.5	12.0
	RUS	2.0	4.0	20.0	6.0
	ENN	10.0	1.0	13.0	16.0
	Tomek	12.0	15.0	2.0	19.0
	Nearmiss1	20.0	25.0	28.0	1.0
	Nearmiss2	24.0	27.0	29.0	2.0
	Nearmiss3	17.0	20.0	26.0	10.5
合成类方法	SMOTE	7.0	8.0	18.5	14.0
	BS1	4.0	9.0	21.0	7.0
	BS2	8.0	5.0	15.0	15.0
	SE	6.0	14.0	25.0	3.0
	ST	9.0	10.0	18.5	13.0
	ADASYN	5.0	12.0	22.0	8.0

续表

类别	方法缩写	BACC	F_1	P	R
合成类方法	GAN	1.0	6.0	23.0	5.0
	CGAN	13.0	17.0	11.0	20.0
	WGAN	22.0	22.0	8.0	23.0
	WGAN-GP	25.0	23.5	9.0	26.0
嵌入式方法	EasyEn	23.0	21.0	6.5	24.5
	RUSB	26.0	23.5	10.0	24.5
	CSL12	16.0	11.0	14.0	18.0
	CSL14	15.0	13.0	24.0	9.0
	CSL16	19.0	16.0	27.0	4.0
事后调整方法	CSC12	27.0	26.0	3.0	27.0
	CSC14	28.0	28.0	5.0	28.0
	CSC16	29.0	29.0	4.0	29.0
	MC12	21.0	19.0	6.5	21.0
	MC14	11.0	2.0	12.0	17.0
	MC16	14.0	3.0	16.5	10.5

表 7-8　非均衡处理方法平均得分与最终排名

类别	方法缩写	平均得分	得分排名
传统分类	Original	19	23.0
重采样算法	ROS	8	1.5
	RUS	9	3.0
	ENN	10	5.5
	Tomek	15	13.5
	Nearmiss1	21	27.5
	Nearmiss2	23	29.0
	Nearmiss3	17	18.0
合成类方法	SMOTE	10	5.5
	BS1	11	8.5
	BS2	10	5.5
	SE	12	10.0
	ST	10	5.5
	ADASYN	11	8.5
	GAN	8	1.5
	CGAN	18	20.0

续表

类别	方法缩写	平均得分	得分排名
合成类方法	WGAN	16	16.0
	WGAN-GP	20	25.5
嵌入式方法	EasyEn	16	16.0
	RUSB	20	25.5
	CSL12	16	16.0
	CSL14	18	20.0
	CSL16	18	20.0
事后调整方法	CSC12	19	23.0
	CSC14	19	23.0
	CSC16	21	27.5
	MC12	15	13.5
	MC14	13	11.0
	MC16	14	12.0

分析实验结果可以得出如下结论。

（1）随机重采样算法在信用评价中效果显著。

尽管随机重采样算法原理简单并且存在着潜在的缺点，如 ROS 方法处理高度非均衡数据集时引入大量的少数类样本容易导致过拟合的发生，再如 RUS 的样本剔除操作可能导致对分类贡献度较大的关键样本丢失，但是从表 7-8 可以发现，ROS 与 RUS 的实验效果较好，其中 ROS 的得分排名为最高值 1.5，RUS 得分排名为 3.0。由此可以证明在信用评价场景中，随机重采样算法仍然是高效的非均衡数据处理方法。

（2）Nearmiss 算法没有收获理想的实验效果。

由表 7-8 可知，Nearmiss1、Nearmiss2 与 Nearmiss3 并没有获得理想的实验效果。该类方法的原理是利用 KNN 模型挑选最具代表性的多数类样本：计算出每个样本点之间的距离，通过一定规则来选取保留的多数类样本点。然而这三种算法分别获得了 27.5、29.0 和 18.0 三个得分排名，Nearmiss2 甚至获得了最低得分排名值。由此可见，非均衡数据分布更为复杂，通过典型的聚类分析并不能准确地捕捉其分布特点，从而产生了偏差较大的实验结果。

（3）GAN 对于处理信用评价的类别不平衡问题效果显著，并且最简单的 GAN 模型效果反而最好。

GAN 得到了与 ROS 一样的最好成绩，这充分证明了基于深度学习的非均衡数据处理策略的强大效果，但是，复杂的非均衡数据学习方法不一定能提高模型对违约样本预测的准确性。对于 GAN，结果表明，简单的 GAN 比复杂版本的 CGAN、WGAN 和 WGAN-GP 表现更好。表 7-8 中 GAN、CGAN、WGAN 与 WGAN-GP 的得分排名分别为 1.5、20.0、16.0 和 25.5。GAN、CGAN 和 WGAN-GP 缓解了类别不平衡问题，但 WGAN-GP 没有起到类似的作用。从网络原理来看，与 GAN 相比，CGAN 做了如下改进：使用整个训练集进行训练，保证数据源充足，加入标签信息，使网络生成的结果更有方向性。同时，WGAN 与 WGAN-GP 使用权重裁剪和梯度惩罚的训练策略来克服 GAN 模式崩溃及训练过程不稳定的缺点。但在四种结构中，最简单的 GAN 结构获得了最大的性能提升。因此，在处理表格数据集时，GAN 方法族中方法结构的复杂程度并不是其处理非均衡数据效果的决定因素。

（4）SMOTE 系列方法性能稳定，并且改进版本的实验效果不一定比传统 SMOTE 效果好。

在所有得分排名等于或低于 10 的方法中 [ROS（1.5）、RUS（3.0）、ENN（5.5）、SMOTE（5.5）、BS1（8.5）、BS2（5.5）、SE（10.0）、ST（5.5）、ADASYN（8.5）、GAN（1.5）]，SMOTE 及其变体占据其中的五个。通过深入分析，SMOTE 系列方法的性能与特定数据集的样本分布有关。例如，在 GMSC 数据集的结果中，大多数情况下，SE 和 ST 混合方法的性能优于原始 SMOTE 方法。在使用 LR 分类器时，SE 甚至在 BACC 和 F_1 分数下都取得了最好的结果，但在中国台湾数据集上，这种负面影响并不显著，使用普通的 SMOTE 也可以达到很好的效果。这意味着在 GMSC 数据集中，噪声样本引起的类重叠是影响分类结果的主要问题。

（5）代价敏感方法取得了较好的效果，如能解决代价矩阵的设计问题，此类方法势必会突出其使用优势。

与不使用非均衡数据学习过程的原始方法相比，代价敏感方法，包括代价敏感分类、代价敏感学习和 MC，在不同程度上对分类效果起到了积极作用，并且在给定的代价值下，MC 在相关方法中表现最好。代价敏感理论的相关结果是基于代价矩阵的，本节中代价矩阵是直观给出的，没有经过精心设计。由于无法通过训练迭代优化来确定代价值，我们认为综合业务研究有助于设计出更合理的代价矩阵，从而可以促进代价敏感方法发挥更好的性能。

本 章 小 结

在信用评价中，类别不平衡是一个不可忽视的问题。严重的类别不平衡会影响模型的训练效果，使模型缺乏对于违约样本的正确识别能力，从而给失信的信用主体以可乘之机，这会严重破坏正常的经济秩序。因此，非均衡数据处理工作就显得尤为重要。

　　深度学习方法为非均衡数据处理方法带来了全新的改变。本章简要介绍了传统的非均衡数据处理方法与融入深度学习的非均衡数据处理方法。与传统的非均衡数据处理方法不同，融入深度学习方法的非均衡数据处理方法拥有更高的计算效率与不同角度的处理方式，这使得它能更轻松地面对真实的业务场景中的各种复杂且极端不平衡的数据分布态势。未来，如何使这些先进的处理方法更贴近信用评价的真实场景、使其更加"智能"地处理类别不平衡问题，是相关研究所需要关注的地方。

参 考 文 献

[1]　Abdou H A, Pointon J. Credit scoring, statistical techniques and evaluation criteria: a review of the literature[J]. Intelligent Systems in Accounting, Finance and Management, 2011, 18 (2/3): 59-88.

[2]　Guo H X, Li Y J, Jennifer S, et al. Learning from class-imbalanced data: review of methods and applications[J]. Expert Systems with Applications, 2017, 73: 220-239.

[3]　Chawla N V, Bowyer K W, Hall L O, et al. SMOTE: synthetic minority over-sampling technique[J]. The Journal of Artificial Intelligence Research, 2002, 16: 321-357.

[4]　He H B, Bai Y, Garcia E A, et al. ADASYN: adaptive synthetic sampling approach for imbalanced learning[C]. 2008 IEEE International Joint Conference on Neural Networks. Beijing, 2008.

[5]　Fernández A, Garcia S, Herrera F, et al. SMOTE for learning from imbalanced data: progress and challenges, marking the 15-year anniversary[J]. Journal of Artificial Intelligence Research, 2018, 61: 863-905.

[6]　Tao X M, Li Q, Guo W J, et al. Self-adaptive cost weights-based support vector machine cost-sensitive ensemble for imbalanced data classification[J]. Information Sciences, 2019, 487: 31-56.

[7]　Piri S, Delen D, Liu T M. A synthetic informative minority over-sampling (SIMO) algorithm leveraging support vector machine to enhance learning from imbalanced datasets[J]. Decision Support Systems, 2018, 106: 15-29.

[8]　Obregon J, Kim A, Jung J Y. RuleCOSI: combination and simplification of production rules from boosted decision trees for imbalanced classification[J]. Expert Systems with Applications, 2019, 126: 64-82.

[9]　Dorado-Moreno M, Pérez-Ortiz M, Gutiérrez P A, et al. Dynamically weighted evolutionary ordinal neural network for solving an imbalanced liver transplantation problem[J]. Artificial Intelligence in Medicine, 2017, 77: 1-11.

[10]　Zhu H H, Liu G J, Zhou M C, et al. Optimizing weighted extreme learning machines for imbalanced classification and application to credit card fraud detection[J]. Neurocomputing, 2020, 407: 50-62.

[11]　Wang Y D, Yang L M. A robust loss function for classification with imbalanced datasets[J]. Neurocomputing, 2019, 331: 40-49.

[12]　Ting K M. A comparative study of cost-sensitive boosting algorithms[C]. The 17th International Conference on Machine Learning. Stanford, 2000.

[13]　Joshi M, Kumar V, Agarwal R. Evaluating boosting algorithms to classify rare classes: comparison and improvements[C]. The 2001 IEEE International Conference on Data Mining. San Jose, 2001.

[14]　Karasuyama M, Harada N, Sugiyama M, et al. Multi-parametric solution-path algorithm for instance-weighted support vector machines[J]. Machine Learning, 2012, 88 (3): 297-330.

[15]　Wang X G, Liu X, Matwin S, et al. Applying instance-weighted support vector machines to class imbalanced

datasets[C]. 2014 IEEE International Conference on Big Data. Washington D.C, 2014.

[16] Wang X G, Liu X, Matwin S. A distributed instance-weighted SVM algorithm on large-scale imbalanced datasets[C]. 2014 IEEE International Conference on Big Data. Washington D.C., 2014.

[17] Imam T, Ting K M, Kamruzzaman J. Z-SVM: an SVM for improved classification of imbalanced data[C]. Australasian Joint Conference on Artificial Intelligence. Hobart, 2006.

[18] Cheng J, Liu G Y. Affective detection based on an imbalanced fuzzy support vector machine[J]. Biomedical Signal Processing and Control, 2015, 18: 118-126.

[19] Fan Q, Wang Z, Li D D, et al. Entropy-based fuzzy support vector machine for imbalanced datasets[J]. Knowledge-Based Systems, 2017, 115: 87-99.

[20] Ertekin S, Huang J, Bottou L, et al. Learning on the border: active learning in imbalanced data classification[C]. The 16th ACM Conference on Information and Knowledge Management. Lisbon, 2007.

[21] Zieba M, Tomczak J M. Boosted SVM with active learning strategy for imbalanced data[J]. Soft Computing, 2015, 19 (12): 3357-3368.

[22] Cieslak D A, Hoens T R, Chawla N V, et al. Hellinger distance decision trees are robust and skew-insensitive[J]. Data Mining and Knowledge Discovery, 2012, 24 (1): 136-158.

[23] Krawczyk B, McInnes B T, Cano A. Sentiment classification from multi-class imbalanced twitter data using binarization[C]. International Conference on Hybrid Artificial Intelligence Systems. La Rioja, 2017.

[24] McInnes B T, Stevenson M. Determining the difficulty of word sense disambiguation[J]. Journal of Biomedical Informatics, 2014, 47: 83-90.

[25] Tang B, He H B, Baggenstoss P M, et al. A Bayesian classification approach using class-specific features for text categorization[J]. IEEE Transactions on Knowledge and Data Engineering, 2016, 28 (6): 1602-1606.

[26] Frank E, Hall M A, Pfahringer B. Locally weighted naive bayes[J]. arXiv: 1212.2487, 2012.

[27] Maragoudakis M, Kermanidis K, Tasikas A, et al. Bayesian induction of verb sub-categorization frames in imbalanced heterogeneous data[J]. Journal of Quantitative Linguistics, 2005, 12 (2/3): 185-211.

[28] Lee M S, Rhee J K, Kim B H, et al. AESNB: active example selection with naïve Bayes classifier for learning from imbalanced biomedical data[C]. 2009 Ninth IEEE International Conference on Bioinformatics and Bioengineering. Taichung, 2009.

[29] Liu A Y, Martin C E. Smoothing multinomial naïve bayes in the presence of imbalance//[M]Perner P. Machine Learning and Data Mining in Pattern Recognition. Berlin: Springer, 2011: 46-59.

[30] Hsu C C, Wang K S, Chang S H. Bayesian decision theory for support vector machines: imbalance measurement and feature optimization[J]. Expert Systems with Applications, 2011, 38 (5): 4698-4704.

[31] Datta S, Das S. Near-Bayesian support vector machines for imbalanced data classification with equal or unequal misclassification costs[J]. Neural Networks, 2015, 70: 39-52.

[32] Goodfellow I, Pouget-Abadie J, Mirza M, et al. Generative adversarial nets[C]. The 27th International Conference on Neural Information Processing Systems. Bangkok, 2014.

[33] Arjovsky M, Bottou L. Towards principled methods for training generative adversarial networks[J]. arXiv: 1701.04862, 2017.

[34] Arjovsky M, Chintala S, Bottou L. Wasserstein generative adversarial networks[C]. The 34th International Conference on Machine Learning. Sydney, 2017.

[35] Mirza M, Osindero S. Conditional generative adversarial nets[J]. arXiv: 1411.1784, 2014.

[36] Chen X, Duan Y, Houthooft R, et al. InfoGAN: interpretable representation learning by information maximizing

generative adversarial nets[C]. The 30th International Conference on Neural Information Processing Systems. Montreal，2016.

[37]　Odena A，Olah C，Shlens J. Conditional image synthesis with auxiliary classifier gans[C]. The 34th International Conference on Machine Learning. Sydney，2017.

[38]　Fiore U，de Santis A，Perla F，et al. Using generative adversarial networks for improving classification effectiveness in credit card fraud detection[J]. Information Sciences，2019，479：448-455.

[39]　Douzas G，Bacao F. Effective data generation for imbalanced learning using conditional generative adversarial networks[J]. Expert Systems with Applications，2018，91：464-471.

[40]　Zheng M，Li T，Zhu R，et al. Conditional Wasserstein generative adversarial network-gradient penalty-based approach to alleviating imbalanced data classification[J]. Information Sciences，2020，512：1009-1023.

[41]　Engelmann J，Lessmann S. Conditional Wasserstein GAN-based oversampling of tabular data for imbalanced learning[J]. Expert Systems with Applications，2021，174：114582.

[42]　Moon J，Jung S，Park S，et al. Conditional tabular GAN-based two-stage data generation scheme for short-term load forecasting[J]. IEEE Access，2020，8：205327-205339.

[43]　Li B，Luo S L，Qin X N，et al. Improving GAN with inverse cumulative distribution function for tabular data synthesis[J]. Neurocomputing，2021，456：373-383.

[44]　杨强，张宇，戴文渊，等. 迁移学习[M]. 北京：机械工业出版社，2020.

[45]　王晋东，陈益强. 迁移学习导论[M]. 北京：电子工业出版社，2021.

[46]　Huang J T，Li J Y，Yu D，et al. Cross-language knowledge transfer using multilingual deep neural network with shared hidden layers[C]. 2013 IEEE International Conference on Acoustics，Speech and Signal Processing. Vancouver，2013.

[47]　Chang H，Han J，Zhong C，et al. Unsupervised transfer learning via multi-scale convolutional sparse coding for biomedical applications[J]. IEEE Transactions on Pattern Analysis and Machine Intelligence，2017，40（5）：1182-1194.

[48]　Xiao J，Wang R Z，Teng G，et al. A transfer learning based classifier ensemble model for customer credit scoring[C]. 2014 Seventh International Joint Conference on Computational Sciences and Optimization. Beijing，2014.

[49]　Jiang C Q，Lu W，Wang Z，et al. Benchmarking state-of-the-art imbalanced data learning approaches for credit scoring[J]. Expert Systems with Applications，2022，213：118878.

第8章 大数据环境下的动态信用评价模型

8.1 引 言

信用评价模型是辅助金融机构发放、管理和回收贷款的决策支持模型，是信用评价系统的核心。信用评价模型的本质是利用评价对象的一系列信用特征来判别其偿还债务（或违约）的可能性，并以评分或评级的形式表示违约风险的相对大小[1-4]。信用评分多用于评估中小企业或个人的信用，而信用评级多用于评估大型企业、国家或政府的信用。本书主要关注的是对中小企业和个人的信用评价，即以分数或更为直接的违约概率来量化评价对象信用水平，评价模型的应用场景主要包括中小企业贷款、个人消费贷款及网络借贷等。

在早期的信用管理中，授信和催收等信贷决策大多依赖信用管理人员的知识及经验。有经验的信贷管理人员将自己的经验法则记录下来，形成信贷规则，以此决定是否放贷等，这就是最初的专家系统。但基于经验规则的信用评价模型存在诸多局限，如决策有效性十分依赖信贷管理人员的经验水平、不同信贷管理人员的业务经验往往不一致、主观评价容易引发操作风险等。为了解决这些问题，统计学中的分类模型被应用到信贷决策中，金融机构从以往的申请者那里获取申请数据及还款表现，利用这些数据构建分类模型，判别客户是否发生违约，并利用所构建的评价模型对当前的申请者或存量客户进行信用评价，按违约风险的高低排序，进而采取相应的信贷管理决策[5]。20世纪初《巴塞尔新资本协议》出台，它允许银行使用内部评级法决定所需配备的资本金来应对贷款组合的可能损失，内部评级法的关键在于测算借款人的违约概率、违约损失率及违约风险暴露等量化指标。因此，信用评价系统需要尽可能准确预测违约概率以确定资本金数量，基于违约预测的信用评价模型受到了广泛关注[6-9]。时至今日，基于违约预测的信用评价模型仍被很多金融机构应用于信贷决策。尽管这类信用评价模型能够有效预测客户在一定时期内是否违约，但难以刻画评价对象在这个时期内的信用风险演化，客户何时违约的问题未能解决。

近年来，随着人工智能、云计算、物联网及移动互联等新一代信息技术的快速发展和广泛应用，信用评价模型正产生着巨大变革，以智能算法为核心的动态信用评价模型发挥着日益重要的作用。一方面，信息技术与金融业深度融合，创新了多类信用产品，如网络消费贷、众筹等；同时，传统金融业务线上化转型趋势日益明显，各类商业银行均以不同方式不同程度地开展互联网贷款业务。相比于传统线下贷款，线上贷款模式下信用主体和交易过程虚拟化，信贷周期相对较短，信用风险高、动态性强，需要时效性强、能反映信用状态变化趋势的全过程动态评价方法。另一方面，信用主体的行为模式、交易过程、信用历史、关系网络、客户的情感体验等信息都被实时记录在各类系统中，形成了信用评价的大数据环境，这为刻画评价对象信用风险的动态变化提供了海量、多维、动态的信用数据[10-13]。但信用大数据的构成复杂，既包含收入、行业、地址等相对稳定的截面数据，又包含交易行为、司法诉讼等动态变化的面板数据，其中还存在着大量非结构化的文本和社会网络数据，动态信用评价模型的构建面临巨大挑战。此外，信用评价场景具有一定特异性，具体表现在：信用数据不均衡度高，违约群体所占比例较小；信用特征影响复杂，不同特征对评价对象还款能力和还款意愿的表征能力不同，同一特征对评价对象"是否违约"及"何时违约"的影响也不尽相同。这些特点导致传统的动态评价模型难以被直接应用到动态信用评价中，需要针对信用评价场景和信用数据的特点创新动态信用评价模型体系。

本章首先阐述常见的动态信用评价模型，包括生存分析模型和马尔可夫链模型；其次，提出基于混合生存分析的动态信用评价模型；再次，考虑信用数据的动态性，提出融入面板数据的动态信用评价模型；最后，针对网络借贷平台的违约事件，利用动态信用评价模型对平台信用风险进行分析与评价。

8.2　国内外研究状况

国内外学者针对动态信用评价模型展开了大量探索性研究，主要涉及两类动态信用评价模型：一类研究采用生存分析方法构建动态信用评价模型，这类研究关注评价对象信用违约事件发生的时间[14-22]；另一类研究采用马尔可夫链方法构建动态信用评价模型，这类研究关注评价对象的信用状态变化情况[23-26]。这两类动态信用评价模型都能够有效分析和预测评价对象的动态随机行为。

8.2.1　基于生存分析的动态信用评价模型

生存分析是对观测对象的生存时间进行分析和推断的一种统计方法，其中生存时间指某个事件发生前经历的时间[14]。生存分析最早应用于医学领域，用于分析观测对象的时效性指标，如死亡、疾病愈合等。在信用评价中，该时效性指标通常为信用违约。Narain[15]首次将生存分析方法引入信用评价中，后续研究提出和应用了多种参数、半参数及混合生存分析方法[14, 16]，分析了动态基础风险、时变协变量等多种动态效应[17, 18]。

利用生存分析进行信用评价的优势包括三大方面。第一，基于分类的信用评价模型仅能预测某个时期的违约概率，本质上属于静态评价模型，而基于生存分析的信用评价模型可以预测随时间变化的动态违约概率，是一类动态评价模型，能够更准确地量化信用风险。具体而言，通过对生存时间建模，生存分析模型不仅能预测违约事件是否发生，还能预测它在什么时候发生，从而能刻画出评价对象的信用风险动态变化路径[19]。第二，与传统的统计分析方法相比，无论是连续时间还是离散时间，生存分析均能保证生存时间非负性和生存概率单调性，而线性回归等统计分析方法容易发生溢出，即评价结果为负的生存时间可能超出最大观测日期的生存时间。第三，生存分析可以对删失数据建模，其中"删失"指在观测时间内所关注的事件并未发生[20]，删失数据是信用评价中十分常见的一类数据。例如，持续观测某个企业的信用状况，在某个时刻并未观察到该企业发生违约，此条观测数据即删失数据。

定义变量 t 为观测时间，随机变量 T 为评价对象的生存时间，则生存时间 T 的累积分布函数 F 为

$$F(t) = P(T \leqslant t) = \int_0^t f(u)\mathrm{d}u \qquad (8\text{-}1)$$

其中，f 为生存时间 T 的概率密度函数。基于式（8-1），评价对象在 t 时刻的生存函数 S 可表示为

$$S(t) = P(T > t) = 1 - F(t) = \int_t^{\infty} f(u)\mathrm{d}u \qquad (8\text{-}2)$$

式（8-2）中 $f(u)$ 为生存函数所对应的概率密度函数：

$$f(u) = -\frac{\mathrm{d}S(u)}{\mathrm{d}u} \qquad (8\text{-}3)$$

生存函数 S 表示评价对象在 t 时刻的累积生存概率，评价对象到达 t 时刻后的瞬时风险率由风险函数 h 表示：

$$h(t) = \lim_{\Delta t \to 0} \frac{P(t < T < t + \Delta t \mid T \geqslant t)}{\Delta t} \qquad (8\text{-}4)$$

风险函数所对应的累积风险函数 H 为

$$H(t) = \int_0^t h(u)\mathrm{d}u \qquad (8\text{-}5)$$

风险函数 h、生存函数 S 及概率密度函数 f 三者的关系可表示为

$$h(t) = \frac{f(t)}{S(t)} \qquad (8\text{-}6)$$

此外，累积风险函数和生存函数的关系可表示为

$$H(t) = \int_0^t h(u)\mathrm{d}u = \int_0^t \frac{f(t)}{S(t)}\mathrm{d}u = \int_0^t \frac{\mathrm{d}(1 - S(t))}{S(t)} = -\log S(t) \qquad (8\text{-}7)$$

进一步可得到

$$S(t) = \exp(-H(t)) = \exp\left(-\int_0^t h(u)\mathrm{d}u\right) \tag{8-8}$$

由式（8-8）可见，生存函数 S、累积分布函数 F、概率密度函数 f、风险函数 h 及累积风险函数 H 是相互关联的。值得注意的是，生存函数 S 的输出值是概率，描述了观测对象在 t 时刻的生存概率，而风险函数 h 并不是以概率值输出，它是通过 $h(t)\mathrm{d}t$ 来表示观测对象在 t 时刻生存的条件下，在 $[t, t+\mathrm{d}t]$ 发生关注事件的概率。风险函数 h 本身描述的是观测事件发生的速率，属于条件概率密度函数。由于风险函数 h 易于建模和分析，且可解释性强，生存分析模型一般围绕风险函数 h 的形式展开，代表性的方法有非参数模型、半参数模型和参数模型。

非参数模型对生存时间的分布没有约束，通常用来描述某个群组的生存分布情况，代表性的方法有卡普兰-梅尔（Kaplan-Meier）乘积极限模型：

$$S(t) = \prod_{j=1}^{j=k(t)} \left(\frac{n_j - d_j}{n_j}\right) \tag{8-9}$$

其中，$n_j = n - \sum_{k=0}^{j-1}(d_j + c_j)$，$d_j$ 和 c_j 分别为 t_j 时刻的违约和删失个体。

非参数模型的优点在于可以估计生存函数，比较两组或多组生存分布函数。但其缺点也较为明显，即无法利用信用特征对生存时间进行建模，因此更多是在描述性统计分析或统计检验中应用[14]。

参数模型假定生存时间服从特定的分布，进而利用信用特征构建生存时间的概率分布模型。其中生存时间较为常见的分布有指数分布、威布尔分布和伽马分布等[14]。例如，在指数分布中，生存时间服从参数为 λ 的指数分布，即 $T \sim E(\lambda)$，此时风险函数为恒定的常数：

$$h(t) = \lambda \tag{8-10}$$

累积风险函数 H、概率密度函数 f 及生存函数 S 分别为 λt、$\lambda \mathrm{e}^{-\lambda t}$ 和 $\mathrm{e}^{-\lambda t}$。进而可以利用信用特征对参数 λ 进行建模，如对数线性模型：

$$\log \lambda = \alpha_1 x_1 + \alpha_2 x_2 + \cdots + \alpha_n x_n \tag{8-11}$$

参数模型的优点在于可以利用信用特征对生存时间进行建模，可以用于影响分析和预测建模等，但其缺点在于需要提前确定生存时间的分布[14]。当生存时间的分布未知，尤其是应用生存分析模型到一个新的领域（如信用评价）中，生存时间的分布往往是未知的且很难确定，此时参数模型便存在一定局限性。在此情况下，半参数模型可以更好地解决该问题。

半参数模型可以在生存时间分布未知的情况下利用信用特征对生存时间进行建模。代表性的方法有比例风险模型和加速失效时间模型[14, 21]。在比例风险模型中，风险函数为

$$h(t) = h_0(t) \exp(\alpha_1 x_1 + \alpha_2 x_2 + \cdots + \alpha_n x_n) \tag{8-12}$$

其中，$h_0(t)$ 为与时间 t 相关的基准风险率。$h_0(t)$ 的选择具有很大的灵活性，不需要服从特定的分布，具有非参数特点，而式（8-12）中的指数部分具有参数模型的形式，因此该模型称为半参数模型。

上述所有生存分析模型都隐含了一个假设：当时间 t 趋于无穷时，观测对象的生存概率趋近于 0，即 $S(t)_{t\to\infty}=0$。它表示当观测时间充足时，所有观测对象均会发生所关注的事件。在实际场景下，该隐含假设并不能被完全满足，如在医学领域，随着医学技术的发展，一些以往难以治愈的疾病会出现被彻底治愈的情况；此外在信用评价领域，也并不是所有评价对象都会发生违约。银行等金融机构的历史数据可以表明，发生违约的借款人仅占很少一部分。在此情况下，直接应用传统生存分析模型可能无法取得预期的评价效果[22]。

8.2.2　基于马尔可夫链的动态信用评价模型

马尔可夫链主要用于分析和预测评价对象从一种状态向另一种状态转移的可能性[23, 24]。在马尔可夫链模型中，状态的定义取决于所关注的事件，在违约预测中可以是逾期的期数（正常、单期逾期、两期逾期），在行为评分中可以是账户的行为分数（高、中、低）。两个状态间的时间间隔称为一个基础时期，对于中小企业贷款、个人消费信贷等业务，基础时期通常为一个月，对其他少数业务也可能是一个季度或是一年。

一阶马尔可夫链模型假定评价对象转移到下一个状态的概率只依赖于当前的状态，而与之前的历史情况无关，该假设又称为马尔可夫假设[25]。给定一个随机过程 X_t，其中 $t=0,1,2,\cdots$。设 $\{X_0,X_1,X_2,\cdots\}$ 是一列随机变量，其取值是 I 种状态之一。如果满足式（8-13）的条件，则称这个过程是有限马尔可夫链。

$$P\{X_{t+1}=j\mid X_0=k_0,X_1=k_1,\cdots,X_{t-1}=k_{t-1},X_t=i\}$$
$$=P\{X_{t+1}=j\mid X_t=i\},\quad \forall t,1\leqslant i,j\leqslant I \qquad (8\text{-}13)$$

其中，条件概率 $P\{X_t=j\mid X_{t-1}=i\}$ 又称为转移概率（transition probability），记为 $p_t(i,j)$，有 $p_t(i,j)\geqslant 0$，且 $\sum_j p_t(i,j)=1$。

状态空间中的状态间的转移概率构成的矩阵用 P_n 表示，即 $(P_t)(i,j)=p_t(i,j)$。式（8-13）所表示的马尔可夫性质说明，如果已知时期 0 的初始状态 i，那么时期 2 的状态分布 X_2 则为

$$P\{X_2=j\mid X_0=i\}=\sum_k P\{X_2=j\mid X_1=k\}P\{X_1=k\mid X_0=i\}$$
$$=\sum_k p_1(i,k)p_2(k,j)$$
$$=(P_1\times P_2)(i,j) \qquad (8\text{-}14)$$

其中，$(P_1 \times P_2)$ 为矩阵乘积，它的取值是前一个矩阵的第 i 行第 k 列，乘以后一个矩阵的第 k 行第 j 列，计算所有 k 对应的乘积后得到结果矩阵。

将式（8-14）拓展到一般形式则可计算任意 X_t 的分布：t 个时期后系统处于某个状态的概率等于 X_0 乘以矩阵 $P_1, P_2, \cdots, P_t$。

$$
\begin{aligned}
P\{X_t = j \mid X_0 = i\} &= \sum_{k_1,k_2,\cdots,k_{t-1}} \begin{array}{l} P\{X_t = j \mid X_{t-1} = k_{t-1}\} \\ P\{X_{t-1} = k_{t-1} \mid X_{t-2} = k_{t-2}\} \\ \cdots P\{X_2 = k_2 \mid X_1 = k_1\} P\{X_1 = k_1 \mid X_0 = i\} \end{array} \\
&= \sum_{k_1,k_2,\cdots,k_{t-1}} p_1(i,k_1) p_2(k_1,k_2) \cdots p_t(k_{t-1},j) \\
&= (P_1 \times P_2 \times \cdots \times P_t)(i,j)
\end{aligned}
\tag{8-15}
$$

对于一个随机过程，如果 $p_t(i,j) = p(i,j)$ 对所有 t、i、j 都成立，则称这个过程是平稳马尔可夫链，此时 X_t 的分布可简化为

$$
\begin{aligned}
P\{X_t = j \mid X_0 = i\} &= \sum_{k_1,k_2,\cdots,k_{t-1}} p_1(i,k_1) p_2(k_1,k_2) \cdots p_t(k_{t-1},j) \\
&= (P \times P \times \cdots \times P)(i,j) = P^t(i,j)
\end{aligned}
\tag{8-16}
$$

令 X_t 的分布为 π_t，即 $\pi_t(i) = P\{X_t = i\}$，则式（8-17）可以表示为

$$
\pi_{t+1} = \pi_t P = \pi_0 P^{t+1}
\tag{8-17}
$$

在马尔可夫链中，周期性指从一个状态经过一些固定时期后到达另一个状态，而大多数的马尔可夫链都是非周期性的，长期分布 π_t 会收敛到一个固定的分布 π^*，即 $\pi^* = \pi^* P$。

马尔可夫链的状态可以分为封闭态（persistent state）和过渡态（transient state）两种[26]。封闭态是当 $\pi^* > 0$ 时从状态 i 出发会回到该状态，即长期来看，有一个正的概率会停留在这些状态中。一个永远无法离开的封闭态也称为吸收态（absorbing state）。过渡态是当 $\pi_i^* = 0$ 时，从状态 i 出发回到该状态的概率小于 1。

给定一组借款人的申请信息、行为信息及状态信息，可以通过估计转移概率 $p(i,j)$ 来构建一个马尔可夫链模型[27, 28]。定义马尔可夫链长度为 T，$t = 1,2,\cdots,T$，$n_t(i)$ 为处在时期 t 状态 i 的样本数，$n_t(i,j)$ 为从时期 t 状态 i 转移到时期 $t+1$ 状态 j 的样本数，于是有

$$
n(i) = \sum_{t=1}^{T-1} n_t(i)
\tag{8-18}
$$

$$
n(i,j) = \sum_{t=1}^{T-1} n_t(i,j)
\tag{8-19}
$$

若该动态过程是平稳的马尔可夫链，则 $p(i,j)$ 的极大似然估计为

$$
\hat{p}(i,j) = \frac{n(i,j)}{n(i)}
\tag{8-20}
$$

若该动态过程是非平稳的马尔可夫链，则 $p(i,j)$ 的极大似然估计为

$$\hat{p}(i,j) = \frac{n_t(i,j)}{n_t(i)} \tag{8-21}$$

为了判别状态转移过程属于平稳或非平稳的马尔可夫链，需要把一阶马尔可夫链升级到高阶链。二阶马尔可夫链的转移概率依赖于前两个状态，即当前状态和前一状态，此时式（8-13）中的马尔可夫条件放松为

$$P\{X_{t+1} = j \mid X_0 = k_0, X_1 = k_1, \cdots, X_{t-1} = k, X_t = i\}$$
$$= P\{X_{t+1} = j \mid X_t = i, X_{t-1} = k\}$$
$$= p_t(k,i,j), \quad \forall t, \forall k, i, j, 1 \leqslant k, i, j \leqslant I \tag{8-22}$$

二阶马尔可夫链是定义在 $I \times I$ 空间上的马尔可夫链 $Y_t = (X_t, X_{t-1})$，其转移概率 $\overset{\cup}{p}_t(.,.)$ 满足：

$$\overset{\cup}{p}_t((k,i),(i,j)) = p_t(k,i,j)$$
$$\overset{\cup}{p}_t((k,i),(i',j)) = 0, \quad i \neq i' \tag{8-23}$$

类似地，如果 $p_t(k,i,j) = p(k,i,j)$ 对所有 t 成立，这个过程称为二阶平稳的马尔可夫链，其极大似然的估计值与一阶马尔可夫链相同。定义 $n_t(k,i,j)$ 是处在 t 时期状态 k、$t-1$ 时期状态 i、$t-2$ 时期状态 j 的样本数，$n(k,i,j) = \sum_{t=1}^{T-2} n_t(k,i,j)$ 是从状态 k 到状态 i 再到状态 j 的次数，$m(k,i) = \sum_{t=1}^{T-2} n_t(k,i)$ 是在 $T-2$ 时期内从状态 k 到状态 i 的次数，则 $p(k,i,j)$ 的极大似然估计为

$$\hat{p}(k,i,j) = \frac{n(k,i,j)}{m(k,i)} \tag{8-24}$$

判别某动态过程为一阶平稳的马尔可夫链可以通过验证状态 i 是一阶但不是二阶马尔可夫链来实现，此假设为

$$H_0^M(i) : p(1,i,j) = p(2,i,j) = \cdots = p(I,i,j), \quad j = 1,2,\cdots,I \tag{8-25}$$

式（8-25）中假设可以用似然比统计量来检验：

$$Y^2 = 2\log\left(\prod_{j=1}^{I}\prod_{k=1}^{I}\left(\frac{\hat{p}(k,i,j)}{\hat{p}(i,j)}\right)^{n(k,i,j)}\right) = 2\sum_{j=1}^{I}\sum_{k=1}^{I} n(k,i,j)\log\left(\frac{\hat{p}(k,i,j)}{\hat{p}(i,j)}\right)$$
$$= 2\sum_{j=1}^{I}\sum_{k=1}^{I} n(k,i,j)\log\left(\frac{n(k,i,j)n(i)}{m(k,i)n(i,j)}\right) \tag{8-26}$$

其中，Y^2 服从自由度为 $(I-1)^2$ 的 χ^2 分布。

若某个动态过程符合一阶马尔可夫链，那么 $H_0^M(i)$ 对 $i = 1,2,\cdots,I$ 均成立。而

这个假设不成立的可能理由是这个马尔可夫链不是一阶平稳的，可通过观察转移概率在时期 t 是否平稳来进行验证。此时假设则变为

$$H^t(i,t): p_t(i,j) = p(i,j) \ \forall j$$

$$e_{t-1}(k,i,j) = n_{t-1}(k,i)\hat{p}(i,j) = \frac{n_{t-1}(k,i)n(i,j)}{n(i)} \tag{8-27}$$

其 χ^2 值计算如式（8-28）所示：

$$\chi^2(i,t) = \sum_{k=1}^{I}\sum_{j=1}^{I} \frac{(n_{t-1}(k,i,j) - e_{t-1}(k,i,j))^2}{e_{t-1}(k,i,j)} \tag{8-28}$$

此马尔可夫链平稳的前提是 $H^t(i,t)$ 对所有 i 和 t 均成立。

8.3　基于混合生存分析的动态信用评价模型[16, 22]

8.3.1　问题描述

近年来，普惠型小微企业贷款、网络消费贷款等信贷业务发展迅速。一方面，国家提出了"两增两控"的总体目标，明确要求银行业金融机构每年对小微企业的贷款增速、贷款户数不低于上年同期水平。截至 2020 年 12 月末，全国普惠型小微企业贷款余额超过 15 万亿元，同比增速超过 30%。另一方面，随着新一代信息技术和大数据风控技术的快速发展，信贷产品的多样性、便利性和可获得性极大增加，推动了消费方式与观念的转变，越来越多的消费者选择了信贷产品，如蚂蚁花呗、京东白条等网络消费贷。在上述业务中，借款用户呈现出显著的长尾效应，用户群体间的信用水平差异性较大，信息不对称性强，需要更加精准的信用评价方法来有效区分借款申请者的优劣。此外，从信贷产品特点来看，数量大、金额小、周期短、频次高等特点突出，对自动化决策的需求更为迫切，需要全过程动态信用评价方法实现贯穿贷前、贷中、贷后的信用风险管理。

针对上述需求，需要从两方面创新现有的信用评价模型：一是对违约状态的判别更为准确；二是加入时间因素，实现全过程动态评价，即在违约状态判别基础上，进一步对违约时间进行预测。违约状态判别能快速并高效地帮助银行等金融机构做出信贷管理决策，如借款审批、授信等，其重要性不言而喻，违约状态判别的准确度直接影响金融机构的绩效与收益[29]。违约时间预测的重要性主要体现在：第一，在大多信贷业务中，违约风险暴露及违约损失与违约时间紧密关联[30]，预测违约时间有助于金融机构更合理地配置准备金；第二，违约时间预测能够刻画信用风险的动态变化路径，帮助金融机构对用户进行动态信用画像，从而开展个性化信用服务等[31]；第三，事前管控能有效防止违约事件发生或降低违

约损失，预测违约时间可以帮助金融机构更准确地把握客户的信用风险变化情况，从而采取更及时且有效的风险管控措施[22]。

针对违约状态判别，现有研究大多是设计和构建基于分类的违约预测模型[32-34]，对于违约时间预测，现有研究大多采用生存分析模型[18,35]。而将两者结合起来的动态信用评价模型十分缺乏，较为成熟的模型有 MCM[19,22]，该模型通过混合建模的方式，分别构建违约状态判别模型和违约时间估计模型，能同时拟合信用特征与违约状态和违约时间之间的关系，并克服传统生存分析模型中观测对象必定会发生违约的隐含假设[36,37]。混合生存分析模型的预测结果为观测对象在不同时间下的生存概率，在信用评价场景中该生存概率能转化成违约概率，从而实现对违约状态及违约时间的预测[38]。但传统的混合生存模型属于统计分析模型，适用于探索和分析信用特征的影响效应，在信用违约预测中存在一定局限：第一，该模型存在较强的假设，如比例风险假设等，在信用评价场景中不一定适用；第二，该模型的校准性能依赖于基准风险函数，但该函数是模型的非参数部分，其稳健性和灵活性低于 LR 等参数模型或 DT、集成学习等非参数模型。

针对上述问题，本节基于混合生存分析模型的框架，提出一种预测驱动的动态信用评价模型。首先，构建基于集成学习的违约状态判别模型和基于 TDH 的违约时间估计模型。其次，设计基于期望最大（expectation-maximalization，EM）算法的模型估计方法。最后，通过实验研究验证模型的有效性。

8.3.2　模型设计

1. 混合生存分析模型

混合生存分析模型在传统违约预测模型的基础上加入了时间维度，即在不同时间下观测评价对象的违约状态。定义随机变量 y 为违约状态变量，$y=1$ 为评价对象在整个贷款周期内会发生违约，$y=0$ 为不会违约。定义随机变量 δ 为观测数据的删失变量，$\delta=1$ 为观测数据未删失，即在当前观测时间下评价对象已发生违约；$\delta=0$ 为观测数据删失，即在当前观测时间下评价对象未违约。基于违约状态变量 y 和删失变量 δ，评价对象可能的信用状态如表 8-1 所示。

表 8-1　信用状态

δ	y	信用状态描述
0	0	删失，未观测到违约，且始终不会违约
0	1	删失，未观测到违约，但最终会违约
1	1	未删失，已经观测到违约

　　混合生存分析模型通过混合建模方式对表 8-1 中的信用状态建模,如式(8-29)所示:

$$S_i(t) = 1 - p_i + p_i \times S_i(t \mid y_i = 1) \qquad (8\text{-}29)$$

其中, $S_i(t)$ 为生存函数,表示评价对象 i 在时间 t 的生存概率; p_i 为违约判别函数,表示评价对象 i 的违约概率, $p_i = P(y_i = 1)$; $S_i(t \mid y_i = 1)$ 为评价对象 i 的条件生存函数,表示在违约条件下,评价对象 i 在时间 t 的生存概率 $S_i(t \mid y_i = 1) = P(T > t \mid y_i = 1)$ 。

　　混合生存分析模型的预测结果是评价对象在不同时间的生存概率,且该生存概率由两部分构成:第一部分为 $1 - p_i$,表示评价对象 i 不会违约的概率,因而评价对象 i 在 t 时间生存;第二部分为 $p_i \times S_i(t \mid y_i = 1)$,表示评价对象 i 会违约且在 t 时间之后违约的概率,因此评价对象 i 在 t 时间仍然生存。同时,从式(8-29)中可以发现生存概率由违约判别函数 p_i ,以及条件生存函数 $S_i(t \mid y_i = 1)$ 两部分组成,混合生存分析模型分别构建了违约状态判别模型及违约时间估计模型对这两部分函数进行预测[19, 22]。

　　在传统的混合生存分析模型中,违约状态判别模型通过 LR 构建:

$$\log\left(\frac{p_i}{1 - p_i}\right) = \beta_0 + \beta_1 z_{i1} + \beta_2 z_{i2} + \cdots + \beta_n z_{in} \qquad (8\text{-}30)$$

其中, $z_i = (1, z_{i1}, z_{i2}, \cdots, z_{in})$ 为模型的信用特征; $\beta = (\beta_0, \beta_1, \beta_2, \cdots, \beta_n)$ 为信用特征的系数。

　　违约状态判别模型是通过 Cox 比例风险回归模型(Cox proportional hazard regression model,以下简称 Cox 模型)构建:

$$S_i(t \mid y_i = 1) = S_0(t \mid y_i = 1)^{\exp(\alpha_1 x_{i1} + \alpha_2 x_{i2} + \cdots + \alpha_m x_{im})} \qquad (8\text{-}31)$$

其中, $S_0(t \mid y_i = 1)$ 为与时间 t 相关的基准生存函数; $x_i = (x_{i1}, x_{i2}, \cdots, x_{im})$ 为违约时间估计模型的信用特征; $\alpha = (\alpha_1, \alpha_2, \cdots, \alpha_m)$ 为信用特征的系数。

2. 基于集成学习的违约状态判别模型

　　违约状态判别模型本质上属于二分类模型,LR 虽然具有稳定、解释性强等优点,但仍属于广义线性模型,只能拟合有限的非线性关系,对于关系较为复杂的数据容易出现欠拟合。如前所述,普惠型小微企业贷款等业务对动态信用评价模型的精准性提出了更高需求。因此,本节选择集成学习方法来提升违约状态判别模型的预测精度。从国内外相关研究中可以发现,集成学习方法的违约判别效果要显著优于单分类方法[7, 39]。集成学习通过构建多个基分类器,增强模型在表示功能方面的灵活性,如非线性关系的表示,这种灵活性使其可以比单个判别模型更好地拟合数据,从而具有更好的预测效果[40],本节选择代表性的 RF 模型构建违约状态判别模型。

RF 是一种基于 Bagging 的集成学习方法[41]，其构建流程如图 8-1 所示。首先，从原始数据集中利用 bootstrap 方法有放回地抽取多个数据集，每个数据集用于构建一棵决策树，该步骤的目的是增大单个树之间的差异性，从而提升集成学习的有效性。其次，利用每个训练集训练一棵分类和回归决策树。值得注意的是，在单个决策树的构建过程中，并非利用所有的特征，而是从所有的特征集合 M 中利用随机子空间（random space）方法随机抽取 m 个特征子集，并且每棵树都尽最大可能地生长，没有剪枝过程。最后，由所有决策树投票表决给出最终的模型输出结果。

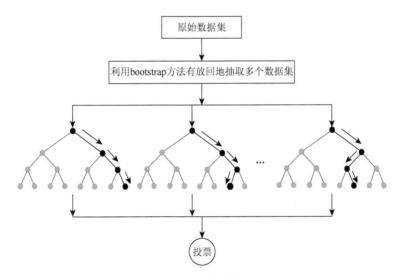

图 8-1　RF 构建流程

注：图中灰色点表示决策树节点，黑色点表示样本特征值所对应的节点

RF 的优点还在于无须交叉验证等过程即可得到模型泛化误差的无偏估计[42, 43]。对于每棵决策树，其训练集使用了不同的 bootstrap 样本，大约有 1/3 的样本没有参与到决策树的生成，这部分样本被称为袋外（out-of-bag）样本。于是，对于原始数据集中的每个样本，即可计算它作为袋外样本的决策树的错误率。研究表明，RF 的袋外样本错误率是模型泛化误差的无偏估计，其结果近似于交叉验证结果[41]。

与单分类器相比，RF 的有效性可以利用机器学习中的偏差-方差分解理论进行解释[22, 44]。在该理论中，监督学习方法的期望误差可由噪声、偏差及方差三项之和表示。其中，噪声是任何学习算法的期望误差下界，即任何学习算法无法避免的误差；偏差指学习算法的估计结果逼近真实值的程度；方差指学习算法的估计结果在面对不同数据集时的变动程度。RF 的有效性在于其同时降低了偏差和方差。在决策树训练过程中，为了避免过拟合，往往需要在树的生长过程中进行剪枝（牺牲偏差，降低方差）。而 RF 中的每棵树在生长过程中均不进行剪枝，即生成了大量低偏差、高方差的决策树。将所有决策树集成的过程可以降低方差。通过集成方式降低方差的效果取决于每棵树之间的差异性，基分类器之间的差异性越大，集成所带来的方差降低效果越好。RF 通过重抽样及随机子空间的方法加入了大量的随机性，从而保证了决策树之间的差异性。由此可见，RF 可以在获得较小偏差（充分拟合数据）的同时，降低模型的方差（受数据扰动影响小），所以往往能取得较好的泛化性能。

3. 基于 TDH 的违约时间估计模型

在传统混合生存分析模型中，违约时间估计模型是通过 Cox 模型构建的。Cox 模型中信用特征的影响作用于基准风险函数 $S_0(t \mid y_i = 1)$，而基准风险函数是模型的非参数部分，其计算通常依据风险事件发生的时间排序进行，且风险时间与模型特征无关。但在实际应用场景中，此约束难以满足，由此可能会限制模型的预测效果。例如，在消费信贷中，借款人由于经济困难而违约，其违约的过程并不是瞬间发生，该过程往往伴随着滞后期，即借款人发生经济问题后仍然可能会继续按月还款，直至借款人的余额不足以偿还当期债务。上述例子中的滞后期会受到借款人信用特征的影响，而现有的基础风险函数很难反映这一影响。由此可见，在类似场景下基础风险函数的估计需要进一步考虑信用特征和风险时间的交互作用。

针对上述问题，本节提出一种 TDH 方法来构建违约时间估计模型。TDH 方法保留了 Cox 模型的框架，在基准风险函数估计过程中进一步考虑了信用特征与风险时间的交互作用。TDH 方法包括三个步骤。

步骤 1：估计不同时间下评价对象的特定生存水平 $\mathrm{SB}_i(t \mid y_i = 1)$。

步骤 2：通过时间归类平均的方法计算基础风险函数 $S_0^{\mathrm{TDH}}(t \mid y_i = 1)$。

步骤 3：计算条件风险函数 $S_i^{\mathrm{TDH}}(t \mid y_i = 1)$。

接下来针对上述三个步骤展开详细介绍。

在步骤 1 中，TDH 方法计算每个评价对象在不同时间下的生存水平，评价对象特定生存水平函数如式（8-32）所示：

$$\mathrm{SB}_i(t \mid y_i = 1) = \mathrm{SB}_0(t \times \exp(-(\gamma_0 + \gamma_1 x_{i1} + \gamma_2 x_{i2} + \cdots + \gamma_m x_{im}))) \qquad (8\text{-}32)$$

其中，$\mathrm{SB}_i(t \mid y_i = 1)$ 为评价对象特定生存水平函数；$x_i = (x_{i1}, x_{i2}, \cdots, x_{im})$ 为函数的信用特征；$\gamma = (\gamma_0, \gamma_1, \cdots, \gamma_m)$ 为信用特征的系数。

根据式（8-32），评价对象特定生存水平函数构建了信用特征与风险时间的乘积项，即信用特征可以对风险时间起到加速或是减缓的效果，通过该函数可以得到每个评价对象在不同时间的生存水平。

在步骤 2 中，对所有评价对象根据观测时间的不同进行分组，对每个时间组的所有评价对象的生存水平取平均值，作为该时间下的基础风险函数 $S_0^{\text{TDH}}(t \mid y_i = 1)$：

$$S_0^{\text{TDH}}(t \mid y_i = 1) = \frac{1}{\mid O(t) \mid} \sum_{i \in O(t)} \text{SB}_i(t \mid y_i = 1) \tag{8-33}$$

其中，$O(t)$ 为时间 t 下所有观测对象的集合。

在计算了基础风险函数之后，即可计算条件风险函数。在条件风险函数中，信用特征再次产生影响，信用特征此次的影响与 Cox 模型相同，作用于基础风险函数。条件风险函数如式（8-34）所示：

$$S_i^{\text{TDH}}(t \mid y_i = 1) = S_0^{\text{TDH}}(t \mid y_i = 1)^{\exp(\alpha_1 x_{i1} + \alpha_2 x_{i2} + \cdots + \alpha_m x_{im})} \tag{8-34}$$

其中，$x_i = (x_{i1}, x_{i2}, \cdots, x_{im})$ 为信用特征；$\alpha = (\alpha_1, \alpha_2, \cdots, \alpha_m)$ 为信用特征的系数。

由上述三个步骤可以发现，TDH 方法中信用特征既作用于风险时间（步骤 1），也作用于基础风险函数（步骤 3），因此 TDH 方法更容易拟合数据，倾向于拥有更好的泛化性能。但函数的复杂性也随之增大，表现在信用特征有两组系数需要进行估计，即 $\gamma = (\gamma_0, \gamma_1, \cdots, \gamma_m)$ 和 $\alpha = (\alpha_1, \alpha_2, \cdots, \alpha_m)$。

8.3.3　模型参数估计

针对系数 $\alpha = (\alpha_1, \alpha_2, \cdots, \alpha_m)$，可以利用偏似然函数进行估计，其优点在于需要确定基准风险函数，从而可以将两组系数的估计过程分离，避免相互干扰。TDH 方法的偏似然函数在 Cox 模型的对数似然函数基础上，仅多了一项偏移项 $\log(E(y_i))$，因此可以用相同的估计方法。

针对系数 $\gamma = (\gamma_0, \gamma_1, \cdots, \gamma_m)$，可以利用 Zhang 和 Peng 所提出的基于排序的方法进行估计[45]。定义 ε_i 为 $\log t_i - \gamma \cdot x_i$，则 ε_i 与式（8-32）中借款人特定生存水平函数的关系如式（8-35）所示：

$$P(T > t) = P(e^{\gamma x_i + \varepsilon_i} > t) = P(e^{\varepsilon_i} > t \times e^{-\gamma x_i}) = \text{SB}_0(t \times e^{-\gamma x_i}) \tag{8-35}$$

对数风险时间即可表示为

$$\log(T_i) = \gamma x_i + \varepsilon_i^* \tag{8-36}$$

其中，ε_i^* 项的风险函数为 $E(y_i)h(\varepsilon_i^*)$，$h(\cdot)$ 为风险函数。$h(\varepsilon_i^*)$ 可以利用 Cox 模型中基于排序的方法进行估计：

$$h_{\text{PH}}(\varepsilon_i^*) = E(y_i)h(\varepsilon_i^*)\exp(\theta \cdot x_i) \tag{8-37}$$

式（8-37）的偏似然函数可以表示为

$$\psi(\theta) = \sum_{i=1}^{N} \delta_i \left(x_i - \frac{\sum_{j=1}^{N} x_j E(y_j) e^{\theta \cdot x_j} I(\varepsilon_j^* \geqslant \varepsilon_i^*)}{\sum_{j=1}^{N} E(y_j) e^{\theta \cdot x_j} I(\varepsilon_j^* \geqslant \varepsilon_i^*)} \right) \tag{8-38}$$

如式（8-38）所示，若参数 θ 为 0，则 $\psi(0)=0$ 可以作为参数 γ 的线性排序估计方程。因此，$\psi(0)$ 可以进一步表示为 $\psi(\gamma,k(\cdot))$：

$$\psi(\gamma,k(\cdot)) = \sum_{i=1}^{N} \delta_i k(\varepsilon_i^*) \left(x_i - \frac{\sum_{j=1}^{N} x_j E(y_j) I(\varepsilon_j^* \geqslant \varepsilon_i^*)}{\sum_{j=1}^{N} E(y_j) I(\varepsilon_j^* \geqslant \varepsilon_i^*)} \right) \tag{8-39}$$

其中，$k(\cdot)$ 为权重函数，当权重函数取 $k(u) = \sum_{j=1}^{N} I(\varepsilon_j^* \geqslant u)/N$ 时，式（8-38）是单调的。于是式（8-39）可进一步简化为

$$\psi(\gamma,k(\cdot)) = \frac{1}{N} \sum_{i=1}^{N} \sum_{j=1}^{N} \delta_i (x_i - x_j) E(y_j) I(\varepsilon_j^* \geqslant \varepsilon_i^*) \tag{8-40}$$

式（8-40）可转化为式（8-41）凸函数的梯度：

$$L_G(\gamma) = \frac{1}{N} \sum_{i=1}^{N} \sum_{j=1}^{N} \delta_i E(y_j) |\varepsilon_i^* - \varepsilon_j^*| I(\varepsilon_i^* < \varepsilon_j^*) \tag{8-41}$$

综上，估计系数 $\gamma = (\gamma_0, \gamma_1, \cdots, \gamma_m)$ 的值即可转化为式（8-41）中凸函数的最小值，可以利用线性规划的方法进行求解。

给定评价对象 $i(i=1,2,\cdots,N)$ 的观测数据 $(t_i, \delta_i, z_i, x_i)$，式（8-29）中的似然函数可表示为

$$\prod_{i=1}^{N} [1-p(z_i)]^{1-y_i} p(z_i)^{y_i} h(t_i \mid y=1,x_i)^{\delta_i y_i} S(t_i \mid y=1,x_i)^{y_i} \tag{8-42}$$

似然函数的求解依赖违约状态变量 y_i，但违约状态变量 y_i 为局部观测变量，即当观测数据删失时（$\delta_i = 0$），违约状态变量 y 的值是未知的，因此需对 y_i 的值进行估计。

式（8-42）取对数后可表示为两部分之和：

$$L_I = \sum_{i=1}^{N} (y_i \log[p(z_i)] + (1-y_i) \log[1-p(z_i)]) \tag{8-43}$$

$$L_L = \sum_{i=1}^{N} (y_i \delta_i \log[h(t_i \mid y=1,x_i)] + y_i \log[S(t_i \mid y=1,x_i)]) \tag{8-44}$$

基于式（8-43）和式（8-44），违约状态变量 y 的期望值为

$$E(y_i \mid t_i, \delta_i, z_i, x_i) = \delta_i + (1-\delta_i) \frac{p(z_i)S(t_i \mid y=1,x_i)}{1-p(z_i)+p(z_i)S(t_i \mid y=1,x_i)} \tag{8-45}$$

评价模型的估计可以利用期望最大算法实现[22, 46]，具体的模型估计算法如图 8-2 所示。

Input: Observation Data $(t_i, \delta_i, z_i, x_i)$;

   Convergence Threshold $\theta = 10^{-7}$;

   Maximum Number of Iterations $R = 50$

Output: $p(z_i)$ and $S(t_i \mid y = 1, x_i)$

$y_i = \delta_i$

RF = RFTrain$(y_i \sim z_i)$

$p(z_i)$ = RFPredict(RF, z_i)

$S(t_i \mid y = 1, x_i)$ = TDH$(y_z, t_i \sim x_i)$

$V_{\text{convergence}} = \infty$, $r = 1$

while $V_{\text{convergence}} > \theta \wedge r < R$ do

$\quad E(y_i)^{(r)} = \delta_i + (1 - \delta_i) \dfrac{p(z_i) S(t_i \mid y = 1, x_i)}{1 - p(z_i) + p(z_i) S(t_i \mid y = 1, x_i)}$

$\quad$ RF = RFTrain$(E(y_i)^{(r)} \sim z_i)$

$\quad p(z_i)$ = RFPredict(RF, z_i)

$\quad S(t_i \mid y = 1, x_i)$ = TDH$(E(y_i)^{(r)}, t_i \sim x_i)$

$\quad V_{\text{convergernce}}^{(r)} = (\Delta O_{\text{oob}}^{(r)})^2 + (\Delta S_0^{(r)})^2 + (\Delta \alpha^{(r)})^2$

$\quad r = r + 1$

end while

图 8-2 评价模型估计算法

期望最大算法由期望（expectation，E）和最大化（maximization，M）两步迭代进行，在 E 步骤中，利用式（8-45）计算违约状态变量 y 的期望值，在 M 步骤中，将违约状态变量 y 的期望值代入式（8-43）和式（8-44）中进行求解。然后再将求解的值代入式（8-45）中进行下一轮的 M 步骤，E 和 M 两个步骤循环进行直至模型的参数估计达到收敛[47]。

在传统混合生存分析模型中，式（8-43）中违约判别函数 p_i 的收敛状态可以利用信用特征的系数增量来判断，而在本节中违约判别函数 p_i 是利用 RF 进行估计，并没有模型系数可以用于判断模型是否收敛。在模型估计过程中，本节利用 RF 的样本外输出的增量 ΔO_{oob} 作为模型收敛的判别指标。

8.3.4 实验研究及结果分析

为了验证预测驱动的动态信用评价模型的有效性，本节利用网络消费信贷数据展开实验研究。

1. 数据集

数据集中连续型与离散型信用特征的统计描述如表 8-2 和表 8-3 所述。数据集中共包含 52 573 条借贷记录，所有记录均为 12 个月的贷款，其中违约样本有

6 079 条，非违约样本有 46 494 条。从表 8-2 和表 8-3 可以发现数据集中包含连续型和离散型特征，值得注意的是，基于决策树的 RF 模型可以直接处理离散特征，而像 LR 等回归方法需要对离散特征进行处理，构建多个哑变量。为了保证不同模型的特征数量和输入值保持一致，实验对数据集中的信用特征进行了证据权重（weight of evidence，WOE）转换。

表 8-2 连续型信用特征的统计描述

编号	特征	最小值	最大值	均值
1	借款人年龄/岁	20	64	38.52
2	借款金额/元	500	2 000 000	59 719.87
3	利率	10%	25%	18.78%
4	成功借入次数/次	0	9	1.58
5	流标申请次数/次	0	10	0.07
6	已偿清借款数/次	0	5	0.78

表 8-3 离散型信用特征的统计描述

编号	特征	类数	类别描述
1	性别	2	{男，女}
2	借款类型	4	{PC，BG，CT，other}
3	年收入	6	{<2 万元，2 万~<6 万元，6 万~<12 万元，12 万~<24 万元，24 万~<40 万元，≥40 万元}
4	信用卡额度	7	{无，<0.3 万元，0.3 万~<0.6 万元，0.6 万~<2 万元，2 万~<5 万元，5 万~<10 万元，≥10 万元}
5	信用等级	8	{AAA，AA，A，BB，B，CC，C，HR}
6	信用记录年数	4	{无，1~<3 年，3~<5 年，≥5 年}
7	商业保险	2	{是，否}
8	信用报告	2	{是，否}
9	担保人	2	{是，否}
10	房产担保	2	{是，否}
11	汽车担保	2	{是，否}
12	长期居住地	5	{RR，UC，CIC，COC，other}
13	房产	6	{R/N，PH，ME<40 万元，ME≥40 万元，ON<100 万元，ON≥100 万元}

续表

编号	特征	类数	类别描述
14	工作年限	5	{unemployed，<1 年，1～<3 年，3～<5 年，≥5 年}
15	职称	7	{S/U，LS，JE，ME，SE，BS，other}
16	职业	6	{S/J/U，COS，CIS，PI，FI，other}
17	教育程度	5	{JHS or below，SHS/TSS，JC，BR，MS or above}
18	婚姻状况	4	{UM，MC，MWC，DD}
19	社保年限	5	{unpaid，<1 年，1～<3 年，3～<5 年，≥5 年}

注：PC = 个人消费；BG = 贷款类；CT = 资金周转；RR = 农村居住区；UC = 城镇居住区；CIC = 城市居住区；COC = 商业社区；R/N = 租赁或无房；PH = 父母所有；ME = 按揭贷款；ON = 自有未按揭；S/U = 学生或职位不确定；LS = 一般员工；JE = 初级管理人员；ME = 中级管理人员；SE = 高级管理人员；S/J/U = 学生或待业或无业；COS = 企业员工；CIS = 公务员；PI = 事业单位；FI = 金融机构；JHS or below = 初中或初中以下；SHS/TSS = 高中或中专；JC = 专科；BR = 本科；MS or above = 研究生或研究生以上；UM = 未婚；MC = 已婚无子女；MWC = 已婚有子女；DD = 离异；other 表示其他；unemployed 表示无业；unpaid 表示未缴纳

WOE 转换是对离散型特征中的每一类赋予 WOE 值，从而可以将离散型变量转换为连续型变量[48]。相较于哑变量编码，WOE 转化并不改变信用特征的数量，可以有效降低模型的复杂性。针对离散特征中的 k 类，其 WOE 值为

$$\mathrm{WOE}_k = \ln\left(\frac{\mathrm{BD}_k}{\mathrm{GD}_k}\right) \tag{8-46}$$

其中，BD_k 为该离散特征第 k 类中违约借款人占所有违约借款人的比例；GD_k 为该离散特征第 k 类中非违约借款人占所有非违约借款人的比例。

WOE 转换的优点在于：WOE 转换后特征具备了标准化的性质，特征内部的各个取值之间都可以直接进行比较（WOE 之间的比较），而不同特征之间的各种取值也可以通过 WOE 进行直接比较。此外，很多特征极值通过 WOE 可以变为非异常值，很多频次较少的特征也可以通过 WOE 转换进行合并。

2. 实验设计

基于混合生存分析模型，本节提出了基于集成学习的违约状态判别模型和基于 TDH 的违约时间估计模型。为了系统比较这两方面改进所带来的效果，实验采取全因子设计，将违约状态判别模型和违约时间估计模型看作两个因子，模型构建方法为因子水平，利用因子水平的所有组合进行违约预测实验。实验设计如表 8-4 所示，因子水平的组合构成了四种混合生存分析模型，表 8-4 中每行的模型控制了违约状态判别模型（分别固定为 LR 或 RF），而每列的模型控制了违约时间估计模型（分别固定为 Cox 或 TDH）。通过比较这四种模型可以有效分析不同模型改进所带

来的影响。例如，比较 LR-Cox 和 LR-TDH 模型或 RF-Cox 和 RF-TDH 模型可以分析 TDH 方法对模型效果带来的影响；类似地，比较 LR-Cox 和 RF-Cox 模型或 LR-TDH 和 RF-TDH 模型可以分析 RF 模型对模型效果带来的影响。

表 8-4　全因子设计

因子设计	Cox	TDH
LR	LR-Cox	LR-TDH
RF	RF-Cox	RF-TDH

评价模型的预测效果指标选取了 AUC、KS 和 HM 三个评价指标。除此之外，实验还比较了不同评价模型的校准性能。上述三个评价指标均属于模型判别性能评价指标，评价的是模型对借款人风险排序的有效性，而校准性能是评价所预测违约概率的准确性。实验分别利用预测违约数量和真实违约数量计算卡普兰-梅尔（Kaplan-Meier，KM）生存率指标，并比较两者的相关性强度，以此判断评价模型的校准性能。

预测性能的估计采取了十折交叉验证方法。在十折交叉验证过程中，数据集被分为十等份，逐次选择其中一份作为测试集，利用剩余九份作为训练集训练违约预测模型，预测测试集中样本的违约概率。为了获得模型违约预测效果的无偏估计，实验针对每个模型均进行了 10 次十折交叉验证，产生了 100 个评价指标值，并利用 100 个指标值进行了进一步的统计检验。为了保证实验的严谨性，不同模型在每次训练集和测试集划分中均保持一致。

3. 实验结果分析

在模型对比分析前，实验先通过违约状态判别预实验验证 RF 相对于 LR 的有效性。预实验选择了不同的集成学习方法进行对比分析，包括 Bagging、boosting 及 RF。其中，Bagging 和 boosting 的基分类器可以为回归模型或树类模型。集成策略和基分类器的组合构成了七种方法，如表 8-5 所示。模型参数的调优选择了网格搜索方法，通过遍历给定的参数组合来优化模型。网格搜索中数量参数的增量设为 10，比例参数的增量设为 0.1。最终模型相关参数如下：RF 模型树的数量为 500；XGB 模型迭代次数为 100；Bagging-LR 模型基分类器数量为 500，样本比例为 0.1，特征比例为 0.7；boosting-DT 模型基分类器数量为 500，样本比例为 0.1，特征比例为 1.0。模型的预测效果如表 8-5 所示，10 次十折交叉验证的结果显示，Bagging、boosting 方法对 LR 模型的性能提升并不显著，但集成方法可以显著提升树类模型的预测效果。具体来说，单个 DT 的性能低于 LR，但 Bagging-DT 和 boosting-DT 模型的性能得到了显著提高，尤其是 RF 模型，其 AUC 水平显著优于所有对照模型。

表 8-5　分类方法的性能

分类方法	AUC 均值	95%置信区间
LR	0.705	(0.702, 0.707)
DT	0.673	(0.670, 0.676)
Bagging-LR	0.675	(0.673, 0.678)
Bagging-DT	0.699	(0.696, 0.701)
boosting-LR	0.705	(0.703, 0.707)
boosting-DT	0.716	(0.714, 0.718)
RF	0.733	(0.730, 0.735)

注：boosting 选择了 XGB 模型，DT 选择了 CART 模型

为了严谨地比较 RF 和 LR 模型的违约判别性能，预实验中保持了两者的输入特征完全一致，以此来控制混杂因素的影响。但是仍然会存在其他因素的影响，如特征选择和 WOE 转换，因此实验针对这些因素进行了鲁棒性检验，结果如表 8-6 和表 8-7 所示。

表 8-6　特征选择对 LR 的影响

模型设定	AUC 均值	95%置信区间
不进行特征选择	0.705	(0.702, 0.707)
进行特征选择	0.705	(0.702, 0.707)

表 8-7　WOE 转换对 RF 的影响

模型设定	AUC 均值	95%置信区间
不进行 WOE 转换	0.737	(0.735, 0.740)
进行 WOE 转换	0.733	(0.730, 0.735)

首先，RF 对于特征选择的敏感性低，而特征选择可能会对 LR 的违约判别性能产生影响，因此实验利用赤池信息量准则（Akaike information criterion，AIC）向后逐步选择方法对 LR 模型进行了特征选择，比较了特征选择前后模型违约判别性能的差异。表 8-6 中结果显示，特征选择并未对 LR 模型的性能产生显著影响。其次，由于 RF 是基于 DT 的集成方法，无须特征转换即可处理原始类别变量，实验利用原始特征（未进行 WOE 转换）构建 RF 模型，比较 WOE 转换前后模型违约判别性能的差异。表 8-7 中结果显示，相比于特征转换后的连续特征，RF 模型在原始类别变量下表现更优。最后，鲁棒性检验的结果进一步验证了 RF 相对于 LR 在违约判别方面的有效性。

不同模型的组合所构成的四种混合生存分析模型的判别性能如表 8-8 所示。因为贷款违约的定义为连续 3 个月逾期，所以从第 3 个月才可以观测到违约。实验中所有样本的借款周期均为 12 个月，因此共有 10 个观测时间，且 T1 到 T10 分别对应第 3~12 月。混合生存分析模型在时间 t 下的评分函数为其在该时间下的违约概率，即 $1-S(t)/S(t-1)$。

表 8-8　混合生存分析模型的判别性能

C1	C2	时间	AUC（95%置信区间）	KS（95%置信区间）	HM（95%置信区间）	评分函数
LR	Cox	T1	0.683（0.676, 0.690）	0.317（0.308, 0.326）	0.179（0.171, 0.187）	1-S(3)
	TDH		0.730（0.725, 0.735）	0.361（0.352, 0.369）	0.227（0.219, 0.235）	
RF	Cox		0.708（0.701, 0.714）	0.339（0.329, 0.349）	0.200（0.191, 0.208）	
	TDH		0.739（0.734, 0.745）	0.386（0.377, 0.396）	0.242（0.233, 0.251）	
LR	Cox	T2	0.670（0.662, 0.677）	0.293（0.282, 0.304）	0.172（0.163, 0.181）	1-S(4)/S(3)
	TDH		0.730（0.722, 0.739）	0.385（0.371, 0.399）	0.248（0.235, 0.261）	
RF	Cox		0.680（0.672, 0.687）	0.302（0.291, 0.313）	0.182（0.173, 0.191）	
	TDH		0.735（0.727, 0.742）	0.389（0.377, 0.401）	0.255（0.244, 0.266）	
LR	Cox	T3	0.627（0.618, 0.636）	0.254（0.242, 0.266）	0.123（0.114, 0.132）	1-S(5)/S(4)
	TDH		0.690（0.682, 0.699）	0.354（0.342, 0.367）	0.192（0.182, 0.203）	
RF	Cox		0.657（0.648, 0.666）	0.290（0.278, 0.303）	0.152（0.142, 0.163）	
	TDH		0.711（0.704, 0.719）	0.360（0.347, 0.372）	0.218（0.207, 0.228）	
LR	Cox	T4	0.694（0.684, 0.703）	0.346（0.330, 0.361）	0.202（0.189, 0.215）	1-S(6)/S(5)
	TDH		0.696（0.687, 0.705）	0.352（0.338, 0.366）	0.203（0.192, 0.214）	
RF	Cox		0.730（0.721, 0.738）	0.393（0.379, 0.407）	0.257（0.245, 0.270）	
	TDH		0.741（0.733, 0.750）	0.414（0.399, 0.428）	0.273（0.259, 0.286）	
LR	Cox	T5	0.681（0.671, 0.691）	0.357（0.342, 0.373）	0.197（0.182, 0.211）	1-S(7)/S(6)
	TDH		0.704（0.695, 0.713）	0.390（0.375, 0.405）	0.222（0.209, 0.235）	
RF	Cox		0.707（0.697, 0.717）	0.376（0.362, 0.391）	0.232（0.218, 0.246）	
	TDH		0.735（0.726, 0.744）	0.421（0.406, 0.436）	0.275（0.260, 0.289）	
LR	Cox	T6	0.695（0.687, 0.703）	0.367（0.354, 0.379）	0.204（0.193, 0.216）	1-S(8)/S(7)
	TDH		0.710（0.703, 718）	0.372（0.360, 0.384）	0.222（0.212, 0.233）	
RF	Cox		0.731（0.722, 0.739）	0.403（0.389, 0.416）	0.256（0.244, 0.268）	
	TDH		0.748（0.740, 0.756）	0.419（0.406, 0.432）	0.286（0.274, 0.299）	
LR	Cox	T7	0.675（0.662, 0.688）	0.345（0.327, 0.364）	0.212（0.195, 0.228）	1-S(9)/S(8)
	TDH		0.685（0.673, 0.696）	0.363（0.345, 0.381）	0.219（0.203, 0.235）	

续表

C1	C2	时间	AUC（95%置信区间）	KS（95%置信区间）	HM（95%置信区间）	评分函数
RF	Cox	T7	0.717（0.707, 0.728）	0.387（0.371, 0.403）	0.259（0.244, 0.273）	$1-S(9)/S(8)$
	TDH		0.725（0.714, 0.736）	0.397（0.381, 0.414）	0.269（0.254, 0.284）	
LR	Cox	T8	0.707（0.697, 0.717）	0.391（0.375, 0.407）	0.241（0.226, 0.255）	$1-S(10)/S(9)$
	TDH		0.715（0.705, 0.725）	0.406（0.390, 0.422）	0.258（0.244, 0.272）	
RF	Cox		0.730（0.720, 0.741）	0.412（0.396, 0.428）	0.271（0.256, 0.287）	
	TDH		0.741（0.731, 0.751）	0.426（0.410, 0.441）	0.290（0.276, 0.305）	
LR	Cox	T9	0.676（0.656, 0.697）	0.416（0.388, 0.444）	0.284（0.257, 0.311）	$1-S(11)/S(10)$
	TDH		0.701（0.681, 0.722）	0.455（0.426, 0.484）	0.321（0.292, 0.351）	
RF	Cox		0.701（0.680, 0.722）	0.443（0.416, 0.470）	0.319（0.292, 0.347）	
	TDH		0.728（0.708, 0.748）	0.475（0.447, 0.503）	0.358（0.329, 0.387）	
LR	Cox	T10	0.641（0.632, 0.650）	0.284（0.269, 0.298）	0.137（0.127, 0.147）	$1-S(12)/S(11)$
	TDH		0.701（0.692, 0.710）	0.377（0.363, 0.392）	0.220（0.207, 0.232）	
RF	Cox		0.739（0.730, 0.747）	0.420（0.406, 0.433）	0.294（0.282, 0.306）	
	TDH		0.751（0.742, 0.760）	0.437（0.424, 0.450）	0.337（0.325, 0.349）	

注：C1 表示违约状态判别模型，C2 表示违约时间估计模型

表 8-8 中的结果显示，在所有时间下，RF-TDH 模型均取得了最好的判别效果，模型的 AUC、KS 和 HM 值均优于其他三种混合生存分析模型。进一步分析还可以发现，使用 LR 作为违约状态判别模型时，TDH 的判别效果要优于 Cox（LR-TDH 与 LR-Cox 对比）；使用 RF 作为违约状态判别模型时，TDH 的判别效果同样优于 Cox（RF-TDH 与 RF-Cox 对比）；使用 Cox 作为违约时间估计模型时，RF 的判别效果要优于 LR（RF-Cox 与 LR-Cox 对比）；使用 TDH 作为违约时间估计模型时，RF 的判别效果同样优于 LR（RF-TDH 与 LR-TDH 对比）。由此可见，本节针对违约状态判别模型和违约时间估计模型的改进均可以有效提升混合生存分析模型的判别性能，而综合两方面改进的 RF-TDH 模型在不同时间下均取得了最好的违约判别效果。

为了验证判别性能提升的显著性，实验利用表 8-8 中的结果进行了重复测量方差分析。在重复测量方差分析中，违约状态判别模型的选择（LR 或 RF）及违约时间估计模型的选择（Cox 或 TDH）为两个主因素，预测时间作为组间因素。重复测量方差分析的结果如表 8-9 所示，两个主因素的边际效用如图 8-3 所示。从结果中可以发现，无论对于 AUC、KS 还是 HM 指标，选择 RF 构建违约状态判别模型，以及选择 TDH 构建违约时间估计模型均可以显著提升混合生存分析

模型的判别性能（p 值小于 0.001），这证明两部分模型的改进对混合生存分析模型的判别性能提升具有统计意义。

表 8-9　重复测量方差分析结果

因素	AUC			KS			HM		
	F	p	η^2	F	p	η^2	F	p	η^2
C1	1094.6	<0.001	0.525	462.3	<0.001	0.318	990.5	<0.001	0.500
C2	1721.4	<0.001	0.635	1110.5	<0.001	0.529	1412.6	<0.001	0.588
C1×C2	88.1	<0.001	0.082	30.1	<0.001	0.029	0.1	0.814	0.000

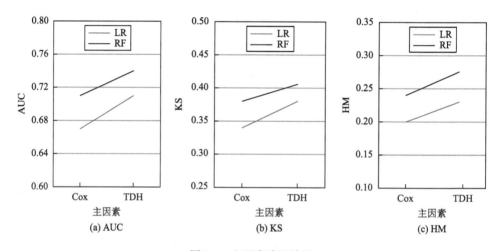

(a) AUC　　　　　　　(b) KS　　　　　　　(c) HM

图 8-3　主因素边际效用

　　上述实验验证了 RF 和 TDH 对混合生存分析模型判别性能提升的有效性，接下来则分析两部分改进对模型校准性能的影响。

　　实验比较了不同混合模型预测的生存概率与实际观测到的生存概率之间的一致性差异，结果如图 8-4 所示。其中虚线为最优校准性能线，表示预测生存概率与观测生存概率相同。从图 8-4 中可以看出，RF-TDH 模型所对应的性能线最接近最优校准性能线，模型具有最优校准性能。针对单个模型来看：使用 LR 作为违约状态判别模型时，TDH 的校准性能要优于 Cox（LR-TDH 与 LR-Cox 对比）；使用 RF 作为违约状态判别模型时，TDH 的校准性能同样优于 Cox（RF-TDH 与 RF-Cox 对比）；使用 Cox 作为违约时间估计模型时，RF 的校准性能要优于 LR（RF-Cox 与 LR-Cox 对比）；使用 TDH 作为违约时间估计模型时，RF 的校准性能同样优于 LR（RF-TDH 与 LR-TDH 对比）。由此可见，RF 和 TDH 可以有效提升混合生存分析模型的校准性能。

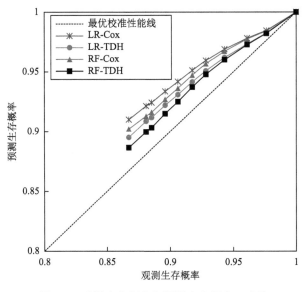

图 8-4　观测生存概率与预测生存概率一致性

为了验证校准性能提升的显著性，实验利用预测违约数和实际观测违约数计算了一致性相关系数，相关结果如表 8-10 所示。一致性相关系数由皮尔逊相关系数及偏差校正因子两部分构成，且 $\rho_c = \rho C_b$。表 8-10 显示，选择 RF 构建违约状态判别模型，以及选择 TDH 构建违约时间估计模型均可以显著提升混合生存分析模型的校准性能，且 RF-TDH 模型的校准性能显著优于其他三种混合生存分析模型，证明本节针对两部分模型的改进对混合生存分析模型的校准性能提升具有统计意义。

表 8-10　一致性相关系数

指标	LR-Cox	LR-TDH	RF-Cox	RF-TDH
一致性相关系数 ρ_c	0.921	0.935	0.930	0.944
95%置信区间	（0.913, 0.929）	（0.928, 0.942）	（0.922, 0.937）	（0.937, 0.949）
皮尔逊相关系数 ρ	0.966	0.974	0.969	0.977
偏差校正因子 C_b	0.954	0.960	0.960	0.966

8.4　融入面板数据的动态信用评价模型[49]

8.4.1　问题描述

信用评价模型作为金融风险管理工具，在消费信贷等领域一直发挥着重要作用[40, 50]。近年来，国内外经济形势发生了显著变化。第一，国际贸易摩擦升级，外部环境的不确定性加剧；第二，国内经济下行压力加大，金融市场参与者的履约能力下降；第三，突发性事件频发，引致各种金融"黑天鹅"事件，如新冠疫情使得大量企业出现信用违约危机。上述各种因素导致金融市场中信用风险的动态性比以往任何时期都强，金融机构需及时掌握信用风险变化趋势，动态信用评价逐渐成为学界和金融界关注的重点及研究的热点[18, 31]。与此同时，随着云计算、物联网、移动互联和人工智能等新一代信息技术的广泛应用，评价对象的财务、行为和信用历史等信息被实时记录在各类信息系统中，为预测客户信用风险趋势、提升金融服务质量提供了动态的大数据和分析处理方法。

国内外相关研究主要利用分类和生存分析模型构建信用评价模型。基于分类的信用评价模型是将评价对象分为违约和非违约两类，代表性的有 LR 和线性判别分析等统计分析模型[33, 51]，以及 DT、SVM 和集成学习等人工智能模型[34, 52, 53]。上述基于分类的信用评价模型能够预测评价对象是否发生违约，但无法预测何时会发生违约，不具有动态预测能力。为此，Narain[15]首次将医学领域的生存分析模型引入信用评价场景，用于预测评价对象在不同时间的违约概率，从而量化评价对象动态变化的信用风险[35, 54]。后续研究广泛地采用生存分析模型构建动态信用评价模型。例如，Djeundje 和 Crook[18]将时间依赖系数引入生存分析模型，预测信用卡用户的动态违约水平；Jiang 等[22]提出了一种预测驱动的生存分析模型来预测借款人在不同时间下的违约概率。

但在生存分析中存在一个隐含假设：当观测周期足够长时，所有评价对象均会发生违约[36]。在实际场景中该假设却难以成立，如在信贷审批中，违约借款人仅占极少一部分，由此引发的问题是用该信用评价模型预测的违约概率容易高于实际违约概率，导致模型校准性能差。针对实际场景中违约群体和非违约群体构成的混合群体，更为合理的做法是进行混合生存分析，即在建模过程中区分违约和非违约群体，并在对违约群体建模时采用生存分析，从而满足生存分析的隐含假设。尤其是当下金融市场的动态性显著增强，有效应对评价群体的"混合"特点并准确预测信用风险趋势尤为重要。

此外，信用评价中评价对象的信用风险由信用特征衡量，信用风险的变化常常体现或隐含在信用特征的动态变化中。现有的信用评价方法大多基于截面数据构建模型[55, 56]，此类方法适合信用特征值变化相对稳定的场景，但在对变化性强的信用特征建模或进行趋势性预测时存在一定局限性。尤其利用生存分析进行信用评价时，模型预测的是不同时间的动态生存概率，生存时间和信用特征的变化存在一定关联性，而基于截面数据建模难以有效表征该关联性，从而限制了模型的预测性能。

为了解决动态数据环境下的动态信用评价问题，本节提出一种融入面板信息的动态信用评价模型。首先，构建混合生存分析（mixture survival analysis，MSA）模型（以下简称 MSA 模型，除 8.4 节之外的其余章节出现的混合生存分析是泛指一类方法，不同于 8.4 节的 MSA 模型），并基于面板数据构建多重生存状态向量，拟合信用特征与生存时间的动态关联。其次，基于所生成的多重生存状态向量，利用期望最大算法迭代估计动态评价模型的参数。最后，利用网络借贷平台的数据进行实验研究，通过对比分析验证该模型的有效性。

8.4.2　模型设计

1. MSA 模型

为了预测评价对象在不同时间的动态违约概率，本节构建基于 MSA 的动态信用评价模型，核心是将经典的 MSA 模型拓展到动态数据场景中，在建模过程中融入面板数据中的有效信息。

相比于静态信用评价模型，动态信用评价模型在建模时考虑了时间因素。定义变量 t 为观测时间，评价对象在 t 时间存在三种信用状态：第一种是已经观测到违约；第二种是未观测到违约，但在 t 时间之后会发生违约；第三种是未观测到违约，且一直不会违约。由此可见，当在 t 时间未观测到违约时，评价对象存在 t 时间之后"违约"和"一直不违约"两种情况，此时的观测为局部观测，又称为"删失"，即未观测到违约事件发生。定义随机变量 δ 为删失状态变量，$\delta = 0$ 表示观测数据删失，$\delta = 1$ 表示未删失；定义随机变量 y 为违约状态变量，$y = 1$ 表示在整个贷款周期内会发生违约，$y = 0$ 表示不会发生违约。

定义评价对象在 t 时间的生存概率为 $S(t)$，根据离散型全期望公式，生存概率 $S(t)$ 为每种信用状态出现的概率与其对应的条件生存概率的乘积之和，即 $S(t) = \sum_{k \in \{0,1\}} P(y = k) \times S(t \mid y = k)$。当 $y = 0$ 时，条件生存概率 $S(t \mid y = 0)$ 为 1，当 $y = 1$ 时，条件生存概率为 $S(t \mid y = 1)$。由此，基于 MSA 的动态信用评价模型可表示为

$$S(t) = 1 - p + p \times S(t \mid y = 1) \tag{8-47}$$

其中，$p = P(y = 1)$ 为违约概率；$S(t \mid y = 1)$ 为条件生存概率，表示在违约条件下 t 时间的生存概率。

该动态信用评价模型表达的含义为：评价对象在 t 时间的生存概率等于非违约的概率与在 t 时间之后发生违约的概率之和。如式（8-47）所示，生存概率函数 $S(t)$ 由两部分构成：一部分为 $1 - p$，表示评价对象非违约的概率；另一部分为 $p \times S(t \mid y = 1)$，表示评价对象会违约但在时间 t 后违约的概率。从概率上解析，上述两部分概率表征了评价对象在 t 时间生存的两种可能情况，即始终不违约和观测时间之后违约。

定义 p 为违约状态判别函数，该函数表征了评价对象在整个生命周期内的违约概率；定义 $S(t \mid y=1)$ 为违约时间估计函数，该函数表征了评价对象在不同时间的条件生存概率。通过违约状态判别函数，可以将评价对象分为违约和非违约两个群体，从而判别评价对象"是否违约"。通过违约时间估计函数，可以预测违约群体的评价对象"何时违约"。因此，可针对上述两个函数分别构建违约状态判别模型和违约时间估计模型。

针对违约状态判别函数 p，构建违约状态判别模型。该模型本质上属于分类模型，因此可利用广义线性回归模型进行建模，回归模型的函数形式有 logit、probit 及 log-log 等。其中，LR 是信用评价中应用最广泛的模型[57]，且具备假设条件少、准确率高及预测性能稳定等优点。因此，本节选择 LR 模型构建违约状态判别模型。模型构建如式（8-48）所示：

$$\log\left(\frac{p}{1-p}\right) = \beta_0 + \beta_1 z_1 + \beta_2 z_2 + \cdots + \beta_n z_n \tag{8-48}$$

其中，向量 $z = (z_1, z_2, \cdots, z_n)$ 为违约状态判别模型的信用特征向量；向量 $\beta = (\beta_1, \beta_2, \cdots, \beta_n)$ 为信用特征的系数向量。

针对违约时间估计函数 $S(t \mid y=1)$，构建违约时间估计模型。违约时间估计函数属于条件生存概率函数，可利用生存分析对其进行建模。主流的生存分析模型有参数和半参数模型，与参数模型相比，半参数模型不需要针对违约时间的分布做特定假设，如威布尔分布、指数分布及伽马分布等，只需对部分生存函数作假设，具有更广泛的适应性[58]。因此，本节利用 Cox 模型构建违约时间估计模型。模型构建如式（8-49）所示：

$$S(t \mid y=1) = S_0(t \mid y=1)^{\exp(\alpha_1 x_1 + \alpha_2 x_2 + \cdots + \alpha_m x_m)} \tag{8-49}$$

其中，$S_0(t \mid y=1)$ 为基准生存函数，是函数的非参数部分；向量 $x = (x_1, x_2, \cdots, x_m)$ 为违约时间估计模型的信用特征向量；向量 $\alpha = (\alpha_1, \alpha_2, \cdots, \alpha_m)$ 为信用特征的系数向量。

2. 基于面板数据的多重生存状态向量构建方法

在实际场景中，信用特征往往是动态变化的，如成交量、增长速率及投资人数等，形成了动态的面板数据。以往研究大多利用截面数据建模，如利用申请时刻的截面数据与贷款周期内的还款状态数据进行监督式学习，构建信用评价模型预测新的借款人是否会发生违约。此类方法仅考虑了单个时间的信息，忽略了信用特征的动态属性，一定程度上限制了评价模型的预测性能。尤其是利用生存分析进行信用评价时，模型引入了生存时间变量，当信用特征随时间发生变化时，与生存时间变量产生了交互，如何将这种动态效应考虑到建模过程中是提升动态信用评价效果的关键。为此，本节提出一种基于面板数据的多重生存状态向量构建方法。

在不同观测时间下，可分别观测到违约状态判别模型的信用特征向量 $z = (z_1, z_2, \cdots, z_n)$ 和违约时间估计模型的信用特征向量 $x = (x_1, x_2, \cdots, x_m)$，构成了信用特征的面板数据。针对面板数据中的每个观测时间分别构建一条生存状态向量 $O = (t, \delta, z, x)$，由此构建了多重生存状态向量。其中"多重"体现在针对每个评价对象，在不同时间连续观测其生存状态，从而获取多条观测数据。多重生存状态向量构建过程如图 8-5 所示，假定观测周期为 3，编号 1 到 4 分别代表了 4 类评价对象，评价对象 1 在 t_1 观测到违约，评价对象 2 在 t_2 观测到违约，评价对象 3 在 t_3 观测到违约，评价对象 4 在观测周期内未观测到违约，因此在 t_3 处删失。针对评价对象 1，在 t_0 时刻开始观测，在 t_1 时刻观测到违约，则生存状态 (t, δ) 为 $(1,1)$。针对评价对象 2，可以得到两条生存状态数据，第一条数据在 t_0 时刻开始观测，在 t_2 时刻观测到违约，生存状态 (t, δ) 为 $(2,1)$；第二条数据在 t_1 时刻开始观测，在 t_2 时刻观测到违约，生存状态 (t, δ) 为 $(1,1)$。类似地，针对评价对象 3 和评价对象 4 可以分别得到三条生存状态数据。多重生存状态如表 8-11 所示。

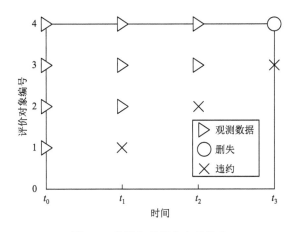

图 8-5　多重生存状态向量构建

表 8-11　多重生存状态 (t, δ)

评价对象编号	观测 1	观测 2	观测 3
1	$(1,1)$	—	—
2	$(2,1)$	$(1,1)$	—
3	$(3,1)$	$(2,1)$	$(1,1)$
4	$(3,0)$	$(2,0)$	$(1,0)$

通过构建多重生存状态向量，可将面板数据中的动态信息融入动态信用评价模型中。假定评价对象 3 为某待评价企业，其成交量随时间呈下降趋势，且在 t_3 时

刻观测到违约。观察所构建的多重生存状态向量，在 t_0 时刻的成交量状态值下，该企业生存了三个单位时间，随着成交量的下降，在 t_1 时刻的成交量状态值下，该企业只生存了两个单位时间，在 t_2 时刻的成交量状态值下，该企业只生存了一个单位时间。由此可见，信用特征的动态属性可通过多重生存状态向量中的生存时间体现，从而被所构建的动态信用评价模型学习。

8.4.3　模型参数估计

构建多重生存状态向量 $O_i = (t_i, \delta_i, z_i, x_i)$ 后，进一步估计动态信用评价模型的参数。违约状态判别模型和违约时间估计模型的参数估计过程中均需要违约状态变量 y_i 的值。但随机变量 y_i 是局部可知的，当观测数据未删失时（ $\delta_i = 1$ ），随机变量 y_i 是已知的（ $y_i = 1$ ）；当观测数据删失时（ $\delta_i = 0$ ），随机变量 y_i 是未知的（ $y_i = 1$ 或 0 ），即未观测到违约的评价对象仍可能在未来发生违约。因此，模型估计过程中需同时估计违约状态变量 y_i 的值。为此，本节利用期望最大算法对违约状态变量 y_i 、违约状态判别模型的参数 $\beta = (\beta_1, \beta_2, \cdots, \beta_n)$ 及违约时间估计模型的参数 $\alpha = (\alpha_1, \alpha_2, \cdots, \alpha_m)$ 进行估计。

期望最大算法可以解决极大似然估计中存在隐含随机变量的估计问题[46]。基于式（8-47），动态信用评价模型的似然函数为

$$\prod_{i=1}^{N} [1 - p(z_i)]^{1-y_i} p(z_i)^{y_i} h(t_i \mid y = 1, x_i)^{\delta_i y_i} S(t_i \mid y = 1, x_i)^{y_i} \qquad (8\text{-}50)$$

其中，$h(t_i \mid y = 1, x_i)$ 为条件生存函数 $S(t_i \mid y = 1, x_i)$ 所对应的风险函数。

对式（8-50）取对数即可得到模型的对数似然函数。该对数似然函数可以表示为违约状态判别模型和违约时间估计模型所对应的对数似然函数之和。

$$L_I = \sum_{i=1}^{N} (y_i \log[p(z_i)] + (1 - y_i) \log[1 - p(z_i)]) \qquad (8\text{-}51)$$

$$L_L = \sum_{i=1}^{N} (y_i \delta_i \log[h(t_i \mid y = 1, x_i)] + y_i \log[S(t_i \mid y = 1, x_i)]) \qquad (8\text{-}52)$$

式（8-51）中的对数似然函数 L_I 由违约状态判别模型 $p(z_i)$ 和违约状态变量 y_i 构成，式（8-52）中的对数似然函数 L_L 由违约状态变量 y_i 、违约时间估计函数 $S(t_i \mid y = 1, x_i)$ 及其对应的风险函数 $h(t_i \mid y = 1, x_i)$ 构成。违约状态变量 y_i 的期望值可表示为

$$E(y_i \mid t_i, \delta_i, z_i, x_i) = \delta_i + (1 - \delta_i) \frac{p(z_i) S(t_i \mid y = 1, x_i)}{1 - p(z_i) + p(z_i) S(t_i \mid y = 1, x_i)} \qquad (8\text{-}53)$$

期望最大算法是包含期望计算步骤（E）和极大似然估计步骤（M）的迭代算法。在 E 步骤中，通过式（8-53）计算违约状态变量 y_i 的期望值，在 M 步骤中将

y_i 的期望值代入式（8-51）和式（8-52）中并最大化似然函数，然后再通过式（8-53）更新 y_i 的期望值。E 和 M 两个步骤迭代进行，直至估计的模型参数达到收敛。模型估计过程如图 8-6 所示。

输入：多重生存状态向量 $(t_i, \delta_i, z_i, x_i)$；
　　　收敛阈值 $\theta = 10^{-7}$；
　　　最大迭代次数 $M = 50$；
输出：　$p(z_i)$ 和 $S(t_i \mid y=1, x_i)$；

1　　$y_i = \delta_i$；
2　　$\text{RF} = \text{Train}(y_i \sim z_i)$；
3　　$p(z_i) = \text{Predict}(\text{LR}, z_i)$；
4　　$S(t_i \mid y=1, x_i) = \text{Cox}(y_i, t_i \sim x_i)$；
5　　$V_{\text{convergence}} = 1000, r = 1$；
6　　while $V_{\text{convergence}} > \theta$ & $m < M$ do
7　　　　$E(y_i)^{(r)} = \delta_i + (1 - \delta_i) \dfrac{p(z_i) S(t_i \mid y=1, x_i)}{1 - p(z_i) + p(z_i) S(t_i \mid y=1, x_i)}$；
8　　　　$\text{LR} = \text{Train}(E(y_i)^{(r)} \sim z_i)$；
9　　　　$p(z_i) = \text{Predict}(\text{LR}, z_i)$；
10　　　$S(t_i \mid y=1, x_i) = \text{Cox}(E(y_i)^{(r)}, t_i \sim x_i)$；
11　　　$V_{\text{convergence}}^{(r)} = (\Delta \beta^{(r)})^2 + (\Delta S_0^{(r)})^2 + (\Delta \alpha^{(r)})^2$；
12　　　$m = m + 1$；
13　　end while

图 8-6　模型参数估计

综上，本节提出的融入面板数据的动态信用评价方法的优势体现在两方面。一方面，违约状态判别模型将评价对象分为两个群体，并针对违约群体利用生存分析估计违约时间，能够满足生存分析中违约事件必定会发生的隐含假设。同时，针对违约状态和违约时间单独建模可以区分信用特征对二者的影响，从而准确衡量信用特征对"是否违约"和"何时违约"的影响。另一方面，构建多重生存状态向量，可以有效表征信用特征和生存时间的动态关联，从而刻画由信用特征变化而引起的信用风险波动。同时，多重生存状态向量能够将面板数据中的动态信息纳入模型中，增强模型对评价对象信用风险趋势的预测能力。

8.4.4　实验研究及结果分析

1. 场景与数据

随着互联网金融的兴起，借贷业务逐渐由单一的线下模式转变为线下与线上并行，网络借贷呈现出爆发式增长。然而，随着行业规模和平台数量的不断扩大，平台违约事件时有发生，针对平台的信用风险评价对监管部门和投资人具有重要的实践价值。此外，网络借贷平台本身具有经营不确定性大、经营指标变化性强及信用风险动态性强等特点，上述特点导致对网络借贷平台进行信用评价时需关注动态性和趋势性。因此，本节针对平台信用评价进行实验研究。

我们从第三方信息平台爬取了 2018 年第三季度的数据，爬取对象为第三方信息平台上公布的具有月度数据页面的网络借贷平台，爬取内容为每家平台的成交量、参考收益率和投资人数等 10 项特征的月度数据及平台的违约状态数据。数据集中包含 396 家网络借贷平台，其中正常平台 311 家、违约平台 85 家。违约平台指出现了跑路、经侦介入、提现困难或延期兑付的平台。数据集的特征描述性统计如表 8-12 所示，由于特征表现出高度的偏态分布，数据预处理中我们对特征进行了 $\lg(x+1)$ 转换。

表 8-12　特征描述性统计

序号	特征	最小值	最大值	均值	标准差
1	成交量/万元	5.52	1 357 133.00	31 450.07	111 351.73
2	参考收益率	6.00%	19.47%	10.49%	2.11%
3	投资人数/人	0.00	664 841.00	10 743.25	47 339.78
4	借款人数/人	1.00	1 153 546.00	21 153.74	101 135.35
5	人均投资额/万元	0.15	90.05	5.88	6.84
6	人均借款额/万元	0.11	28 557.00	80.36	920.75
7	新投资人数/人	0.00	100 591.00	2 417.62	7 889.37
8	老投资人数/人	0.00	618 437.00	8 325.63	41 857.29
9	投资人总额/万元	0.00	963 189.25	26 288.92	96 910.72
10	平均借款期限/个月	0.24	50.08	7.48	7.22

2. 实验设计

实验选择了相关研究中具有代表性的三类信用评价模型与本节提出的动态信用评价模型进行对比。首先构建 8.4.2 节所提出的 MSA 模型，其次利用单分类方法、集成分类方法及生存分析方法分别构建三类对照模型。其中，利用单分类方法构建 LR 和 DT 模型；利用集成分类方法构建 RF 和 XGB 模型；利用生存分析方法构建 Cox 模型和 MCM。

实验选择 AUC、KS 及 HM 作为模型预测性能的评价指标。Lessmann 等[33]指出利用单一指标来评价信用评价模型预测性能存在一定局限性，建议使用多种指标进行评价。因此，实验选择上述三种评价指标对模型的预测性能进行综合评价。AUC 指标是受试者操作特征（receiver operation characteristic，ROC）曲线下方的面积，反映了模型对违约和非违约样本的综合判别能力。KS 指标是模型预测的违约样本和非违约样本累积分布的最大差值，反映了模型对违约和非违约样本的区分能力。HM 指标利用 beta 分布明确了模型的误分类损失，从而克服了 AUC 指标针对不同模型应用不同损失分布的不足[59]。信用评价模型的 AUC、KS 及 HM 的值越大，代表模型的预测性能越强。

为了计算模型预测性能的无偏估计，实验选择 k 折交叉验证法计算各模型的预测性能评价指标。在 k 折交叉验证中，数据集被随机分为 k 等份，其中 $k-1$ 份作为训练集，剩下的 1 份用来测试，该过程重复 k 次。实验针对每个模型进行了 50 次 k 折交叉验证（$k=2$），得到了 $50 \times 2 = 100$ 个评价指标值，随后利用这些指标值计算评价指标的置信区间并进行统计检验。

3. 结果分析

1）违约概率预测结果分析

信用风险的动态变化趋势可由不同时间的违约概率刻画而成，实验比较了各信用评价模型在不同时间的违约概率预测性能。具体包括：①一个月时的违约概率 $P(T \leqslant 1)$；②两个月时的违约概率 $P(T \leqslant 2)$；③三个月时的违约概率 $P(T \leqslant 3)$。

生存分析模型（MSA、Cox 和 MCM）可以预测不同时间的违约概率，因此实验训练了单个生存分析模型来预测违约概率，而分类模型（LR、DT、RF 和 XGB）无法预测不同时间的违约概率，因此实验针对不同时间分别训练了三个分类模型来预测违约概率。实验结果如表 8-13 所示，其中的值为各评价指标的均值和 95%置信区间。

表 8-13　违约概率预测结果

模型	时间	概率函数	AUC	KS	HM
LR_1		p_1	0.814（0.807, 0.821）	0.548（0.536, 0.560）	0.389（0.377, 0.402）
DT_1		p_1	0.635（0.622, 0.648）	0.253（0.232, 0.274）	0.121（0.108, 0.135）
RF_1		p_1	0.794（0.786, 0.802）	0.525（0.509, 0.541）	0.362（0.347, 0.377）
XGB_1	1	p_1	0.825（0.819, 0.831）	0.580（0.569, 0.591）	0.397（0.385, 0.409）
Cox		$1-S(1)$	0.819（0.813, 0.826）	0.545（0.533, 0.556）	0.406（0.394, 0.419）
MCM		$1-S(1)$	0.807（0.801, 0.814）	0.535（0.524, 0.547）	0.376（0.364, 0.387）
MSA		$1-S(1)$	0.824（0.819, 0.829）	0.533（0.525, 0.542）	0.396（0.386, 0.407）
LR_2	2	p_2	0.814（0.807, 0.821）	0.547（0.535, 0.559）	0.380（0.368, 0.391）
DT_2		p_2	0.649（0.639, 0.659）	0.287（0.271, 0.303）	0.147（0.136, 0.159）

模型	时间	概率函数	AUC	KS	HM
RF_2		p_2	0.795（0.788, 0.801）	0.508（0.496, 0.520）	0.353（0.342, 0.364）
XGB_2		p_2	0.815（0.809, 0.820）	0.550（0.539, 0.561）	0.378（0.367, 0.390）
Cox	2	$1-S(2)$	0.820（0.814, 0.826）	0.544（0.533, 0.555）	0.394（0.383, 0.405）
MCM		$1-S(2)$	0.807（0.801, 0.813）	0.532（0.521, 0.543）	0.368（0.357, 0.379）
MSA		$1-S(2)$	0.833（0.828, 0.838）	0.560（0.551, 0.569）	0.412（0.402, 0.423）
LR_3		p_3	0.824（0.817, 0.830）	0.570（0.560, 0.581）	0.410（0.398, 0.421）
DT_3		p_3	0.684（0.676, 0.693）	0.352（0.338, 0.366）	0.205（0.193, 0.218）
RF_3		p_3	0.818（0.812, 0.824）	0.536（0.524, 0.548）	0.395（0.383, 0.407）
XGB_3	3	p_3	0.812（0.807, 0.818）	0.557（0.547, 0.566）	0.382（0.372, 0.392）
Cox		$1-S(3)$	0.823（0.817, 0.830）	0.568（0.557, 0.579）	0.410（0.398, 0.422）
MCM		$1-S(3)$	0.807（0.800, 0.813）	0.545（0.534, 0.556）	0.379（0.367, 0.390）
MSA		$1-S(3)$	0.851（0.847, 0.856）	0.585（0.575, 0.594）	0.447（0.436, 0.458）

表 8-13 中结果显示：除 DT 模型外，其余模型在违约概率预测中表现出类似的预测性能。在时间 1 的违约概率预测中，集成分类模型 XGB_1 取得了最好的预测效果，同时 MSA 模型的预测效果与 XGB_1 模型基本持平。在时间 2 和时间 3 的违约概率预测中，MSA 模型在 AUC、KS 和 HM 评价指标中均取得了最优的预测效果。上述结果表明以下两点。第一，生存分析模型能够取得与分类模型类似的违约概率预测效果。相比于分类模型，生存分析模型的优势在于能够预测不同时间的违约概率。上述实验的时间粒度为月，采用分类模型需训练三个模型。在更加细粒度的时间划分下，如按天或星期预测，通过改变生存时间的粒度，生存分析模型依然能够预测不同时间的违约概率，而分类模型则需针对不同时间训练大量模型，导致时间复杂度高且模型冗余复杂。第二，综合各模型在不同时间、不同评价指标下的违约预测结果，本节提出的 MSA 模型在不同时间均取得了较好的违约概率预测效果，总体上优于对照模型。

2）违约时间预测结果分析

识别信用风险演变过程中违约事件发生的时间是信用评价的关键目标，因此实验进一步比较了各模型的违约时间预测性能。具体包括：①违约发生在第二个月，即计算前一个月未违约条件下，在第二个月发生违约的条件概率 $P(T \leq 2 | T > 1)$；②违约发生在第三个月，即计算前两个月未违约条件下，在第三个月发生违约的条件概率 $P(T \leq 3 | T > 2)$。

对于生存分析模型 MSA、Cox 和 MCM，可利用模型预测的动态生存概率计

算所需条件概率，如 $P(T \leqslant 2 | T > 1) = P(1 < T \leqslant 2) / P(T > 1) = (S(1) - S(2)) / S(1)$。对于分类模型 LR、DT、RF 和 XGB，需利用多个模型的违约概率预测结果综合计算条件概率，如计算第二个月发生违约的条件概率为 $P(T \leqslant 2 | T > 1) = P(1 < T \leqslant 2) / P(T > 1) = (p_2 - p_1) / (1 - p_1)$。实验结果如表 8-14 所示，其中的值为各评价指标的均值和 95% 置信区间。

表 8-14　违约时间预测结果

模型	时间	概率函数	AUC	KS	HM
LR_{1+2}		$(p_2 - p_1)/(1 - p_1)$	0.659（0.641, 0.677）	0.474（0.448, 0.500）	0.285（0.262, 0.309）
DT_{1+2}		$(p_2 - p_1)/(1 - p_1)$	0.601（0.587, 0.615）	0.265（0.243, 0.287）	0.151（0.132, 0.170）
RF_{1+2}		$(p_2 - p_1)/(1 - p_1)$	0.660（0.641, 0.679）	0.434（0.408, 0.461）	0.264（0.242, 0.287）
XGB_{1+2}	2|1	$(p_2 - p_1)/(1 - p_1)$	0.677（0.660, 0.695）	0.429（0.403, 0.456）	0.239（0.218, 0.260）
Cox		$1 - S(2)/S(1)$	0.789（0.776, 0.802）	0.597（0.574, 0.621）	0.393（0.370, 0.416）
MCM		$1 - S(2)/S(1)$	0.766（0.751, 0.782）	0.552（0.527, 0.578）	0.347（0.322, 0.371）
MSA		$1 - S(2)/S(1)$	0.814（0.802, 0.826）	0.631（0.611, 0.652）	0.441（0.417, 0.464）
LR_{2+3}		$(p_3 - p_2)/(1 - p_2)$	0.772（0.757, 0.788）	0.586（0.563, 0.609）	0.405（0.381, 0.429）
DT_{2+3}		$(p_3 - p_2)/(1 - p_2)$	0.673（0.653, 0.693）	0.412（0.386, 0.439）	0.267（0.240, 0.295）
RF_{2+3}		$(p_3 - p_2)/(1 - p_2)$	0.771（0.754, 0.787）	0.556（0.532, 0.580）	0.405（0.380, 0.429）
XGB_{2+3}	3|2	$(p_3 - p_2)/(1 - p_2)$	0.782（0.768, 0.795）	0.588（0.567, 0.609）	0.375（0.353, 0.397）
Cox		$1 - S(3)/S(2)$	0.783（0.770, 0.797）	0.614（0.593, 0.635）	0.416（0.394, 0.437）
MCM		$1 - S(3)/S(2)$	0.736（0.720, 0.752）	0.535（0.512, 0.558）	0.332（0.310, 0.355）
MSA		$1 - S(3)/S(2)$	0.880（0.874, 0.885）	0.710（0.699, 0.722）	0.534（0.518, 0.550）

注：表中 2\|1 表示第一个月未违约条件下，第二个月发生违约；3\|2 同理，下同

表 8-14 说明如下三个结论。第一，相比于在违约概率预测中的结果，基于分类的信用评价模型在违约时间预测中的性能明显下降。尤其是预测"是否在第二个月违约"时，所有分类模型的预测效果均大幅下降。此结果表明基于分类的信用评价模型在违约时间预测中的稳健性差。其原因在于多个分类模型间是相互独立的，不同模型输出的违约概率关联性弱，甚至可能出现非单调的违约概率曲线，综合两个模型的违约概率使得违约判别能力出现波动和下降。第二，相比于在违约概率预测中的结果，基于生存分析的信用评价模型在违约时间预测中仍然表现出稳健的性能。此结果体现了生存分析模型的优势，即可以刻画评价对象的生存曲线，且模型预测的动态生存概率是单调且准确的，综合两个或多个时间的生存概率后模型仍具有稳健的违约判别能力。第三，在 AUC、KS 和 HM 评价指标下，

MSA 模型均取得了最优的违约时间预测效果，表明本节提出的动态信用评价方法的有效性。与对照的生存分析模型（Cox 和 MCM）相比，MSA 模型具有显著优势，表明相比于截面数据，面板数据中包含更多评价信用风险的有效信息，本节提出的多重生存状态向量构建方法可以有效利用面板数据中的有效信息，从而提升评价模型的预测性能。

3）统计性检验与鲁棒性分析

为了验证不同信用评价模型预测性能的差异，实验采取了 Friedman 检验对模型预测结果进行了显著性检验，违约概率预测的显著性检验结果如表 8-15 所示，Friedman χ^2 统计量的 p 值小于 0.001，表明组间存在显著性差异，进而进行两两比较。因为 Friedman 检验属于非参数检验，所以将不同时间（1 个月、2 个月、3 个月）和不同评价指标（AUC、KS 及 HM）的预测结果综合在一起，即样本量为 900（$100 \times 3 \times 3 = 900$）。表 8-15 中结果显示违约概率预测效果平均排名最高的为 MSA 模型，且在两两对比中 MSA 模型显著优于其他所有对照模型（$p < 0.001$）。

表 8-15　违约概率预测成对比较

模型	平均排名	成对比较 p 值					
		LR	DT	RF	XGB	Cox	MCM
LR	3.37	—	—	—	—	—	—
DT	6.99	<0.001	—	—	—	—	—
RF	4.21	<0.001	<0.001	—	—	—	—
XGB	3.53	0.129	<0.001	<0.001	—	—	—
Cox	3.24	0.190	<0.001	<0.001	0.005	—	—
MCM	4.07	<0.001	<0.001	0.174	<0.001	<0.001	—
MSA	2.59	<0.001	<0.001	<0.001	<0.001	<0.001	<0.001
Friedman χ^2		2342.406（$p < 0.001$）					

违约时间预测的显著性检验结果如表 8-16 所示，各个时间的预测结果（2|1 和 3|2）及各个评价指标的预测结果（AUC、KS 和 HM）综合在一起，样本量为 600（$100 \times 2 \times 3 = 600$）。结果显示违约时间预测效果平均排名前三的模型为 MSA、Cox 和 MCM。其中，预测性能最优的是 MSA 模型，且两两对比中 MSA 模型显著优于其他所有对照模型（$p < 0.001$），预测性能次优的 Cox 模型在两两对比中也显著优于除 MSA 模型外的所有模型（$p < 0.001$）。上述结果表明基于生存分析的信用评价模型在违约时间预测中显著优于基于分类的信用评价模型，利用生存分析模型能够更好地刻画评价对象的信用风险变化趋势。

表 8-16　违约时间预测成对比较

模型	平均排名	成对比较 p 值					
		LR	DT	RF	XGB	Cox	MCM
LR	4.21	—	—	—	—	—	—
DT	6.01	<0.001	—	—	—	—	—
RF	4.46	0.049	<0.001	—	—	—	—
XGB	4.44	0.067	<0.001	0.888	—	—	—
Cox	3.09	<0.001	<0.001	<0.001	<0.001	—	—
MCM	4.15	0.654	<0.001	0.016	0.023	<0.001	—
MSA	1.65	<0.001	<0.001	<0.001	<0.001	<0.001	<0.001
Friedman χ^2	1440.605（$p<0.001$）						

为了验证本节所提出模型的可靠性，实验进行了鲁棒性分析。上述实验中的时间窗为三个月，金融市场中存在不同表现期的预测需求，因此我们将时间窗扩至六个月进一步对比了评价模型的预测性能。具体包括：①六个月的违约概率 $P(T \le 6)$；②前三个月未违约条件下，在后三个月发生违约的条件概率 $P(T \le 6 \mid T > 3)$。实验结果如表 8-17 所示，其中的值为各评价指标的均值和 95% 置信区间，显著性检验结果如表 8-18 所示。在六个月时间窗的鲁棒性分析中，违约预测效果最优的是 MSA 模型，且在两两对比中 MSA 模型显著优于其他所有对照模型（$p<0.001$）。上述结果表明了在不同表现期下，本节所提出的模型均能够有效预测违约概率及违约时间，且违约预测效果显著优于所有对照模型。

表 8-17　鲁棒性分析结果

模型	时间	概率函数	AUC	KS	HM
LR_6		p_6	0.786（0.781, 0.790）	0.473（0.464, 0.481）	0.325（0.316, 0.333）
DT_6		p_6	0.670（0.661, 0.679）	0.302（0.289, 0.316）	0.165（0.155, 0.176）
RF_6		p_6	0.764（0.758, 0.770）	0.433（0.423, 0.442）	0.304（0.295, 0.313）
XGB_6	6	p_6	0.744（0.738, 0.749）	0.417（0.408, 0.427）	0.265（0.257, 0.274）
Cox		$1-S(6)$	0.786（0.781, 0.790）	0.471（0.462, 0.480）	0.323（0.314, 0.331）
MCM		$1-S(6)$	0.763（0.756, 0.770）	0.443（0.431, 0.454）	0.282（0.270, 0.295）
MSA		$1-S(6)$	0.808（0.804, 0.812）	0.507（0.498, 0.516）	0.366（0.357, 0.375）
LR_{3+6}		$(p_6-p_3)/(1-p_3)$	0.811（0.806, 0.816）	0.523（0.514, 0.532）	0.375（0.366, 0.385）
DT_{3+6}	6|3	$(p_6-p_3)/(1-p_3)$	0.692（0.681, 0.702）	0.346（0.331, 0.361）	0.203（0.190, 0.216）
RF_{3+6}		$(p_6-p_3)/(1-p_3)$	0.789（0.783, 0.794）	0.489（0.478, 0.499）	0.350（0.340, 0.359）

续表

模型	时间	概率函数	AUC	KS	HM
XGB$_{3+6}$		$(p_6-p_3)/(1-p_3)$	0.781（0.776, 0.786）	0.486（0.477, 0.496）	0.326（0.317, 0.336）
Cox	6|3	$1-S(6)/S(3)$	0.815（0.810, 0.820）	0.518（0.508, 0.527）	0.367（0.357, 0.377）
MCM		$1-S(6)/S(3)$	0.759（0.748, 0.771）	0.448（0.430, 0.466）	0.286（0.269, 0.302）
MSA		$1-S(6)/S(3)$	0.817（0.813, 0.821）	0.516（0.508, 0.525）	0.371（0.362, 0.379）

表 8-18　显著性检验结果

模型	平均排名	成对比较 p 值					
		LR	DT	RF	XGB	Cox	MCM
LR	2.65	—	—	—	—	—	—
DT	6.82	<0.001	—	—	—	—	—
RF	4.10	<0.001	<0.001	—	—	—	—
XGB	4.87	<0.001	<0.001	<0.001	—	—	—
Cox	2.85	0.103	<0.001	<0.001	<0.001	—	—
MCM	4.70	<0.001	<0.001	<0.001	0.167	<0.001	—
MSA	2.01	<0.001	<0.001	<0.001	<0.001	<0.001	<0.001
Friedman χ^2	2099.638（$p<0.001$）						

综合上述分析可以发现：本节提出的融入面板数据的动态信用评价模型，与基于单分类、集成分类及生存分析的信用评价模型相比，在预测违约概率和违约时间时均具有显著优势，具体如下。

与基于分类的信用评价模型相比，本节所提出模型的优势在于能够预测动态违约概率，且预测的违约概率在不同的时间具有连续性、单调性和准确性，因此在预测违约概率和违约时间时均具有稳健的预测性能。而基于分类的信用评价模型需要针对不同时间构建多个不同模型，且不同模型的预测结果特异性强、关联性差，导致预测违约时间时存在波动甚至失准。

与基于生存分析的信用评价模型相比，本节通过混合生存分析对违约状态和违约时间进行建模，能够更好地满足生存分析的隐含假设，从而提升模型的预测性能。此外，传统生存分析模型都是基于单个时间的信用特征数据建模，当信用特征动态变化时难以有效预测违约概率和违约时间。本节通过构建多重生存状态向量衡量信用特征和生存时间的动态关联，能够有效表征信用特征的动态性，因此在动态性强的场景下具有更好的适用性。

8.5　基于动态信用评价模型的借贷平台风险分析

8.5.1　问题描述

互联网、云计算、大数据等新一代信息技术在金融领域的深化应用催生了网络借贷业务。据统计，过去十几年内先后有上万家网络借贷平台成立，高峰时期同时有 5000 余家平台同时运营，年交易规模超 3 万亿元。作为借贷领域的金融科技创新产品之一，网络借贷在发展个人信用体系和优化社会资金配置等方面发挥了显著的经济与社会效益。然而，由于平台和投资者间存在高度信息不对称性，平台信用违约事件时有发生。为此，相关部门下发了《关于开展 P2P 网络借贷机构合规检查工作的通知》(P2P 是英文 peer to peer 的缩写，中文含义为个人对个人)等一系列监管和清退的政策与措施[60]，各类高风险网络借贷平台得到有序处置。

在网络借贷中，由于交易过程和交易主体虚拟化，信息高度不对称，投资人很难获取到平台和借款人充足的信息，部分平台采取过度宣传和诱导性策略，从而导致投资人选择了高风险的平台和借款人[61]。此外，由于信息透明度低，道德风险问题严重，如平台过度宣传预期收益、发布虚假标的吸收资金等。系统性梳理和分析网络借贷平台发生信用违约事件的诱因对于行业转型与防范系统性金融风险具有重要意义，而现有研究对于网络借贷方面的研究大多聚焦在借款人层面的信用风险，鲜有从平台层面开展信用评价的研究。

本节聚焦于平台层面的动态信用评价，对网络借贷平台的信用风险影响因素展开分析。首先，针对平台信用风险的特点从平台和用户两个视角展开分析。在此基础上，结合信用评价理论和现有研究基础从五个方面识别平台信用风险影响因素。其次，通过对平台信用风险影响因素的度量，进一步识别平台信用特征。最后，利用中国网络借贷平台数据进行实验研究，通过构建动态信用评价模型，分析平台信用特征的有效性及其对平台信用风险的影响效应。

8.5.2　平台信用风险影响因素识别

信用特征识别的核心在于识别信用风险影响因素。因此，本节首先分析和识别哪些因素会影响平台的信用风险，其次识别可以有效度量这些影响因素的信用特征。网络借贷的参与方可分为两类：平台和用户，评价平台的信用风险也可以从平台和用户的视角展开。

平台因素是影响平台信用风险的核心因素。目前尚没有成熟的理论指导平台因素的分析与识别，但类似场景中的理论可以借鉴到平台信用风险评价中，代表性的有银行破产分析理论和个人信用风险评价理论。一方面，从风险事件分析，网络借贷平台的倒闭、提现困难等事件与银行的破产事件较为类似。在银行破产预测中，"CAMEL"分析法得到广泛的应用，该理论从资本充足率、资产质量、管理水平、盈利状况和流动性五个方面对银行业务经营、信用状况等进行综合评定[62]。"CAMEL"评价体系主要是基于财务信息进行财务比率分析，但网络借贷平台主要是为借款人和投资人提供信息交互与信贷撮合服务，平台不直接介入借贷流程中，并非像银行作为金融媒介吸收存款再将资金贷出。此外，获取网络借贷平台的财务信息是十分困难的，尤其是在中国的网络借贷市场，平台的财务信息披露严重不足，无法提供充足的财务信息。因此，以财务信息为主的"CAMEL"评价体系并不适用于平台信用风险评价。另一方面，从信用本质分析，平台的违约事件及借款人的违约行为本质上都是对契约的不遵守，因此个人信用评价理论也具有应用到平台信用风险评价中来的潜力。借款人信用评价理论发展较为成熟，有较多的理论体系，其中最具代表性的为"5C"信用评价理论，该理论从特质、能力、资本、担保、环境五个方面分析和判别借款人的还款能力与还款意愿[63, 64]。但网络借贷平台不直接介入借贷流程中，不适合从担保方面分析平台信用风险。因此，本节在平台视角下从特质、能力、资本、环境四个方面分析和识别平台信用风险影响因素。

　　除了平台因素，用户因素也是影响平台信用风险的关键因素。基于信息不对称理论及羊群效应理论，当用户一方获得的信息少于平台一方的信息，且不足以准确判别平台的好坏时，用户在做投资决策时会受到其他用户的影响，倾向于追随其他用户的既定决策或参考其他用户的评价[65, 66]。网络借贷中用户和平台间的信息不对称性强，用户的决策会受到平台的口碑影响，进而会对平台信用风险产生影响，而网络借贷依托互联网运营的特点更加强了用户口碑对平台信用风险的影响。因此，本节在用户视角下从用户口碑方面分析和识别平台信用风险影响因素。

　　综上所述，在平台视角下可从特质、能力、资本和环境四个方面分析平台信用风险的影响因素，同时在用户视角下可从口碑方面分析平台信用风险的影响因素。平台信用风险影响因素如表 8-19 所示。

表 8-19　平台信用风险影响因素

视角	方面	影响因素
平台	特质	平台背景
		运营时间
	能力	风险管理能力
		技术先进性

续表

视角	方面	影响因素
平台	资本	注册资本
	环境	区域经济发展水平
		行业竞争
用户	口碑	口碑的量
		口碑的价

1. 平台特质

特质因素主要是衡量评价对象的背景特征及信用历史。例如，在评价借款人信用风险时，背景特征主要是度量其教育背景、工作经历及资产信息等。针对网络借贷平台，这两方面因素可以通过平台背景及运营时间来衡量。

1）平台背景

平台背景一方面可以反映平台的综合实力，另一方面还可以反映平台的合规度。例如，在我国的网络借贷市场，代表性的平台背景有国资背景、上市背景、风投背景和民营背景。国资背景指平台资本组成中有国有资产，如国资控股、国资参股等，同理上市背景中也同样存在上市公司控股和上市公司参股等。国有企业和上市企业的营运较为规范且监管较为严格，一般而言具有这些实力背景的平台发生道德风险的可能性较低[67]。道德风险是指参与合同的一方所面临的对方可能改变行为而损害到本方利益的风险。例如，当投资人将资金投入网络借贷平台，而平台却未将资金合理地应用到本该投入的地方，此时投资人便面临着道德风险。风投背景指平台的资本来源中有风险投资，如获得融资等。平台拥有的资金越雄厚，其抵御风险的能力便越强[68]。民营背景指平台是由民营资本投资建立，相较于民营平台，上述三种背景类型的平台在综合实力和声誉等方面具有一定优势。此外，是否加入行业协会也反映了平台背景的强弱。行业协会的加入需要满足其协会的标准，平台运营也将接受行业协会的监督，同时行业协会内部平台间的业务交流和信息共享也有利于提升平台的实力，降低信用风险。

2）运营时间

平台的运营时间直接反映了其信用历史。在评价借款人信用风险时，信用历史通常指以往的信贷记录，如逾期次数和违约记录等[69]。而平台本身不涉入具体的借贷流程中，其信用历史主要体现在其提供信贷服务的历史上。平台正常经营的时间越久，平台的架构和运营就会越成熟，提供网络借贷服务和管理风险的经验也越丰富，反映了其较好的信用历史[61]。同时，平台上线经营时间越久，其客户关系也更加牢固，其存量客户的数量也越多，发生信用风险可能性越低[61]。

2. 平台能力

能力因素主要是衡量评价对象防止违约行为发生的能力。在借款人信用风险评价中，能力因素主要指借款人的还款能力。针对网络借贷平台，其防止违约行为发生的能力取决于其风险管理能力（如平台的风控措施）和技术先进性（如平台是否能吸引用户）。

1）风险管理能力

众所周知，风险管理无论是在传统信贷市场还是在网络借贷市场都是金融业务发展的核心，风险管理能力与金融机构能否正常运营和发展密切相关。借贷双方的信息不对称，以及用户和平台之间的信息不对称都会带来信用风险，引发逆向选择和道德风险等[67, 70]，其中逆向选择是指市场上那些最有可能造成不利（逆向）结果的融资者，往往就是那些寻求资金最积极而且最有可能得到资金的人。平台的风险管理措施可以针对这两方面的信息不对称展开。一方面，平台可采取措施缓解借贷双方信息不对称引起的信用风险，如风险准备金机制。在风险准备金机制下，平台预留资金并将其存入风险储备账户，一旦借款人违约，平台就会使用风险储备账户中的资金偿还投资人。这种风险准备机制能够有效降低投资者的感知风险[71]，但当借款人违约数量上升时，也会给平台带来运营压力。平台还可以与第三方担保公司合作，担保公司向平台提供资金需求方，并为其推荐的资金需求方提供担保。另一方面，平台还可以采取措施来缓解用户和平台间的信息不对称引起的违约风险，如银行存管机制。在银行存管机制下，银行对接网贷资金存管业务，实现平台资金、借款人资金及投资人资金的有效隔离，可以有效地避免平台自融、非法集资和携款跑路等道德风险[60]。由此可见，平台风控措施可以有效缓解借贷双方及用户与平台双方的信息不对称性，平台风控措施越完善，其信用风险便越低。

2）技术先进性

除了风险管理能力，技术先进性也是平台能力的体现。平台在借贷环节中依靠技术手段给用户带来的便利性是平台吸引用户的重要方式。针对借贷流程的不同阶段可以应用不同的技术手段，如贷前阶段的自动投标技术和贷后阶段的债权转让技术。在贷前阶段，自动投标技术指平台会根据用户资金及用户投资偏好帮助选择了自动投标的用户进行投标[72]。研究表明感知易用性可以有效降低用户在使用在线服务时的感知风险[73]。而自动投标技术可以有效提升用户的感知易用性，尤其适合那些没有充足经验和时间选择贷款标的的用户，从而降低用户感知风险，提升平台的吸引力。在贷后阶段，债权转让技术指投资者可以通过平台将所持有的债权转让给购买人。由于投资者不再需要持有债权直至贷款结束，交易所持有的债权增加了资本流动性。从感知风险的角度分析，当用户对所持有债权的风险感知超过了其风险偏好，用户可以通过债权转让将债权转让给风险偏好较高的用户，从而降低感知风险[71, 73]。

3. 平台资本

资本充足率和资本周转率等财务比率分析在评估金融机构的偿付能力、盈利能力及运营能力方面发挥着重要作用[68]。计算这些财务比率变量需要详细的财务和运营数据，而网络借贷行业财务信息披露不足。在此情况下，注册资本可以在一定程度上弥补财务信息的不足，用来衡量平台资本因素。

注册资本指在做工商登记注册时平台登记的法定资本金，它代表了平台初始的资本投资。该影响因素反映了平台可承受的风险水平，平台资本越多其风险承受能力便越强，并且能够更好地应对由借款人违约而产生的短暂性金融冲击[68, 74]。同时，注册资本的大小在一定程度上影响着相关企业的合作意愿和用户的信任度。平台用户及相关企业都更倾向于选择注册资本较高的平台进行贷款投资和商业合作[61]。

4. 平台环境

环境因素指可能影响评价对象信用水平的业务、行业及经济环境。针对网络借贷平台，环境因素的影响主要体现在区域经济发展水平及行业竞争两方面。

1）区域经济发展水平

平台所在地的经济发展水平决定了平台所能获得的资金、物力和人力资源的水平[75]，因而对平台的运营发展具有重要影响。研究表明经济发展水平存在着显著的区域性差异，即不同区域的平台倾向于拥有不同的经济发展环境[76]。同时，经济发展水平的区域化可能会产生金融意识的区域化差异[77]，代表性的有投资能力成熟度差异。初级的投资者倾向于利润驱动，中级的投资者倾向于利润和风险综合驱动，高级的投资者倾向于在一定的利润和风险的基础上考虑其投资体验。此外，同一区域的平台之间可能存在业务关联（如类似的对接资产端）及受到类似地域环境的影响（如区域风气），平台发生信用风险时容易引发风险的转移和传播[78]，从而造成平台信用风险也呈现出区域性的差异。

2）行业竞争

激烈的行业竞争是诱使平台吸收高风险资产的主要因素之一[61]。在传统的银行借贷中，研究发现当银行所面临的行业竞争加剧，银行会倾向于选择一些信用风险较高的项目以期望维持其收益水平，如在贷款组合中接受更多的高信用风险贷款[79]。类似地，当网络借贷平台所面临的行业竞争加剧，平台会倾向于选择更多高信用风险的借款人或高信用风险的对接资产，从而提升其竞争力，吸引更多的用户[61]。但吸收高风险资产也增加了平台自身的信用风险水平，平台内部借款人大量违约，容易引起平台的运营危机和信誉危机[67]，从而引发平台信用风险事件。除此之外，行业竞争还体现在平台产品的多元化上，与实物类产品不同，网络借贷产品无法从外观、功能等方面实现差异化来增强产品竞争力，产品的差异主要体现在收益率和借贷周期上。其中，收益率主要由平台所吸收的资产所决定；在竞争环境下，平台倾向于提供不同借贷周期的产品来提升其竞争力，如为了吸引对资金流动性有要求的投资人，部分平台推出了贷款周期以天为单位的"天标"产品。

　　5. 用户口碑

　　网络借贷业务中平台的收益来源于有效的借贷撮合，即通过投标等机制匹配借贷双方，将投资方的资金聚集起来提供给资金需求方，并从中获取收益。由此可见，用户因素对平台的运营发展起着至关重要的作用[80]，进而对平台的信用水平产生潜在影响。研究表明，在信息不对称环境下，投资人的投资选择会受到其他投资者的影响，产生羊群效应[81]。在网络借贷场景下，羊群效应不仅会出现在投资人选择标的（借款申请）的过程中，还会出现在投资人选择网络借贷平台的过程中[66, 82]。用户口碑对平台信用风险的影响体现在两个方面：反映信用风险和产生信用风险。用户口碑反映信用风险，即如果近期大量用户发表负面评论表达平台提现存在困难，则表明该平台可能处于高风险状态，在未来产生违约事件的可能性较高。用户口碑产生信用风险，即如果用户针对平台发布了大量负面评论，则会降低其他用户在投资决策时选择该平台的可能性，从而导致潜在的平台信用风险。结合场景特点，用户口碑可从口碑的量和口碑的价两方面进行进一步分析。

　　1）口碑的量

　　口碑的量反映的是平台用户评论的数量[83]。其背后的影响机理在于如果大量的用户讨论某个平台，则该平台就有更大的概率被更多的用户所了解[84]；此外基于羊群理论，如果用户针对某个平台发表了大量评论，则会产生更多的关于平台的讨论[85]。因此，口碑的量的增加会促使平台吸引更多用户，从而有更多用户选择该平台进行借款和投资[66]。

　　2）口碑的价

　　口碑的价反映的是用户评论中对平台的评价[86]，包括显性评价和隐性评价。显性评价指用户直接的评级，如星级评级系统中几星好评等；隐性评价指隐含在评论文本中的评价，如情感极性和情感强度等。口碑的价越高，则表明用户对平台的评价越高，会促使更多的用户选择该平台，从而降低平台发生信用风险的可能性。

8.5.3　基于影响因素的平台信用特征识别

　　对影响因素的度量，可以有效地识别平台信用特征。例如，在平台背景因素的分析中可以发现，平台拥有的不同背景（平台是否拥有国资背景、上市背景、风投背景）会从平台道德风险等方面影响平台信用风险水平，因而可以识别相应的平台信用特征（$X_1 \sim X_3$）；在行业竞争因素的分析中可以发现，行业竞争的加剧会促使平台吸收高风险资产从而导致自身信用风险提高，而平台参考收益率可以有效反映行业间的竞争水平，因此可被识别为平台信用特征（X_{29}）；在口碑的量因素的分析中明确指出了口碑的量主要由用户评论数量所决定，因此可以识别用户评论数量为另一平台信用特征（X_{36}）；口碑的价这一因素可以通过用户的显性评分（星级打分）、用户评论情感极性和情感强度等特征度量。

基于对平台信用风险影响因素的分析及数据的可获取性，本节从平台背景、运营时间、风险管理能力、技术先进性、注册资本、区域经济发展水平、行业竞争、口碑的量和口碑的价九方面识别了 40 个平台信用特征，所识别的平台信用特征如表 8-20 所示。其中，类别信用特征中"是"表示为 1，"否"表示为 0。值得注意的是，大多数平台信用特征可以从结构化信息中抽取，但在口碑的价这一因素中，用户评论情感极性、用户评论情感强度需要从非结构化的评论文本中抽取。

表 8-20 　 平台信用特征

影响因素	特征	信用特征描述
平台背景	X_1	平台是否拥有国资背景
	X_2	平台是否拥有上市背景
	X_3	平台是否拥有风投背景
	X_4	平台是否是行业协会成员
运营时间	X_5	平台上线时长
风险管理能力	X_6	平台是否设立风险准备金
	X_7	平台资金是否银行存管
	X_8	平台是否和保险公司合作
	X_9	平台是否和融资性担保公司合作
	X_{10}	平台是否和非融资性担保公司合作
	X_{11}	平台是否和小贷公司合作
技术先进性	X_{12}	平台支持自动投标
	X_{13}	平台不支持自动投标
	X_{14}	平台是否支持债权转移
注册资本	X_{15}	平台注册资本

续表

影响因素	特征	信用特征描述
区域经济发展水平	$X_{16} \sim X_{26}$	平台所在省或直辖市
	X_{27}	平台是否在省会城市
行业竞争	X_{28}	平台的参考收益率是否披露
	X_{29}	平台参考收益率
	X_{30}	平台标的周期是否披露
	X_{31}	平台是否提供天标
	X_{32}	平台是否提供 1～3 个月标
	X_{33}	平台是否提供 4～6 个月标
	X_{34}	平台是否提供 7～12 个月标
	X_{35}	平台是否提供 12 个月以上标
口碑的量	X_{36}	用户评论数量
口碑的价	X_{37}	用户的显性评分
	X_{38}	用户评论情感极性
	X_{39}	用户评论情感强度
	X_{40}	平台是否有用户评论

注：平台自动投标信用包括未披露、支持及不支持三类，X_{12} 和 X_{13} 以未披露作为参考。$X_{16} \sim X_{26}$ 分别表示北京、福建、广东、河北、湖北、江苏、其他（不包括安徽）、山东、上海、四川及浙江，以上省或直辖市均以安徽省作为参照

针对用户评论文本的隐性评分，本节利用情感分析工具"sentistrength"及知网情感词典"hownet"估计每条评论的正向情感分和负向情感分，情感极性和情感强度分别通过计算正负情感分之和及正负情感分绝对值之和得出，平台的用户评论情感极性和情感强度则是计算平台所有评论的情感极性与情感强度的均值。针对非结构化文本信用信息展开更加详细的分析和挖掘，可以获取到更多有效的信用特征。

8.5.4　平台信用风险动态评价

本节利用网络爬虫采集了中国网络借贷平台的真实数据进行平台信用风险动态评价。为了获取足够多的信息来量化平台信用特征，本节从第三方信息平台采集了 4573 个网络借贷平台的数据。

平台信用风险动态评价主要包括两个方面：①预测平台是否会发生违约；

②预测平台在何时发生违约。实验应用 MCM 对平台"是否违约"及"何时违约"进行综合建模,进而预测平台在不同时间下的违约概率。违约状态判别模型与违约时间估计模型分别采用 LR 和 Cox 模型构建。

构建平台信用风险预测模型首先需要确定观察期和表现期。观察期是提取各信用特征的时期,属于历史时期;表现期用来定义表现变量,属于未来时期。在信用风险建模中,观察期和表现期通常是利用相对时间来衡量,如在借款人信用风险建模中,一般以借款的开始时间作为起始时间。选择相对时间的原因在于评价对象处于不同时期,其信用风险的水平不同,信用特征对信用风险的影响也存在差异,选择相对时间可以有效控制这一因素。因此,本节将平台的成立时间作为起始时间。为了更好地比较信用特征在不同时期对平台信用风险的影响,实验利用特征 X_5 对样本进行分层,分别选择两个观察期构建模型:平台成立 6 个月(初创期)和平台成立 24 个月(稳定期)。表现期的确定需综合考虑信用特征的时效性(不宜离观察期太远)及状态变量的可获取性(不宜离观察期太近)。考虑网络借贷产品的借贷周期以"天标"到 12 个月标为主,实验选择了四个不同的表现期:3 个月、6 个月、9 个月及 12 个月。在剔除了表现期之前就发生违约事件的平台,两个观察期对应的数据集中分别包含 3663 个平台(初创期)及 2087 个平台(稳定期),两个数据集中平台的违约率如图 8-7 所示。

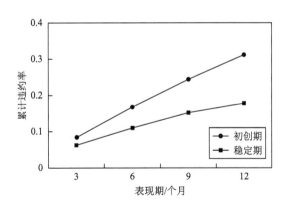

图 8-7　平台累计违约率

针对两个时期(初创期和稳定期)平台的数据集,实验选择四类有代表性的模型作为对照,比较它们与 MCM 的预测性能。如表 8-21 所示,对照模型的选择控制了两组因子(静态和动态及线性和非线性),因子水平两两组合构成了四类模型。其中,静态模型是基于分类的方法;动态模型是基于生存分析的方法;线性模型是基于广义线性回归的方法;非线性模型是基于 DT 的集成学习方法。动态的生存分析模型可以预测平台在不同时间的违约概率,针对不同表现期只需构建一个模型，而静态的分类模型无法预测平台在不同时间的违约概率，因此需分别针对四个表现期（3 个月、6 个月、9 个月、12 个月）构建四个模型。

表 8-21　对照模型

类型	线性	非线性
静态	LR	RF
动态	Cox	RSF

注：RSF 为随机生存森林（random survival forest）模型

由于违约平台和非违约平台的比例不均衡，本节选择 AUC 作为预测性能评价指标。预测性能的估计采取留一法交叉验证：逐次选择一个样本作为测试集，剩下的所有样本作为训练集，直至数据集中所有样本都作为测试集并预测了违约概率。

平台信用风险预测的结果如表 8-22 所示。从结果中可以发现，五类模型取得了类似的预测效果。现有研究针对 AUC 没有明确的标准来判定 AUC 值达到什么水平为好，预测效果的好坏需根据场景进行分析，综合以往研究的经验[87]，在信息不充足的场景下，AUC 值达到 0.6 则为可接受的判别效果；在信息较为充足的场景下，AUC 值达到 0.7 则为可接受的判别效果。利用识别的信用特征，所有模型的预测效果均超过了 0.7，证明了所识别的平台信用特征具有较好的判别性能。

表 8-22　不同时间下模型的预测性能（AUC）

模型	时间/个月	评分函数	初创期	稳定期
MCM		$1-S(3)$	0.769	0.781
Cox		$1-S(3)$	0.772	0.781
RSF	3	$1-S(3)$	0.759	0.761
LR_1		P_{LR_1}	0.766	0.753
RF_1		P_{RF_1}	0.742	0.736
MCM		$1-S(6)$	0.755	0.786
Cox		$1-S(6)$	0.758	0.787
RSF	6	$1-S(6)$	0.756	0.788
LR_2		P_{LR_2}	0.752	0.783
RF_2		P_{RF_2}	0.748	0.776

续表

模型	时间/个月	评分函数	初创期	稳定期
MCM		$1-S(9)$	0.763	0.789
Cox		$1-S(9)$	0.764	0.785
RSF	9	$1-S(9)$	0.767	0.790
LR$_3$		P_{LR_3}	0.763	0.784
RF$_3$		P_{RF_3}	0.761	0.786
MCM		$1-S(12)$	0.786	0.794
Cox		$1-S(12)$	0.787	0.794
RSF	12	$1-S(12)$	0.789	0.793
LR$_4$		P_{LR_4}	0.788	0.794
RF$_4$		P_{RF_4}	0.788	0.789

　　在上述实验中，静态模型和动态模型在不同时间下均取得了相似的效果，这样的结果是可预料的，因为动态生存分析模型（MCM、Cox 和 RSF）只训练了单个模型，而静态分类模型（LR 和 RF）针对不同时间训练了多个模型。但训练多个模型的方式在预测时间较多时的可行性将大大降低，且不同时间下的模型是相互孤立的，容易出现非单调的生存曲线。为了进一步比较模型的预测效果，实验将时间范围精细化到时间段中，计算模型在不同时间段内所预测的违约概率。正如评分函数所示，多个时间下的违约概率预测值需要关联起来计算不同时间段内的违约概率。实验结果如表 8-23 所示，从结果中可以发现在更加精细化的时间段违约概率预测中，动态的生存分析模型要显著优于静态的分类模型。

表 8-23　不同时间段内模型的预测性能（AUC）

模型	时间	评分函数	初创期	稳定期
MCM		$1-S(6)/S(3)$	0.722	0.768
Cox		$1-S(6)/S(3)$	0.725	0.773
RSF	6|3	$1-S(6)/S(3)$	0.716	0.784
LR$_1$ + LR$_2$		$1-(1-P_{\text{LR}_2})/(1-P_{\text{LR}_1})$	0.710	0.766
RF$_1$ + RF$_2$		$1-(1-P_{\text{RF}_2})/(1-P_{\text{RF}_1})$	0.691	0.736
MCM		$1-S(9)/S(6)$	0.736	0.762
Cox	9|6	$1-S(9)/S(6)$	0.735	0.748
RSF		$1-S(9)/S(6)$	0.721	0.724

模型	时间	评分函数	初创期	稳定期
$LR_2 + LR_3$	9|6	$1-(1-P_{LR_3})/(1-P_{LR_2})$	0.711	0.691
$RF_2 + RF_3$		$1-(1-P_{RF_3})/(1-P_{RF_2})$	0.682	0.671
MCM		$1-S(12)/S(9)$	0.777	0.747
Cox		$1-S(12)/S(9)$	0.780	0.787
RSF	12|9	$1-S(12)/S(9)$	0.760	0.727
$LR_3 + LR_4$		$1-(1-P_{LR_4})/(1-P_{LR_3})$	0.773	0.714
$RF_3 + RF_4$		$1-(1-P_{RF_4})/(1-P_{RF_3})$	0.732	0.613

注：6\|3 表示平台在 3 个月内未发生违约且在 6 个月内发生违约，即在 3～6 个月内发生违约，余同

上述结果验证了所识别的信用特征对预测平台信用风险的有效性，接下来进一步验证平台视角信用特征和用户视角信用特征的有效性。实验分别利用平台视角信用特征（M1）、用户视角信用特征（M2），以及二者的组合（M3）构建平台信用风险预测模型，实验结果如表 8-24 所示。可以发现，仅利用用户视角信用特征时，模型同样具有预测性能，但模型的预测效果弱于仅使用平台视角信用特征，证明了平台因素是影响平台信用风险的核心因素，而用户因素同样是影响平台信用风险的关键因素。将用户视角信用特征加入平台视角信用特征中时，模型的预测效果得到显著提升。值得注意的是，用户视角信用特征对模型的提升效果在平台初创期和稳定期存在差异性。相对于初创期，平台稳定期获得了较大的性能提升，产生该结果的原因在于平台处于初创期时拥有较为局限的用户评论，随着平台运营时间的增长，用户的评论会逐渐增加，用户视角信用特征的有效性也随之增强。如表 8-25 中描述性统计所示，稳定期拥有评论的平台比例显著高于初创期，且评论的数量也显著多于初创期。

表 8-24　平台视角和用户视角信用特征对模型性能的影响

模型	时间/个月	初创期				稳定期			
		M1	M2	M3	Imp	M1	M2	M3	Imp
MCM		0.766	0.684	0.769	0.40%	0.762	0.664	0.781	2.50%
Cox		0.768	0.670	0.772	0.53%	0.773	0.664	0.781	1.10%
RSF	3	0.746	0.652	0.759	1.72%	0.760	0.620	0.761	0.17%
LR_1		0.764	0.680	0.766	0.25%	0.746	0.660	0.753	1.06%
RF_1		0.728	0.642	0.742	1.87%	0.740	0.622	0.736	−0.52%
MCM	6	0.753	0.673	0.755	0.26%	0.764	0.677	0.786	2.79%

续表

模型	时间/个月	初创期				稳定期			
		M1	M2	M3	Imp	M1	M2	M3	Imp
Cox	6	0.755	0.667	0.758	0.38%	0.778	0.677	0.787	1.13%
RSF		0.749	0.608	0.756	0.93%	0.798	0.633	0.788	−1.26%
LR₂		0.749	0.671	0.752	0.44%	0.772	0.674	0.783	1.36%
RF₂		0.739	0.607	0.748	1.17%	0.794	0.649	0.776	−2.37%
MCM	9	0.761	0.668	0.763	0.28%	0.769	0.676	0.789	2.65%
Cox		0.761	0.664	0.764	0.42%	0.776	0.674	0.785	1.15%
RSF		0.766	0.611	0.767	0.11%	0.790	0.632	0.790	0.09%
LR₃		0.759	0.664	0.763	0.51%	0.776	0.674	0.784	1.13%
RF₃		0.764	0.608	0.761	−0.31%	0.789	0.641	0.786	−0.42%
MCM	12	0.785	0.655	0.786	0.05%	0.777	0.677	0.794	2.29%
Cox		0.785	0.650	0.787	0.27%	0.787	0.677	0.794	0.85%
RSF		0.791	0.587	0.789	−0.28%	0.794	0.633	0.793	−0.08%
LR₄		0.786	0.655	0.788	0.22%	0.788	0.677	0.794	0.77%
RF₄		0.791	0.590	0.788	−0.38%	0.792	0.643	0.789	−0.43%

注：Imp 表示模型性能提升百分比

表 8-25　初创期和稳定期用户口碑的描述性统计

信用特征	初创期		稳定期	
	均值	标准差	均值	标准差
X_{40}：平台是否有用户评论	0.393	—	0.832	—
X_{36}：用户评论数量/条	60.3	222.8	99.8	287.3

8.5.5　平台信用特征影响效应分析

混合生存分析模型可以从多个方面更加精细化地分析平台信用特征对平台信用风险的影响。对违约状态和违约时间单独建模，可以在模型中纳入不同的信用特征，从而可以识别哪些特征会影响平台的违约状态及哪些特征会影响平台的违约时间，还可以进一步分析同一特征对平台违约状态和违约时间的不同影响效应，如单方面效应、双方面一致性效应和双方面差异性效应等。通过对时间因素的控制还可以进一步发现哪些信用特征的影响效果会随着时间发生演变，从而为平台信用风险管理提供更加精细化的决策支持。

本节分析不同信用特征对平台信用风险的影响效应。在影响效应分析中，所有的样本均用来拟合模型，由于非线性方法的可解释性差，无法得出直观的可以反映信用特征影响效应的系数，本节仅选择了 MCM、Cox 及 LR 三类线性模型。当回归模型中的信用特征之间存在高度相关性时（多重共线），模型的估计便会失真或难以估计准确。为了降低多重共线性的影响，实验根据特征的相关性矩阵挑选出相关性大于 0.4 的特征，并剔除每对高相关性特征中的一个。在平台初创期的数据集中，建模时剔除了特征 X_9、X_{30}、X_{32}、X_{34}、X_{37}、X_{38} 及 X_{39}；在平台稳定期的数据集中，建模时剔除了特征 X_9、X_{30}、X_{34}、X_{37} 及 X_{38}。模型的结果如表 8-26 和表 8-27 所示。

表 8-26　初创期信用特征对平台违约概率的影响

特征	MCM				Cox		LR$_4$	
	违约状态判别		违约时间估计		回归系数		回归系数	
X_1	-2.017^{***}	(0.184)	0.936^{***}	(0.275)	-0.921^{***}	(0.272)	-1.056^{***}	(0.298)
X_2	0.313	(0.205)	-1.190^{***}	(0.454)	-0.910^{**}	(0.453)	-1.001^{**}	(0.489)
X_3	-2.163^{***}	(0.252)	0.173	(0.505)	-1.543^{***}	(0.504)	-1.676^{***}	(0.525)
X_4	-2.343^{***}	(0.234)	-0.417	(0.585)	-2.221^{***}	(0.583)	-2.323^{***}	(0.593)
X_6	0.191^{***}	(0.058)	-0.008	(0.068)	0.052	(0.068)	0.073	(0.089)
X_7	-2.291^{***}	(0.098)	0.067	(0.178)	-1.543^{***}	(0.179)	-1.732^{***}	(0.189)
X_8	0.427^{***}	(0.137)	-0.246	(0.188)	-0.052	(0.188)	0.030	(0.229)
X_{10}	-0.252^{***}	(0.079)	0.185^{*}	(0.097)	0.049	(0.097)	0.057	(0.125)
X_{11}	0.315^{***}	(0.081)	0.191^{**}	(0.095)	0.271^{***}	(0.094)	0.314^{**}	(0.125)
X_{12}	-1.030^{***}	(0.076)	0.239^{***}	(0.087)	-0.147^{*}	(0.087)	-0.268^{**}	(0.114)
X_{13}	-1.061^{***}	(0.074)	0.111	(0.091)	-0.295^{***}	(0.091)	-0.409^{***}	(0.115)
X_{14}	0.311^{***}	(0.063)	-0.310^{***}	(0.078)	-0.100	(0.077)	-0.091	(0.099)
X_{15}	-0.141^{***}	(0.026)	0.171^{***}	(0.028)	0.106^{***}	(0.027)	0.125^{***}	(0.037)
X_{16}	-0.957^{***}	(0.200)	-0.451^{***}	(0.175)	-0.518^{***}	(0.175)	-0.703^{***}	(0.252)
X_{17}	-2.442^{***}	(0.259)	0.427^{*}	(0.251)	-0.420^{*}	(0.251)	-0.666^{*}	(0.346)
X_{18}	-1.107^{***}	(0.200)	-0.154	(0.163)	-0.298^{*}	(0.163)	-0.416^{*}	(0.244)
X_{19}	-1.298^{***}	(0.260)	0.362	(0.228)	-0.023	(0.228)	-0.146	(0.335)
X_{20}	-0.788^{***}	(0.231)	-0.382^{*}	(0.223)	-0.372^{*}	(0.224)	-0.537^{*}	(0.308)
X_{21}	-1.587^{***}	(0.233)	0.198	(0.198)	-0.192	(0.197)	-0.353	(0.292)
X_{22}	-1.682^{***}	(0.196)	-0.024	(0.162)	-0.409^{**}	(0.162)	-0.614^{**}	(0.239)
X_{23}	-0.710^{***}	(0.216)	0.143	(0.166)	-0.038	(0.164)	-0.026	(0.253)
X_{24}	-1.724^{***}	(0.203)	0.032	(0.172)	-0.400^{**}	(0.172)	-0.601^{**}	(0.253)

续表

特征	MCM				Cox		LR$_4$	
	违约状态判别		违约时间估计		回归系数		回归系数	
X_{25}	−1.144***	（0.253）	−0.001	（0.227）	−0.225	（0.227）	−0.384	（0.328）
X_{26}	−2.771***	（0.206）	0.328*	（0.174）	−0.584***	（0.173）	−0.929***	（0.252）
X_{27}	−0.305***	（0.062）	0.086	（0.070）	−0.033	（0.071）	−0.045	（0.094）
X_{28}	4.656***	（0.357）	0.575**	（0.291）	1.624***	（0.304）	2.269***	（0.381）
X_{29}	0.708***	（0.090）	0.086	（0.104）	0.378***	（0.108）	0.513***	（0.135）
X_{31}	0.452***	（0.063）	−0.143*	（0.076）	0.042	（0.075）	0.074	（0.097）
X_{33}	−1.192***	（0.064）	−0.141*	（0.074）	−0.610***	（0.075）	−0.810***	（0.095）
X_{35}	0.262***	（0.080）	−0.071	（0.110）	0.084	（0.110）	0.097	（0.133）
X_{36}	0.090*	（0.047）	−0.078	（0.055）	−0.041	（0.056）	−0.054	（0.073）
X_{40}	−0.110	（0.096）	−0.272**	（0.109）	−0.257**	（0.110）	−0.355**	（0.146）

*表示 $p<0.1$，**表示 $p<0.05$，***表示 $p<0.01$

注：括号中的值为回归系数的标准误差

表 8-27　稳定期信用特征对平台违约概率的影响

特征	MCM				Cox		LR$_4$	
	违约状态判别		违约时间估计		回归系数		回归系数	
X_1	−0.518***	（0.174）	−0.014	（0.294）	−0.246	（0.288）	−0.270	（0.320）
X_2	1.322***	（0.204）	−0.545	（0.377）	0.325	（0.372）	0.422	（0.416）
X_3	0.864***	（0.169）	−0.239	（0.289）	0.248	（0.287）	0.312	（0.325）
X_4	−2.174***	（0.219）	0.371	（0.471）	−1.450***	（0.463）	−1.495***	（0.476）
X_6	1.041***	（0.085）	−0.298**	（0.116）	0.299***	（0.112）	0.398***	（0.137）
X_7	−1.143***	（0.106）	−0.829***	（0.219）	−1.269***	（0.215）	−1.356***	（0.227）
X_8	0.927***	（0.170）	−0.576**	（0.268）	0.188	（0.261）	0.248	（0.307）
X_{10}	−0.423***	（0.114）	0.113	（0.177）	−0.205	（0.176）	−0.277	（0.203）
X_{11}	0.791***	（0.110）	−0.795***	（0.179）	−0.210	（0.177）	−0.209	（0.204）
X_{12}	−1.023***	（0.111）	0.113	（0.154）	−0.359**	（0.152）	−0.488***	（0.184）
X_{13}	−1.168***	（0.108）	0.552***	（0.144）	−0.167	（0.142）	−0.279	（0.173）
X_{14}	−0.483***	（0.087）	−0.072	（0.127）	−0.311**	（0.127）	−0.331**	（0.148）
X_{15}	−0.121***	（0.037）	−0.091**	（0.044）	−0.122***	（0.046）	−0.179***	（0.059）
X_{16}	−4.252***	（0.387）	0.691*	（0.356）	−0.086	（0.352）	−0.155	（0.448）
X_{17}	−4.855***	（0.449）	1.171***	（0.448）	0.107	（0.444）	−0.021	（0.562）
X_{18}	−5.512***	（0.400）	1.337***	（0.361）	−0.126	（0.355）	−0.349	（0.450）

续表

特征	MCM				Cox		LR$_4$	
	违约状态判别		违约时间估计		回归系数		回归系数	
X_{19}	-6.452^{***}	(0.528)	2.175^{***}	(0.618)	-0.442	(0.597)	-0.630	(0.697)
X_{20}	-6.000^{***}	(0.448)	1.916^{***}	(0.431)	-0.175	(0.428)	-0.434	(0.539)
X_{21}	-4.477^{***}	(0.429)	0.947^{**}	(0.405)	0.060	(0.399)	0.083	(0.523)
X_{22}	-4.843^{***}	(0.389)	0.877^{**}	(0.347)	-0.174	(0.341)	-0.337	(0.435)
X_{23}	-4.742^{***}	(0.422)	1.658^{***}	(0.376)	0.430	(0.368)	0.381	(0.481)
X_{24}	-4.969^{***}	(0.395)	0.926^{**}	(0.365)	-0.241	(0.361)	-0.342	(0.454)
X_{25}	-4.324^{***}	(0.455)	0.752^{*}	(0.440)	0.008	(0.436)	-0.080	(0.574)
X_{26}	-6.777^{***}	(0.410)	1.285^{***}	(0.385)	-0.868^{**}	(0.373)	-1.192^{**}	(0.466)
X_{27}	0.016	(0.089)	0.048	(0.120)	0.037	(0.122)	0.020	(0.147)
X_{28}	6.004^{***}	(0.603)	0.479	(0.582)	2.886^{***}	(0.633)	4.143^{***}	(0.798)
X_{29}	1.476^{***}	(0.157)	0.368^{*}	(0.198)	1.014^{***}	(0.214)	1.290^{***}	(0.258)
X_{31}	0.864^{***}	(0.091)	-0.688^{***}	(0.137)	-0.069	(0.133)	-0.092	(0.155)
X_{32}	0.170	(0.169)	-0.801^{***}	(0.186)	-0.371^{**}	(0.184)	-0.528^{**}	(0.244)
X_{33}	-0.418^{***}	(0.096)	-0.163	(0.125)	-0.349^{***}	(0.125)	-0.384^{**}	(0.155)
X_{35}	-1.252^{***}	(0.122)	1.118^{***}	(0.183)	-0.098	(0.174)	-0.138	(0.200)
X_{36}	-0.707^{***}	(0.045)	0.236^{***}	(0.068)	-0.243^{***}	(0.063)	-0.280^{***}	(0.072)
X_{39}	-0.003^{*}	(0.002)	0.004^{*}	(0.002)	0.002	(0.002)	0.002	(0.003)
X_{40}	-1.481^{***}	(0.166)	0.844^{***}	(0.215)	-0.111	(0.204)	-0.152	(0.257)

*表示 $p<0.1$，**表示 $p<0.05$，***表示 $p<0.01$

注：括号中的值为回归系数的标准误差

模型估计的结果表明：在初创期，特征 X_1、X_3、X_4、$X_6 \sim X_8$、$X_{10} \sim X_{29}$、X_{31}、X_{33}、X_{35}、X_{36} 对平台违约状态具有显著影响，特征 X_1、X_2、$X_{10} \sim X_{12}$、$X_{14} \sim X_{17}$、X_{20}、X_{26}、X_{28}、X_{31}、X_{33}、X_{40} 对平台违约时间具有显著影响；在稳定期，特征 $X_1 \sim X_4$、$X_6 \sim X_8$、$X_{10} \sim X_{26}$、X_{28}、X_{29}、X_{31}、X_{33}、X_{35}、X_{36}、X_{39}、X_{40} 对平台违约状态具有显著影响，特征 $X_6 \sim X_8$、X_{11}、X_{13}、$X_{15} \sim X_{26}$、X_{29}、X_{31}、X_{32}、X_{35}、X_{36}、X_{39}、X_{40} 对平台违约时间具有显著影响。

信用特征对平台的违约概率表现出了多种不同的影响效应，如单边效应、双边效应及时变效应。其中单边效应指信用特征仅对平台违约状态具有显著影响或对平台违约时间具有显著影响；双边效应指信用特征对平台违约状态和违约时间均具有显著影响，包括一致性影响和非一致性影响；时变效应指信用特征在平台初创期和稳定期具有不同的影响。

1. 单边效应

从模型估计结果中可以发现，MCM 的系数估计与 LR 和 Cox 模型存在差异，该差异性产生的原因在于 MCM 针对平台的违约状态和违约时间分别建模，模型系数分别反映了特征对这两方面的影响，而 LR 和 Cox 模型仅针对单方面建模，通过单个系数来反映综合的影响效应。当两方面的影响存在差异，尤其是存在相反的影响时，LR 和 Cox 中的特征便可能失去显著性。从 MCM 的系数估计结果中，可以发现部分特征仅仅对平台违约状态或违约时间单方面具有显著影响。例如，特征 X_3 和 X_4 仅仅对平台违约状态具有显著影响（$p<0.01$），而特征 X_{32} 在平台稳定期仅对平台违约时间具有显著影响（$p<0.01$）。

2. 双边效应

当信用特征对平台违约状态和违约时间的影响均显著时，便出现了双边效应。当双方面影响方向相同，则为一致性影响，如初创期中的特征 X_{11} 和 X_{16} 及稳定期的特征 X_7 与 X_{15}。当双方面影响方向相反时，则为非一致性影响。如上所述，非一致性效应是 MCM 和 LR 及 Cox 模型系数估计产生差异性的根本原因，同时非一致性效应的发现也证明了混合生存分析模型的有效性。在初创期，特征 X_1（平台是否拥有国资背景）对平台违约状态具有显著负向影响（$p<0.01$），对平台违约时间具有显著正向影响（$p<0.01$）。该非一致性效应表明拥有国资背景的平台更不容易发生违约，但一旦发生违约，拥有国资背景会促使平台更早发生违约。此结果反映了平台背景存在着明显的"虚假成分"，这与市场上存在的虚假宣传的情况相符。从整体上看，拥有国资背景的平台违约概率低，但部分国资背景平台的安全性反而低于其他平台，此部分平台夸大国资成分和背景，甚至利用一些模糊概念虚假宣传。

3. 时变效应

从模型估计结果中还可以发现，信用特征在平台初创期和稳定期的影响效果也存在着差异。时变效应体现在由初创期到稳定期，信用特征影响显著性的转变，如特征 X_{27} 在初创期对平台违约状态具有显著影响，但到稳定期该影响不再显著；特征 X_{35} 在初创期对平台违约时间的影响不显著，但到稳定期该影响显著。时变效应还体现在由初创期到稳定期，信用特征影响方向的转变，如特征 X_{14} 在初创期对平台违约状态具有显著正向影响，但到稳定期变为显著负向影响；特征 X_{20} 在初创期对平台违约时间具有显著负向影响，但到稳定期变为显著正向影响。已有研究表明运营时间对平台信用风险具有显著影响，时变效应同样验证了此结论，并在此基础上进一步反映了影响的变化情况。

本 章 小 结

随着人工智能、云计算等信息技术在金融领域的应用持续深化,信贷产品的形式逐渐多样化,客户群体日趋庞大、复杂,金融市场中的信用风险动态性显著增强,动态信用评价成为金融机构迫切需要解决的问题。为此,本章针对动态信用评价模型展开研究。

针对现有动态信用评价模型存在的假设约束强、稳健性差、校准性能低等局限,本章提出了一种预测驱动的动态信用评价模型。首先,提出了基于集成学习的违约状态判别模型和基于 TDH 的违约时间估计模型。其次,基于违约状态判别模型与违约时间估计模型,构建了动态信用评价模型,并基于期望最大算法设计了动态评价模型的估计方法。最后,利用网络消费借贷数据进行了实验研究。实验结果表明无论是利用 RF 模型替代 LR 模型来构建违约状态判别模型,还是利用 TDH 方法替代 Cox 模型来构建违约时间估计模型,均可以显著提升模型的判别性能与校准性能,两方面改进的结合会进一步提升模型的预测效果,可以有效地为风险管理及投资决策提供支持。银行等金融机构可以利用本章所提出的模型评估客户的信用水平,预测客户的信用状态,从而辅助金融机构进行定价、风险管控、回款金额预测和贷后催收等。市场投资者可以利用本章所提出的方法对投资产品的信用风险进行动态评价,预测评价对象在不同时间下的违约概率,从而在贷前更为精准地计算借款人的违约概率及期望收益,在贷后更为及时地采取风险应对措施,如信用违约互换等。

针对信用数据的时变性及信用特征影响效应的复杂性、动态性,本章提出了一种融入面板数据的动态信用评价模型。首先,针对删失数据和长期幸存者问题,采用混合生存分析构建动态信用评价模型,其中利用 LR 模型估计违约状态判别函数,利用 Cox 模型估计违约时间估计函数。其次,提出了一种基于面板数据的多重生存状态向量构建方法,通过构建多个生存状态向量,拟合信用特征与生存时间的动态关联,将面板数据中的有效信息纳入信用评价模型。最后,利用网络借贷平台数据进行了实验研究。结果表明本章所提出模型的违约概率预测效果和违约时间预测效果均显著优于所有对照模型,能够有效预测评价对象的信用风险及趋势。监管人员或平台机构本身,可以利用本章所提出的动态信用评价模型监测评价对象的发展状态、预测其风险趋势,从而更好地管控信用风险,避免发生违约事件。市场投资者可以利用本章所提出的模型对市场参与主体进行风险评估和排序,从而为投资决策提供支持。

针对网络借贷市场中频发的平台违约事件,本章利用动态信用评价模型对平台信用风险进行了分析与评价。首先,从平台和用户视角分析了平台信用风险的特点及平台违约的潜在原因。其次，基于 5C 信用评价和羊群效应等理论及现有研究，从平台特质、平台能力、平台资本、平台环境及用户口碑五方面分析和识别了多个维度的平台信用风险影响因素，基于这些影响因素，进一步识别了平台信用特征。最后，利用中国网络借贷平台的数据对所识别的平台信用风险进行分析，在预测分析中验证了所识别平台信用特征的有效性，在信用特征影响效应分析中通过对违约状态和违约时间单独建模，识别了单边效应、双边效应及时变效应。多种影响效应的识别一方面验证了现有研究对平台信用风险影响因素分析的结论，另一方面更加全面系统地揭示了信用特征对平台信用风险的影响。利用所识别的影响效应可以有效解释网络借贷市场中存在的"虚假宣传"等现象，有利于帮助监管部门和投资人更加深入地理解平台的信用风险。

参 考 文 献

[1]　Monfort A，Pegoraro F，Renne J P，et al. Affine modeling of credit risk，pricing of credit events，and contagion[J]. Management Science，2021，67（6）：3674-3693.

[2]　Fu R S，Huang Y，Singh P V. Crowds，lending，machine，and bias[J]. Information Systems Research，2021，32（1）：72-92.

[3]　Wang Z，Jiang C Q，Zhao H M，et al. Mining semantic soft factors for credit risk evaluation in peer-to-peer lending[J]. Journal of Management Information Systems，2020，37（1）：282-308.

[4]　蒋翠清，王睿雅，丁勇. 融入软信息的 P2P 网络借贷违约预测方法[J]. 中国管理科学，2017，25（11）：12-21.

[5]　Dastile X，Celik T，Potsane M. Statistical and machine learning models in credit scoring：a systematic literature survey[J]. Applied Soft Computing，2020，91：106263.

[6]　Jiang C Q，Wang Z，Wang R Y，et al. Loan default prediction by combining soft information extracted from descriptive text in online peer-to-peer lending[J]. Annals of Operations Research，2018，266（1）：511-529.

[7]　Shen F，Zhao X C，Kou G，et al. A new deep learning ensemble credit risk evaluation model with an improved synthetic minority oversampling technique[J]. Applied Soft Computing，2021，98：106852.

[8]　Fang F，Chen Y Y. A new approach for credit scoring by directly maximizing the Kolmogorov-Smirnov statistic[J]. Computational Statistics & Data Analysis，2019，133：180-194.

[9]　Ge R Y，Feng J，Gu B，et al. Predicting and deterring default with social media information in peer-to-peer lending[J]. Journal of Management Information Systems，2017，34（2）：401-424.

[10]　Óskarsdóttir M，Bravo C，Sarraute C，et al. The value of big data for credit scoring：enhancing financial inclusion using mobile phone data and social network analytics[J]. Applied Soft Computing，2019，74：26-39.

[11]　Wei Y H，Yildirim P，van den Bulte C，et al. Credit scoring with social network data[J]. Marketing Science，2016，35（2）：234-258.

[12]　van Vlasselaer V，Eliassi-Rad T，Akoglu L，et al. Gotcha! Network-based fraud detection for social security fraud[J]. Management Science，2017，63（9）：3090-3110.

[13]　Yin C，Jiang C Q，Jain H K，et al. Evaluating the credit risk of SMEs using legal judgments[J]. Decision Support Systems，2020，136：113364.

[14]　Dirick L，Claeskens G，Baesens B. Time to default in credit scoring using survival analysis：a benchmark study[J]. Journal of the Operational Research Society，2017，68（6）：652-665.

[15] Narain B. Survival analysis and the credit granting decision[C]//Thomas L C，Crook J N，Edelman D B. Credit Scoring and Credit Control. Oxford：Oxford University Press，1992：109-121.

[16] Wang Z，Jiang C Q，Ding Y，et al. A novel behavioral scoring model for estimating probability of default over time in peer-to-peer lending[J]. Electronic Commerce Research and Applications，2018，27：74-82.

[17] Calabrese R，Crook J. Spatial contagion in mortgage defaults：a spatial dynamic survival model with time and space varying coefficients[J]. European Journal of Operational Research，2020，287（2）：749-761.

[18] Djeundje V B，Crook J. Dynamic survival models with varying coefficients for credit risks[J]. European Journal of Operational Research，2019，275（1）：319-333.

[19] Tong E N C，Mues C，Thomas L C. Mixture cure models in credit scoring：if and when borrowers default[J]. European Journal of Operational Research，2012，218（1）：132-139.

[20] Bai M J，Zheng Y，Shen Y. Gradient boosting survival tree with applications in credit scoring[J]. Journal of the Operational Research Society，2022，73（1）：39-55.

[21] Im J K，Apley D W，Qi C，et al. A time-dependent proportional hazards survival model for credit risk analysis[J]. Journal of the Operational Research Society，2012，63（3）：306-321.

[22] Jiang C Q，Wang Z，Zhao H M. A prediction-driven mixture cure model and its application in credit scoring[J]. European Journal of Operational Research，2019，277（1）：20-31.

[23] Georgiou K，Domazakis G N，Pappas D，et al. Markov chain lumpability and applications to credit risk modelling in compliance with the International Financial Reporting Standard 9 framework[J]. European Journal of Operational Research，2021，292（3）：1146-1164.

[24] 陶玲，朱迎. 系统性金融风险的监测和度量——基于中国金融体系的研究[J]. 金融研究，2016，432（6）：18-36.

[25] Liu Z X，He P，Chen B. A Markov decision model for consumer term-loan collections[J]. Review of Quantitative Finance and Accounting，2019，52（4）：1043-1064.

[26] Anagnostou I，Kandhai D. Risk factor evolution for counterparty credit risk under a hidden Markov model[J]. Risks，2019，7（2）：66.

[27] Feng X D，Xiao Z，Zhong B，et al. Dynamic weighted ensemble classification for credit scoring using Markov Chain[J]. Applied Intelligence，2019，49（2）：555-568.

[28] Pasricha P，Selvamuthu D. A Markov regenerative process with recurrence time and its application[J]. Financial Innovation，2021，7（1）：1-22.

[29] 章彤，迟国泰. 基于最优信用特征组合的违约判别模型——以中国 A 股上市公司为例[J]. 系统工程理论与实践，2020，40（10）：2546-2562.

[30] Chang Y C，Chang K H，Chu H H，et al. Establishing decision tree-based short-term default credit risk assessment models[J]. Communications in Statistics—Theory and Methods，2016，45（23）：6803-6815.

[31] Alves B C，Dias J G. Survival mixture models in behavioral scoring[J]. Expert Systems with Applications，2015，42（8）：3902-3910.

[32] Gunnarsson B R，vanden Broucke S，Baesens B，et al. Deep learning for credit scoring：do or don't？[J]. European Journal of Operational Research，2021，295（1）：292-305.

[33] Lessmann S，Baesens B，Seow H V，et al. Benchmarking state-of-the-art classification algorithms for credit scoring：an update of research[J]. European Journal of Operational Research，2015，247（1）：124-136.

[34] 郭海湘，顾明赟，李诒靖，等. 基于差分演化的自适应集成学习算法在不均衡数据分类中的应用[J]. 系统工程理论与实践，2018，38（5）：1284-1299.

[35]　Djeundje V B，Crook J. Identifying hidden patterns in credit risk survival data using generalised additive models[J]. European Journal of Operational Research，2019，277（1）：366-376.

[36]　Leow M，Crook J. A new mixture model for the estimation of credit card exposure at default[J]. European Journal of Operational Research，2016，249（2）：487-497.

[37]　Dirick L，Claeskens G，Baesens B. An Akaike information criterion for multiple event mixture cure models[J]. European Journal of Operational Research，2015，241（2）：449-457.

[38]　Liu F，Hua Z S，Lim A. Identifying future defaulters：a hierarchical Bayesian method[J]. European Journal of Operational Research，2015，241（1）：202-211.

[39]　Papouskova M，Hajek P. Two-stage consumer credit risk modelling using heterogeneous ensemble learning[J]. Decision Support Systems，2019，118：33-45.

[40]　张发明，李艾珉，韩媛媛. 基于改进动态组合评价方法的小微企业信用评价研究[J]. 管理学报，2019，16（2）：286.

[41]　Breiman L. Random forests[J]. Machine Learning，2001，45（1）：5-32.

[42]　Mercadier M，Lardy J P. Credit spread approximation and improvement using random forest regression[J]. European Journal of Operational Research，2019，277（1）：351-365.

[43]　Rao C J，Liu M，Goh M，et al. 2-stage modified random forest model for credit risk assessment of P2P network lending to "Three Rurals" borrowers[J]. Applied Soft Computing，2020，95：106570.

[44]　Bauer J，Jannach D. Optimal pricing in e-commerce based on sparse and noisy data[J]. Decision Support Systems，2018，106：53-63.

[45]　Zhang J J，Peng Y W. A new estimation method for the semiparametric accelerated failure time mixture cure model[J]. Statistics in Medicine，2007，26（16）：3157-3171.

[46]　蒋辉，马超群，许旭庆，等. 仿 EM 的多变量缺失数据填补算法及其在信用评估中的应用[J]. 中国管理科学，2019（3）：11-19.

[47]　Lee S X，Leemaqz K L，McLachlan G J. A block EM algorithm for multivariate skew normal and skew t-mixture models[J]. IEEE Transactions on Neural Networks and Learning Systems，2018，29（11）：5581-5591.

[48]　Moeyersoms J，Martens D. Including high-cardinality attributes in predictive models：a case study in churn prediction in the energy sector[J]. Decision Support Systems，2015，72：72-81.

[49]　王钊，蒋翠清，丁勇. 基于混合生存分析的动态信用评分方法[J]. 系统工程理论与实践，2021，41（2）：389-399.

[50]　余乐安，张有德. 基于关联规则赋权特征选择集成的信用分类研究[J]. 系统工程理论与实践，2020，40（2）：366-372.

[51]　肖斌卿，杨旸，余哲，等. 小微企业信用评级模型及比较研究[J]. 系统工程学报，2016，31（6）：798-807.

[52]　Louzada F，Ara A，Fernandes G B. Classification methods applied to credit scoring：systematic review and overall comparison[J]. Surveys in Operations Research and Management Science，2016，21（2）：117-134.

[53]　张卫国，卢媛媛，刘勇军. 基于非均衡模糊近似支持向量机的 P2P 网贷借款人信用风险评估及应用[J]. 系统工程理论与实践，2018，38（10）：2466-2478.

[54]　Frydman H，Matuszyk A. Random survival forest for competing credit risks[J]. Journal of the Operational Research Society，2020，73（1）：1-11.

[55]　韩璐，韩立岩. 正交支持向量机及其在信用评分中的应用[J]. 管理工程学报，2017，31（2）：128-136.

[56]　Abellán J，Castellano J G. A comparative study on base classifiers in ensemble methods for credit scoring[J]. Expert Systems with Applications，2017，73：1-10.

[57]　方匡南，陈子岚. 基于半监督广义可加 Logistic 回归的信用评分方法[J]. 系统工程理论与实践，2020，40（2）：

392-402.

[58] Emekter R, Tu Y B, Jirasakuldech B, et al. Evaluating credit risk and loan performance in online Peer-to-Peer (P2P) lending[J]. Applied Economics, 2015, 47 (1): 54-70.

[59] Hand D J. Measuring classifier performance: a coherent alternative to the area under the ROC curve[J]. Machine Learning, 2009, 77 (1): 103-123.

[60] Huang R H. Online P2P lending and regulatory responses in China: opportunities and challenges[J]. European Business Organization Law Review, 2018, 19 (1): 63-92.

[61] Yoon Y, Li Y, Feng Y. Factors affecting platform default risk in online peer-to-peer (P2P) lending business: an empirical study using Chinese online P2P platform data[J]. Electronic Commerce Research, 2019, 19: 131-158.

[62] Lin C C, Yang S L. Bank fundamentals, economic conditions, and bank failures in East Asian countries[J]. Economic Modelling, 2016, 52: 960-966.

[63] Chen Y P, Guo R J, Huang R L. Two stages credit evaluation in bank loan appraisal[J]. Economic Modelling, 2009, 26 (1): 63-70.

[64] Marqués A I, García V, Sánchez J S. Exploring the behaviour of base classifiers in credit scoring ensembles[J]. Expert Systems with Applications, 2012, 39 (11): 10244-10250.

[65] Lin M F, Prabhala N R, Viswanathan S. Judging borrowers by the company they keep: friendship networks and information asymmetry in online peer-to-peer lending[J]. Management Science, 2013, 59 (1): 17-35.

[66] Jiang Y, Ho Y C, Yan X B, et al. Investor platform choice: herding, platform attributes, and regulations[J]. Journal of Management Information Systems, 2018, 35 (1): 86-116.

[67] Dellarocas C. Reputation mechanism design in online trading environments with pure moral hazard[J]. Information Systems Research, 2005, 16 (2): 209-230.

[68] Bauer D, Zanjani G. The marginal cost of risk, risk measures, and capital allocation[J]. Management Science, 2016, 62 (5): 1431-1457.

[69] Djeundje V B, Crook J, Calabrese R, et al. Enhancing credit scoring with alternative data[J]. Expert Systems with Applications, 2021, 163: 113766.

[70] Ghose A. Internet exchanges for used goods: an empirical analysis of trade patterns and adverse selection[J]. MIS Quarterly, 2009, 33 (2): 263-291.

[71] Li J C, Zheng H C, Kang M H, et al. Understanding investment intention towards P2P lending: an empirical study[C]. The 20th Pacific Asia Conference on Information Systems. Chiayi, 2016.

[72] Zhao H K, Ge Y, Liu Q, et al. P2P lending survey: platforms, recent advances and prospects[J]. ACM Transactions on Intelligent Systems and Technology, 2017, 8 (6): 1-28.

[73] Featherman M S, Pavlou P A. Predicting e-services adoption: a perceived risk facets perspective[J]. International Journal of Human-Computer Studies, 2003, 59 (4): 451-474.

[74] Gambacorta L, Mistrulli P E. Does bank capital affect lending behavior? [J]. Journal of Financial Intermediation, 2004, 13 (4): 436-457.

[75] Fleisher B, Li H Z, Zhao M Q. Human capital, economic growth, and regional inequality in China[J]. Journal of Development Economics, 2010, 92 (2): 215-231.

[76] Fingleton B, Fischer M M. Neoclassical theory versus new economic geography: competing explanations of cross-regional variation in economic development[J]. The Annals of Regional Science, 2010, 44 (3): 467-491.

[77] Guiso L, Jappelli T. Awareness and stock market participation[J]. Review of Finance, 2005, 9 (4): 537-567.

[78] Vinciotti V, Tosetti E, Moscone F, et al. The effect of interfirm financial transactions on the credit risk of small and

medium-sized enterprises[J]. Journal of the Royal Statistical Society：Series A（Statistics in Society），2019，182（4）：1205-1226.

[79]　Jiménez G，Lopez J A，Saurina J. How does competition affect bank risk-taking？[J]. Journal of Financial Stability，2013，9（2）：185-195.

[80]　Lu X H，Ba S L，Huang L H，et al. Promotional marketing or word-of-mouth？ Evidence from online restaurant reviews[J]. Information Systems Research，2013，24（3）：596-612.

[81]　Zhang K，Chen X X. Herding in a P2P lending market：rational inference OR irrational trust？[J]. Electronic Commerce Research and Applications，2017，23：45-53.

[82]　Lee E，Lee B. Herding behavior in online P2P lending：an empirical investigation[J]. Electronic Commerce Research and Applications，2012，11（5）：495-503.

[83]　Zhen X P，Cai G S，Song R，et al. The effects of herding and word of mouth in a two-period advertising signaling model[J]. European Journal of Operational Research，2019，275（1）：361-373.

[84]　Dellarocas C，Zhang X Q，Awad N F. Exploring the value of online product reviews in forecasting sales：the case of motion pictures[J]. Journal of Interactive Marketing，2007，21（4）：23-45.

[85]　Liu D，Brass D J，Lu Y，et al. Friendships in online peer-to-peer lending：pipes，prisms，and relational herding[J]. MIS Quarterly，2015，39（3）：729-742.

[86]　Nam K，Baker J，Ahmad N，et al. Determinants of writing positive and negative electronic word-of-mouth：empirical evidence for two types of expectation confirmation[J]. Decision Support Systems，2020，129：113168.

[87]　Iyer R，Khwaja A I，Luttmer E F P，et al. Screening peers softly：inferring the quality of small borrowers[J]. Management Science，2016，62（6）：1554-1577.

第9章　大数据环境下的智能信用评价模型

9.1　引　　言

在传统环境下，信用风险管理通常依赖基于专家经验的信用评价模型及基于统计分析的信用评价模型，这些模型能为相关业务人员提供有效的决策支持。而大数据环境下，移动互联网、云计算、人工智能、区块链等新一代信息技术正在重塑金融业态，信贷业务产生了巨大变革，传统信用评价模型面临着诸多挑战，需要创新智能化的信用评价模型，从而更高效地服务于信用风险管理。具体包括以下三大挑战。

第一，业务模式由单一的线下模式向线上线下并行转变。传统环境下的信贷服务通常是线下进行，而大数据环境下信贷业务线上化趋势愈发明显，既有传统业务的线上化转型，又有网络借贷等金融创新产品。网络环境下信用主体和交易过程虚拟化，风险隐蔽性强，加大了准确预判风险的难度。同时，网络交叉性和开放性等特点导致信用风险扩散的速度更快、扩散路径更复杂且范围更广，信用风险变化快且复杂性高。因此，准确衡量信用主体在不同阶段的信用风险是智能信用评价模型面临的一大挑战。

第二，用户群体由少量优质客户向普惠群体延伸。传统环境下金融服务主要覆盖财务状况和信用历史良好的客户群体。在大数据环境下，随着金融体制变革和信息技术的发展，金融服务逐渐向普惠群体敞开，但这类群体的财务和信用历史数据往往不够充分，如我国大多数小微企业均是信用白户或准白户，且财务制度也往往不健全，需要利用税务、司法、舆情等数据来弥补传统信用信息的不足，但这些数据的复杂性高、冗余性强，在建模过程中有效融合多类型信用特征并进行自适应筛选是构建智能信用评价模型的另一大挑战。

第三，服务方式由以银行为媒介向多样化平台服务转变。传统环境下，由于信息不对称，借款人并不清楚从哪儿获得其所需资金，而贷款人则不清楚如何投资其闲置资金，此时商业银行充当了二者的媒介。在大数据环境下，借助互联网和云计算等技术，能够快速地将借贷双方进行匹配，从而衍生了各类的金融服务平台。然而，这种去媒介化也导致了信息集中度降低，用于评估客户信用风险的信息往往分布在多方平台机构中，需要进行多方协同评价。但在该过程中容易产生隐私泄露问题，尤其在信贷场景，隐私保护问题尤为关键。因此，在协同建模过程中保护原始信用数据是智能信用评价模型面临的第三大挑战。

针对上述挑战，本章首先阐述常见的智能信用评价模型；其次，针对大数据环境下信用数据的复杂关联性和潜在有用性，提出基于多任务集成学习的智能信用评价模型；再次，针对大数据环境下信用数据的复杂性和异质性，提出融合软硬信息的智能信用评价模型；最后，考虑协同评价中的隐私保护问题，提出隐私保护环境下基于联邦学习的智能信用评价模型。

9.2　国内外研究状况

国内外学者围绕智能信用评价模型展开了大量研究，提出了不同类型的智能信用评价模型，按照模型构建方式可分为三类：第一类是集成学习模型[1-3]，代表性的有 RF 和 XGB，这类模型通过构建并组合多个基模型来完成学习任务，从而降低偏差与方差；第二类是核函数模型[4,5]，代表性的有 SVM，这类模型将低维输入映射到高维特征空间，从而解决线性不可分问题；第三类是多标签学习模型[6,7]，代表性的有分类器链，这类模型采用多任务学习对多个状态建模，从而实现多阶段预测。上述三类智能信用评价模型具有不同特点，因此适用于不同的信用评价场景。

9.2.1　DT 与集成学习模型

DT 模型通过树形结构将特征空间划分为互不相交的单元，并在每个单元定义一类概率分布作为模型输出[1,2]。如图 9-1 所示，DT 由节点和有向边组成，其中节点分为子节点和叶节点，子节点代表对某个信用特征的判断，如判断信用等级是否为"A"，而叶节点代表一类评价结果，如"违约"或"非违约"。在违约

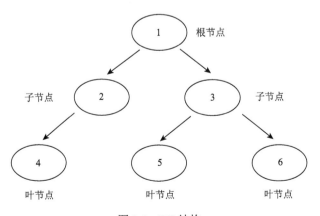

图 9-1　DT 结构

预测等评价任务中，DT 模型从根节点开始，按照内部节点所代表的划分规则进行递归分配，直至样本被分配至叶节点，叶节点所代表的类别即模型对该样本的预测结果。

DT 模型采取贪心、自上而下、递归的方式对信用特征空间进行迭代划分，自上而下指 DT 从原始特征空间 x 开始，利用某个特征及阈值，将特征空间切分为两个子区域，在此基础上采取递归的方式对新的区域进行切分，直至该区域内仅包含一类样本。特征分裂的准则决定了 DT 模型的类型，常见的 DT 模型有 ID3、C4.5 及 CART 等。贪心策略导致 DT 模型在构建过程中容易出现过拟合问题，为了缓解该问题，需要对 DT 模型进行正则化，常见的方式有：①区域内的样本数量低于阈值则停止分裂；②分裂次数达到阈值则停止分裂；③叶节点数达到阈值则停止分裂；④先让决策树完全生长，再修剪掉那些对减少误分类或平方误差贡献小的节点，此过程又称为"剪枝"。

集成学习是将多个模型组合，从而构建一个评价效果更好的信用评价模型。集成学习的原理在于综合多个弱相关模型的评价结果能够有效降低总体模型的偏差或方差。常见的集成学习方法有降低方差的 Bagging 方法和降低偏差的 boosting 方法。给定样本集 D，Bagging 方法的流程如下。

（1）从样本集 D 中随机、有放回地抽取 $|D|$ 条样本，共进行 k 轮采样，得到 k 个相互独立但元素可重复的采样集 $\{D_1, D_2, \cdots, D_k\}$。

（2）针对采样集 $D_t(t = 1, 2, \cdots, k)$，训练模型 $G_t(x)$。

（3）综合 k 个模型的输出作为最终结果，对于分类问题，由投票或加权投票产生最终结果；对于回归问题，由 k 个模型输出的均值作为最终结果。

boosting 方法的思路是从弱判别模型出发，反复学习得到一系列弱判别模型，最终组合所有弱判别模型，得到一个强判别模型[3]。现有研究针对 boosting 设计了多种损失函数，形成了多种类型的 boosting 方法，如基于平方损失的最小二乘提升（least squares boosting，L2Boosting）、基于绝对损失的梯度提升、基于指数损失的 AdaBoost 及基于对数损失的 LogitBoost。以 AdaBoost 为例，该方法通过调整权值分布的方式迭代训练多个弱判别模型，并通过加权投票方式组合模型。给定样本集 D，AdaBoost 方法的训练过程如下。

（1）初始化数据集的权值分布。

$$D_1 = (w_{11}, w_{12}, \cdots, w_{1M}), \quad w_{1i} = \frac{1}{M}, \quad i = 1, 2, \cdots, M \tag{9-1}$$

（2）训练 K 个弱分类器，$k = 1, 2, \cdots, K$。

首先，使用具有权值分布 D_k 的数据集训练基分类器 $G_k(x)$：

$$G_k(x): X \rightarrow \{-1, +1\} \tag{9-2}$$

其次，计算 $G_k(x)$ 的分类误差率：

$$e_k = P(G_k(x^{(i)}) \neq y^{(i)}) = \sum_{i=1}^{M} w_{ki} I(G_k(x^{(i)}) \neq y^{(i)}) \tag{9-3}$$

再次，计算 $G_k(x)$ 的系数：

$$a_k = \frac{1}{2} \log \frac{1 - \mathrm{e}_k}{\mathrm{e}_k} \tag{9-4}$$

最后，更新数据集的权值分布：

$$D_{k+1} = (w_{k+1,1}, w_{k+1,2}, \cdots, w_{k+1,M}) \tag{9-5}$$

$$w_{k+1,i} = \frac{w_{k,i}}{Z_k} \exp(-a_k y^{(i)} G_k(x^{(i)})), \quad i = 1, 2, \cdots, M \tag{9-6}$$

（3）构建基分类器的线性组合，得到最终分类器 $G(x)$。

$$f(x) = \sum_{k=1}^{K} a_k G_k(x) \tag{9-7}$$

$$G(x) = \mathrm{sign}(f(x)) = \mathrm{sign}\left(\sum_{k=1}^{K} a_k G_k(x)\right) \tag{9-8}$$

9.2.2　最大间隔分类器与 SVM 模型

SVM 模型常用于解决二分类问题，如判别借款人是否会发生违约，该模型将信用样本映射为空间中的点，并采用超平面将不同类别的样本最大化地分隔开[4, 5]。当信用样本集线性可分或近似线性可分时，通过几何间隔最大化策略训练线性 SVM 模型，该模型又称为最大间隔分类器；当信用样本集线性不可分时，通过引入核函数和正则项训练非线性 SVM 模型。

对于二分类问题，当训练数据集线性可分时，存在无穷多个超平面将两类样本分隔，最大间隔分类器的目标是寻找离所有样本总几何间隔最大的超平面，具体优化问题如式（9-9）所示：

$$\begin{aligned} &\max_{\gamma, w, b} \gamma \\ \mathrm{s.t.} \quad & y^{(i)}(w^{\mathrm{T}} x^{(i)} + b) \geqslant \gamma, \quad i = 1, 2, \cdots, m \\ & \| w \| = 1 \end{aligned} \tag{9-9}$$

其中，w 为信用特征的系数；b 为线性函数截距项。此外由于 w 与 b 的等比放缩对决策边界无影响，因此约束 w 的模长为 1，令函数间隔与几何间隔相等。

上述优化问题中约束条件 $\| w \| = 1$ 是"非凸"约束，直接对该问题进行求解容易陷入局部最优困境，因此对该优化问题进行等价转换。

$$\min_{\gamma, w, b} \frac{1}{2} \| w \|^2$$

$$\text{s.t.} \quad y^{(i)}(w^{\mathrm{T}} x^{(i)} + b) \geqslant 1, \quad i = 1, 2, \cdots, m \tag{9-10}$$

式（9-10）是一个含有线性约束的凸二次优化问题，对该优化问题进行求解，便能得到线性 SVM 模型。

当信用样本集线性不可分时，可以通过核函数将样本点映射到高维空间甚至无穷维空间，并在映射后的空间内通过超平面分隔两类样本。设 $\mathcal{X}$ 为输入空间（欧式空间），$\mathcal{H}$ 为特征空间（希尔伯特空间），若存在映射 $\phi(x): \mathcal{X} \to \mathcal{H}$，使得对于所有 $x, z \in \mathcal{X}$，函数 $K(x, z)$ 满足 $K(x, z) = \phi(x) \cdot \phi(z)$，则称 $K(x, z)$ 为核函数，$\phi(\cdot)$ 为映射函数，$\phi(x) \cdot \phi(z)$ 为内积。

SVM 模型中核函数的应用方式是在对偶问题的求解过程中应用核函数 $K(x, z)$，而不显示定义映射函数 $\phi(\cdot)$。SVM 模型的对偶问题如式（9-11）所示：

$$\max_{\alpha} W(\alpha) = \sum_{i=1}^{m} \alpha_i - \frac{1}{2} \sum_{i,j=1}^{m} y^{(i)} y^{(j)} \alpha_i \alpha_j \langle x^{(i)} \cdot x^{(j)} \rangle$$

$$\text{s.t.} \quad \alpha_i \geqslant 0, \quad i = 1, 2, \cdots, m$$

$$\sum_{i=1}^{m} \alpha_i y^{(i)} = 0 \tag{9-11}$$

其中，$\langle x^{(i)} \cdot x^{(j)} \rangle$ 为 $x^{(i)}$ 与 $x^{(j)}$ 的内积。

由式（9-11）可以发现，对偶问题的目标函数仅依赖目标变量的值及特征的内积，因此可以直接利用核函数 $K(x, z)$ 计算目标函数，从而在不提升求解复杂度的前提下解决高维和超高维空间的优化问题。常见的核函数有多项式核函数、高斯核函数及 sigmoid 核函数等，核函数的选择对 SVM 模型的性能有较大影响，实际应用中需要通过超参数优化等方式选择合适的核函数。

此外，在高维或无穷维的映射空间内仍可能存在线性不可分问题，此时需要加入正则项，构建非线性 SVM 模型。

$$\min_{\gamma, w, b} \frac{1}{2} w^2 + C \sum_{i=1}^{m} \xi_i$$

$$\xi_i \geqslant 0, \quad i = 1, 2, \cdots, m$$

$$\text{s.t.} \quad y^{(i)}(w^{\mathrm{T}} x^{(i)} + b) \geqslant 1 - \xi_i, \quad i = 1, 2, \cdots, m \tag{9-12}$$

加入正则项后模型允许样本中存在函数边界小于 1 的情况，如果某样本的函数边界小于 1，则需要付出 $C \xi_i$ 的"代价"，作为目标函数的增加值。式（9-12）中 C 为模型的超参数，用于控制相对权重，使模型在两组目标间进行权衡：①$\| w \|^2$ 尽可能小；②绝大部分的样本的函数边界至少为 1。加入正则项后，相应的对偶问题如式（9-13）所示：

$$\max_{\alpha} W(\alpha) = \sum_{i=1}^{m} \alpha_i - \frac{1}{2}\sum_{i,j=1}^{m} y^{(i)}y^{(j)}\alpha_i\alpha_j\langle x^{(i)} \cdot x^{(j)}\rangle$$

$$\text{s.t.} \quad 0 \leqslant \alpha_i \leqslant C, \quad i = 1,2,\cdots,m \tag{9-13}$$

$$\sum_{i=1}^{m} \alpha_i y^{(i)} = 0$$

对上述优化问题进行求解,便能得到带正则项的非线性 SVM 模型,该模型又称为软间隔 SVM。

9.2.3 多标签学习模型

多时期违约预测(multi-period default prediction,MPDP)是信用评价中的一项关键任务,多标签学习(multi-label learning)是解决 MPDP 任务最常见的一类模型,该类模型根据不同时期的违约状态定义标签,并构建多个模型预测相应时期的违约状态[6, 7]。定义 $y = (y_1, y_2, \cdots, y_m)$ 为违约状态向量,其中分量下标对应时间向量 $(t_1, t_2, \cdots, t_m)$,每一个分量的取值为 0 或 1,分别代表评价对象在时间区间 $(0, t_i)$ 内的非违约和违约两类状态。定义 $x = (x_1, x_2, \cdots, x_n)$ 为信用特征向量,多标签学习模型的目标是学习从信用特征向量 x 到违约状态向量 y 的映射函数,使模型正确预测不同时期的违约状态。

二元关联(binary relevance,BR)模型是多标签学习中最直观的模型。如图 9-2 所示,BR 模型将具有 m 个周期的 MPDP 任务分解为 m 个独立的二分类任务,并训练 m 个二分类模型,各模型的训练与预测相互独立。

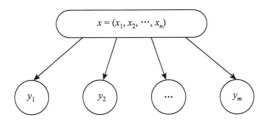

图 9-2 BR 模型

BR 模型的优点在于:①能够构建具有集成结构的模型,且基分类器灵活性强,可以采用各种分类方法;②信用特征和违约状态间的非线性关系可以很容易地被非线性模型自适应拟合;③通过时序任务分解可以从多个视图综合描述评价对象的信用状态,使模型具备更稳健的预测性能。但 BR 模型忽略了标签依赖性,考虑标签依赖性有助于提升多标签学习的性能,由于不同时期之间存在着明显的时间依赖性,标签依赖性问题在 MPDP 任务中更加突出。对于任意两个观测时间

$t_i < t_j$，若已知评价对象在 $(0, t_i)$ 时期违约，则在更宽泛的时间区间 $(0, t_j)$ 内该评价对象的状态仍然是违约，即根据 $y_i = 1$ 可以推导出 $y_j = 1$，但反之不成立。

为捕捉标签依赖性，需要在基分类器训练过程中考虑不同时期违约状态间的时序关联关系，常见的模型有分类器链（classifier chain，CC）和嵌套堆叠（nested stacking，NS）。CC 模型需要预定义标签集的顺序，进而按照标签集顺序训练基分类器，基分类器在训练时不仅使用信用特征集 x，还使用链上前一节点的标签信息。如图 9-3 所示，预测 y_i 的基分类器 h_i 的特征空间由 $(x_1, x_2, \cdots, x_n, y_{i-1})$ 组成。虽然不同的链式结构理论上等价，但是 CC 模型的性能对链式结构较为敏感，在实践中需要对比多个链顺序以达到最优的预测效果。

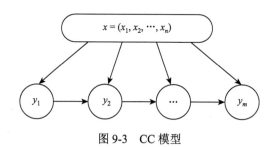

图 9-3　CC 模型

CC 模型在训练时使用真实标签值 $(y_1, y_2, \cdots, y_{m-1})$ 作为附加特征来训练基分类器 $(h_2, h_3, \cdots, h_m)$，而在预测时将使用各自的模型预测结果来替代真实标签值。例如，基分类器 h_2 的附加特征为 y_1，在预测时则使用 $\hat{y}_1 = h_1(x)$ 作为特征的取值。该方式存在潜在预测偏差，因为真实标签的分布在理论上与预测值分布不同，训练数据不能代表测试数据。为了解决该问题，NS 模型通过使用预测值 $\hat{y}$ 作为附加特征训练基分类器，而不是真实标签。

如图 9-4 所示，NS 模型构建两层基分类器，包含标签层（下方）和预测标签

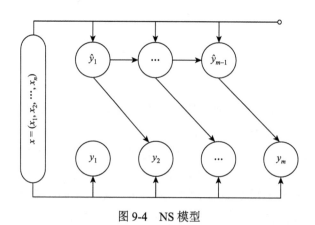

图 9-4　NS 模型

层（上方），标签层节点（第一个节点除外）对应的基分类器特征空间由 $(x, \hat{y}_{i-1})$ 组成，$\hat{y}_{i-1}$ 可以从预测标签层中对应的前一个节点获得，从而形成嵌套结构。

上述多标签学习模型的共性特点在于灵活性强，能够有效拟合非线性关系。但这三类模型未能严格满足预测结果的单调性，如式（9-14）所示，连续时期下信用主体的违约概率服从单调递增规律。尽管 CC 与 NS 模型考虑了标签依赖性，但多个基分类器预测的违约概率未能严格满足违约概率单调递增性。非单调的预测结果一方面不符合概率论的基本原理，从而削弱了模型可靠性和适用性；另一方面不能通过预设的判别阈值估计违约事件发生的时间，无法准确地刻画评价对象的动态信用风险。

$$\pi(t_i) = P(T \leqslant t_i) = P(T \leqslant t_{i-1}) + P(t_{i-1} < T \leqslant t_i) \geqslant \pi(t_{i-1}) \qquad (9\text{-}14)$$

9.3　基于多任务集成学习的智能信用评价模型

9.3.1　问题描述

金融科技的发展及新冠疫情的影响使得数字金融逐渐成为经济增长的新动能，小微金融、网络小贷、网络平台助贷等业务快速发展。与此同时，数字金融在发展过程中也出现了一系列问题，如长尾客户违约和诈骗问题频发、小微信贷不良率相对较高等，暴露出信用风险管控的不足，缺乏对信用主体过程性、细致性的信用评价。

传统的信用评价模型通常是预测贷款对象在某个时期内的违约概率，即单时期违约预测，该时期的长度通常为一到两年或整个贷款周期，且假定贷款对象在该时期内的信用风险是恒定不变的。然而，这个假设在实际场景中很难成立，尤其在新冠疫情与经济脱钩等因素的影响下，金融市场的不确定性显著增强，信用主体履约能力与意愿的波动性相对更强。因此，信用评价模型需要对单个时期进行细分，并预测贷款对象在不同细分时期内信用风险变化情况，即多时期违约预测，实现更准确且精细的信用画像。

虽然多时期违约预测能帮助金融机构更有效地监测和管控信用风险，但构建这样的智能信用评价模型面临着很大挑战，具体如下。

（1）需要捕捉复杂关联关系。单时期违约预测仅需判别评价对象在该时期内是否会发生违约，违约与非违约群体的最优分隔边界通常较容易寻找，或在映射空间内（如高维空间）变得容易区分。而多时期违约预测不仅需要判别是否违约，还需要判别评价对象在不同时期的信用状态变化。比如，在上一时期未发生违约的对象，下一时期可能会违约。评价群体不再是违约和非违约的简单划分，而是考虑时间的动态序列，对这种动态序列的刻画难度很大，单个违约预测模型很难实现该任务，需要信用评价模型能综合利用多类模型的优势，深度挖掘高阶、复杂的关联关系，从而刻画信用状态在不同时期的变化情况。

（2）预测结果需要具备单调性。单时期违约预测的结果通常是单个违约概率，而多时期违约预测的结果是不同时期下的违约概率所构成的序列。借款人在不同时间的瞬时风险可能具有大小差异，但从累积风险视角下看，连续时期下借款人的违约概率是服从单调递增规律的，即瞬时风险的累积效应。例如，若借款人在六个月的违约概率（累积）小于其在三个月的违约概率（累积），便与概率上的包含关系不符。类似的非单调预测结果无法给予风险管理人员有效、可解释的决策支持，更无法实现自动化决策。信用评价模型需要设计单调性机制来保证多时期违约预测结果的有效性和可解释性。

针对上述问题，本节提出一种基于多任务集成学习的智能信用评价模型，首先设计"序列任务分解—智能信用建模—可解释性集成"的建模策略；其次针对区间违约概率预测问题，提出联合违约建模方法；最后利用网络消费信贷数据进行实验研究，验证该模型的有效性。

9.3.2　模型构建

生存分析和多标签学习这两类模型可以用来构建信用评价模型，实现多时期违约预测。生存分析模型通过加入时间因素，使模型能预测不同时间的违约概率，且违约概率序列严格服从单调性[8, 9]。但生存分析模型通常依赖较为严格的假设，如比例风险和加速时间风险等，这些假设适用于其原生的医学等领域，但在信用评价场景却不一定符合，在实际应用过程中需要预先检验数据是否服从假设或在建模过程中放松假设，由此预测效果可能会减弱。多标签学习模型将不同时期的违约预测看作单独的预测任务，从而将多时期违约预测问题转化为多个单时期违约预测问题[10, 11]。多标签学习模型可以在每个任务中应用智能化模型（如 XGB、DNN 等）来拟合复杂的关联关系，但不同时期预测结果的关联性通常较弱。尽管能采用链式或环形结构关联多个模型，增强不同时期违约预测任务间的关联性，但整体预测结果的单调性往往无法保证，因此可能会产生局部过拟合、整体非单调的情况，造成预测结果解释性和有效性差。为了解决现有方法在多时期违约预测中的局限性，本节提出一种基于多任务集成学习的智能信用评价模型，即混合协同评分（mixture and collective scoring，MACS）模型。

MACS 模型如图 9-5 所示，其建模思路是首先判别借款人在整个观测期内是否会发生违约，其次判别借款人会在哪个时间区间内发生违约。由此，MACS 模型由两部分构成：第一部分是违约状态判别模型，用于预测借款人在整个观测期内的违约概率；第二部分是违约时间估计模型，用于预测借款人在会发生违约的条件下，在不同时间区间的违约概率。

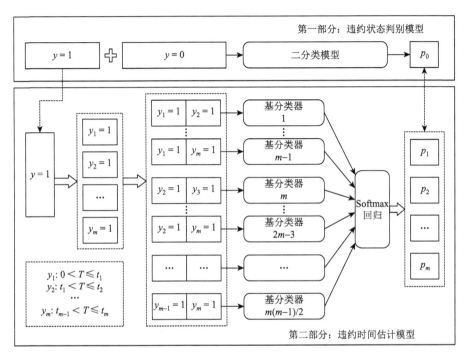

图 9-5　MACS 模型

定义离散型随机变量 y 为违约状态指示变量，$y=1$ 表示借款人会在整个观测周期内发生违约，$y=0$ 则表示不会发生违约。令 $t=(t_1,t_2,\cdots,t_m)$ 为不同观测时间构成的时间向量，于是，整个观测周期可以被分为 m 个互不相交的时间区间，它们可表示为 $(0,t_1),(t_1,t_2),\cdots,(t_{m-1},t_m)$。MACS 模型的目标函数可表示为

$$\pi(t) = p_0 \times \sum_{t_i \leqslant t} p_i \tag{9-15}$$

其中，$p_0 = P(y=1)$ 为全违约概率（full default probability），表示借款人在整个观测周期内的违约概率；$p_i = P(t_{i-1} < T \leqslant t_i \mid y=1)$ 为区间违约概率（interval default probability），表示借款人在第 i 个观测区间 (t_{i-1}, t_i) 内的条件违约概率。值得注意的是，$\pi(t)$ 为借款人在时期 t 内的违约概率，而 p_i 则为借款人在观测区间 (t_{i-1}, t_i) 内的违约概率。

给定一个时期 t_i 及其细分的观测区间 $\{(0,t_1),(t_1,t_2),\cdots,(t_{i-1},t_i)\}$，则借款人在该时期内违约的概率等于所有观测区间的违约概率之和。

$$P(T \leqslant t_i) = P(0 < T \leqslant t_1) + P(t_1 < T \leqslant t_2) + \cdots + P(t_{i-1} < T \leqslant t_i) \tag{9-16}$$

进而能得到借款人在某时期内的违约概率等于全违约概率与区间违约概率和的乘积。例如，借款人在 t_2 时期内的违约概率等于 $p_0 \times (p_1 + p_2)$。

　　MACS 模型的构建过程如图 9-6 所示，针对全违约概率 p_0 构建违约状态判别模型，针对区间违约概率 p_i 构建违约时间估计模型，两个模型的预测结果通过全概率公式组合起来，形成对特定时期内违约概率的估计。MACS 模型在建模过程中将违约状态与违约时间区分，能有效区分信用特征对两者的差异化影响，进而

Parameters:
L : base classifier learner;
k : number of folds for the cross validation in meta-learning.
Inputs:
$S = S_G \cup S_B$: training set，with each case including:
　　$t = (t_1, t_2, \cdots, t_m)$: observation time vector;
　　$\text{st} = (\text{st}_1, \text{st}_2, \cdots, \text{st}_m)$: observation status vector;
　　$x = (x_1, x_2, \cdots, x_n)$: feature set.
Outputs:
f_0 : default discrimination model;
$f_{ij}(i = 1, 2, \cdots, m-1, j = i+1, \cdots, m)$: base classifiers;
f_{meta} : meta model.

```
1    f₀ = L(stₘ ~ x, data = S) ;
2    S_B → (S₁, S₂, ···, Sₘ) ;
3    t, st → (y₁, y₂, ···, yₘ) ;
4    for i in {1:(m−1)} do
5      for j in {(i+1):m} do
6        S_ij = S_i ∪ S_j ;
7        f_ij = L(y_i ~ x, data = S_ij) ;
8    pred, S_meta = ∅ ;
9    t_d = min{t_i | st_i == 1} ;
10   z = (z_{1,2}, z_{1,3}, ···, z_{1,m}, z_{2,3}, z_{2,4}, ···, z_{2,m}, ···, z_{m-1,m}) ;
11   ind = Sample(k, nrow(S_B), replace = True) ;
12   for d in {1:k} do
13     OOS_train = S[!ind == d, ] ;
14     OOS_test = S[ind == d, ] ;
15     OOS_train → (S₁, S₂, ···, Sₘ) ;
16     for i in {1:(m−1)} do
17       for j in {(i+1):m} do
18         S_ij = S_i ∪ S_j ;
19         classifier_ij = L(y_i ~ x, data = S_ij) ;
20         pred_ij = Predict(classifier_ij, newdata = OOS_test) ;
21         pred = RowBind(Pred, Pred_ij) ;
22     S_meta = S_meta ∪ Pred ;
23   f_meta = SoftmaxRegression(t_d ~ z, data = S_meta) .
```

图 9-6　MACS 模型构建过程

可以依据不同复杂度的影响自适应地选择最有效的基模型来建模，最大化挖掘潜在的关联关系，提升模型整体的违约预测效果。

1. 违约状态判别模型

违约状态判别模型本质上属于二分类模型，其目标是从包含违约（$y=1$）和非违约（$y=0$）的样本集中学习信用特征到违约状态的映射关系 $h: x \rightarrow y$，使得该映射能最大化地区分违约和非违约样本。现有的信用评价研究中已经提出和应用了大量的分类模型[12-14]，为构建违约状态判别模型提供了依据。这些模型主要分为两类：线性模型和非线性模型。在线性模型中，应用最广泛的是 LR 模型，该模型被广泛应用于银行等金融机构的信用评分卡开发过程中，它的优点在于可解释性强，不容易发生过拟合，且在样本线性可分的情况下具有优异的判别能力。在非线性模型中，DT 是最具代表性的模型，该类模型通过信息增益、基尼不纯度等指标选择信用特征，并进行分裂，最终形成一种树形结构的判别准则。它的优势在于能天然地进行非线性分隔，但也很容易发生过拟合[15, 16]。为了增强泛化性能，通常采用 Bagging 或 boosting 等集成学习方法构建多个决策树，如 RF 和 XGB，形成更为稳定且有效的信用评价模型。根据偏差-方差分解理论，与单个 DT 模型相比，RF 模型通过构建多个低偏差、高方差的分类与回归决策树，并以平均投票的方式融合多个决策树的结果，能有效降低评价模型的偏差与方差[17, 18]。而 XGB 通过模型加权平均等策略来降低方差，并通过迭代地构建增量模型等策略来降低偏差[9]。

违约状态判别模型的选择较为灵活，可以依据场景的特点与业务阶段进行选择。若信用样本数量较少，如在业务发展初期，可以选择 LR 等较为稳健的模型，以保证违约预测的稳定性与准确性。随着业务量的增大，信用样本数量增多，可以选择集成学习或深度学习来构建更为灵活的模型，尽可能地从信用数据中挖掘潜在的关联关系，以提升评价模型的预测性能。

2. 违约时间估计模型

违约时间估计模型用于预测区间违约概率 $p_i = P(t_{i-1} < T \leqslant t_i | y = 1)$。由于违约时间是一个连续状态，而不是二分类指标，如何准确地估计每个时间区间内的违约概率面临挑战。第一，借款人的信用风险水平是随着时间推移动态变化的，形成了多种演变模式，如短期内风险剧增或风险逐步上升造成违约等，仅依靠单个模型很难区分不同时间区间内违约借款人特征的差异；第二，当使用多个模型来共同判别区间违约概率时，采取什么样的策略（如一对多或一对一）来训练基准模型也面临难题；第三，多个基准模型训练后，仍需要设计一种有效的机制来融合多个模型的预测结果，实现最终预测结果的判别性能最优化，同时保证预测结果服从单调性。

为了解决上述挑战，本节提出了一种联合违约建模（joint default modeling，JDM）方法来构建违约时间估计模型，该方法包含三个步骤：违约时间二值化（default time binarization）、循环违约建模（round-robin default modeling），以及元级多时期违约建模（meta-level multi-period default modeling）。

1）违约时间二值化

对违约时间进行估计，较为直观的做法是利用回归模型直接拟合违约时间。但是这种简单策略存在一些局限。第一，违约时间通常是最小时间单位（一个月或一年）的整数倍，而回归模型的输出结果通常是非整数值，预测结果的可解释性较差。第二，回归模型的输出结果可能会超出观测周期的边界，如一个负的违约时间或超出最大观测期的违约时间。第三，不同时间的违约事件往往隐含着不同的行为或表现模式，单个模型很难学习到多样化的模式。因此，更合理的做法是将整个观测周期映射到多个互斥的时间区间，再去识别借款人在每个时间区间的违约可能性，本节将此过程称为"违约时间二值化"。

给定包含一系列信用特征及违约状态的训练集 S，JDM 方法首先从中选出违约借款人子集 S_B 来训练违约时间估计模型。其次，将观测周期划分为 m 个互斥的时间区间 $\{(0,t_1),(t_1,t_2),\cdots,(t_{m-1},t_m)\}$，令 $y=(y_1,y_2,\cdots,y_m)$ 表示借款人是否在该区间发生违约。于是，样本集 S_B 被分为了 m 个违约群组，即 $S_B \rightarrow (S_1,S_2,\cdots,S_m)$，群组 S_i 包含了样本集 S_B 中所有在第 i 个时间区间 (t_{i-1},t_i) 发生违约的样本。

2）循环违约建模

将违约样本按观测区间细分后，需要协同训练基分类器来区分不同时间违约的样本。基于以往研究，可以采用两种训练策略：一对所有策略和一对一策略。如图 9-7 所示，一对所有策略将某一类违约样本（在相同区间发生违约）看作一类（ $y_i=1$ ），剩下的所有违约样本看作另一类（ $y_i=0$ ），而一对一策略每次仅考虑两类违约样本——正类（ $y_i=1$ ）和负类（ $y_i=0$ ）。

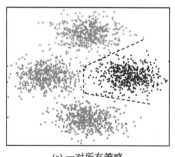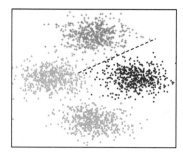

　　(a) 一对所有策略　　　　　　　　　　(b) 一对一策略

图 9-7　循环违约建模策略

从图 9-7 中可以发现，一对一策略的决策边界显著比一对所有策略简单，因此基分类器更容易学习。此外，越是复杂的决策边界，就需要越强的先验知识或是越多的数据让基分类器自学习。基于上述分析，JDM 方法采用一对一策略来构建基分类器。对于互斥的违约群体 S_i 和 S_j（$i=1,2,\cdots,m-1$；$j=i+1,i+2,\cdots,m$），生成联合样本集（$S_i \cup S_j$），再利用该样本集训练基分类器，一共生成 $m(m-1)/2$ 个基分类器。基分类器的选择同样很灵活，考虑到基分类器是利用不同组违约样本训练的，相互间的关联性较低，后续模型融合过程中方差能得到有效降低，因此训练基分类器时更适合选择偏差较低的方法，以提升模型的违约预测性能。

3）元级多时期违约建模

在循环违约建模步骤中，通过训练基分类器能逐次判别两个违约群组，而对所有违约群组判别需要融合所有基分类器的结果，进行元级（meta-level）建模，实现对区间违约概率的估计。元级建模通常采用的是堆栈（stacking）策略[19, 20]，其流程是将基分类器的输出结果看作元数据（meta data），利用这些元数据训练一个元模型（meta model），再利用基分类器的中间结果给出全局预测结果。

在多数场景下，元模型的目标变量与基分类器是一致的，此时元模型的功能主要是对各基分类器的重要性进行自适应加权，如对判别性能较好的基分类器赋予更大的系数（权重）。此外，训练元模型所用的数据通常是基分类器对训练集的预测结果，即样本内训练。但在 JDM 方法中，这种策略并不适用。首先，JDM 方法中基分类器的目标变量是不同区间的违约状态，它们是各不相同的；其次，元模型的目标变量是所有区间的违约状态序列，它与基分类器的目标变量也不相同。基分类器的输出更像是一类"高阶"信用特征，元模型的功能也不再是对基分类器赋权，而是利用这些高阶特征来训练一个全局模型。这些特点要求元数据是低偏差，甚至是无偏差的，而直接利用基分类器对训练集进行预测的方式很难产生所需的元数据，因此，JDM 方法采用 k 折交叉验证法来生成样本外预测数据，并将其作为元数据来训练元模型。

JDM 方法的元数据生成过程如图 9-8 所示。样本集 S_B 被分为 k 个相等大小的

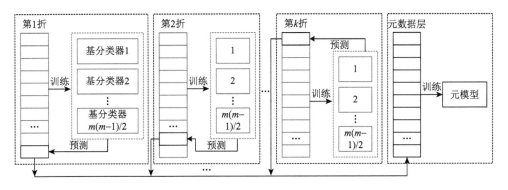

图 9-8　JDM 方法的元数据生成过程

子集，每个子集作为待预测样本来产生局部元数据，剩下的 $k-1$ 个子集用于训练各个基分类器。该过程迭代进行 k 次，每个子集都生成了其对应的样本外预测数据，将 k 份数据组合起来就构成了整个样本集 S_B 的元数据。值得注意的是，该过程中所训练的所有基分类器仅用于生成元数据，而用于实际预测的基分类器则是利用样本集 S_B 训练的。

元数据生成后则进一步训练元模型，元模型的目标变量是不同时间区间的违约状态集，JDM 方法采用 Softmax 回归来构建元模型，用于预测区间违约概率。一方面，Softmax 回归模型的结果是相互独立的，具有良好的可加性，且累加和为 1。这些性质与区间违约概率相契合，能严格保证全局预测结果具有单调性。另一方面，现有集成学习研究发现，为了最大化提升预测性能，基分类器通常是复杂且异质的（低偏差、高方差），而元模型通常是简单且平滑的，从而保证了预测结果是稳定且有效的[17, 18]。Softmax 回归属于 LR 模型在多分类任务中的拓展，具备良好的稳定性。基于 Softmax 回归的元模型为

$$p_i = P(y_i = 1) = \frac{\exp(\alpha_{i0} + \alpha_{i1}x_1 + \alpha_{i2}x_2 + \cdots + \alpha_{in}x_n)}{\sum_{k=1}^{m} \exp(\alpha_{k0} + \alpha_{k1}x_1 + \alpha_{k2}x_2 + \cdots + \alpha_{kn}x_n)} \tag{9-17}$$

其中，$\alpha_i = (\alpha_{i0}, \alpha_{i1}, \cdots, \alpha_{in})$ 为第 i 个观测区间的系数向量，它通过最小化各类违约群体的平均交叉熵进行估计。

4）模型对比分析

与现有的智能信用评价模型相比，本节所提出的 MACS 模型的优势如表 9-1 所示。考虑到本节聚焦于多时期违约预测，表 9-1 的模型对比分析选取了生存分析和多标签学习两类模型。其中，生存分析选择了代表性的 Cox 模型和 MCM，多标签学习选择了代表性的 BR 模型、CC 模型及 NS 模型。

表 9-1　模型对比分析

性质	Cox	MCM	BR	CC	NS	MACS
复杂关系适应性			√	√	√	√
预测结果单调性	√	√				√
不依赖假设			√	√	√	√
区分违约状态和时间		√				√
类标关联适应性				√	√	√
避免误差传递			√			√
避免属性误差					√	√
违约群组间判别	√	√				√
建模并行化			√			√

与生存分析模型相比，MACS 模型可以被看作一种改进的生存分析工具，它可以用于解决离散时间的生存分析问题。理论上，MACS 模型的输出函数 $\pi(t_i)$ 与生存分析模型中的累积分布函数是等价的。但生存分析模型通常对生存时间等因素具有严格的假设约束，而 MACS 模型对生存时间和其他因素没有假设约束。例如，Cox 模型假定风险率不随时间变化（比例风险假设），若该假设无法满足，则该模型的预测性能将显著降低。此外，大多数生存分析模型假定随着观测时间的不断延长，违约事件必定会发生，但在实际信贷场景中，大多数的借款人均不会发生违约，大量的"长期幸存者"会导致模型对违约概率产生过度估计，造成模型的校准性能差。而 MACS 模型属于数据驱动的模型，因此为生存分析提供了一种更灵活的工具。

与多标签学习模型相比，MACS 模型可以被看作一种服从单调性约束的多标签学习模型。例如，在销量预测场景中[21]，销量是随着时间推移单调递增的；在客户流失预测中[22]，客户流失的概率也是随着时间推移单调递增的。尽管多标签学习模型对数据具有良好的拟合能力，但现有模型却未能严格服从预测结果的单调性约束。由此可见，MACS 模型是在保留了多标签学习"类标关联适应性""避免误差传递""避免属性误差"等性质的基础上，进一步赋予了模型单调性约束，从而在类似场景中具备更好的适应性和有效性。

相关研究中还提出了大量性质各异的智能信用评价模型，与这些模型相比，MACS 模型是少数能有效预测多时期违约概率的模型之一。随着数字金融的发展，智能化、精细化的信用管理日趋重要，多时期违约预测是必不可少的一项风险管理手段，但大多智能信用评价模型却很难实现该需求。此外，MACS 模型也是为数不多地融合了统计建模与机器学习的智能信用评价模型，模型输出函数的设计采用了全概率公式，这使得预测结果具备单调性且可解释性强，循环违约建模与元级违约建模等建模过程则采用了机器学习方法，使得模型具备优异的鲁棒性、自适应性、自学习能力和预测性能。

9.3.3　实验研究及结果分析

1. 数据集

为了验证 9.3.2 节提出的智能信用评价模型的有效性，本节利用网络消费信贷数据进行实验研究。实验数据来自国内某知名网络消费信贷平台的真实业务数据，包含 2015 年 1 月 1 日到 2017 年 1 月 30 日的所有贷款样本的 10%。实验研究选择了所有贷款周期为 12 个月的样本，在去除无效样本后，实验数据集共包含 27 915 条具有违约状态标签的样本。根据相关业务经验，逾期超过 30 天或逾期次数超过三次的样本被认为是违约样本，数据集中共有 6858 条违约样本，违约率

24.57%。数据集中包含的信用特征如表 9-2 和表 9-3 所示，实验中除了信用等级特征，其他的所有类别型特征都进行了哑变量处理，由于信用等级属于有序类别变量，实验将等级 A～F 重新赋值为 1～6，并看作连续型变量。

表 9-2　信用特征（连续型）

编号	特征	描述性统计			
		最小值	最大值	均值	标准差
1	借款金额/元	100	240 000	4 664.36	4 662.02
2	利率	9%	24%	21.36%	1.87%
3	年龄/岁	18	56	28.92	6.55
4	历史成功借款次数/次	0	81	1.37	2.28
5	历史成功借款金额/元	0	519 192	4 668.72	10 062.46
6	总待还本金/元	0	35 639	1 811.94	3 137.83
7	历史正常还款期数/期	0	480	6.05	12.83
8	历史逾期还款期数/期	0	29	0.26	1.19

表 9-3　信用特征（类别型）

编号	特征	分布
1	性别	男（72.64%），女（27.36%）
2	信用等级	A（2.14%），B（5.91%），C（20.67%），D（58.45%），E（12.24%），F（0.58%）
3	借款类型	APP 闪电贷（22.91%），正常（55.93%），其他（21.16%）
4	是否首标	是（51.24%），否（48.76%）
5	手机认证	是（57.16%），否（42.84%）
6	户口认证	是（4.08%），否（95.92%）
7	视频认证	是（8.11%），否（91.89%）
8	学历认证	是（34.44%），否（65.56%）
9	征信认证	是（3.11%），否（96.89%）
10	淘宝认证	是（0.24%），否（99.76%）

注：表中数据因四舍五入加总后不能完全达到100%

不同时间下违约样本的分布如图 9-9 所示，根据平台的服务协议，一年期业务的借款人需在贷款发放后的 12 个月按月支付本金与利息。对于逾期超过 30 天的贷款，其违约时间定义为逾期所对应的期数。对于逾期超过三次的贷款，其违约时间定义为第三次逾期所对应的期数。例如，若借款人在第 1 期还款中逾期超过了 30 天，则该贷款被认定为违约，违约时间为 1；若借款人在第 2 期、第 3 期和第 5 期逾期还款，则该贷款也被认定为违约，违约时间为 5。

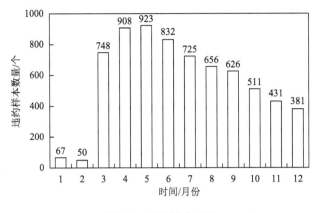

图 9-9　违约样本分布

2. 实验设计与性能评估

实验选择了生存分析与多标签学习两类对照模型，生存分析模型选择了 Cox 模型和 MCM，多标签学习选择了 BR、CC 及 NS 模型。考虑到链式结构会影响 CC 模型及 NS 模型的性能，实验分别设计了前向链（forward，FD）和后向链（backward，BD）两种结构，构建了四种模型（CC_FD、CC_BD、NS_FD 和 NS_BD），其中 FD 是依次增大观测周期，BD 是依次减小观测周期。由于多标签学习模型和本节的 MACS 模型在基分类器的选择上具备灵活性，实验选择了三种基分类器，从而更系统地比较各类模型的预测性能。这三种基分类器包括线性的 LR、非线性的 RF 和 XGB 模型。三种基分类器与六种模型的组合形成了 18 种不同的模型。上述所有模型在训练过程中均采用的是默认参数，如 RF 中树的数量为 500。

首先，实验选择了 3 个月、6 个月、9 个月和 12 个月四个时期，对比了上述模型在不同时期的违约预测性能。实验先比较了各信用评价模型的判别性能，即对借款人风险排序的准确性[23]。对判别性能的评估指标较为丰富，根据 Lessmann 等[24]的建议，实验选择了 AUC、KS 和 HM 三种指标。AUC 和 KS 指标是信用评级领域较为常用的指标，HM 指标是 Hand 所提出的一项指标[25]，该指标令误分类损失服从 beta 分布，能克服 AUC 指标给予不同分类器不同误分类损失的缺陷。通常，上述三种评估指标的值越大，说明评价模型的判别性能越好。因为实验数据集是不均衡的，即违约样本占比较小，所以实验并未采用标准误差率等指标，而是选择了上述三种对样本不均衡度不敏感的评估指标。为了计算上述指标的无偏估计，实验进行了 10 次独立的十折交叉验证，每种评估指标均得到了 100 个估计值，并基于这些估计值计算了均值和 95% 的置信区间。为了保证对比的科学性，所有模型在交叉验证中的分折均保持一致，即拥有相同的训练和测试集。

其次，为了比较模型的实际应用效果，实验对各评价模型的授予性能和盈利性能（profitability performance）进行了进一步对比分析。对银行等金融机构而言，授信是其主要的业务及收入来源，而授信绩效很大程度上取决于对申请者信用风险评估的有效性。比如，是否能从大量的申请者中甄别优质客户、是否能筛选高违约风险客户。此外，利率定价、贷款期限优化等流程还需要对申请者不同时期的违约可能性进行综合评估。因此，实验比较了各模型在3个月、6个月、9个月和12个月的授予性能。对于投资者而言，在降低违约风险的同时，需要实现投资组合的利润最大化。因此，实验模拟了真实的投资组合选择场景，根据各个评价模型的预测结果选择不同体量的贷款组合，进而比较最终收益的大小。

最后，实验通过案例研究分析和对比了各评价模型在单个样本层面的性能。案例研究一方面检验了各评价模型的预测结果是否具有单调性，另一方面比较了各评价模型对违约事件的辨别能力（identifiability）与区分能力。辨别能力是检验评价模型是否能准确地识别违约事件发生的时间，而区分能力是检验评价模型在违约事件发生前后的评估差异性，即对违约事件的敏感度。

3. 实验结果

1）判别性能对比分析

实验对比了 MACS 模型与多标签学习模型在不同时间的判别性能，结果如表 9-4 所示。由于 MACS 模型与多标签学习模型在 t_4 时期下是等价的，均是预测整个贷款周期的违约概率，实验仅比较了两类模型在 t_1 到 t_3 时期的判别性能。三种模型评估指标呈现的模式基本一致，表明实验结果具备稳健性。实验结果表明：在模型层面，MACS 模型在各个时期的判别性能都优于多标签学习模型；在基分类器层面，RF 和 XGB 模型的效果类似，二者都明显优于 LR 模型。例如，在 t_1 时期，MACS 与 RF 的组合取得了最优的 AUC、KS 和 HM 值，而在 t_2 和 t_3 时期，MACS 与 XGB 的组合取得了最优性能。对于多标签学习模型，尽管 BR 模型未能捕捉标签依赖性，但它的判别性能却总体上优于 CC 和 NS 模型，说明 CC 和 NS 模型在拟合标签依赖的过程中引入了误差，尤其对于采用了 BD 结构的模型（CC_BD 和 NS_BD），它们通常取得了最差性能。

表 9-4　MACS 模型与多标签学习模型的判别性能

模型	基模型	时期	AUC	KS	HM
BR	LR		0.706（0.700, 0.712）	0.333（0.323, 0.342）	0.164（0.156, 0.171）
CC_FD	LR		0.706（0.700, 0.712）	0.333（0.323, 0.342）	0.164（0.156, 0.171）
CC_BD	LR	t_1	0.645（0.639, 0.651）	0.241（0.232, 0.250）	0.103（0.098, 0.109）
NS_FD	LR		0.706（0.700, 0.712）	0.333（0.323, 0.342）	0.164（0.156, 0.171）

续表

模型	基模型	时期	AUC	KS	HM
NS_BD	LR		0.709（0.703, 0.715）	0.337（0.327, 0.347）	0.167（0.159, 0.174）
MACS	LR		0.714（0.708, 0.720）	0.344（0.334, 0.354）	0.174（0.166, 0.181）
BR	RF		0.711（0.705, 0.717）	0.335（0.326, 0.344）	0.175（0.167, 0.183）
CC_FD	RF		0.711（0.705, 0.717）	0.335（0.326, 0.344）	0.175（0.167, 0.183）
CC_BD	RF		0.689（0.682, 0.695）	0.299（0.289, 0.308）	0.172（0.164, 0.180）
NS_FD	RF		0.711（0.705, 0.717）	0.335（0.326, 0.344）	0.175（0.167, 0.183）
NS_BD	RF	t_1	0.706（0.700, 0.712）	0.342（0.333, 0.352）	0.174（0.166, 0.181）
MACS	RF		0.729（0.723, 0.735）	0.355（0.345, 0.364）	0.206（0.199, 0.214）
BR	XGB		0.716（0.711, 0.722）	0.344（0.335, 0.354）	0.179（0.172, 0.186）
CC_FD	XGB		0.716（0.711, 0.722）	0.344（0.335, 0.354）	0.179（0.172, 0.186）
CC_BD	XGB		0.587（0.582, 0.593）	0.172（0.163, 0.181）	0.110（0.102, 0.117）
NS_FD	XGB		0.716（0.711, 0.722）	0.344（0.335, 0.354）	0.179（0.172, 0.186）
NS_BD	XGB		0.701（0.696, 0.707）	0.311（0.302, 0.320）	0.163（0.157, 0.170）
MACS	XGB		0.725（0.719, 0.731）	0.355（0.345, 0.364）	0.196（0.188, 0.203）
BR	LR		0.686（0.684, 0.689）	0.282（0.277, 0.287）	0.125（0.122, 0.128）
CC_FD	LR		0.685（0.682, 0.688）	0.281（0.276, 0.286）	0.123（0.120, 0.126）
CC_BD	LR		0.653（0.650, 0.656）	0.233（0.228, 0.238）	0.096（0.092, 0.099）
NS_FD	LR		0.687（0.684, 0.690）	0.282（0.277, 0.287）	0.126（0.123, 0.129）
NS_BD	LR		0.686（0.684, 0.689）	0.282（0.277, 0.287）	0.125（0.122, 0.128）
MACS	LR		0.688（0.686, 0.691）	0.284（0.279, 0.289）	0.128（0.125, 0.131）
BR	RF		0.692（0.689, 0.695）	0.281（0.276, 0.285）	0.147（0.144, 0.150）
CC_FD	RF		0.687（0.685, 0.690）	0.274（0.270, 0.279）	0.139（0.136, 0.142）
CC_BD	RF		0.664（0.661, 0.667）	0.239（0.234, 0.243）	0.126（0.123, 0.130）
NS_FD	RF	t_2	0.685（0.682, 0.688）	0.269（0.265, 0.274）	0.136（0.133, 0.139）
NS_BD	RF		0.678（0.675, 0.680）	0.266（0.262, 0.271）	0.130（0.126, 0.133）
MACS	RF		0.702（0.699, 0.705）	0.292（0.287, 0.297）	0.158（0.155, 0.161）
BR	XGB		0.700（0.698, 0.703）	0.298（0.294, 0.302）	0.146（0.143, 0.149）
CC_FD	XGB		0.697（0.695, 0.700）	0.292（0.288, 0.297）	0.140（0.137, 0.143）
CC_BD	XGB		0.562（0.560, 0.564）	0.125（0.122, 0.129）	0.070（0.068, 0.073）
NS_FD	XGB		0.691（0.688, 0.694）	0.284（0.279, 0.288）	0.135（0.132, 0.138）
NS_BD	XGB		0.687（0.684, 0.690）	0.273（0.269, 0.278）	0.133（0.130, 0.137）
MACS	XGB		0.704（0.701, 0.706）	0.302（0.297, 0.307）	0.151（0.148, 0.154）

续表

模型	基模型	时期	AUC	KS	HM
BR	LR		0.685（0.683, 0.687）	0.274（0.269, 0.278）	0.127（0.125, 0.13）
CC_FD	LR		0.683（0.681, 0.685）	0.272（0.268, 0.277）	0.124（0.121, 0.126）
CC_BD	LR		0.685（0.683, 0.688）	0.275（0.270, 0.279）	0.128（0.125, 0.130）
NS_FD	LR		0.686（0.684, 0.689）	0.275（0.271, 0.279）	0.129（0.126, 0.131）
NS_BD	LR		0.685（0.682, 0.687）	0.274（0.270, 0.278）	0.127（0.124, 0.130）
MACS	LR		0.685（0.683, 0.688）	0.273（0.269, 0.278）	0.128（0.125, 0.131）
BR	RF		0.694（0.692, 0.697）	0.278（0.274, 0.282）	0.151（0.149, 0.154）
CC_FD	RF		0.679（0.677, 0.681）	0.260（0.256, 0.263）	0.130（0.128, 0.133）
CC_BD	RF		0.660（0.657, 0.662）	0.230（0.226, 0.235）	0.123（0.120, 0.126）
NS_FD	RF	t_3	0.679（0.677, 0.682）	0.255（0.251, 0.259）	0.132（0.129, 0.134）
NS_BD	RF		0.684（0.681, 0.686）	0.273（0.269, 0.276）	0.142（0.139, 0.144）
MACS	RF		0.700（0.698, 0.702）	0.284（0.281, 0.288）	0.157（0.154, 0.160）
BR	XGB		0.700（0.698, 0.703）	0.291（0.287, 0.295）	0.151（0.149, 0.154）
CC_FD	XGB		0.689（0.686, 0.692）	0.276（0.271, 0.280）	0.135（0.132, 0.138）
CC_BD	XGB		0.557（0.555, 0.558）	0.114（0.111, 0.117）	0.064（0.062, 0.066）
NS_FD	XGB		0.686（0.684, 0.688）	0.271（0.267, 0.275）	0.134（0.131, 0.136）
NS_BD	XGB		0.692（0.690, 0.694）	0.275（0.271, 0.279）	0.142（0.139, 0.144）
MACS	XGB		0.700（0.698, 0.703）	0.292（0.288, 0.296）	0.151（0.149, 0.154）

基于 10 次十折交叉验证的结果，实验采用 Friedman 检验验证了各模型预测性能的差异性，结果如表 9-5 所示。由于 Friedman 检验属于非参数秩和检验，实验将各基分类器、各评估指标及各预测时期的结果聚合在一起，检验的样本量为 2700。总体上，各模型间存在显著性差异（p 值小于 0.001），进而进行成对比较，结果表明 MACS 模型的平均性能排名为 1.78，其判别性能显著优于所有多标签学习模型（p 值小于 0.001）。此外，在多标签学习模型中，BR 模型显著优于其他所有模型（p 值小于 0.001）。

表 9-5　统计性检验结果（一）

模型	平均排名	校准后 p 值				
		BR	CC_FD	CC_BD	NS_FD	NS_BD
BR	2.82					
CC_FD	3.76	<0.001				
CC_BD	5.47	<0.001	<0.001			

续表

模型	平均排名	校准后 p 值				
		BR	CC_FD	CC_BD	NS_FD	NS_BD
NS_FD	3.50	<0.001	<0.001	<0.001		
NS_BD	3.66	<0.001	0.694	<0.001	0.030	
MACS	1.78	<0.001	<0.001	<0.001	<0.001	<0.001
Friedman χ^2	5916.900（$p<0.001$）					

在此基础上，实验采用方差分析检验 MACS 模型相比于每种多标签学习模型在判别性能上的提升程度，其中主因素分别为模型类型与基分类器类型，组间因素为预测时期。模型类型的因素水平为 MACS 模型对比任意一种多标签学习模型，基分类器类型的因素水平为 LR、RF 和 XGB，预测时期的因素水平为 t_1、t_2 和 t_3。方差分析结果如图 9-10 所示，其中横轴表示与 MACS 对比的多标签学习模型，纵轴表示偏 η^2 指标，该指标表示模型判别效果差异程度，差异程度越大，该指标值越大。图 9-10 中偏 η^2 指标多数都大于 0.5，表明 MACS 模型的判别性能相比于每种多标签学习模型都有很大程度的提升。

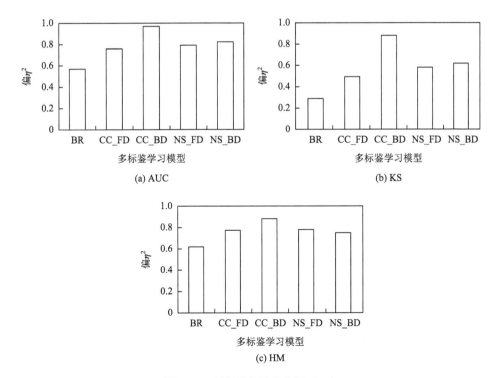

(a) AUC

(b) KS

(c) HM

图 9-10　判别性能提升分析（一）

　　实验还采用方差分析检验了基分类器的选择对判别性能的影响，其中主因素分别为基分类器类型和模型类型，组间因素同样为预测时期。基分类器的因素水平为 LR、RF 或 XGB，模型类型的因素水平为 BR、CC_FD、CC_BD、NS_FD、NS_BD 或 MACS，预测时期的因素水平为 t_1、t_2 或 t_3。结果如图 9-11 所示，从结果可以发现，基分类器自身对判别性能的影响相对较弱，但基分类器与模型的交互产生的影响十分显著，这表明虽然灵活性更强的基分类器（RF 和 XGB）能提升模型的判别效果，但提升程度因模型而异，综合所有结果来看，MACS 模型能最大化发挥非线性基分类器的性能，能够深度挖掘信用特征与违约状态间的隐含关联性，从而取得最优的判别性能。

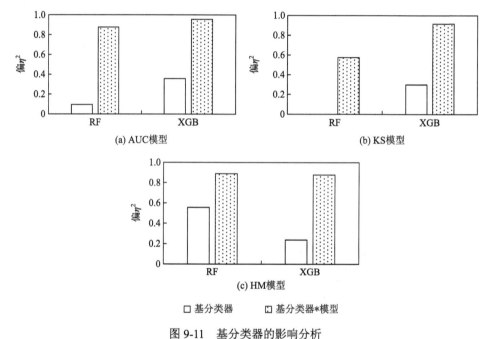

图 9-11　基分类器的影响分析

注：*表示"基分类器"和"模型"这两个因素的交互

　　此外，实验对比了 MACS 模型与生存分析模型在不同时期的判别性能，结果如表 9-6 所示。由于上述分析已充分验证 MACS 与 RF 或 XGB 的组合显著优于其与 LR 的组合，所以在与生存分析对比时仅考虑这两种性能较优的模型。结果表明 MACS_XGB 模型在每个预测时期下都明显地优于所有生存分析模型。为了验证性能差异的显著性，实验进行了 Freidman 检验，结果如表 9-7 所示。由于是秩和检验，实验将不同评估指标、不同预测时期的结果聚合在一起，检验样本量为 1200。总体上，各模型间存在显著性差异（p 值小于 0.001），进而进行成对比较，结果表明

MACS 模型的平均排名为 1.73，其判别性能显著优于所有生存分析模型（p 值小于 0.001）。此外，在生存分析模型中，MCM 显著优于 Cox 模型（p 值小于 0.001）。

表 9-6　MACS 模型与生存分析模型的判别性能

模型	时期	AUC	KS	HM
MACS_RF		0.729（0.723, 0.735）	0.355（0.345, 0.364）	0.206（0.199, 0.214）
MACS_XGB		0.725（0.719, 0.731）	0.355（0.345, 0.364）	0.196（0.188, 0.203）
Cox	t_1	0.697（0.692, 0.703）	0.321（0.311, 0.331）	0.153（0.145, 0.160）
MCM		0.717（0.711, 0.723）	0.350（0.340, 0.360）	0.174（0.167, 0.182）
MACS_RF		0.702（0.699, 0.705）	0.292（0.287, 0.297）	0.158（0.155, 0.161）
MACS_XGB		0.704（0.701, 0.706）	0.302（0.297, 0.307）	0.151（0.148, 0.154）
Cox	t_2	0.679（0.677, 0.682）	0.270（0.265, 0.274）	0.117（0.114, 0.120）
MCM		0.695（0.692, 0.698）	0.289（0.284, 0.294）	0.135（0.132, 0.138）
MACS_RF		0.700（0.698, 0.702）	0.284（0.281, 0.288）	0.157（0.154, 0.160）
MACS_XGB		0.700（0.698, 0.703）	0.292（0.288, 0.296）	0.151（0.149, 0.154）
Cox	t_3	0.679（0.676, 0.681）	0.264（0.261, 0.268）	0.119（0.116, 0.121）
MCM		0.693（0.691, 0.696）	0.282（0.278, 0.286）	0.137（0.134, 0.140）
MACS_RF		0.704（0.702, 0.706）	0.292（0.288, 0.295）	0.162（0.159, 0.164）
MACS_XGB		0.705（0.703, 0.707）	0.294（0.291, 0.298）	0.157（0.155, 0.160）
Cox	t_4	0.682（0.680, 0.684）	0.268（0.265, 0.272）	0.126（0.123, 0.128）
MCM		0.696（0.694, 0.698）	0.285（0.281, 0.289）	0.142（0.139, 0.144）

表 9-7　统计性检验结果（二）

模型	平均排名	校准后 p 值		
		MACS_RF	MACS_XGB	Cox
MACS_RF	1.75			
MACS_XGB	1.73	1.000		
Cox	3.88	<0.001	<0.001	
MCM	2.64	<0.001	<0.001	<0.001
Friedman χ^2		2221.893（p<0.001）		

在此基础上，实验继续采用方差分析检验 MACS 模型相比于 MCM 在判别性能上的提升程度，其中主因素为模型类型，组间因素为预测时期。模型类型的因素水平为 MACS 模型对比任意一种生存分析模型，预测时期的因素水平为 t_1、t_2、t_3 或 t_4。方差分析结果如图 9-12 所示，其中横轴表示不同的评价指标，纵轴表示偏 η^2 指标。图 9-12 中结果表明，MACS 模型与 RF 或 XGB 组合的判别性能相比于 MCM 有很大程度的提升。

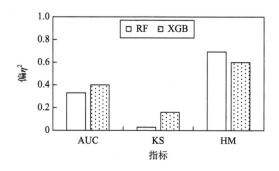

图 9-12　判别性能提升分析（二）

2）授予性能对比分析

为了检验 MACS 模型对银行等金融机构的实际价值，实验模拟了真实的授信场景，首先设定不同的授信比例，其次利用评价模型所预测的违约概率来选择既定比例的借款申请，最后比较各评价模型所对应的授信违约率。例如，假定授信比例为 20%，则按照评价模型所预测的违约概率从低到高排序，选择违约概率最低的 20%借款申请作为授信对象。实验的对照模型选择了判别性能最优的生存分析模型与多标签学习模型，具体为 BR 模型与 MCM，其中 BR 模型的基分类器选择了 RF 与 XGB。

实验结果如图 9-13 所示，图 9-13（a）～（d）分别为 t_1 到 t_4 时期的授予性能，其中，横轴为授信比例，纵轴为违约贷款数量。结果显示，与 MCM 相比，利用 MACS 模型预测结果进行授信的违约数量更少，且在不同时期、不同授信比例下该结果均保持一致。此外，与 BR 模型相比，MACS 模型也表现出更好的授予性能。在绝大多数时期和授信比例下，利用 MACS 模型预测结果进行授信的违约数量更少。实验结果表明，相比于生存分析和多标签学习模型，本节所提出的 MACS 模型在实际授信场景中具有更高的应用价值。

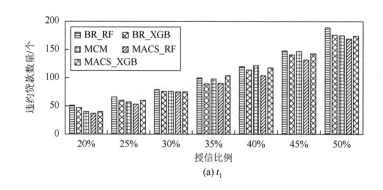

(a) t_1

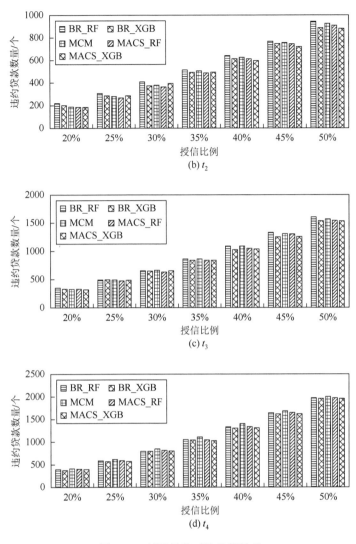

图 9-13　授予性能对比分析结果

3）盈利性能对比分析

为了检验 MACS 模型对投资者的实际价值，实验模拟了投资组合选择场景。组合投资是指投资者将资金按一定比例分别投资于多个借款申请，从而达到分散风险的效果。投资者选择投资组合通常采用两种策略：①按照利率的高低选择投资组合（以下简称利率策略）；②按照信用评价模型所预测的违约概率选择投资组合（以下简称违约概率策略）。利率策略是假定借款申请的信用风险已经充分体现在定价中，倾向于选择利率较高的借款申请，属于积极型投资，违约概率策略则倾向于选择违约概率较低的借款申请，属于保守型投资。但在实际场景中，绝大多数投资者的目标是投资组合收益最大化，为了实现该目标，需要在积极策略和保守策略中间寻找一个最优的平衡型策略。为此，本节提出了一种面向最大化收益的投资组合选择策略：按照预期收益率（expected return rate，ERR）选择投资组合（以下简称预期收益策略）。ERR 综合考虑了贷款违约所产生的损失及正常偿付所带来的收益，其计算方式如式（9-18）所示：

$$\text{ERR} = (1 - p_m) \times \text{IR} - p_m \times \left(\sum_{i=1}^{m} \frac{m-i+1}{m} \left(\frac{p_i - p_{i-1}}{1 - p_{i-1}} \right) \right) \tag{9-18}$$

其中，IR 为借款利率；p_i 为模型所预测的 i 时期的违约概率。

　　实验分别基于上述三种策略，选择不同的投资组合，并比较不同投资组合的平均收益率。为了去除投资组合大小的影响，实验从 10 到 100 中选择了 10 个不同大小的投资组合进行综合比较。此外，为了去除借款金额的影响，实验假设资组合中的资金是均匀分配的。对于利率策略，实验利用每个借款申请的利率进行投资组合选择。对于违约概率策略，实验利用 RF 和 XGB 模型所预测的违约概率进行投资组合选择。对于预期收益策略，实验利用 MACS 和 MCM 的预测结果计算 ERR，再进行投资组合选择。由于预测结果不严格服从单调性，多标签学习模型无法准确估计 ERR，实验未考虑使用该类模型进行投资组合选择。

　　实验结果如图 9-14 所示，其中横轴表示投资组合大小，纵轴表示投资组合的平均收益率。结果显示，在不同大小的投资组合设定下，利率策略均选择了平均收益为负的投资组合，充分说明了高利率也伴随着高风险，在选择投资组合时不能仅考虑收益而忽视潜在的违约风险。违约概率策略在不同实验设定下均选择了平均收益率为正的投资组合，但其平均收益率均低于预期收益策略所选择的投资组合。此外，相比于 MCM，利用 MACS 模型的预测结果所计算的 ERR 更准确，导致投资组合的平均收益率更高。实验结果表明，本节所提出的预期收益策略能更有效地选择收益最大化的投资组合，且 MACS 模型能更为准确地估计ERR，因此在实际投资组合选择中具有更高的应用价值。

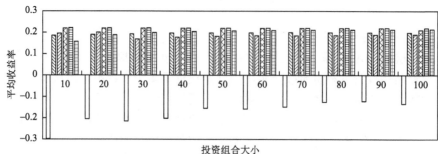

图 9-14　盈利性能结果

4）案例分析

为了验证单调性对多时期违约预测的影响，实验进行了案例分析。由于 MACS 和生存分析模型均在建模过程中加入了单调性约束，二者在不同时期所预测的违约概率严格服从单调性，而多标签学习模型在建模过程中未考虑单调性，可能产生非单调的预测结果，实验从中选择了两个非单调预测样本，分别对应于 BR_RF 和 BR_XGB 模型，两个样本均发生了违约，其中样本 1 在第 7 期发生违约，而样本 2 在第 8 期发生了违约。

各模型的违约概率预测结果如图 9-15 所示，其中横轴为时期，纵轴为模型预测的违约概率。图 9-15（a）～（c）为样本 1，图 9-15（d）～（f）为样本 2。图 9-15 中结果显示，MACS 模型和 MCM 的违约概率曲线是单调的，因此能通过特定的阈值来识别违约发生的时间，该阈值对应图 9-15 中的黑色虚线，表明模型具有较好的辨别能力。而 BR 模型所预测的违约概率曲线与黑色虚线有多个交点，无法通过某个特定阈值来识别违约发生的时间，模型的辨别能力差。此外，与 MCM 相比，MACS 模型对应的曲线在违约事件发生前后的违约概率差异更大，表明模型的区分能力更强，更便于风险管理人员识别违约事件。例如，图 9-15 中灰色虚线分别对应第 6 和第 9 期的违约概率，两个样本案例均在这期间发生了违约，因此两条虚线的间隔越大，说明模型对违约前后的判别区分度越高。针对样本 1，MACS 模型和 MCM 的虚线间隔分别为 0.093 与 0.059，针对样本 2，MACS 模型和 MCM 的虚线间隔分别为 0.152 与 0.100。综合来看，MACS

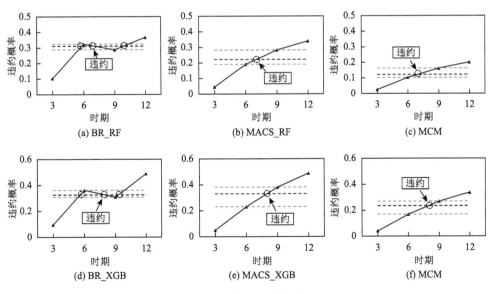

图 9-15　多时期违约概率预测结果

与生存分析模型均具有良好的辨别能力，能通过阈值有效辨别违约事件发生的时间，而 MACS 模型拥有更好的区分能力，能有效刻画违约事件发生前后评价对象的信用水平变化情况。

9.4　融合软硬信息的智能信用评价模型构建方法[26, 27]

9.4.1　问题描述

传统环境下，信用评价模型的构建大多利用财务、信用主体及信用历史等信息，这些结构化水平高、违约判别能力强的信息又被称为"硬信息"。而大数据环境下，随着物联网、云计算等新一代信息技术的广泛应用，数据采集能力日益提高，越来越多的数据可被用于评估信用主体的违约概率，这为信用风险判别提供了更多依据[28]。例如，裁判文书信息中包含企业或个人的借款纠纷情况，在一定程度上能反映其还款能力和意愿[29]；借款描述文本中包含借款人对借款目的、资金状况等情况的主观描述，围绕类似主题的描述对判别违约风险具有潜在价值[27, 30]。相比于硬信息，判决文书、描述文本等信息的结构化水平低，具有违约判别效果，但判别能力通常有限，因此又被称为"软信息"。

软信息是一类难以量化、检验及传递的非标准信息，常以文本形式存在，其中主观和定性成分较多[31, 32]。量化后的软信息可以与硬信息相结合，直接参与违约预测建模。但是，软信息中的信用特征通常数目繁多且质量参差不齐，其中包含大量与违约情况无关或冗余的特征，这些特征不仅会增加评价模型的训练复杂度，同时还会降低模型精度。若想利用软信息进行信用评价，必须采取有效的信息量化和筛选方法，找出违约预测建模的关键特征。以往的信用评价研究常采用皮尔逊相关系数、方差分析、逐步回归等方法进行特征筛选[33, 34]。这些方法以单特征筛选为主，适用于处理线性相关、数值型的硬信息特征。而软信息特征以文本关键词、弱金融属性（如借款人自披露信息）等为主，其与违约状态间大多为非线性关系，上述方法难以被直接用于软信息特征的筛选，也无法将软信息和硬信息特征有效融合。因此，需要设计一种智能化方法来自适应地筛选软信息和硬信息，以保证智能信用评价模型的预测效果。

针对上述问题，本节以网络消费贷款中的个人信用评价为例，首先阐述软信息的分类与量化，其次针对软硬信息的异质性提出一种融合软硬信息的智能信用评价模型构建方法，最后利用网络消费贷款真实数据进行实验研究，分析并验证该方法的有效性。

9.4.2　软信息的分类与量化

在网络消费借贷中，网络平台是借款人信息的收集者，其收集的信息主要包括以下四类：人口基本信息、财务信息、历史信息、借款信息。其中，软信息大多由用户自己向平台提供，涉及借款人的基本信息和借款情况。硬信息则主要来自平台外部或用户在平台上的行为记录，涉及财务信息和历史信息。因此，我们根据网络借贷平台的信息类型，将软信息划分为以下两类。

（1）借款人软信息：指借款人的人口基本信息，主要涉及年龄、性别、婚姻状况、教育程度、居住地、职业等，这些信息来源于借款用户，由网络平台收集并进行分类标记，是最常见的软信息数据。该类信息反映了借款人的人格特征和基本条件，有利于判断借款人的还款能力，以易于分类的文本为主。

（2）借款软信息：指每笔借款的详细情况，主要包括借款类型、借款描述、还款方式等文本类信息。由于不同类型的借款面临的风险程度不同，在违约预测中不仅要考虑用户的信用风险，也要考虑借款自身的风险。对借款用户而言，每个借款人会针对自己的借款申请做出相应的详细描述，其中涉及借款用途、资产情况、收入能力、社交情况等多种价值信息，间接反映出借款人的借款态度和还款意愿。该类信息通常以文本形式存在，难以直接用于模型建模。

丰富的软信息为信用评价提供了更多价值因素，可以缓解硬信息不足对违约预测造成的影响。现有研究发现，在缺乏硬信息的情况下，软信息对借贷用户行为的影响作用更加明显[35, 36]。Dorfleitner 等[35]针对借款描述软信息，研究了文本长度、拼写错误率、情感词频率三个因素与 P2P 贷款违约行为之间的关系，取得了一定成果。王会娟和何琳[37]也进行了类似研究，但该类研究仅考虑了某一特定软信息对 P2P 贷款违约的影响作用[38]，忽略了多种价值信息的交叉和融合效果[31]。由于软信息通常以文本等非标准形式存在，现有研究主要围绕易于量化的可分类软信息进行违约预测[39]，或通过人工标注方法提取出人格、情感等信息展开相关研究[35, 37]，并没有充分挖掘复杂软信息中的内容特征。

本节针对难以量化的借款软信息进行重点分析，采用 LDA 模型抽取其中的价值信息，将有效的主题转化为若干个关键词特征并量化赋值。对于具有明显类别区分的文本信息，则直接将其转换为分类特征。

LDA 模型是一种非监督的主题模型[40]，其主要思想是将每个文档看作所有主题的一个混合概率分布，将其中的每个主题看作单词上的一个概率分布。它由文档集、文档、单词三层组成，模型结构如图 9-16 所示。

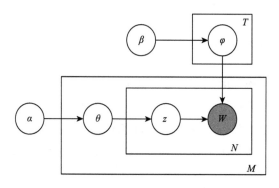

图 9-16　LDA 模型结构图

图 9-16 中，参数 α 反映潜在主题之间的相对强弱，β 为所有潜在主题的概率分布；θ 为目标文本在潜在主题上的概率分布，φ 为主题在单词上的概率分布；T 为主题数；z 为该文档分配在每个词项上的潜在主题个数；W 为目标文档的词向量表示；N 为一篇文档中单词的个数；M 为文档集中文档的个数。

假设 j 为某个潜在文档主题，w_i 为文档 d 中的第 i 个单词，则 w_i 属于主题 j 的概率为

$$P(w_i) = \sum_{j=1}^{T} P(w_i \mid z_i = j)P(z_i = j) \tag{9-19}$$

其中，$P(w_i)$ 为单词 w_i 在给定文档 d 中出现的概率，对于任一文档来说是可观测的已知参数；$P(w_i \mid z_i = j)$ 为单词 w_i 属于潜在主题 j 的概率，即 φ；$P(z_i = j)$ 为 j 是文档 d 的主题概率，即 θ；φ 与 θ 分别服从超参数 α 和 β 的狄利克雷分布。同理可得出文档 d 中包含特征词 w 的概率为

$$P(w \mid d) = \sum_{j=1}^{T} \varphi_w^j \times \theta_j^d \tag{9-20}$$

对 θ 和 φ 进行参数估计，建立 LDA 三层模型。

运用 LDA 模型对所有文本段落信息进行主题抽取，并构建相应的主题特征。利用模型计算出文本在每个主题上的分布概率，以此度量文本与每个主题的相关程度，并为相应特征赋值。据此生成的主题特征即相应文本段落信息的量化结果。

9.4.3　模型构建

借款违约指借款人在合同规定时间内无法还本付息或履行相关义务，从而使投资者遭受损失。针对借款进行违约预测，主要分为还款能力分析和还款意愿分析。对于借款人的还款能力，可以结合其收入能力、资产/负债情况等硬信息数据，

以及借款人软信息进行分析；对于还款意愿，则可以从借款人的历史记录硬信息、借款描述软信息等方面分析。因此，本节在硬信息基础上融入软信息进行建模，丰富网络消费借贷违约的预测依据，并设计一种融合软硬信息的智能信用评价模型构建方法，对软硬信息特征进行自适应地筛选，以保证特征的有效性，提升智能信用评价模型的预测效果。

融合软硬信息的智能信用评价模型构建方法采用先排序再封装的两阶段组合选择方法。首先，将量化后的软信息与硬信息特征混合，利用三种度量标准分别对所有特征进行重要性的综合排序并将排序结果集成；其次，为了保证特征间的组合效用，基于预测模型的精度对混合特征集进行封装筛选，具体步骤如图 9-17 所示。

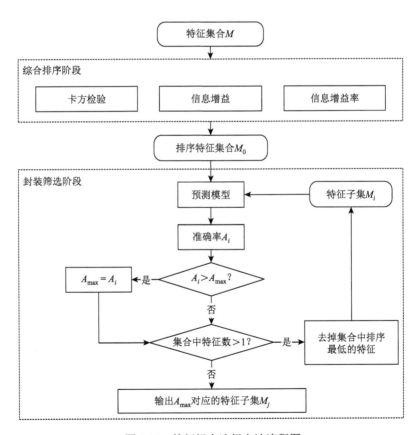

图 9-17　特征组合选择方法流程图

1. 综合排序

信息度量标准是一种无参、非线性的标准，可以很好地量化特征对于类别的不确定性程度，可以同时处理数值型或名义型特征。以往研究中，χ^2 检验、皮尔逊相关系数等统计值是常用的特征重要性度量标准，用于判定特征间的统计相关性。然而，软信息的数据分布不确定，且特征间存在大量的非线性关系，基于统计相关性的方法难以准确度量软信息特征与违约状态之间的关系。因此，将统计相关性度量标准和信息度量标准相结合，选取 χ^2 检验、信息增益、信息增益率三类准则分别对特征进行重要性排序，继而对三个排序结果进行投票得出特征最终的综合排序结果。

2. 封装筛选

为了剔除特征集合中的冗余特征，同时保证软硬信息的组合效果，在经过排序的特征集合上进一步进行封装筛选。将集合中的全部特征作为预测模型的输入特征，以预测准确率来评价该特征集合的整体效用。结合综合排序阶段得到的特征排序结果，运用序列后向选择（sequential backward selection，SBS）方法依次删除排序最低的特征并生成新的特征子集，将特征子集输入预测模型得到预测精度，并重复上述步骤。比较已有特征集合的预测精度，选出预测效果最优的特征集合作为模型的最终特征集。

9.4.4　实验研究及结果分析

1. 数据集

本节以"翼龙贷"平台为例，收集了该平台从 2014 年 1 月到 2016 年 1 月的借贷记录，从中随机选取了 15806 条已经还款结束的交易数据作为样本，其中成功还款 9006 例，存在逾期未还的借款 6800 例。根据借款的还款状态，我们将违约变量分为两类：成功完成还款的借款即未违约借款，赋值为 0；存在逾期未还的借款即发生违约，赋值为 1。样本共包含 45 个属性，剔除无关属性和缺失严重的属性，本节共选取 28 个属性作为模型特征，各特征信息如表 9-8 所示。

表 9-8　样本数据集变量

变量类型	特征名	字段名	特征描述
目标变量	违约状态	Class	还款期结束时是否有未完成还款
硬信息特征	年收入	A1	借款人年收入水平，分为 5 类
	房产	A2	房屋所有情况，分为 4 类
	房担保增额	A3	有/无房担保增额
	商业保险	A4	有/无商业保险
	车担保增额	A5	有/无车担保增额

变量类型		特征名	字段名	特征描述
硬信息特征		人担保	A6	有/无人担保
		社保缴纳	A7	有/无缴纳社保
		贷款记录	A8	已有贷款年限，分为 4 类
		信用卡额度	A9	信用卡额度，分为 3 类
		流标次数	A10	在该平台申请借款未成功数
		借款金额	A11	本次借款金额
		利率	A12	本次借款利率
		还款期限	A13	本次借款还款期限
软信息特征	借款人软信息	户口所在地	A14	借款人所在省份，分为 7 类
		年龄	A15	借款人年龄
		性别	A16	男/女
		居住地类型	A17	居住地类型，分为 4 类
		婚姻状况	A18	婚姻及子女情况，分为 3 类
		教育程度	A19	借款人教育程度，分为 3 类
		职业	A20	职业性质，分为 3 类
		职称	A21	借款人职称，分为 5 类
		工作年限	A22	借款人工作年限，分为 4 类
	借款软信息	借款类型	A23	本次借款用途，分为 3 类
		借款描述	A24	本次借款的详细描述文本段
		还款方式	A25	还款、还息方式，分为 3 类
		征信报告	A26	有/无银行征信报告

2. 软信息量化处理

在样本数据中，借款人软信息均可直接根据内容进行分类处理，而借款软信息中，只有借款描述（A24）特征是以文本段落形式存在的复杂软信息，需要做进一步量化。针对借款描述文本，运用 LDA 模型提取相应的关键词变量。令参数 $\alpha = 50/T$，$\beta = 0.1$，$T = 20$，采用开源工具 Gibbs LDA 训练每个借款描述的主题模型，抽样迭代次数设为 2000。经过训练生成的部分主题词分布情况如图 9-18 所示。

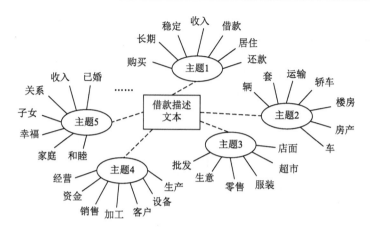

图 9-18　借款描述文本的部分主题词分布

　　根据主题词分布情况，最终从抽取出的主题中选取 6 个主题作为借款描述的文本特征，分别是资产、收入、工作、家庭、商业、农业。考虑到文本长度（文本段落字数）也是重要的语言特征，将其作为借款描述文本的特征之一参与后续分析。借款描述文本共量化为 7 个特征，如表 9-9 所示。

表 9-9　借款描述文本的量化结果

特征名	字段	文本特征描述
文本-资产	T1	资产主题的概率值
文本-收入	T2	收入主题的概率值
文本-工作	T3	工作主题的概率值
文本-家庭	T4	家庭主题的概率值
文本-商业	T5	商业主题的概率值
文本-农业	T6	农业主题的概率值
文本长度	LEN	借款描述文本字数

　　3. 借款违约预测建模

　　本节基于 RF 模型，构建借款的违约预测模型，并对预测结果展开比较分析。首先，验证各类软信息对借款违约的预测能力。将不同类型的软信息特征与硬信息相结合，共设定四组特征集合进行建模：模型 A 仅包含硬信息特征；模型 B 包含硬信息特征与借款人软信息特征；模型 C 包含硬信息特征与借款软信息特征；模型 D 包含上述三种特征。这里采用十折交叉验证对模型进行训练和评估，以准确率、F_1 分数和 AUC 作为模型的评估标准。实验结果见表 9-10。

表 9-10　模型预测结果

模型	准确率	F_1 分数	AUC	第二类错误率
A	63.58%	0.629	0.664	0.521
B	72.54%	0.723	0.789	0.365
C	74.23%	0.739	0.818	0.362
D	76.02%	0.758	0.837	0.329

通过表 9-10 可以看出，基于硬信息所构建的模型 A，其违约预测的准确率仅为 63.58%，AUC 值为 0.664；在此基础上分别加入有关借款人和借款的两类软信息后，模型 B 和模型 C 的准确率对应上升了 8.96 个百分点与 10.65 个百分点，AUC 分别提升了 0.125 和 0.154。若同时添加两类软信息，即模型 D，其准确率达到了 76.02%，AUC 为 0.837，显著高于前三者。同时，在借贷违约预测中，网络借贷平台更关注能否识别出可能发生违约的借款（能否识别出违约变量 1），因此我们对四个模型的第二类错误率做了进一步比较。基于硬信息构建的模型 A，其第二类错误率高达 0.521，而加入软信息特征后，模型 D 的第二类错误率下降为 0.329。可以看出，融入平台软信息可以有效提高违约预测的准确率，同时能够更好地识别出可能发生违约的借款，具有良好的实用性。

其次，为保证模型结果的有效性，采用 9.4.3 节提出的两阶段组合选择方法对软信息和硬信息进行特征筛选。结合 χ^2 检验、信息增益、信息增益率三种准则对所有特征进行重要性排序，并对结果进行投票，得到特征重要性的综合排序。将排序后的特征集进行封装筛选，考虑到 RF 是 DT 的组合模型，基于森林的封装方法复杂度过高，因此，选择 CART 作为特征重要性的评价模型。特征排序与筛选结果见表 9-11。通过排序结果可以看出，经过量化的软信息特征在所有特征中具有较高的重要性，软信息与借款人的违约行为存在较强的相关关系。

表 9-11　软信息和硬信息特征排序与筛选结果

阶段	排序结果
综合排序	A14，T4，A13，A25，T3，T5，T1，T6，T2，A7，LEN，A12，A11，A4，A17，A9，A22，A10，A20，A3，A26，A5，A2，A1，A23，A8，A19，A18，A21，A15，A16，A6
封装筛选	A14，T4，A13，A25，T3，T5，T1，T6，T2，A7，LEN，A12，A11，A17，A22，A10，A20，A2，A1，A19，A18，A21，A15

本节选取 Hajek 和 Michalak[41]、Malekipirbazari 和 Aksakalli[42]在研究中提到的相关性选择方法、信息增益选择方法，以及 χ^2 检验方法作为对比方法。实验以融入软信息后的全部特征为初始特征集合，以 RF 为分类模型，比较基于不同特征选择方法构建的分类模型准确率，结果如图 9-19 所示。

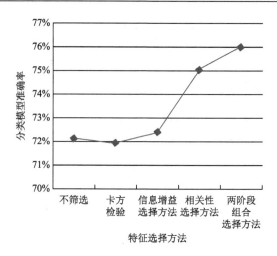

图 9-19　特征选择方法比较结果

图 9-19 展现了不同特征选择方法对模型准确率的影响程度。在融入软信息特征后，不经过特征筛选而直接构建的模型，其分类准确率为 72.14%；基于 χ^2 检验筛选出的特征，其相应的模型准确率反而下降至 71.96%，可见基于单一的统计检验值不仅没能选出有效的特征集，反而剔除了部分有用特征；基于信息增益选择方法的模型准确率也仅为 72.41%，效果并不明显；结果表明，相关性选择方法和 9.4.3 节提出的两阶段组合选择方法对融入软信息的特征集合来说效果较好，准确率分别为 75.05% 和 76.02%，本节的方法效果更优。通过比较可以看出，9.4.3 节提出的两阶段组合选择方法更适用于融入了软信息的特征集，可从中筛选出相对有效的特征集合。

最后，将本节构建的借款违约预测模型所得到的违约预测结果与网络借贷平台自身的信用评级结果进行进一步比较。该平台的用户信用等级共分为 15 级，我们先选定拟接受借款的信用等级，计算出相应的借款接受率阈值，进而在相同阈值下，根据 RF 模型生成的分数找出拟接受的借款，计算并比较两者的错误率，即拟接受借款中实际发生违约的借款比例。比较结果如图 9-20 所示。

当借款接受率较低（7%）时，利用平台评级选出的拟接受借款，其违约率高达 30%；仅利用硬信息构建的模型 A 所选出的拟接受借款，违约率为 18.5%；在此基础上分别加入有关借款人和借款的两类软信息后，模型 B 和模型 C 的违约率分别为 10.2% 与 5.8%；而综合考虑软硬信息（模型 D）所选出的拟接受借款，违约率仅为 4.8%。随着借款接受率的升高，平台评级和本节模型对应的违约率逐步上升，但基于本节模型（模型 A 至模型 D）选出的拟接受借款，违约率明显低于平台评级。同时，综合考虑借款人和借款软信息的借款违约预测模型在各个借款接受率下的违约率均为最低。这表明平台现有的信用评级方法难以准确识别借

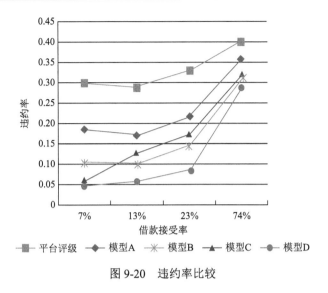

图 9-20　违约率比较

款人的违约情况，而使用融入软硬信息的智能信用评价模型构建方法对网络消费借款进行违约预测更为有效。

9.5　基于联邦学习的智能信用评价模型

9.5.1　问题描述

　　大数据环境下，信用数据的广度与深度得到了极大的拓展。一方面，数字化的进程已经从经济领域迅速扩展到民生、政务等领域，正在覆盖社会经济的方方面面，各领域的信用数据都被实时记录在各类信息系统中；另一方面，随着新一代信息技术与各行业深度融合，各个垂直领域的数字化都更加深入，渗透到行业的五脏六腑，业务或生产过程中的每个环节、每个流程都被实时监测。

　　上述信用数据的引入能有效解决传统环境下存在的体系完备性差、数据获取难、主观性强、时效性低等问题，从而帮助金融机构更加全面、准确地进行信用画像。然而，这些信用数据通常分布在不同系统或机构中，且多以孤岛的形式存在。例如，司法部门中有违法行为信息，税务部门中有收入和纳税信息，水电部门中有水电消费信息，征信部门中有信用记录等。融合不同来源的信用信息面临着巨大挑战，具体如下。

　　（1）隐私保护的立法趋于完整，保护意识日渐提高。信用数据中含有大量的涉及个人隐私、商业秘密甚至是国家安全的信息，如果直接集中地融合这些数据则可能会造成数据隐私泄露。近些年，国内外监管部门陆续出台数据隐私保护相关条例。例如，欧盟于 2018 年 5 月正式实施《通用数据保护条例》，旨在保护用户的个人隐私和数据安全。该条例要求企业使用清晰明了的语言来达成用户协议，并授予用户"被遗忘的权利"，也就是说，用户可以删除或撤回其个人数据。我国也于 2019 年 5 月由国家互联网信息办公室出台了《数据安全管理办法（征求意见稿）》，该办法中明确指出，网络运营者以经营为目的收集重要数据或个人敏感信息的，应向所在地网信部门备案。

（2）商业竞争等因素导致数据持有方不愿共享原始信用数据。现有的信用风险建模大多是中心化的，即所有信用数据集中到某个中心节点，再利用 LR、SVM、RF 等模型构建信用评价模型。然而，从资源的角度看，数据被视为未来的"石油"，属于一种战略性资产。尽管融合多方信用数据能更有效地评估信用，但将数据集中的过程会导致数据向各方机构公开，存在泄露商业秘密、削弱竞争力、违反商业条例等诸多风险，从而导致信用数据持有方主观上不愿意直接共享原始数据。

如何在利用多源信用数据建模的同时，保护各方原始数据中的隐私信息是近年来学术界与业界所关注的热点和重点。基于安全多方计算的安全多方学习[43,44]、基于分布式架构的联邦学习[45,46]及基于边缘计算和区块链的群体学习[47]等方法相继被提出用来解决上述问题。其中，谷歌在 2016 年提出的联邦学习受到了广泛的关注。联邦学习主要有横向联邦学习和纵向联邦学习[48]。横向联邦学习指特征对齐的多方协同训练，即各数据持有方拥有相同的特征，但拥有不同的样本数据，横向联邦学习使信用评价建模的样本总量变大。现有研究在联邦平均算法基础上构建了 NN 模型并应用于医疗诊断[49,50]和故障诊断[51]等领域。还有一些针对特定方法的研究，如贝叶斯推断[52]、岭回归[53]、SVM[54]、RF[54]等。在信用评价领域，纵向联邦学习更为常见。纵向联邦学习指样本对齐的多方协同训练，即各数据持有方拥有相同的样本数据，但拥有不同的特征，纵向联邦学习使信用评价建模的特征维度变大。此外，由于联邦学习本身不具有任何的数据隐私保护能力，一些研究将密码学中的加密算法引入联邦学习中，如同态加密[55]、多方安全计算[56]、差分隐私[57]等。

联邦学习为安全地融合多源信用数据提供了有效的解决方案，但在多源信用数据融合过程中不可避免地会存在一些冗余信息。这些冗余信息一方面会增加模型复杂度，另一方面会降低模型性能。在隐私保护环境下，如何在保护各方原始数据隐私的基础上，自适应地筛选有效信息，构建安全、高效的智能信用评价模型，是亟须解决的一个关键问题。为此，本节基于纵向联邦学习框架，提出了多方去中心化逻辑回归（multi-party decentralized logistic regression，MP-DLR）模型，该模型能实现在原始信用数据不共享的情况下进行多方协同信用建模，并能在建模过程中自适应地筛选有效特征。基于网络消费贷款数据的实验研究表明，该智能信用评价模型能安全、高效地利用多源信用信息，从而提升违约预测的准确性。

9.5.2　模型构建

MP-DLR 模型首先对 LR 的损失函数和梯度函数进行二阶泰勒展开近似计算，以解决同态加密算法不支持复杂函数运算的问题，同时减少训练过程中的计算成本和通信次数。其次，在损失函数中增加 L1 正则项，使得冗余特征的系数在优化过程中变为零，实现对多源信用数据的嵌入式特征选择，从而控制模型的复杂度，并避免模型发生过拟合。最后，由于加入了 L1 正则项，原损失函数变成了一个非凸函数，对于这样的非凸优化目标，采用一种近端梯度下降算法，以找到最优的回归系数。

假设多源信用数据分布在 K 个机构中，各机构拥有的信用信息是互斥的，标签信息由第 K 个机构拥有（通常为银行等金融机构）。MP-DLR 模型的构建过程如图 9-21 所示。

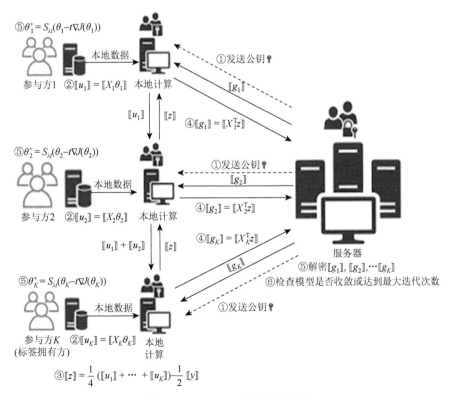

图 9-21　MP-DLR 模型构建过程

步骤①：服务器（协调者）生成一对公钥和私钥，并将公钥发送给每个参与方。同时，各个参与方在本地初始化模型系数 θ。

步骤②：各个参与方在本地计算中间结果 u_i 并加密，首个参与方将加密结果 u_1 发送至下一方，后续参与方将自身加密结果 $[\![u_i]\!]$ 与接收的加密结果（$[\![u_1]\!]+[\![u_2]\!]+\cdots[\![u_{i-1}]\!]$）相加，并将新的结果再次向前传递，直至到达标签拥有方 K。

步骤③：标签拥有方 K 计算 $[\![z]\!]$，并将结果发送给所有参与方。

步骤④：各个参与方根据 $[\![z]\!]$ 计算出梯度 g_i，然后发送给服务器。

步骤⑤：服务器将解密的梯度发送给相应参与方，各个参与方根据由服务器解密的梯度更新本地模型系数 θ。

步骤⑥：服务器检查模型是否收敛或达到最大迭代次数，若是，则完成模型训练，否则进行下一轮迭代。

1. 分布式 LR 模型

LR 模型因其简单、可并行化、可解释性强被广泛应用于信用评价，帮助银行等金融机构决策是否发放贷款。LR 利用逻辑函数（logistic function，也被称为 sigmoid 函数）将输入特征映射到区间 (0,1) 内。一般地，基于 LR 的信用评价模型的基本函数形式为

$$h_{\theta}(x) = \frac{1}{1 + e^{-(\theta^{T}x+b)}} = \sigma(\theta^{T}x+b) \tag{9-21}$$

其中，$x = \{x_1, x_2, \cdots, x_n\}$ 为某个样本的 n 维特征向量；θ 为回归系数；b 为常数项（也被称为偏差或截距）。为了便于向量运算，一般会在特征向量中增加一维来表示常数项，即 $x = \{1, x_1, x_2, \cdots, x_n\}$。$\sigma$ 为 sigmoid 函数（图 9-22）。

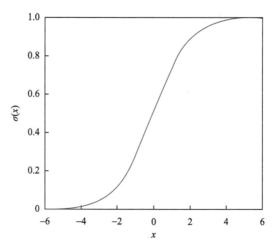

图 9-22　sigmoid 函数

在二分类问题中，我们首先定义 $y=1$ 的条件概率为 $h_\theta(x)$，再定义 $y=0$ 的条件概率为 $1-h_\theta(x)$，即

$$P(y=1|x) = h_\theta(x) \tag{9-22}$$

$$P(y=0|x) = 1-h_\theta(x) \tag{9-23}$$

对于给定的输入样本 x，按照式（9-22）与式（9-23）可计算得到两个条件概率值 $P(y=1|x)$ 和 $P(y=0|x)$，比较两者的大小，然后将样本分类为概率值较大的一类。

LR 中的参数 θ 通常采用极大似然方法进行估计。假设输入的 m 个样本 $\{x_1, x_2, \cdots, x_m\}$ 服从独立同分布，则似然函数可以表示为

$$L(\theta|y;x) = \prod_i^m h_\theta(x_i)^{y_i}(1-h_\theta(x_i))^{1-y_i} \tag{9-24}$$

其次，两边取对数并取负，则负对数似然函数为

$$
\begin{aligned}
J(\theta) &= -\frac{1}{m}\left[\sum_{i\in S} y_i \log(h_\theta(x_i)) + (1-y_i)\log(1-h_\theta(x_i))\right] \\
&= -\frac{1}{m}\left[\sum_{i\in S} y_i \log\left(\frac{h_\theta(x_i)}{1-h_\theta(x_i)}\right) + \log(1-h_\theta(x_i))\right] \\
&= -\frac{1}{m}\left[\sum_{i\in S} y_i(\theta^T x_i) - \log(1+\exp(\theta^T x_i))\right]
\end{aligned}
\tag{9-25}
$$

对 $J(\theta)$ 求最小值，得到 θ 的估计值。值得一提的是，式（9-25）也被称为交叉熵损失函数，它是负对数似然函数的一种紧凑形式，衡量了预测值 $\hat{y}_i = h_\theta(x_i)$ 与真实值 y_i 之间的差异。另一种负对数似然函数的紧凑形式为

$$J(\theta) = \frac{1}{m}\sum_{i\in S} \log(1+e^{-y_i\theta^T x_i}) \tag{9-26}$$

不同的是，这里的标签 y_i 取值为 -1 或 $+1$，当 $y_i=-1$ 时表示未发生违约，而 $y_i=+1$ 时表示发生违约。为求解 LR 损失函数的最小值，通常采用梯度下降算法一步步迭代更新 θ，得到最小化的损失函数和模型系数 θ。具体来说，先对 sigmoid 函数求导可得：$\sigma'(x) = \sigma(x)(1-\sigma(x))$，进一步可得关于 θ 的梯度 $\nabla J(\theta)$ 计算公式如式（9-27）所示。

$$\frac{\partial}{\partial\theta}J(\theta) = \frac{1}{m}\sum_{i\in S}(\sigma(y_i\theta^T x)-1)y_i x_i \tag{9-27}$$

基于此，可以初始化模型系数（权重）为 $\theta^{(0)} = (\theta_1^{(0)}, \theta_2^{(0)}, \cdots, \theta_n^{(0)})$，然后基于一个学习率 $t>0$ 构建这样的迭代过程：当 $i\geq 0$ 时，

$$\theta^{(i+1)} = \theta^{(i)} - t\times\frac{\partial}{\partial\theta}J(\theta^{(i)}) \tag{9-28}$$

重复式（9-28）直到模型达到收敛或者最大迭代次数。

假设多源信用数据分布在 K 个机构中，即

$$X = [X_1 \,|\, X_2 \,|\, \cdots \,|\, X_K] \tag{9-29}$$

那么，每一方拥有的数据集可以表示为：$\mathcal{D}_i^k = \{X_i^k \in \mathbb{R}^{1 \times d_k}\}$，对于 $k \in \{1, 2, 3, \cdots, K-1\}$ 和 $i \in \{1, 2, 3, \cdots, m\}$，我们假设第 K 个机构（如银行等金融机构）拥有标签信息，其数据集可以表示为 $\mathcal{D}_i^K = \{X_i^K \in \mathbb{R}^{1 \times d_K}, y_i^K\}$。$d_k$ 为第 k 方拥有的特征数，$d_1 + d_2 + \cdots + d_K = n$，$n$ 为特征总数。进一步，定义 θ_1 为机构 1 的模型系数，θ_2 为机构 2 的模型系数，以此类推。那么，式（9-26）中的 $\theta^{\mathrm{T}} x^{(i)}$ 可以分解为式（9-30）的形式。

$$\theta^{\mathrm{T}} x^{(i)} = \theta_1^{\mathrm{T}} x_1^{(i)} + \theta_2^{\mathrm{T}} x_2^{(i)} + \cdots + \theta_K^{\mathrm{T}} x_K^{(i)} = u_1^{(i)} + u_2^{(i)} + \cdots + u_K^{(i)} \tag{9-30}$$

其中，$x_k^{(i)}$ 为机构 k 的第 i 个样本。

最后，对式（9-21）进行简单变换，并且对每一方的数据进行加密，则可以构建隐私保护的多方协同信用评价模型：

$$h_\theta(x) = \frac{1}{1 + \mathrm{e}^{-(\llbracket u_0 \rrbracket + \llbracket u_1 \rrbracket + \llbracket u_2 \rrbracket + \cdots + \llbracket u_K \rrbracket)}} = \sigma(\llbracket u_0 \rrbracket + \llbracket u_1 \rrbracket + \llbracket u_2 \rrbracket + \cdots + \llbracket u_K \rrbracket) \tag{9-31}$$

2. 同态加密

协同建模过程采用了一种满足可加性的同态加密算法[58]，其满足以下三点同态性：第一，密文与明文之间的乘法；第二，密文与密文之间的加法；第三，密文与明文之间的加法。例如，定义明文 m_1、m_2 的密文为 $E(m_1)$、$E(m_2)$，即

$$E(m_1) = g^{m_1} r_1^n \bmod n^2 \tag{9-32}$$

$$E(m_2) = g^{m_2} r_2^n \bmod n^2 \tag{9-33}$$

其中，r_1 和 $r_2 (0 < r_1, r_2 < n)$ 为随机数；n 为两个很大数的积，即 $n = p \times q$；g 为随机整数，$g \in \mathbb{Z}_{n^2}^*$，理论上可以对于任何 $m (0 \leqslant m < n)$ 进行加密。在此基础上，我们可以进一步定义两个密文的乘法：

$$E(m_1) E(m_2) = g^{m_1 + m_2} (r_1 r_2)^n \bmod n^2 \tag{9-34}$$

解密后可得

$$D(E(m_1) E(m_2) \bmod n^2) = m_1 + m_2 \bmod n \tag{9-35}$$

可以看出，密文直接相乘实际上可以得到明文的和。为了简化，使用 $\llbracket \cdot \rrbracket$ 表示密文，否则为明文。另外，我们重载了加法运算符 "+"，则同态加密下的加法运算可以定义为

$$E(m_1) E(m_2) = \llbracket m_1 \rrbracket + \llbracket m_2 \rrbracket = \llbracket m_1 + m_2 \rrbracket \tag{9-36}$$

同理，由于明文与密文之间的乘法相当于多个密文的相加。因此，我们可以定义明文与密文之间的乘法，即

$$m_1 \times \llbracket m_2 \rrbracket = \llbracket m_1 m_2 \rrbracket \tag{9-37}$$

此外，加密计算可以进一步拓展到向量和矩阵。例如，定义明文向量 u 与密文向量 $\llbracket v \rrbracket$ 的内积（inner product）为 $u^{\mathrm{T}}\llbracket v \rrbracket = \llbracket u^{\mathrm{T}}v \rrbracket$，定义两者的点乘为 $u \circ \llbracket v \rrbracket = \llbracket u \circ v \rrbracket$。

3. 模型参数估计

同态加密算法不支持复杂的函数计算，如 sigmoid 函数中的指数运算，为此进一步将式（9-26）在 $\theta = 0$ 点进行二阶泰勒展开，从而得到近似的损失函数和梯度。损失函数公式为

$$
\begin{aligned}
J(\theta) &= J(0) + \frac{J'(0)}{1!}\theta + \frac{J''(0)}{2!}\theta^2 + \cdots \\
&\approx \frac{1}{m}\sum_{i \in S}\log(2) - \frac{1}{2}y_i\theta^{\mathrm{T}}x_i + \frac{1}{8}(\theta^{\mathrm{T}}x_i)^2
\end{aligned}
\tag{9-38}
$$

梯度公式为

$$
\frac{\partial J(\theta)}{\partial \theta_j} \approx \frac{1}{m}\sum_{i \in S}\left(\frac{1}{4}\theta^{\mathrm{T}}x_i - \frac{1}{2}y_i\right)x_j^{(i)}
\tag{9-39}
$$

在式（9-39）的基础上，采用 L1 正则化方法惩罚其中系数直接为 0，从而剔除多源信用数据中的冗余信息。因此，在同态加密下，损失函数可以被定义为

$$
\begin{aligned}
J(\theta) &= \frac{1}{m}\sum_{i \in S}\log(1 + e^{-y_i(\llbracket u_1^{(i)} \rrbracket + \llbracket u_2^{(i)} \rrbracket + \cdots + \llbracket u_K^{(i)} \rrbracket)}) + \lambda\sum_{j=1}\|\theta_j\|_1 \\
&\approx \frac{1}{m}\sum_{i \in S}\log(2) - \frac{1}{2}y_i(\llbracket u_1^{(i)} \rrbracket + \llbracket u_2^{(i)} \rrbracket + \cdots + \llbracket u_K^{(i)} \rrbracket) \\
&\quad + \frac{1}{8}(\llbracket u_1^{(i)} \rrbracket + \llbracket u_2^{(i)} \rrbracket + \cdots + \llbracket u_K^{(i)} \rrbracket)^2 + \lambda\sum_{j=1}\|\theta_j\|_1
\end{aligned}
\tag{9-40}
$$

其中，λ 为惩罚系数。求解式（9-40）的最小值是一个非凸优化问题，传统的梯度下降算法不再适用[59]。为此，使用近端梯度下降算法优化目标函数。具体来说，首先定义一个软阈值函数 $S_{\lambda t}(\theta) \in \mathbb{R}^n$，即

$$
[S_{\lambda t}(\theta)]_j = \begin{cases} \theta_j - \lambda t, & \text{if } \theta_j > \lambda t \\ 0, & \text{if } |\theta_j| < \lambda t \\ \theta_j + \lambda t, & \text{if } \theta_j < -\lambda t \end{cases}
\tag{9-41}
$$

其次，根据梯度下降算法迭代更新模型系数直到模型收敛或者达到最大迭代次数。

$$
\theta_j^+ = S_{\lambda t}(\theta_j - t\nabla J(\theta_j; X_j^{(i:i+s)}, y_j^{(i:i+s)})), \quad j = 1, 2, \cdots, k
\tag{9-42}
$$

其中，t 为学习率；s 为批尺寸（batch size）。第 j 方的梯度计算公式如式（9-43）所示。

$$
\nabla J(\theta_j) = \frac{\partial J(\theta)}{\partial \theta_j} = \frac{1}{s}X_j^{\mathrm{T}}\left\llbracket \frac{1}{4}(u_1 + u_2 + \cdots + u_K) - \frac{1}{2}y \right\rrbracket = \frac{1}{s}X_j^{\mathrm{T}}\llbracket z \rrbracket
\tag{9-43}
$$

具体的 MP-DLR 模型伪代码如图 9-23 所示。

Input: Training data from multiple sources $(X_1, X_2, \cdots, X_K)$;

Learning rate $t = 0.01$;

Batch size $s = 32$;

Penalty parameter $\lambda = 0.1$;

Convergence Threshold $\epsilon = 10^{-4}$;

Maximum Number of epochs $N_{\max} = 100$;

Output: $\theta_1, \theta_2, \cdots, \theta_K$;

The coordinator generates a homomorphic encryption key pair and sends the public key to the parties from 1 to K;

Initialize $\theta_1, \theta_2, \cdots, \theta_K \to 0$, $n = 1$, random seed $\alpha = 1$;

while $\| \nabla J(\theta)_2 \| \leqslant \epsilon$ or $n < N_{\max}$ do

  Sample a mini-batch training data randomly:

$X_1^s, X_2^s, \cdots, X_K^s = p(X_1, X_2, \cdots, X_K)$;

  for each party $j = 1, 2, \cdots, K$ do

    Compute $u_j = X_j^s \theta_j$ and encrypt it by public key as $[\![u_j]\!]$;

    if $j < K$ then

      send the encrypted $[\![u_1 + u_2 + \cdots + u_j]\!]$ to party $j+1$;

    else

      Compute $[\![z]\!] = [\![u_1 + u_2 + \cdots + u_j]\!] / 4 - [\![y]\!] / 2$

      and send the encrypted intermediate results $[\![z]\!]$ to party $j = 1$;

    Compute encrypted gradients $[\![g_j]\!] = [\![X_j^{\mathrm{T}} z]\!] / 4$ and send to the coordinator;

  The coordinator decrypts $[\![g_j]\!]$ by private key and send to all parties.

  $\nabla J(\theta) \leftarrow (g_1 + g_2 + \cdots + g_K)$;

  $n = n + 1$

end while

图 9-23　MP-DLR 模型伪代码

9.5.3　实验研究及结果分析

1. 数据集与实验设计

实验研究的数据来自融 360 平台借贷数据。该平台为有借款需求的小微企业和个人消费者提供融资服务，积累了大量不同时期、不同金额、不同期限、不同利率、不同市场环境下的借贷记录。原始数据集包含从 $f1$ 到 $f6810$ 的匿名特征，以及贷款编号、贷款日期、贷款状况（标签信息：违约与非违约）。剔除了缺失率大于 1% 的特征及低方差的特征后，最终获得 100 000 个样本和 2700 个特征，其中违约样本为 10 692 个，非违约样本为 89 308 个，违约概率为 10.69%。

为了模拟分布式的场景，实验将原始数据随机地划分为三个特征子集，分别由 A、B、C 三个机构拥有。具体来说，A 机构拥有的特征数为 300，B 机构拥有的特征数为 900，C 机构拥有的特征数为 1500，并且假设 C 机构为标签拥有方。

在此基础上，实验主要考虑三种场景用以评估模型性能。在第一个场景中，A、B、C 三方仅仅利用自身拥有的数据构建信用评价模型，如 LR、SVM、RF 和 XGB，即非安全协同信用评价；在第二个场景中，A、B、C 三方协同构建一个具有隐私保护的去中心化安全多方信用评价模型（MP-DLR），并由 C 方发起；在第三个场景中，为评估我们提出的方法的有效性，将选取由 Hardy 等[60]提出的纵向逻辑回归（vertical logistic regression，VLR）和传统的中心化逻辑回归（centralized logistic regression，CLR）作为我们的基准模型，其中在训练 CLR 过程中 A、B、C 三方的数据将会被集中在一起。

对于所有的实验，我们将采用十折交叉验证方法并选取 AUC、KS、HM 作为评估模型性能的指标。具体来说，实验将原始数据划分为十份，轮流将其中九份作为训练数据，一份作为测试数据，进行实验。为进一步保证实验结果的有效性与无偏性，我们进行 10 次十折交叉验证，即最终共有 100 个实验结果。

2. 实验结果分析

1）超参数选择

模型中存在一个超参数，即惩罚系数 λ。λ 是一个大于等于 0 的值，为找到最优的 λ，我们从原始数据中随机抽取 10 000 个样本，其中 90%作为样本内数据，剩余 10%作为样本外数据。考虑 $\lambda = \{10^{-3}, 10^{-2}, 10^{-1}, 1\}$ 的所有组合，每个值之间的间隔分别为 0.001、0.01 和 0.1。如图 9-24 所示，结果显示随着 λ 的增加，模型的系数数量不断减少，冗余信息被有效剔除。

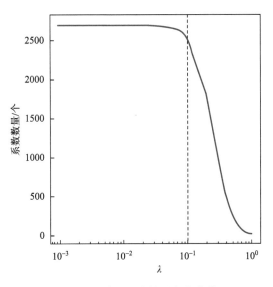

图 9-24　模型系数数量变化曲线

图 9-25 进一步描绘了样本内与样本外的 AUC、KS 和 HM 值随着 λ 增加的变化情况。结果一致地显示，当 λ 较小时，样本内与样本外存在较大的差异（样本内的 AUC、KS 和 HM 值显著高于样本外），表明模型存在过拟合。随着 λ 增加，样本内和样本外的差异不断减少，可以看到，当 $\lambda = 0.1$ 时样本外的评估指标达到最大，并且过拟合得到有效解决。为此，在接下来的实验中将 λ 设置为 0.1。

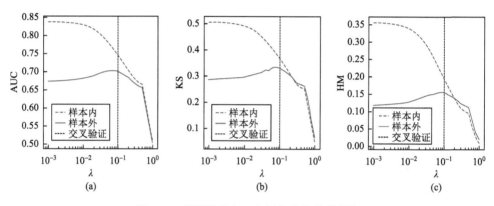

图 9-25　模型性能与 λ 之间的变化关系曲线

2）违约判别能力比较分析

为检验本节提出模型的预测性能，实验将它与 VLR 和 CLR 进行性能比较。为此，从剩余 90 000 个样本中随机抽取 10 000 个样本，其中 90% 作为训练集，剩余 10% 作为测试集。实验结果同样来自 10 次十折交叉验证，表 9-12 至表 9-14 统计了 100 个估计值的 AUC、KS、HM 的平均值和 95% 置信区间。结果表明，本节提出的模型显著优于 A、B、C 三方的实验结果，MP-DLR 的 AUC 达到 0.702、KS 达到 0.330、HM 达到 0.157。

表 9-12　机构 A 与 MP-DLR 之间的违约判别能力比较

数据集	模型	AUC	KS	HM
A	LR	0.637（0.632, 0.642）	0.251（0.243, 0.260）	0.087（0.082, 0.092）
	SVM	0.601（0.596, 0.606）	0.192（0.184, 0.200）	0.055（0.051, 0.059）
	RF	0.643（0.638, 0.648）	0.233（0.225, 0.242）	0.089（0.083, 0.094）
	XGB	0.656（0.651, 0.662）	0.264（0.256, 0.272）	0.109（0.103, 0.115）
$[\![A]\!]+[\![B]\!]+[\![C]\!]$	MP-DLR（$\lambda=0.1$）	0.702（0.698, 0.706）	0.330（0.323, 0.337）	0.157（0.152, 0.163）

表 9-13　机构 *B* 与 MP-DLR 之间的违约判别能力比较

数据集	模型	AUC	KS	HM
B	LR	0.633（0.628, 0.639）	0.244（0.235, 0.253）	0.088（0.083, 0.093）
	SVM	0.633（0.628, 0.637）	0.225（0.217, 0.233）	0.081（0.077, 0.086）
	RF	0.667（0.662, 0.672）	0.267（0.259, 0.275）	0.113（0.107, 0.119）
	XGB	0.690（0.685, 0.695）	0.311（0.302, 0.320）	0.147（0.140, 0.154）
〚*A*〛+〚*B*〛+〚*C*〛	MP-DLR（$\lambda = 0.1$）	0.702（0.698, 0.706）	0.330（0.323, 0.337）	0.157（0.152, 0.163）

表 9-14　机构 *C* 与 MP-DLR 之间的违约判别能力比较

数据集	模型	AUC	KS	HM
C	LR	0.598（0.592, 0.604）	0.201（0.191, 0.211）	0.064（0.059, 0.069）
	SVM	0.636（0.632, 0.640）	0.238（0.230, 0.245）	0.084（0.080, 0.088）
	RF	0.664（0.659, 0.669）	0.265（0.256, 0.273）	0.108（0.102, 0.114）
	XGB	0.683（0.678, 0.688）	0.297（0.289, 0.305）	0.140（0.135, 0.146）
〚*A*〛+〚*B*〛+〚*C*〛	MP-DLR（$\lambda = 0.1$）	0.702（0.698, 0.706）	0.330（0.323, 0.337）	0.157（0.152, 0.163）

另外，如表 9-15 所示，MP-DLR 模型显著优于基准模型 VLR，而与 CLR 的违约判别能力相差不大。实验结果表明，本节提出的模型能有效地协同各个参与方、安全地利用多源信用数据，从而提高模型的预测性能。此外，尽管在估计模型参数时采用了泰勒近似，但实验结果表明这几乎是无损的。

表 9-15　MP-DLR 与基准模型之间的违约判别能力比较

数据集	模型	AUC	KS	HM
〚*A*〛+〚*B*〛+〚*C*〛	VLR	0.654（0.649, 0.660）	0.274（0.265, 0.283）	0.109（0.104, 0.115）
〚*A*〛+〚*B*〛+〚*C*〛	MP-DLR（$\lambda = 0.1$）	0.702（0.698, 0.706）	0.330（0.323, 0.337）	0.157（0.152, 0.163）
A + *B* + *C*	CLR（$\lambda = 0.1$）	0.683（0.680, 0.691）	0.314（0.305, 0.322）	0.147（0.141, 0.154）

3）非参数检验

接下来，实验进一步采用非参数检验方法检验不同模型之间是否存在显著差异。采用非参数检验是因为实践中一般很难满足参数检验的假设条件。实验采用 Friedman 非参数检验方法比较 LR、SVM、RF、XGB、VLR、CLR 及 MP-DLR 之间是否存在显著差异。因为 Friedman 检验是一种秩和检验，所以将 AUC、KS 和 HM 的结果作为一组放在一起（样本量为 300）进行检验。

　　Friedman 检验假设所有分类器的排序是一样的，即分类器之间的性能没有明显差异。如表 9-16 至表 9-18 所示，p 值小于 0.001，表明不同模型的性能存在显著性差异。此外，根据平均排名可知，本节提出的模型 MP-DLR 的排名是最靠前的，这进一步表明 MP-DLR 的违约判别能力显著优于非安全协同学习模型。

表 9-16　机构 A 非参数检验结果

模型	平均排名	成对比较 p 值			
		LR	SVM	RF	XGB
LR	3.28				
SVM	4.72	<0.001			
RF	3.35	1.000	<0.001		
XGB	2.54	<0.001	<0.001	<0.001	
MP-DLR（$\lambda=0.1$）	1.11	<0.001	<0.001	<0.001	<0.001
Friedman χ^2	834.259（<0.001）				

表 9-17　机构 B 非参数检验结果

模型	平均排名	成对比较 p 值			
		LR	SVM	RF	XGB
LR	4.09				
SVM	4.39	0.188			
RF	3.14	<0.001	<0.001		
XGB	1.90	<0.001	<0.001	<0.001	
MP-DLR（$\lambda=0.1$）	1.48	<0.001	<0.001	<0.001	0.014
Friedman χ^2	799.145（<0.001）				

表 9-18　机构 C 非参数检验结果

模型	平均排名	成对比较 p 值			
		LR	SVM	RF	XGB
LR	4.69				
SVM	3.96	<0.001			
RF	2.94	<0.001	<0.001		
XGB	2.09	<0.001	<0.001	<0.001	
MP-DLR（$\lambda=0.1$）	1.32	<0.001	<0.001	<0.001	<0.001
Friedman χ^2	890.161（<0.001）				

如表 9-19 所示，实验同时发现 MP-DLR 的平均排名要优于基准模型 VLR 和
CLR。综上所述，本节提出的模型能够有效地利用多源信用数据提高模型性能，
而且不会造成数据隐私泄露。

表 9-19　MP-DLR 与基准模型之间的非参数检验结果

模型	平均排名	成对比较 p 值	
		CLR（$\lambda=0.1$）	VLR
CLR（$\lambda=0.1$）	1.87		
VLR	2.85	<0.001	
MP-DLR（$\lambda=0.1$）	1.28	<0.001	<0.001
Friedman χ^2	376.676（<0.001）		

4）分析与讨论

本节主要研究了构建具有隐私保护的多方协同智能信用评价模型。实验结果表
明，本节所提出的 MP-DLR 模型能够有效且安全地利用多源信用数据。本节的研
究具有一定的启发性：对于特征较多的评价主体，增加的特征有助于更全面地评
估借款人的信用风险（违约概率），降低由信息不对称造成的违约损失；而特征较
少的评价主体，也能够从增加的特征中获益。比如，非金融机构通过安全加密方
式从商业银行获取消费者的个人收入、工作及消费习惯等信息，可以预测和感知
个人的消费偏好，提供个性化服务。在整个训练过程中，各方数据在同态加密技术
下不会暴露出原始数据信息，即使某一方获得部分信息（如梯度）也很难通过逆
向工程反推出原始数据。此外，在 MP-DLR 模型中，本节采用 L1 正则化方法剔
除了多源信用数据中的冗余信息，该方法不仅是有效的而且不会增加额外的通信
成本。本节的研究也存在着一些局限。比如，当参与协同训练的机构很多时，同
态加密算法不可避免地会增加模型的计算成本和训练时间。未来研究可以基于差
分隐私、多方安全计算设计通信和计算成本更低的多方协同信用评价模型。

本 章 小 结

信用大数据能够全过程、全方位、动态地刻画信用主体的信用水平，为精准
量化各类信用主体的信用风险提供了机遇，但信用数据的复杂关联性、潜在有用
性和隐私保护需求给智能信用评价模型的构建带来巨大挑战。因此，本章针对智
能信用评价模型展开研究。

针对多时期违约预测问题，本章提出了基于多任务集成学习的智能信用评价

模型（MACS）。首先，针对整个观测时期内的全违约概率构建了违约状态判别模型；其次，针对特定时期内的区间违约概率预测问题提出了联合违约建模方法，该方法通过违约时间二值化、循环违约建模及元级多时期违约建模等流程构建了违约时间估计模型；最后，利用网络消费信贷数据进行了实验研究，结果表明所提出的 MACS 模型的判别性能、授予性能及盈利性能均显著优于生存分析模型和多标签学习模型。本章所提出的智能信用评价模型能够帮助银行等金融机构更有效地进行授信，降低授信违约率，同时能够帮助投资人在既定风险水平下选择更高预期收益率的投资组合。

针对软硬信息的差异性及价值稀疏性，本章提出了一种融合软硬信息的智能信用评价模型构建方法。首先，利用 χ^2 检验、信息增益、信息增益率等评估指标综合度量信用特征重要性并对信用特征进行排序，解决了软硬信息融合时存在的数据分布不一致与不确定问题；其次，采用封装式特征选择策略，按信用特征重要性顺序逐次添加特征，并根据模型性能反馈迭代地选择最优信用特征子集，实现了复杂、异质特征集的自适应筛选；最后，利用网络消费信贷数据进行了实验研究，结果表明所提出的方法能够有效选择最优信用特征子集，构建的融合硬信息和主题软信息的违约风险预测模型，能够有效刻画市场主体的行为模式、提升市场主体违约风险预测精度。

针对跨域信用信息共享和隐私保护问题，本章提出了 MP-DLR 模型。首先，基于纵向联邦学习框架构建 LR 模型，利用二阶泰勒展开方法近似计算损失和梯度函数，并利用同态加密保护数据隐私安全；其次，采用正则化方法剔除跨域信用数据中的冗余信息；最后，利用网络消费借贷数据进行了实验研究，结果表明所提出的 MP-DLR 模型能够安全、有效地利用跨域信用信息且违约判别能力显著优于基准模型。实现跨域信用信息共享可以解决信用数据孤岛问题，有利于金融机构提高信用风险管理水平，更有效地服务于中小企业等各类信用主体。

参 考 文 献

[1] Bertsimas D，Kallus N. From predictive to prescriptive analytics[J]. Management Science，2020，66（3）：1025-1044.

[2] Ciocan D F，Mišić V V. Interpretable optimal stopping[J]. Management Science，2020，68（3）：1616-1638.

[3] Zhou L G，Lai K K. AdaBoost models for corporate bankruptcy prediction with missing data[J]. Computational Economics，2017，50（1）：69-94.

[4] Maldonado S，Bravo C，López J，et al. Integrated framework for profit-based feature selection and SVM classification in credit scoring[J]. Decision Support Systems，2017，104：113-121.

[5] Wang G，Chen G，Zhao H M，et al. Leveraging multi-source heterogeneous data for financial risk prediction：a novel hybrid-strategy-based self-adaptive method[J]. MIS Quarterly，2021，45（4）：1949-1998.

[6] Khandagale S，Xiao H，Babbar R. Bonsai：diverse and shallow trees for extreme multi-label classification[J].

Machine Learning，2020，109（11）：2099-2119.

[7]　Wang Y，He D L，Li F，et al. Multi-label classification with label graph superimposing[C]. AAAI 2020 Conference on Artificial Intelligence. New York，2020.

[8]　Blumenstock G，Lessmann S，Seow H V. Deep learning for survival and competing risk modelling[J]. Journal of the Operational Research Society，2020，73（1）：26-38.

[9]　Bai M J，Zheng Y，Shen Y. Gradient boosting survival tree with applications in credit scoring[J]. Journal of the Operational Research Society，2022，73（1）：39-55.

[10]　Zhang Y，Yang Q. An overview of multi-task learning[J]. National Science Review，2018，5（1）：30-43.

[11]　Huang J，Qin F，Zheng X，et al. Improving multi-label classification with missing labels by learning label-specific features[J]. Information Sciences，2019，492：124-146.

[12]　Djeundje V B，Crook J，Calabrese R，et al. Enhancing credit scoring with alternative data[J]. Expert Systems with Applications，2021，163：113766.

[13]　Gunnarsson B R，vanden Broucke S，Baesens B，et al. Deep learning for credit scoring：do or don't？[J]. European Journal of Operational Research，2021，295（1）：292-305.

[14]　Mahbobi M，Kimiagari S，Vasudevan M. Credit risk classification：an integrated predictive accuracy algorithm using artificial and deep neural networks[J]. Annals of Operations Research，2021：1-29.

[15]　Chern C C，Lei W U，Huang K L，et al. A decision tree classifier for credit assessment problems in big data environments[J]. Information Systems and e-Business Management，2021，19（1）：363-386.

[16]　Shen F，Zhao X C，Kou G. Three-stage reject inference learning framework for credit scoring using unsupervised transfer learning and three-way decision theory[J]. Decision Support Systems，2020，137：113366.

[17]　Papouskova M，Hajek P. Two-stage consumer credit risk modelling using heterogeneous ensemble learning[J]. Decision support systems，2019，118：33-45.

[18]　Shen F，Zhao X C，Kou G，et al. A new deep learning ensemble credit risk evaluation model with an improved synthetic minority oversampling technique[J]. Applied Soft Computing，2021，98：106852.

[19]　Ribeiro M，Coelho L. Ensemble approach based on bagging，boosting and stacking for short-term prediction in agribusiness time series[J]. Applied Soft Computing，2020，86：105837.

[20]　Xia Y F，Liu C Z，Da B，et al. A novel heterogeneous ensemble credit scoring model based on bstacking approach[J]. Expert Systems with Applications，2018，93：182-199.

[21]　Jiang C Q，Wang J F，Tang Q，et al. Investigating the effects of dimension-specific sentiments on product sales：the perspective of sentiment preferences[J]. Journal of the Association for Information Systems，2021，22（2）：459-489.

[22]　Martens D，Provost F，Clark J，et al. Mining massive fine-grained behavior data to improve predictive analytics[J]. MIS Quarterly，2016，40（4）：869-888.

[23]　Iyer R，Khwaja A I，Luttmer E F P，et al. Screening peers softly：inferring the quality of small borrowers[J]. Management Science，2016，62（6）：1554-1577.

[24]　Lessmann S，Baesens B，Seow H V，et al. Benchmarking state-of-the-art classification algorithms for credit scoring：an update of research[J]. European Journal of Operational Research，2015，247（1）：124-136.

[25]　Hand D J. Measuring classifier performance：a coherent alternative to the area under the ROC curve[J]. Machine Learning，2009，77（1）：103-123.

[26]　蒋翠清，王睿雅，丁勇. 融入软信息的 P2P 网络借贷违约预测方法[J]. 中国管理科学，2017，25（11）：12-21.

[27]　Jiang C Q，Wang Z，Wang R Y，et al. Loan default prediction by combining soft information extracted from

descriptive text in online peer-to-peer lending[J]. Annals of Operations Research，2018，266（1）：511-529.

[28] 余乐安，张有德. 基于关联规则赋权特征选择集成的信用分类研究[J]. 系统工程理论与实践，2020，40（2）：366-372.

[29] Yin C，Jiang C Q，Jain H K，et al. Evaluating the credit risk of SMEs using legal judgments[J]. Decision Support Systems，2020，136：113364.

[30] Wang Z，Jiang C Q，Zhao H M，et al. Mining semantic soft factors for credit risk evaluation in peer-to-peer lending[J]. Journal of Management Information Systems，2020，37（1）：282-308.

[31] Liberti J M，Petersen M A. Information：hard and soft[J]. Review of Corporate Finance Studies，2019，8（1）：1-41.

[32] 秦志华，林莹，吴畏，等. 软信息对于网络信贷的影响机理研究——基于中国农业银行数据网贷的探索性案例分析[J]. 管理评论，2018，30（11）：275.

[33] Jadhav S，He H M，Jenkins K. Information gain directed genetic algorithm wrapper feature selection for credit rating[J]. Applied Soft Computing，2018，69：541-553.

[34] Turabieh H，Mafarja M，Li X D. Iterated feature selection algorithms with layered recurrent neural network for software fault prediction[J]. Expert Systems with Applications，2019，122：27-42.

[35] Dorfleitner G，Priberny C，Schuster S，et al. Description-text related soft information in peer-to-peer lending—evidence from two leading European platforms[J]. Journal of Banking & Finance，2016，64：169-187.

[36] 刘征驰，赖明勇. 虚拟抵押品、软信息约束与P2P互联网金融[J]. 中国软科学，2015（1）：35-46.

[37] 王会娟，何琳. 借款描述对P2P网络借贷行为影响的实证研究[J]. 金融经济学研究，2015，30（1）：77.

[38] Du N H，Li L F，Lu T，et al. Prosocial compliance in P2P lending：a natural field experiment[J]. Management Science，2020，66（1）：315-333.

[39] Cubiles-de-la-Vega M D，Blanco-Oliver A，Pino-Mejías R，et al. Improving the management of microfinance institutions by using credit scoring models based on Statistical Learning techniques[J]. Expert Systems with Applications，2013，40（17）：6910-6917.

[40] Xie Q，Zhang X Y，Ding Y，et al. Monolingual and multilingual topic analysis using LDA and BERT embeddings[J]. Journal of Informetrics，2020，14（3）：101055.

[41] Hajek P，Michalak K. Feature selection in corporate credit rating prediction[J]. Knowledge-Based Systems，2013，51：72-84.

[42] Malekipirbazari M，Aksakalli V. Risk assessment in social lending via random forests[J]. Expert Systems with Applications，2015，42（10）：4621-4631.

[43] Tran A T，Luong T D，Karnjana J，et al. An efficient approach for privacy preserving decentralized deep learning models based on secure multi-party computation[J]. Neurocomputing，2021，422：245-262.

[44] Liu J，Tian Y，Zhou Y，et al. Privacy preserving distributed data mining based on secure multi-party computation[J]. Computer Communications，2020，153：208-216.

[45] Tonellotto N，Gotta A，Nardini F M，et al. Neural network quantization in federated learning at the edge[J]. Information Sciences，2021，575：417-436.

[46] Xiao Z W，Xu X，Xing H L，et al. A federated learning system with enhanced feature extraction for human activity recognition[J]. Knowledge-Based Systems，2021，229：107338.

[47] Warnat-Herresthal S，Schultze H，Shastry K L，et al. Swarm Learning for decentralized and confidential clinical machine learning[J]. Nature，2021，594（7862）：265-270.

[48] Zhang C，Xie Y，Bai H，et al. A survey on federated learning[J]. Knowledge-Based Systems，2021，216：106775.

[49]　Kaissis G A，Makowski M R，Rückert D，et al. Secure，privacy-preserving and federated machine learning in medical imaging[J]. Nature Machine Intelligence，2020，2（6）：305-311.

[50]　Feki I，Ammar S，Kessentini Y，et al. Federated learning for COVID-19 screening from Chest X-ray images[J]. Applied Soft Computing，2021，106：107330.

[51]　Zhang W，Li X，Ma H，et al. Federated learning for machinery fault diagnosis with dynamic validation and self-supervision[J]. Knowledge-Based Systems，2021，213：106679.

[52]　Zhang X N，Fang F，Wang J Q. Probabilistic solar irradiation forecasting based on variational Bayesian inference with secure federated learning[J]. IEEE Transactions on Industrial Informatics，2020，17（11）：7849-7859.

[53]　Chen Y R, Rezapour A, Tzeng W G. Privacy-preserving ridge regression on distributed data[J]. Information Sciences，2018，451：34-49.

[54]　Ge N，Li G H，Zhang L，et al. Failure prediction in production line based on federated learning：an empirical study[J]. Journal of Intelligent Manufacturing，2021：1-18.

[55]　Jiang C S，Xu C X，Zhang Y. PFLM：privacy-preserving federated learning with membership proof[J]. Information Sciences，2021，576：288-311.

[56]　沈蒙，张杰，祝烈煌，等. 面向征信数据安全共享的 SVM 训练机制[J]. 计算机学报，2021，44（4）：696-708.

[57]　陈天荣，凌捷. 基于特征映射的差分隐私保护机器学习方法[J]. 计算机科学，2021，48（7）：33-39.

[58]　Paillier P. Public-key cryptosystems based on composite degree residuosity classes[M]//Stern J. Advances in Cryptology—EUROCRYPT'99. Berlin：Springer，1999：223-238.

[59]　Wang F W，Zhu H，Lu R X，et al. A privacy-preserving and non-interactive federated learning scheme for regression training with gradient descent[J]. Information Sciences，2021，552：183-200.

[60]　Hardy S，Henecka W，Ivey-Law H，et al. Private federated learning on vertically partitioned data via entity resolution and additively homomorphic encryption[J]. arXiv：1711.10677，2017.

第 10 章　大数据环境下数据缺失的信用评价模型构建方法

10.1　引　　言

数据是构建信用评价模型的基础[1]。由于数据统计遗漏、数据无法获取等原因，信用评价普遍面临数据缺失问题[2]。常见的数据缺失可以分为属性值缺失和类别标签缺失[3]。属性值缺失是指样本缺失某些属性值。类别标签缺失是指样本没有标签信息。类别标签缺失主要发生在信贷领域中，借款申请被拒的申请人没有贷后信用表现记录，形成了没有类别标签的拒绝样本，也即拒绝推断问题。属性值缺失和类别标签缺失对信用评价模型性能的影响较大[4]。

大数据环境下，除了传统的信用数据，利用物联网、移动互联、社交媒体等新一代信息技术，还可以大规模、多维度、实时动态地采集到评价对象的信用数据，如流式交易数据、动态行为数据、互动交流数据等。来源广泛、形式多样的信用大数据为构建更准确的信用评价模型提供了机遇[5]，但海量数据的收集整理工作更加复杂，容易导致数据缺失问题[6]。国内外学者提出了一系列处理属性值缺失问题和类别标签缺失问题的方法[7]。针对属性值缺失，常见的处理方法有删除法、单值插补法和多重插补法[8]。针对类别标签缺失，常见的处理方法有模型参数校正法和全样本构造法[9]。这些方法在处理大数据环境下的数据缺失问题时面临两大挑战。第一，信用大数据的海量、高维、低价值密度等特点使得删除法和插补法存在数据浪费、效率低等问题。大数据的低价值密度导致从中抽取的弱特征多，即某些特征的预测能力弱但其组合预测能力强。使用删除法时，如果删除缺失值较多的样本，样本量将大幅减少；如果删除缺失值较多的属性维度，大量弱特征将被删除。插补法需要估计数据分布或比较相似样本，计算量大、复杂度高，难以高效地处理海量高维数据。

第二，模型参数校正法很难修正参数较多的信用评价模型，全样本构造法容易引入噪声，降低模型的性能[10]。以 Heckman 两阶段模型为代表的模型参数校正法难以有效识别和修正模型的参数。全样本构造法能够基于拒绝样本构造接近初始申请样本分布的总体样本，但信用大数据具有海量、高维等特点，导致总体样本数量大且分布规律复杂，基于拒绝样本构造的总体样本难以反映真实的样本分布规律，容易引入噪声，对信用评价模型输出产生负面影响。

本章针对信用大数据环境下的属性值缺失和类别标签缺失问题，首先基于稀疏感知算法构建能够自适应处理属性值缺失的信用评价模型，其次构建基于半监督学习的协同训练模型解决类别标签缺失问题，最后通过实验研究验证模型的有效性。

10.2　国内外研究状况

10.2.1　数据缺失机制

数据缺失是指由数据统计遗漏、数据无法获取等因素导致样本存在缺失值[4]。根据样本观测值与缺失值之间的关系，可以将数据缺失机制划分为三类，分别是完全随机缺失（missing completely at random，MCAR）、随机缺失（missing at random，MAR）和非随机缺失（missing not at random，MNAR）。

MCAR 是指导致样本属性值存在缺失的因素是完全随机的，即属性缺失值与样本其他观测值之间不存在概率关系。MCAR 的数学表达式如式（10-1）所示。

$$P(R \mid X_{\text{obs}}, X_{\text{mis}}) = P(R \mid \varphi) \tag{10-1}$$

其中，X_{obs} 为样本的所有观察值；X_{mis} 为样本的所有缺失值；X_{obs} 和 X_{mis} 构成了完整的数据集 X。$R = (R_1, R_2, \cdots, R_n)$，$R_i = 1$ 代表样本中的属性 X_i 不存在缺失值，$R_i = 0$ 代表样本中的属性 X_i 存在缺失值，φ 是与任何属性无关的参数。

MAR 是指导致属性值存在缺失的因素来源于样本的其他观测值，即缺失值与其他观测值之间存在某种概率关系。例如，一个人配偶的姓名是否缺失与其婚姻状况有关，而与配偶本身的姓名无关。MAR 的数学表达式如式（10-2）所示。

$$P(R \mid X_{\text{obs}}, X_{\text{mis}}) = P(R \mid X_{\text{obs}}, \varphi) \tag{10-2}$$

当控制其他观测值的影响之后，属性缺失值与属性自身存在概率关系时，称属性值缺失属于 MNAR。例如，网络借贷业务中大部分借款申请人的信用水平较差而被拒绝借款，这部分样本类别标签的缺失属于 MNAR。如果将 MNAR 的数据直接删除会导致样本选择偏差问题。

缺失数据的处理方法与数据缺失机制密切相关[7]。因此，需要在区分不同数据缺失机制的基础上研究缺失数据建模方法。

10.2.2　常见的缺失数据建模方法

1. 属性值缺失下的信用评价模型构建方法

针对属性值缺失问题，现有的信用评价建模方法通常先处理缺失的属性值，然后构建信用评价模型[6]。删除法、单值插补法和多重插补法是三类常见的属性值缺失处理方法。

删除法是指人为删除存在属性值缺失的样本或属性。当属性值缺失比例较小时，采用删除法处理缺失值效率较高且不会对结果造成较大影响。但当属性值缺失比例较大时，删除法具有很大的局限。首先，删除样本会导致样本量减少，删除属性会丢失具有观测值的属性信息，浪费数据资源；其次，如果属性值缺失的原因属于 MNAR，删除样本或属性会改变数据的原始分布，产生选择性偏差问题。

单值插补法一般通过均值替换（mean substitution，MS）法、期望值最大化插补（expectation maximization imputation，EMI）法、回归插补（regression imputation，RI）法和 K-近邻插补（K-nearest neighbors imputation，KNNI）法等对缺失的属性值进行填补。这些方法在处理海量高维数据时面临诸多挑战，主要包括以下四点。①均值替换法需要区分存在缺失值的属性是连续属性还是类别属性。当缺失属性为连续属性时，采用均值填补；当缺失属性为类别属性时，采用众数填补。这种方法假设属性值缺失的原因属于 MCAR，不适用于 MAR 和 MNAR 引起的属性值缺失。②期望值最大化插补法先基于现有的样本观测值建立极大似然函数，然后使用极大似然估计计算模型参数最可能的取值。这种方法的计算量大，且依赖于数据分布特征。而信用大数据的分布规律十分复杂，难以先验地知道数据分布特征。③回归插补法的基本思想是将含有缺失值的属性作为因变量，然后训练回归模型预测缺失的属性值。这种方法发挥作用的前提是待预测属性与其他属性呈线性相关关系。但大数据环境中的高维数据普遍具有非线性关系，回归插补法的适用性不强。④K-近邻插补法旨在根据相似样本填补缺失的数据值。该方法查找与含有缺失属性值的样本最为相似的一条完整样本，使用完整样本的属性值来填补缺失的属性值，但样本相似度的计算量随样本数量的增多而增大，难以高效地处理海量信用数据。

单值插补法在使用上述填补方法时，仅对缺失的属性值进行一次估计，根据一次估计的结果填补缺失值，容易导致填补的缺失值和真实值之间的偏差较大[11]。因此，Azur 等提出了多重插补法[8]。多重插补法首先基于观察值建立插值函数，估计出待填补的属性值；其次，对待填补的属性值施加不同的偏差，与观察值组合构成多组数据集；最后，通过回归或分类模型拟合不同的数据集，选择拟合效果最好的数据集作为最终的完整数据集。多重插补法具有较高的准确度，但复杂度高、效率低。

2. 类别标签缺失下的信用评价模型构建方法

信用评价领域中，针对类别标签缺失的信用评价模型构建方法主要包括两类：模型参数校正法和全样本构造法。模型参数校正法仅使用有标签的接受样本构建信用评价模型，然后利用被拒绝的无标签样本校正模型中有偏的参数。代表方法有 Heckman 两阶段模型，该模型首先计算评价对象发生违约的概率，其次将其作为额外的解释变量加入预测模型中，达到修正模型参数的目的。但 Heckman 两阶段模型难以有效修正信用评价模型的参数[9]。

全样本构造法首先对拒绝样本进行推断以构造接近申请样本分布的总体样本，其次基于总体样本构建信用评价模型。代表方法有外推法、打包法、缺失值填补法等。外推法首先使用接受样本建立违约预测模型来预测拒绝样本的违约概率，其次通过一个二分类阈值将拒绝样本分类为违约和非违约样本，最后使用接受和拒绝样本建立一个基于全样本的违约风险评价模型。二分类阈值的选择会影响拒绝样本的分类结果，最终影响信用评价模型的性能。

打包法和外推法类似，首先使用接受样本建模并预测申请样本的违约概率。其次，将接受样本按照违约概率的大小依次排列并分成 n 组，同时，将拒绝样本按照和接受样本一样的分组标准分为 n 组。再次，在 n 组的每一个小组中，按照接受样本小组的违约比例给拒绝样本小组的样本随机标记标签信息。最后，使用全体样本构建违约风险预测模型。

综上所述，国内外学者针对属性值缺失和类别标签缺失问题展开了大量研究，取得了一系列有价值的研究成果，但信用大数据环境下属性值缺失和类别标签缺失问题仍面临挑战。首先，信用大数据具有海量、高维、低价值密度等特点，删除法容易浪费数据资源，插补法的填补效率低。大数据环境下，由于数据维度高，大量样本可能存在局部缺失值，删除行数据会将这些样本删除；同时，由于存在风险判别能力弱但组合判别能力强的弱特征，删除列数据会删除这些具有判别价值的特征。插补法旨在填补由随机缺失机制引起的缺失数据，而信用大数据中存在由非随机缺失引起的缺失数据，导致插补法难以发挥作用。此外，插补法算法复杂度高、时间成本高，难以高效填补海量数据中的缺失属性值。其次，基于信用大数据构建的信用评价模型相对复杂且参数较多，模型参数校正法难以修正复杂模型的参数，同时全样本构造法容易引入噪声[9]。信用大数据环境下，特征之间的关系十分复杂，导致信用评价模型的参数多、复杂度高，而模型参数校正法很难识别和修正参数较多的模型，对信用评价模型的改善非常有限。全样本构造法的核心是对拒绝样本的缺失类别进行推断，然后用含有标签的拒绝样本和接受样本建模，拒绝样本的推断过程和违约风险建模过程相互独立，无法确定融入模型的拒绝样本的最佳数量。此外，添加到建模样本中的拒绝样本里存在一定的错误标记样本，未经筛选直接添加到建模样本中会带来大量的噪声，降低模型的泛化能力。

因此，针对海量高维数据的属性值缺失和类别标签缺失问题，如何高效地处理缺失属性值及利用拒绝样本构建信用评价模型，成为大数据环境下信用评价理论和方法研究的重要内容之一。

10.3　属性值缺失下基于稀疏感知的信用评价模型构建方法

10.3.1　问题描述

信用大数据具有海量、多源、动态、异构等特点，不同数据源的结构化和非结构化信息有助于评价信用主体的信用水平，但来源广泛、种类复杂的海量数据普遍存在属性值缺失问题[6]。例如，与消费者信贷申请相关的数据来自不同的数据拥有者，不仅包括消费者提交的借款申请信息、收入信息、历史信用信息等传统信用数据，而且包括从第三方获得的外部数据，如个人信用报告、网购、信用卡还款、转账、理财、水电煤缴费、住房、社交关系等多个方面的数据。由于不同数据源的数据质量不同，在数据收集和汇总过程中难以构建完整的数据集，这导致数据集存在缺失的属性值[12]。

属性值缺失的原因与信用评价模型的应用场景有关。以消费者信贷为例，数据统计遗漏、选择性披露等因素会导致属性值缺失[13]。数据统计遗漏是指在收集和处理数据过程中发生的数据遗漏问题。数据统计遗漏的表现形式复杂多样。例如，借款申请者在填写借款申请表时可能遗漏某些选项，信息系统在识别和整理借款申请者的信息时可能屏蔽某些信息，金融机构的审核人员在进行审核时没有逐条记录、检查借款申请者的全部信息。从数据缺失机制来看，数据统计遗漏所产生的缺失数据有的属于 MCAR 或 MAR，有的属于 MNAR。

选择性披露来源于借款申请者的自我选择问题[2]。借款申请者在提交借款申请信息的时候，更倾向于隐匿对自己不利的信息。例如，如果借款申请者的收入、学历较低，那么在提交个人借款信息的时候，申请者偏向于忽略收入和学习信息栏。在这种情况下，样本属性值的缺失与评价主体相关，属于 MNAR。

属性值缺失的原因复杂多样，属性值的缺失与评价主体相关，也与其他观测值相关。信用大数据的海量、多维、动态、异构等特点加剧了属性值缺失的处理难度，导致删除法和插补法等常用的方法很难处理缺失属性值。

本节针对传统属性值缺失处理方法难以高效填补缺失属性值的问题，采用集成树模型和稀疏感知算法构建自适应处理缺失属性值的违约风险预测模型，使用基于梯度的采样、EFB 等优化机制，提高模型对海量高维数据的训练效率，并通过实验分析验证模型和方法的有效性。

10.3.2　模型设计

XGB 模型[14]和轻型梯度提升机（light gradient boosting machine，LightGBM）

模型[15]因为性能高、效率优、鲁棒性强、调参易、可解释性强等优点，在学术界和产业界得到了最为广泛的使用。XGB 和 LightGBM 采用一种基于稀疏感知算法的缺失处理机制，可以不对缺失的属性值进行预处理，直接基于存在缺失属性值的数据训练模型。

XGB 和 LightGBM 均属于 boosting 集成方法。XGB 以 CART 或线性分类器作为基分类器，采用按层生长策略分裂决策树，并使用损失函数的二阶导数和正则项提高集成方法的性能。但按层生长策略效率低，导致 XGB 对海量、高维数据的学习效率低。为提升模型性能和学习效率，LightGBM 使用按叶子生长策略搜索树节点，并采用基于梯度的单边采样（gradient-based one-side sampling，GOSS）方法提升对海量数据的训练效率，同时采用 EFB 机制处理高维数据。此外，LightGBM 通过更改 DT 模型的决策规则自适应地学习离散型特征，不需要将离散型特征预处理为类别型特征，降低了模型的复杂度。因此，本节选用 LightGBM 构建数据属性值缺失下的违约风险预测模型。

1. boosting 集成方法介绍

LightGBM 是一类基于 CART 的 boosting 集成方法，是在梯度提升决策树（gradient boost decision tree，GBDT）的基础上为了处理缺失数据和提高学习效率而提出的[15]。本节以 GBDT 为例介绍 LightGBM 所采用的集成树思想。GBDT 算法是一组 CART 组合：$T_1, T_2, \cdots, T_m$，模型最终的输出结果是一个样本在各个树中输出结果的和。GBDT 的建模过程包括三个步骤。

（1）使用训练样本训练得到第一个弱学习器，作为初始化的回归树 $f_0(x)$，如式（10-3）所示。

$$f_0(x) = \arg\min \sum_{i=1}^{N} L(y_i, c) \tag{10-3}$$

其中，y_i 为第 i 个样本的标签，共有 N 个训练样本；c 为 CART 的预测结果。

（2）循环迭代 m 棵回归树中的每一棵树，通过拟合上一棵树预测结果的残差学习一个弱学习器。首先，对每个样本 $i=1, 2, \cdots, N$，采用式（10-4）估计残差。其次，将上一步得到的残差作为样本新的真实值，并将数据 (x_i, r_{mi})，$i=1, 2, \cdots, N$ 作为下一棵树的训练数据，得到一棵新的回归树 $f_m(x)$，其对应的叶节点区域为 R_{mj}，$j=1, 2, \cdots, J$，其中 J 为回归树 T 的叶节点的个数。再次，使用式（10-5）对叶子区域 $j=1, 2, \cdots, J$ 计算最佳拟合值，相当于在 CART 中寻找最优的区分变量 j 及最优的切割点，然后在每个节点区域寻找最优的输出 γ，目的是使损失函数最小化。最后，采用式（10-6）更新回归树模型。

$$r_{mi} = -\left[\frac{\partial L(y, f(x_i))}{\partial f(x_i)} \right]_{f(x)=f_{m-1}(x)} \tag{10-4}$$

$$\gamma_{mj} = \operatorname*{argmin} \sum_{x_i \in R_{mj}} L(y_i, f_{m-1}(x_i) + \gamma) \qquad (10\text{-}5)$$

$$f_m(x) = f_{m-1}(x) + \sum_{j=1}^{J} \gamma_{mj} I(x \in R_{mj}) \qquad (10\text{-}6)$$

（3）通过 boosting 方法得到 GBDT，如式（10-7）所示。

$$f(x) = f_M(x) = f_0(x) + \sum_{m=1}^{M} \sum_{j=1}^{J} \gamma_{mj} I(x \in R_{mj}) \qquad (10\text{-}7)$$

GBDT 的核心思想是根据上一棵决策树的残差来学习下一棵决策树的最优分裂点，通过不断迭代学习多棵树提高模型的预测能力。GBDT 学习最优分裂点时采用的方法是特征预排序算法，该算法枚举预排序特征值上所有可能的分裂点并根据预测结果选择最优的分裂点。特征预排序算法的优势是可以找到最优解，但该算法复杂度高，容易造成较高的内存消耗且训练速度较低。

为了提高 GBDT 算法的学习效率并实现自适应处理缺失属性值的能力，LightGBM 对 GBDT 做了三处改进，分别是按叶子生长策略、基于稀疏感知算法的缺失值处理机制和学习效率优化机制[15]。

2. 按叶子生长策略

传统的 DT 模型采用按层生长策略搜索决策空间，如图 10-1 所示。按层生长策略以同样的方式对待同一层的所有叶节点，但分裂后信息增益较小的叶节点对模型的预测结果没有价值，遍历所有叶节点会降低模型学习效率。LightGBM 采用了一种更为高效的策略：按叶子生长策略，如图 10-2 所示。该策略通过节点个数控制模型复杂度，每次从当前所有叶节点中，寻找分裂后增益最大的叶节点进行分裂与搜索。因此，与按层生长策略相比，按叶子生长策略可以减少更多错误，并在分裂次数相同时能获得更好的精度。按叶子生长策略的缺点是决策树很容易变得太深，导致过度拟合。所以，LightGBM 在按叶子生长策略的基础上增加了最大深度限制，以防止过拟合。

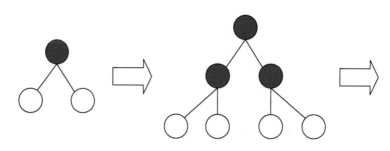

图 10-1　按层生长策略

注：黑色圆圈代表搜索到的叶节点，白色圆圈代表未搜索到的叶节点，下同

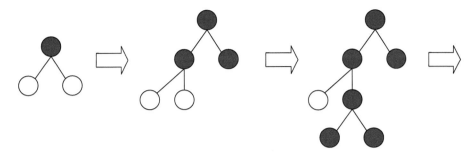

图 10-2　按叶子生长策略

3. 基于稀疏感知算法的缺失值处理机制

为实现自适应处理缺失属性值的能力，LightGBM 采用稀疏自适应的分裂算法[14]。该算法包括两个步骤：①构建基于缺失值的稀疏特征矩阵，在当前节点 I 分裂时不处理缺失值，只遍历含有特征值的样本，通过这个技巧减少为稀疏离散特征寻找分裂点的时间开销；②缺失值数据分别会被划分到左子树和右子树，通过计算损失，选择信息增益大的方向作为缺失数据的分裂方向。

稀疏感知算法的伪代码如图 10-3 所示。

输入：训练数据；当前节点 I

(1)　$g \leftarrow 0$ ，$G \leftarrow \sum_{i \in I} g_i$ ，$H \leftarrow \sum_{i \in I} h_i$

(2) For $k = 1$ to M do

(3)　　$G_L \leftarrow 0$ ，$H_L \leftarrow 0$

(4)　　for j in sorted（I_k, descent order by X_{jk}）do

(5)　　　$G_L \leftarrow G_L + g_j$ ，$H_L \leftarrow H_L + h_j$

(6)　　　$G_R \leftarrow G - G_L$ ，$H_R \leftarrow H - H_L$

(7)　　　score←max（score，$\dfrac{G_L^2}{H_L + \lambda} + \dfrac{G_R^2}{H_R + \lambda} - \dfrac{G^2}{H + \lambda}$）

(8)　　end for

(9)　　$G_R \leftarrow 0$ ，$H_R \leftarrow 0$

(10)　for j in sorted（I_k, descent order by X_{jk}）do

(11)　　$G_R \leftarrow G_R + g_j$ ，$H_R \leftarrow H_R + h_j$

(12)　　$G_L \leftarrow G - G_R$ ，$H_L \leftarrow H - H_R$

(13)　　score←max（score，$\dfrac{G_L^2}{H_L + \lambda} + \dfrac{G_R^2}{H_R + \lambda} - \dfrac{G^2}{H + \lambda}$）

(14)　　end for

(15) end for

输出：具有最大信息增益的分裂方向

图 10-3　稀疏感知算法的伪代码

4. 学习效率优化机制

为提高 boosting 方法的学习效率，LightGBM 设置了一系列的优化措施和机制，包括 GOSS 和 EFB 方法。

当数据量较大时，boosting 方法的学习效率较低。在保证学习性能的前提下，如何使用更少的数据训练模型成为一个难题。模型中数据的梯度和训练误差呈正相关关系，梯度较小的数据，其训练误差也较小，对更新训练模型的价值较小。因此，为提高模型在训练过程中的效率，可以将梯度小的数据丢弃。然而如果将梯度小的数据直接丢弃，会在一定程度上改变数据的分布，导致模型性能降低。GOSS 通过改变数据权重解决这个问题，即在尽可能减少改变数据分布影响的基础上，降低梯度小的数据的权重，减少对这些数据的采样概率，从而减少计算的复杂度。GOSS 的主要步骤如图 10-4 所示。

输入：训练数据；梯度较大数据的采样数量 a；梯度较小数据的采样数量 b；迭代次数 d。
(1) 特征排序：按照数据梯度的绝对值大小进行排序，选取最大的 a 条数据。
(2) 大梯度数据采样：接下来从剩余数据中随机采样 b 条数据。
(3) 校正数据分布：为减少改变数据分布的影响，对梯度小的数据乘上系数 $(1-a)/b$，将模型注意力集中在梯度大的数据上。
(4) 模型迭代：使用校正后的数据重新训练分类器，迭代至 d 次或模型收敛。
输出：训练后的分类器。

图 10-4　GOSS 的主要步骤

当出现高维特征时，EFB 方法可以通过特征绑定在减少特征的数量与提高模型精确度上做很好的平衡。高维数据通常存在着一定的稀疏问题，使得模型复杂度高，EFB 能够减少特征的数量，从而达到降维的效果，降低了计算复杂度。

互斥特征是指在特征空间内，存在一些特征不会同时取非 0 值，即在一组数据中，构成互斥的特征里只能有一个特征非 0。为互斥特征寻找最佳的绑定方式是非确定性多项式（non-deterministic polynomial，NP）难题，贪心算法可以在不影响分裂点选择准确性的情况下，显著地减少特征数量。然而贪心算法会在一定程度上改变数据的分布，从而影响结果的准确性。EFB 将该问题转换为图的着色问题，在减少改变数据分布的前提下，实现互斥特征的绑定。EFB 的主要步骤如图 10-5 所示。

输入：图 G；特征 F；最大冲突数 K。
(1) 图的构建：建立一个图 G，图中的每个节点表示一个特征，图中的每条边具有一定的权重，且权重与其相对应特征是相关的。
(2) 度排序：计算特征 F 在图 G 中的度并排序。

（3）互斥特征绑定：判断节点冲突次数是否小于最大冲突数 K。当小于阈值 K 时，分析特征的取值范围并进行互斥特征绑定，最终的目的是希望通过互斥特征绑定来降低总体冲突。

输出：特征捆绑集合。

图 10-5　EFB 的主要步骤

互斥特征绑定是将互斥特征的数据筛选问题转化为图的着色问题。首先将互斥特征转换为颜色相同的点，计算节点冲突次数；其次对互斥特征进行排序并分析特征取值范围；最后对阈值范围内的互斥特征进行绑定。EFB 的流程图如图 10-6 所示。

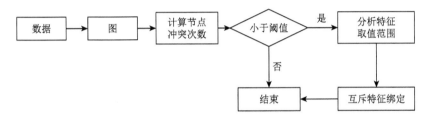

图 10-6　EFB 流程图

基于上述分析，本节采用 LightGBM 构建属性值缺失下的违约风险预测模型。模型在训练的过程中采用基于稀疏感知算法的缺失值处理机制，可以直接基于缺失属性值的数据进行分类预测。此外，针对海量数据导致的模型训练效率低的问题，模型采用 GOSS 方法进行样本采样以提高学习效率；针对高维稀疏数据导致的模型复杂度高的问题，模型采用 EFB 方法进行互斥特征绑定。这可以保证LightGBM 在信用大数据环境下能够高效地预测违约风险。

违约风险预测模型的超参数设置如表 10-1 所示。学习速率可以控制模型的训练速度；叶节点的个数、L1 正则、L2 正则等参数可以控制模型的复杂度，防止过拟合；行采样的比例与列采样的比例影响模型训练速度；是否使用含缺失值的样本参数可以控制是否采用缺失值处理机制，设置为 True。

表 10-1　违约风险预测模型的超参数

参数	解释	默认取值
num_interations	迭代次数	100
learning_rate	学习速率	0.1
num_leaves	叶节点的个数	31
min_data_in_leaf	叶子中的最小数据量	20
bagging_fraction	行采样的比例	1

续表

参数	解释	默认取值
feature_fraction	列采样的比例	1
boosting	boosting 方法	GBDT
lambda_l1	L1 正则	0
lambda_l2	L2 正则	0
use_missing	是否使用含缺失值的样本	True
Objective	学习任务	二分类

10.3.3　实验研究及结果分析

本节基于网络借贷平台的样本数据开展实验研究，将基于稀疏感知算法的 LightGBM 与传统的缺失属性值插补方法进行对照试验，检验基于 LightGBM 构建的违约风险预测模型的性能是否显著优于插补方法预处理后的模型性能。

1. 实验数据

本节以网络借贷平台中的借款人为研究对象，收集借款标的样本制作数据集。借贷标的还款期限最长为 36 个月，为观测到完整的还款信息，本节从某网络借贷平台上爬取了 2011 年至 2014 年的标的数据，剔除缺失值后有效记录是 299 377 条。对于中标样本，根据借款人的还款记录，可以标记借款人是否违约，即将在整个还款期内存在逾期、坏账或未偿还记录的标的标记为违约，将未出现违约记录的标的标记为非违约。

该网络借贷平台有三种类型的标的样本："信用认证标""机构担保标"及"实地认证标"。在 2011 年和 2012 年，平台主要发展违约率较高的"信用认证标"，因此平台的违约率较高。自从 2013 年开始，平台的业务类型开始转变，主要发展具有较低违约风险的"实地认证标"，平台的违约率大大降低。本节以 2013 年平台业务转型为界限，将标的样本划分为 2011～2012 年数据集和 2013～2014 年数据集。标的样本数据的描述性统计如表 10-2 所示。平台在 2011 年到 2012 年的违约率为 23.32%，在 2013 年到 2014 年的违约率为 5.40%。初始标的样本共有 37 个特征，剔除不相关、缺失严重和已经暴露还款状态的特征，选取 22 个特征进行实验，其中包括标的样本的 9 个连续型特征和 13 个离散型特征。这些特征主要包括对借款者个人信息和借款标的相关信息的描述，标的样本特征的描述性统计如表 10-3 和表 10-4 所示。从表 10-3 中可以看出：标的总额在 3000 元到

3 000 000 元之间；借款年利率最低为 5.6%，最高为 24.4%，年利率的均值为 14.6%；还款期限从 3 个月到 36 个月不等。

表 10-2　标的样本数据统计表

申请年份	全部样本/条	接受样本/条	违约样本/条	违约率
2011～2012	50 573	7 696	1 795	23.32%
2013～2014	248 804	71 746	3 876	5.40%

注：违约率 = 违约样本/接受样本

表 10-3　标的样本的连续型特征统计表

编号	特征	描述性统计			
		最小值	最大值	均值	标准差
1	标的总额/元	3 000	3 000 000	61 643	97 994
2	年利率	5.6%	24.4%	14.6%	3.44%
3	还款期限/个月	3	36	17	11.05
4	借款人年龄/岁	18	77	35	7.68
5	申请借款次数/次	0	148	3	5.06
6	信用额度/元	0	3 000 000	53 258	98 660
7	逾期金额/元	0	573 300	20 697	43 364
8	成功借款次数/次	0	144	2	6.90
9	借款总额/元	0	9 000 000	69 490	131 421

表 10-4　标的样本的离散型特征统计表

编号	特征	类别描述
1	还款方式	按月还款/付息还本/等额本息
2	提前还款费率	0%/1%
3	保障方式	本金保障/用户利益保障
4	学历	根据学历水平分为 5 类
5	婚姻	丧偶/离异/已婚/未婚
6	收入	根据收入水平分为 8 类
7	房产情况	有房产/无房产
8	房贷情况	有房贷/无房贷
9	车产情况	有车产/无车产
10	车贷情况	有车贷/无车贷
11	公司行业	根据公司行业分为 25 类

编号	特征	类别描述
12	公司规模	根据公司规模分为 5 类
13	工作时间	根据工作年限分为 5 类

2. 实验设置

本节采用 2011～2012 年的数据集验证 LightGBM 对缺失属性值的处理效果。该数据集不包含缺失值，采用人工机制生成缺失值。现有的缺失值填补方法假设缺失属性值来源于 MAR，因此，我们采用 MAR 机制生成缺失数据，设定数据缺失的比例分别为 5%、10%、20%、30%。在以上比例的缺失数据下，进行两组实验。首先，第一组分别使用删除法、均值替换法、期望值最大化插补法、回归插补法、K-近邻插补法和多重插补法六种方法完成缺失值的填补，然后基于 LightGBM 进行违约风险预测。其次，第二组直接使用 LightGBM 在未处理缺失值的数据上进行违约风险预测。最后，比较使用缺失值插补方法和直接使用 LightGBM 模型的违约风险预测模型的预测性能。

针对违约风险判别这种不平衡数据的分类问题，模型预测性能评价指标的准确率不具有解释性。本节选用 AUC 作为衡量模型的违约风险预测性能的指标。ROC 曲线的图像如图 10-7 所示。图 10-7 中横坐标为 FPR，计算方法为 $FPR = FP/(TN + FP) \times 100\%$。纵坐标为 TPR，计算方法为 $TPR = TP/(TP + FN) \times 100\%$。使用分类预测模型可以预测出每个样本的违约概率，通过依次从 0 到 1.0 之间设置多个截断点值，随着截断点值的增大，TPR 和 FPR 也会随之增大。伴随着 FPR 的增加，TPR 增加得越多，该模型的预测判别能力越好。

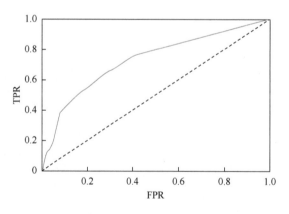

图 10-7 　ROC 曲线图

为了准确估计模型的预测性能，选用重复交叉验证进行模型的训练和评估。本节进行 10 次十折交叉验证，将数据集随机划分成十个等量的部分，轮流用其中一个部分做测试集，其余的九个部分做训练集。经过完整的一轮之后，每一份样本都有被选作测试集。将所有测试的结果取平均值，即 1 次十折交叉验证的评估结果。然后，统计各种方法在 10 次十折交叉验证下的平均排名。

3. 结果分析

使用重复交叉验证对模型进行训练和评估，在基于 5%、10%、20%、30%比例缺失数据的基础上，比较添加六种缺失值处理方法后的 LightGBM 模型和直接使用 LightGBM 模型的违约风险预测效果：①删除法 +LightGBM、②均值替换法+LightGBM、③期望值最大化插补法 + LightGBM、④回归插补法 + LightGBM、⑤K-近邻插补法 + LightGBM、⑥多重插补法 + LightGBM。

各模型的 AUC 均值及其 95%置信区间如表 10-5 所示。结果显示：①随着数据缺失比例的增加，模型预测效果逐渐降低；②如果不进行缺失值的填补，直接将缺失样本删除，由于可用于建模的数据量大大减少，模型性能会受到严重影响，尤其是随着缺失比例的增加，非缺失的样本量越来越少，更需要对缺失数据进行处理和利用；③与六种缺失值填补后的违约风险预测模型进行比较，直接基于 LightGBM 模型完成缺失值的处理并进行违约风险预测的效果更好，LightGBM 模型的 AUC 均值最高，证明了 LightGBM 模型基于稀疏感知算法进行缺失值处理的有效性。此外，直接基于 LightGBM 建模也更加便捷。

表 10-5　各模型的 AUC 均值及其 95%的置信区间

模型	缺失 5%	缺失 10%	缺失 20%	缺失 30%
删除法 + LightGBM	0.802 (0.793, 0.810)	0.763 (0.758, 0.768)	0.659 (0.646, 0.674)	0.623 (0.604, 0.642)
均值替换 法 + LightGBM	0.820 (0.812, 0.828)	0.818 (0.810, 0.827)	0.809 (0.800, 0.820)	0.811 (0.802, 0.820)
期望值最大化插补 法 + LightGBM	0.818 (0.811, 0.824)	0.818 (0.811, 0.826)	0.812 (0.803, 0.821)	0.807 (0.799, 0.816)
回归插补 法 + LightGBM	0.818 (0.810, 0.827)	0.821 (0.813, 0.829)	0.813 (0.804, 0.822)	0.806 (0.798, 0.814)
K-近邻插补 法 + LightGBM	0.820 (0.813, 0.827)	0.819 (0.811, 0.827)	0.811 (0.803, 0.819)	0.805 (0.796, 0.813)
多重插补 法 + LightGBM	0.820 (0.812, 0.828)	0.815 (0.806, 0.823)	0.817 (0.809, 0.825)	0.800 (0.793, 0.807)
LightGBM	0.823 (0.815, 0.831)	0.822 (0.813, 0.830)	0.819 (0.811, 0.829)	0.816 (0.807, 0.826)

10.4　类别标签缺失下基于半监督学习的信用评价模型构建方法[3]

10.4.1　问题描述

近年来，网络借贷、众筹等多类新兴信用产品创新层出不穷。网络借贷的借款申请条件较宽松、门槛低，借款申请群体广泛，但其拒绝率非常高。例如，在全球最大的网络借贷平台 Lending Club 中，超过 90%的借款申请被拒绝[4]。拒绝样本没有标签信息，构建信用评价模型时通常只考虑具有标签信息的接受样本[4]。但信用评价模型的目标是评估潜在申请者的信用水平，潜在申请者来自总体样本，而通过筛选得到的接受样本无法代表总体样本，因此模型存在样本偏差问题。样本偏差容易导致模型的泛化能力差，对模型性能具有严重的影响。针对类别标签缺失问题，国内外研究探索对拒绝样本进行推断，即基于接受样本对拒绝样本标记伪标签，然后将伪标签样本添加到训练样本中，构建信用评价模型，这个问题又称为拒绝推断[7]。

本节以网络借贷场景为例，开展大数据环境下的拒绝推断研究。网络借贷类别标签的缺失原因主要来自借款标的流标。在网络借贷平台上，借款者发布标的申请，投资者根据个人偏好和风险承受能力投资满意的标的。在筹资期内筹齐所需的借款总额，则该标的借款成功，即标的中标，也叫作接受样本。网络平台可以记录其后续的还款信息，从而可以为接受样本标记标签。若未能筹齐，则借款失败，即标的流标，也叫作拒绝样本。网络平台无法记录后续的还款信息，因而无法为拒绝样本标记标签。通常情况下，投资者倾向于选择投资收益高和违约概率低的借款标的。那么标的是否流标既与其本身的取值相关，也与其他变量的取值相关。因此可以判断标的流标是非随机的，即类别标签属于 MNAR，如果忽略拒绝样本，将产生样本偏差问题。

针对类别标签缺失问题，国内外学者大多基于模型参数校正法修正参数或基于全样本构造法构造总体样本[16]。但模型参数校正法难以有效修正复杂模型的参数，全样本构造法容易引入噪声[9]。针对上述方法的不足，Li 等基于半监督学习方法构建了半监督 SVM 模型，在模型训练过程中自动推断拒绝样本的标签，并将拒绝样本及其标签信息添加到训练样本中，提高违约风险预测的准确性[4]。但半监督方法推断的拒绝样本标签存在错误率，将标记错误的拒绝样本添加到训练样本中会产生标签噪声，影响模型性能。

本节针对传统类别标签缺失处理方法难以准确进行拒绝推断的问题，采用半监督学习方法，提出 TRIMVNL 模型，并通过实验分析验证模型的有效性。

10.4.2　模型设计

拒绝推断的核心是标记拒绝样本的标签，并将伪标签样本添加到训练样本中。因此，如何提高标记拒绝样本的准确性成为拒绝推断模型要解决的关键问题。本节采用半监督学习方法中的协同训练方法构建 TRIMVNL 模型，模型包括两个关键设计：使用基于多视图学习的多视图机制增强协同训练方法标记伪标签的准确性、使用基于噪声学习理论的模型迭代机制来控制标签噪声。

1. 协同训练方法

自训练（self-training）是最早的半监督学习方法，该方法用已有的有标签的数据对剩下的未标记的数据打标签。但该方法在更新数据过程中容易不断积累自身错误。为了解决自训练过程中的错误累积问题，国内外学者提出了协同训练方法[17]。协同训练是一种基于各个分类器之间的差异性进行协同学习，从而提高标签标记准确性的半监督学习方法。分类器之间的差异来源于分类器种类、数据特征和数据样本等方面。协同训练首先通过构造两个及以上的有差异的基分类器，为无标签样本标记标签，其次将标记后的样本加入训练样本中，重新训练模型。这种思想类似于专家投票法，多个不同的专家的投票比单个专家的投票更具有可信度。

经典的协同训练方法有基于特征差异的联合协同训练（co-training）方法和基于样本差异的三方协同训练（tri-training）方法[18]。Co-training 是一种基于特征差异的协同训练方法。该方法使用两个不同的数据集训练两个不同的分类器并预测未标记的样本，从一个分类器的预测结果中选择具有较高置信度的样本加入另一个分类器的训练集中。通过不断迭代学习训练两个分类器，不断提高模型的预测性能。Tri-training 方法采用三个分类器进行协同训练。该方法的基本思想是：如果两个分类器对同一未标记示例具有相同的预测，则认为该示例具有比较高的置信度。然而，Tri-training 方法并未将全部预测一致的样本加入第三个分类器的训练集，而是随机抽取一定量的伪标签样本，以达到控制标签噪声的目的。Tri-training 方法通过不断迭代训练模型，直到错误率不再继续降低为止，然后将三个分类器进行集成。Tri-training 的缺点在于仅通过两个分类器对无标签样本的预测结果是否一致来衡量置信度。如果两个分类器之间没有足够的差异性，两个分类器的预测结果虽然一致但不可信，从而为第三个分类器的训练引入噪声，导致分类精度受到影响。

基于上述分析，协同训练方法在建模拒绝推断问题时面临两个关键问题：一个是如何增强各个分类器之间的差异性以提高标记伪标签的准确性，另一个是如何确定迭代终止的时机及每一轮迭代中引入训练样本的伪标签样本的数量。针对这两个问题，本节采用基于多视图学习的多视图机制增强协同训练方法标记伪标签的准确性，利用基于噪声学习理论的模型迭代机制控制引入训练样本的伪标签样本的数量，从而实现标签噪声的控制。

2. 多视图学习

不同视角的特征集称为多视图，多视图学习是指在多组不同视图构成的数据集下，分别针对每组数据建模，然后利用多个模型联合学习最终的预测模型。多视图学习可以使用不同的模型处理具有不同特点的数据集，能够有效处理异构数据，同时多个模型的联合学习有助于缓解过拟合问题。此外，多视图学习的显著优势在于易于使用集成学习方法，可以有效地分类高维数据[19]。信用大数据具有多源、高维、异构的特点，包含多种视图的信用数据，如社交网络视图、电子商务视图、网络搜索视图等[20]。多视图学习可以有效适应信用大数据的特点，提高信用评价模型的性能。

多视图机制是多视图学习是否有效的核心内容。该机制要求数据特征能够拆分成两个充分且独立的特征集[21]。通常通过判断该特征集训练出的分类器的准确率是否大于 0.5 来衡量特征集是否充分。当由单个特征视图训练出的分类器的准确率超过 0.5 时，说明特征视图训练出的分类器具有一定的预测能力，此时，多个具有预测能力的分类器可以进行联合学习。多视图学习过程如图 10-8 所示。

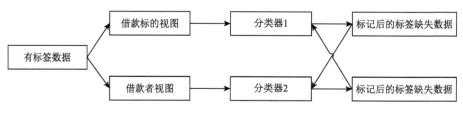

图 10-8　多视图学习流程图

本节将有标签的数据拆分为两个特征视图：借款标的视图和借款者视图。其中，借款标的视图包括标的总额、年利率、还款期限、还款方式、提前还款费率、保障方式等借款标的信息组成的特征集；借款者视图包括借款人年龄、申请借款次数、信用额度、逾期金额、成功借款次数、借款总额、学历、婚姻、收入、房产情况、房贷情况、车产情况、车贷情况、公司行业、公司规模、工作时间等借款者个人信息组成的特征集。接下来使用每个视图的数据分别训练分类器，并分别对标签缺失的数据进行标记。然后将标记后的结果用于更新对方视图的分类器并继续迭代，直到达到迭代终止条件为止。

3. 噪声学习理论

多视图机制能够有效增强协同训练方法对无标签样本标记的准确性，但无法消除错误标签问题。使用包含噪声的数据进行信用风险评估时，会影响模型的评估性能，与错误属性值产生的属性噪声相比，错误标签产生的类别噪声对模型性能的影响更为严重[22]。噪声学习理论是关于控制建模样本中类别噪声的理论[3]，它通过控制类别标签的噪声率与样本量来优化模型性能。其中，模型分类错误率 ε、训练集样本量 m 与训练集噪声率 η 之间存在如式（10-8）所示的关系。

$$\varepsilon^2 = \frac{C}{m(1-2\eta)^2} \tag{10-8}$$

其中，C 为一个常数。从式（10-8）可以看出，训练集样本量 m 的增加有利于降低分类错误率，而训练集噪声率 η 的增加会提高分类错误率 ε。因此，为了降低分类错误率，需要在扩充训练集样本的同时控制类别噪声的引入。如果在扩充训练样本时加入了过量的类别噪声，反而会降低模型性能。

为控制协同训练过程中的标签噪声，确定引入训练样本的伪标签样本的数量，本节设计一种基于噪声学习理论的自适应迭代机制。在基于多视图机制的协同训练过程中，需要计算并确认迭代次数及每轮迭代中引入训练样本中的类别标签缺失样本的数量。根据式（10-8），要保证在更新训练集后模型性能的提升，即 $\varepsilon < \varepsilon'$（$\varepsilon'$ 代表上一轮迭代的预测性能），则训练集样本量 m 与训练集噪声率 η 需要满足式（10-9）的条件。

$$m(1-2\eta)^2 > m'(1-2\eta')^2 \tag{10-9}$$

关于训练集样本量 m：令 L 为初始训练样本，L_u 为本轮标记并添加到训练集的无标签样本，L_u' 为上一轮标记并添加到训练集的无标签样本，则本轮迭代训练集样本量 m 和上一轮的训练集样本量 m' 分别为 $|L \cup L_u|$ 与 $|L \cup L_u'|$。

关于训练集噪声率 η：训练集中的噪声样本量包括初始训练样本 L 中的噪声样本量和添加到训练集中的噪声样本量。令 η_L 代表 L 上的噪声率，初始训练样本 L 中的噪声样本量为 $\eta_L|L|$。如果对拒绝样本标记错误则会为训练集带来噪声，令 e 为标记错误率，则添加到训练集中的噪声样本量为 $e|L_u|$。最终得到噪声率如式（10-10）所示。

$$\eta = \frac{\eta_L|L| + e|L_u|}{|L \cup L_u|} \tag{10-10}$$

将训练集样本量 m 和训练集噪声率 η 的值代入模型的迭代更新条件——式（10-9）中，得到式（10-11）。

$$|L \cup L_u|\left(1 - 2\frac{\eta_L|L| + e|L_u|}{|L \cup L_u|}\right)^2 > |L \cup L_u'|\left(1 - 2\frac{\eta_L|L| + e'|L_u'|}{|L \cup L_u'|}\right)^2 \tag{10-11}$$

根据式（10-11），可得到模型迭代的充分条件为

$$\begin{cases} e\,|\,L_u\,| < e'\,|\,L_u'\,| \\ |\,L_u\,| > |\,L_u'\,| \end{cases} \tag{10-12}$$

当式（10-12）成立时，训练集的扩充为模型带来的正面影响会超过噪声的引入对模型带来的负面影响，此时模型性能得到提升，即式（10-12）是迭代后性能改善的充分条件。根据式（10-12），可以得到

$$e < e' \tag{10-13}$$

综上所述，在迭代时，式（10-12）和式（10-13）是模型迭代更新后性能提升的充分条件。因此，本节选取式（10-12）和式（10-13）作为判断基于多视图机制的协同训练模型是否继续迭代的条件。在判定是否满足迭代更新条件时，通常先判断 $e < e'$ 和 $|\,L_u\,| > |\,L_u'\,|$ 是否成立，如果不成立，迭代终止。如果成立，继续判断 $e\,|\,L_u\,| < e'\,|\,L_u'\,|$ 是否成立，如果成立，则直接满足迭代条件，可以将标记的拒绝样本全部加入训练集中。如果 $e\,|\,L_u\,| < e'\,|\,L_u'\,|$ 不成立，可以通过降低 $|\,L_u\,|$ 的值来满足模型迭代更新条件，即需要从标记的拒绝样本的候选集中抽取部分样本加入训练集中，在降低 $|\,L_u\,|$ 的值的同时，仍需要满足 $|\,L_u\,| > |\,L_u'\,|$。接下来就我们将判断能否通过降低 $|\,L_u\,|$ 来满足迭代条件，根据式（10-12），可以推导出允许部分抽样的条件为

$$|\,L'\,| < \frac{e'}{e'-e} \tag{10-14}$$

如果不满足式（10-14），模型的迭代终止。当满足式（10-14）时，可以通过对用于扩充训练集的拒绝样本进行部分抽样来满足模型迭代条件，即通过抽样选择扩充样本，使得训练集的扩充为模型带来的正面影响超过噪声的引入对模型带来的负面影响。同时根据式（10-12），可以推导出本轮标记并添加到训练集的拒绝样本量 $|\,L_u\,|$ 可以取到的最大值 S 为

$$S < \frac{e'\,|\,L_u'\,|}{e} - 1 \tag{10-15}$$

本节将基于噪声学习理论的自适应的模型迭代机制应用到协同训练模型中，不仅可以确定迭代终止的时机，还可以确定每一轮迭代时融入模型的类别缺失样本的最佳数量，避免了引入过量含噪声的伪标签样本对模型性能造成影响。这种迭代机制可以自适应地根据基分类器的不同计算出迭代参数。

4. TRIMVNL 模型

本节采用协同训练方法，融入基于多视图学习的多视图机制和基于噪声学习理论的模型迭代机制，构建用于拒绝推断的 TRIMVNL 模型。

为了增强协同训练方法标记无标签样本的准确性，TRIMVNL 模型使用 bootstrap

抽取三个有差异的训练集，并将每个训练集划分为两个充分特征集，通过构造基于多视图机制的多个分类器对拒绝样本进行推断，提高对拒绝样本标记的准确率。

为了确定迭代终止的最佳时机及每一轮迭代中添加到训练集中的未标记样本的数量，TRIMVNL 模型基于"噪声学习理论"建立了一种自适应的模型迭代机制，在每一轮迭代中自适应地控制添加到训练集中的无标签样本的数量，以此来控制标签噪声。

TRIMVNL 模型的建模流程和伪代码分别如图 10-9 与图 10-10 所示。

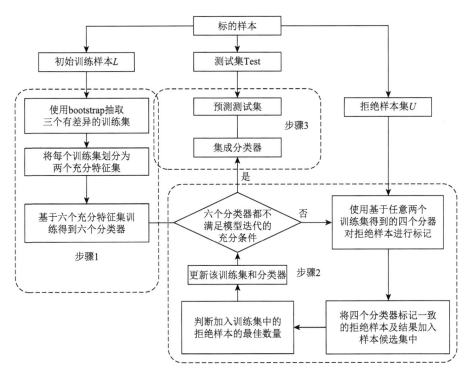

图 10-9　TRIMVNL 模型的建模流程

输入：初始训练样本 L；拒绝样本 U；特征视图 a,b

(1)　$e'_x \leftarrow 0.5$；$l'_x \leftarrow 0$；$update_x = \text{True}$；$S_x \leftarrow \text{Bootstrap}(L)$；$x \in \{1, 2, 3\}$

(2)　$M_{xy} \leftarrow \text{Train}(S_{xy})$；$y \in \{a, b\}$

(3)　repeat until $update_1 = update_2 = update_3 = \text{False}$

(4)　　for $x \in \{1, 2, 3\}$ do

(5)　　　$L_x \leftarrow \varphi$；$update_x \leftarrow \text{False}$；

(6)　　　$e_x = 1 - \dfrac{\text{count}(M_{ja}(x) = M_{jb}(x) = M_{ka}(x) = M_{kb}(x) = y)}{\text{count}(M_{ja}(x) = M_{jb}(x) = M_{ka}(x) = M_{kb}(x))}$　$(j, k \neq x)$

(7)　　　if $e_x < e'_x$ then

（8）	for $u \in U$ do
（9）	if $M_{ja}(u) = M_{jb}(u) = M_{ka}(u) = M_{kb}(u)$　$(j,k \neq x)$　then
（10）	$L_x \leftarrow L_x \bigcup \{u, M_{ja}(u)\}$
（11）	end for
（12）	if $l'_x = 0$　then
（13）	$l'_x \leftarrow \left\lceil \dfrac{e_x}{e'_x - e_x} \right\rceil$
（14）	if $l'_x < |L_x|$　then
（15）	if $e_x|L_x| < e'_x l'_x$　then
（16）	$\text{update}_x \leftarrow \text{True}$
（17）	else if $l'_x > \dfrac{e_x}{e'_x - e_x}$　then
（18）	$L_x \leftarrow \text{Subsampling}\left(L_x, \left\lceil \dfrac{e_x}{e'_x - e_x} - 1 \right\rceil \right)$；$\text{update}_x \leftarrow \text{True}$
（19）	end for
（20）	for $x \in \{1, 2, 3\}$ do
（21）	if $\text{update}_x = \text{True}$ then
（22）	$e'_x \leftarrow e_x; l'_x \leftarrow |L_x|$；　$M_{xy} \leftarrow \text{Train}(L_y \bigcup L_{xy})$；$y \in \{a, b\}$
（23）	end for
（24）	end repeat
输出：	$M(u) \leftarrow \dfrac{1}{6} \sum\limits_{\substack{x \in \{1,2,3\} \\ y \in \{a,b\}}} M_{xy}(u)$

图 10-10　TRIMVNL 模型伪代码

建模步骤如下。

（1）构建初始分类器。使用 bootstrap 从初始训练样本 L 中抽取三个有差异的训练集，将每个训练集划分为两个充分特征集，共计得到六个充分特征集。然后，基于六个充分特征集，训练得到六个分类器 $M_{ia}(u)$、$M_{ib}(u)$、$M_{ja}(u)$、$M_{jb}(u)$、$M_{ka}(u)$、$M_{kb}(u)$。

（2）标记未标记样本并扩充训练集。在每一轮迭代中，先判断六个分类器是否满足基于噪声学习理论的模型迭代的充分条件。如果满足，则使用基于任意两个训练集得到的四个分类器对拒绝样本进行标记，并将四个分类器标记一致的拒绝样本及结果加入样本候选集中。此时，模型不是将所有标记一致的拒绝样本加入训练集中，而是根据式（10-15）判断加入训练集中的拒绝样本的最佳数量，并更新该训练集和分类器。直至六个分类器都不满足模型迭代的充分条件，则 TRIMVNL 模型的迭代停止。

（3）基于 Bagging 的集成学习方法集成分类器。通过对预测概率求均值的方式集成六个分类器得到最终的模型，如式（10-16）所示。

$$M_{(u)} \leftarrow \frac{1}{6} \sum_{\substack{x \in \{1,2,3\} \\ y \in \{a,b\}}} M_{xy}(u) \tag{10-16}$$

10.4.3　实验研究及结果分析

1. 实验数据及设置

为了检验类别标签缺失下的违约风险评价模型 TRIMVNL 的性能,本节分别比较只使用接受样本建模的监督学习模型与融入拒绝样本的半监督学习模型的性能。实验数据来源于某网络信贷平台,该平台包含大量流标数据,为标签缺失样本的拒绝推断研究提供了应用场景。为了观测模型在不同违约率和数据集下的预测性能是否稳定,本节在 2011~2012 年和 2013~2014 年的两个数据集上进行实验研究,分别基于 LightGBM、RF、LR、KNN 和 DT 这五种基准模型构建五种违约风险评价模型。

（1）基准模型:使用基准模型基于有标签样本构建监督学习模型。

（2）Self-training 模型:基准模型结合 self-training 方法。

（3）Co-training 模型:基准模型结合 co-training 方法。

（4）Tri-training 模型:基准模型结合 tri-training 方法。

（5）TRIMVNL 模型:基准模型结合 TRIMVNL 模型。

2. 结果分析

使用 10 次十折交叉验证对模型进行训练和评估,比较基准模型、self-training 模型、co-training 模型、tri-training 模型和 TRIMVNL 模型这五种违约风险评价模型的预测效果。在 2011~2012 年和 2013~2014 年这两个数据集上,各模型的 AUC 均值及其 95%置信区间分别如表 10-6 和表 10-7 所示。

表 10-6　2011~2012 年各模型的 AUC 均值及其 95%的置信区间

模型	LightGBM	RF	KNN	DT	LR
基准模型	0.820 （0.812, 0.829）	0.762 （0.755, 0.769）	0.708 （0.703, 0.713）	0.644 （0.639, 0.648）	0.655 （0.648, 0.662）
self-training	0.817 （0.807, 0.827）	0.765 （0.758, 0.771）	0.707 （0.701, 0.713）	0.639 （0.635, 0.643）	0.637 （0.628, 0.645）
co-training	0.825 （0.819, 0.831）	0.782 （0.776, 0.789）	0.737 （0.731, 0.743）	0.707 （0.701, 0.713）	0.656 （0.649, 0.663）
tri-training	0.826 （0.818, 0.834）	0.785 （0.777, 0.793）	0.711 （0.706, 0.716）	0.671 （0.666, 0.676）	0.652 （0.645, 0.660）
TRIMVNL	0.833 （0.827, 0.839）	0.800 （0.793, 0.806）	0.745 （0.740, 0.750）	0.722 （0.717, 0.728）	0.657 （0.650, 0.664）

表 10-7　2013～2014 年各模型的 AUC 均值及其 95%的置信区间

模型	LightGBM	RF	KNN	DT	LR
基准模型	0.980 （0.977, 0.983）	0.972 （0.970, 0.975）	0.890 （0.886, 0.894）	0.813 （0.808, 0.817）	0.912 （0.901, 0.924）
self-training	0.973 （0.969, 0.977）	0.968 （0.965, 0.971）	0.885 （0.879, 0.891）	0.793 （0.789, 0.798）	0.915 （0.905, 0.924）
co-training	0.982 （0.979, 0.985）	0.976 （0.973, 0.978）	0.910 （0.906, 0.914）	0.878 （0.875, 0.882）	0.910 （0.898, 0.922）
tri-training	0.984 （0.981, 0.987）	0.980 （0.978, 0.983）	0.891 （0.887, 0.896）	0.867 （0.861, 0.872）	0.917 （0.906, 0.928）
TRIMVNL	0.987 （0.984, 0.990）	0.982 （0.980, 0.985）	0.929 （0.925, 0.932）	0.919 （0.915, 0.922）	0.919 （0.906, 0.931）

结果如下所示。

（1）将 self-training 模型与基准模型进行比较，self-training 模型的性能总体上低于基准模型，说明使用不恰当的拒绝推断方法反而会降低模型违约风险评价的准确性。而将 co-training、tri-training、TRIMVNL 模型与基准模型进行比较，发现这三种使用拒绝推断的模型的性能总体上高于基准模型，说明使用恰当的拒绝推断方法可以提升模型违约风险评价能力。

（2）在两个数据集上，TRIMVNL 模型都优于基准模型、self-training 模型、co-training 模型和 tri-training 模型，证明了 TRIMVNL 模型的有效性。

（3）以 LightGBM 作为基准模型，使用 TRIMVNL 构建违约风险预测模型时，可以实现最佳的违约风险评价效果。

（4）以 LightGBM 作为基准模型，根据基准模型和 TRIMVNL 的差值可知，模型在数量较少的 2011～2012 年数据集上的提升效果更明显，说明对于小样本，更有必要在构建违约风险评价模型时融入拒绝推断。

对每一折交叉验证下五种模型的违约风险评价能力进行排名并统计十折交叉验证后的各模型的平均排名，在 2011～2012 年和 2013～2014 年这两个数据集上各模型违约风险评价性能的平均排名如图 10-11 和图 10-12 所示。

结果如下所示。

（1）将 co-training 模型与 tri-training 模型进行比较，发现以 RF 作为基准模型时，tri-training 的平均排名优于 co-training；以 KNN 和 DT 作为基准模型时，co-training 的平均排名优于 tri-training。TRIMVNL 模型集成了两种模型的优点，无论使用何种基准分类模型，TRIMVNL 模型总是具有最优的排名，证明了 TRIMVNL 模型的有效性和稳定性。

（2）当使用 LR 作为基准模型时，各模型的排名无明显差异。因为在使用

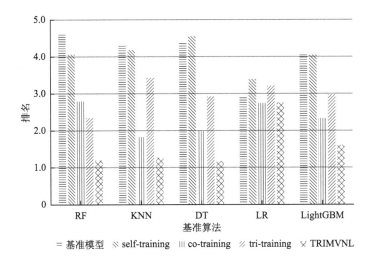

图 10-11　各模型在 2011~2012 年数据集上的违约风险评价性能的平均排名

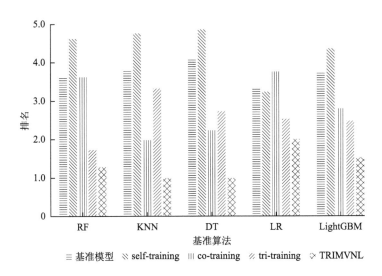

图 10-12　各模型在 2013~2014 年数据集上的违约风险评价性能的平均排名

LR 作为基准模型时,基于已有样本量已经足够训练出具有一定稳定性和泛化能力的模型，五种模型之间的显著性差异较小，所以融入拒绝推断对 LR 的模型性能无显著影响。

（3）当使用 LightGBM 作为基准模型时，TRIMVNL 模型展现出良好的违约风险评价性能。可以考虑采用 LightGBM 作为基准模型，采用 TRIMVNL 模型，改进类别标签缺失场景中的信用评价模型性能。

本 章 小 结

信用大数据为构建更准确的信用评价模型提供了数据基础，但其海量、高维、低价值密度等特点使得处理缺失属性值的传统方法面临效率低、自适应差的挑战。同时，随着金融科技的发展，网络借贷、众筹等新兴信用产品中的拒绝样本比例较高，导致信用评价模型面临严重的样本偏差问题。大数据环境下，如何构建自适应处理缺失属性值的信用评价模型及类别标签缺失下的拒绝推断模型是本章研究的重点和难点。

针对属性值缺失问题，本章基于 LightGBM 模型和稀疏感知算法构建了自适应处理缺失属性值的违约风险预测模型，并采用 GOSS、EFB 等优化机制提高模型对海量高维数据的训练效率。基于网络借贷数据的实验结果发现本章基于 LightGBM 构建的违约风险预测模型可以自适应地处理缺失属性值，无需使用传统的插补法填补缺失值。该模型对开发信用大数据环境下的信用评价模型具有借鉴意义。

针对类别标签缺失问题，本章提出了 TRIMVNL 模型进行拒绝推断。TRIMVNL 模型在协同训练方法的基础上采用多视图机制增强协同训练方法标记伪标签的准确性，同时，利用基于噪声学习理论的模型迭代机制控制了无标签样本的标签噪声。实验结果发现 TRIMVNL 模型优于传统违约风险评价模型及 self-training、co-training 和 tri-training 这三种基于半监督的违约风险评价模型，可以更有效地利用类别标签缺失的样本提高违约风险评价模型的性能。

参 考 文 献

[1] Stevenson M, Mues C, Bravo C. The value of text for small business default prediction: a deep learning approach[J]. European Journal of Operational Research, 2021, 295 (2): 758-771.

[2] Lan Q J, Xu X Q, Ma H J, et al. Multivariable data imputation for the analysis of incomplete credit data[J]. Expert Systems with Applications, 2020, 141: 112926.

[3] 蒋翠清, 许天歌, 王钊. 一种融入拒绝推断的 P2P 网络借贷违约风险评价方法[J]. 管理工程学报, 2020, 34 (6): 165-172.

[4] Li Z Y, Tian Y, Li K, et al. Reject inference in credit scoring using semi-supervised support vector machines[J]. Expert Systems with Applications, 2017, 74: 105-114.

[5] Yıldırım M, Okay F Y, Özdemir S. Big data analytics for default prediction using graph theory[J]. Expert Systems with Applications, 2021, 176: 114840.

[6] Yu L, Zhou R T, Chen R D, et al. Missing data preprocessing in credit classification: one-hot encoding or imputation? [J]. Emerging Markets Finance and Trade, 2022, 58 (2): 472-482.

[7] Xia Y F, Yang X L, Zhang Y Y. A rejection inference technique based on contrastive pessimistic likelihood

estimation for P2P lending[J]. Electronic Commerce Research and Applications，2018，30：111-124.

[8]　Azur M J，Stuart E A，Frangakis C，et al. Multiple imputation by chained equations：what is it and how does it work？[J]. International Journal of Methods in Psychiatric Research，2011，20（1）：40-49.

[9]　Mancisidor R A，Kampffmeyer M，Aas K，et al. Deep generative models for reject inference in credit scoring[J]. Knowledge-Based Systems，2020，196：105758.

[10]　Shen F，Zhao X C，Kou G. Three-stage reject inference learning framework for credit scoring using unsupervised transfer learning and three-way decision theory[J]. Decision Support Systems，2020，137：113366.

[11]　蒋辉，马超群，许旭庆，等. 仿 EM 的多变量缺失数据填补算法及其在信用评估中的应用[J]. 中国管理科学，2019，27（3）：11-19.

[12]　Lan Q J，Jiang S. A method of credit evaluation modeling based on block-wise missing data[J]. Applied Intelligence，2021，51（10）：6859-6880.

[13]　Sadatrasoul S M，Hajimohammadi Z. Investigating the missing data effect on credit scoring rule based models：the case of an Iranian bank[J]. Journal of Industrial Engineering and Management Studies，2018，5（2）：1-12.

[14]　Chen T Q，Guestrin C. XGBoost：a scalable tree boosting system[C]. The 22nd ACM SIGKDD International Conference on Knowledge Discovery and Data Mining. San Francisco，2016.

[15]　Ke G L，Meng Q，Finley T，et al. LightGBM：a highly efficient gradient boosting decision tree[C]. Annual Conference on Neural Information Processing Systems 2017. Long Beach，2017.

[16]　夏利宇，何晓群. 基于半参数方法进行拒绝推断的信用评级模型[J]. 管理评论，2018，30（10）：40-48.

[17]　张文，王强，步超骐，等. 基于 Co-training 协同训练的在线虚假评论识别研究[J]. 系统工程理论与实践，2020，40（10）：2669-2683.

[18]　Xiao J，Zhou X，Zhong Y，et al. Cost-sensitive semi-supervised selective ensemble model for customer credit scoring[J]. Knowledge-Based Systems，2020，189：105118.

[19]　Tang J J，Xu W Q，Li J H，et al. Multi-view learning methods with the LINEX loss for pattern classification[J]. Knowledge-Based Systems，2021，228：107285.

[20]　黄益平，邱晗. 大科技信贷：一个新的信用风险管理框架[J]. 管理世界，2021，37（2）：12-21.

[21]　Zhong Q W，Liu Y，Ao X，et al. Financial defaulter detection on online credit payment via multi-view attributed heterogeneous information network[C]. The Web Conference 2020. Taipei，2020.

[22]　Rao C J，Lin H，Liu M. Design of comprehensive evaluation index system for P2P credit risk of "three rural" borrowers[J]. Soft Computing，2020，24（15）：11493-11509.

第 11 章 大数据环境下信用评价模型
评估与优化方法

11.1 引 言

信用评价模型的性能评估贯穿着信用评价系统的全生命周期,其评估结果作为重要依据,在系统部署与优化阶段发挥着重要作用。一个高预测性能的信用评价模型可以有效识别出高风险的信用主体,降低金融机构由于违约带来的经济损失,提高信贷市场的资金利用效率,促进信贷市场进一步发展。目前有两类评估模型预测性能的指标:校准性能和判别能力。校准性能关注模型对样本总体预测结果的准确率、召回率和精确率等,往往会随着样本总体中信用水平"高"和"低"的比例变化而变化。相反,判别能力则不依赖于总体的违约比例,而只依赖于每个个体的违约预测概率及其对应的真实标签,即违约和非违约。

在信用评价模型部署完成后,需要对模型稳健性进行定期检验。随着时间的推移,新近样本与原始样本在总体上可能会存在统计上的偏差,同一信用特征对模型的贡献度可能会出现差异。在经济周期的不同阶段,影响信用评价模型效果的宏观因素也可能会发生改变。上述内外部环境的变化会使信用评价模型难以适应当前运营环境,模型预测性能降低,预测结果出现偏差,从而导致金融机构蒙受因违约造成的经济损失,以及丧失优质客户带来的潜在利润,不利于信贷市场的发展。因此,对信用评价模型进行定期的稳健性检验,及时发现由样本总体、信用特征和宏观因素等内外部环境的改变造成的模型偏差尤为重要。

依据模型性能评估及模型稳健性检验的结果,可以判断模型在当前样本中的预测性能是否满足预期,以及分析可能导致模型预测性能改变的因素。如果二者的结果与预期出现较大偏差,则需要及时对模型进行优化,以保证其正常运行。在模型优化阶段,首先需要分析模型产生偏差的原因,其次针对原因选择合适的优化方法,以达到修正偏差的目的。常见的优化方法包括数据填补、数据平滑处理、类别不均衡处理、特征替换、权重调整、重新建模等。

本章首先介绍信用评价模型预测性能的评估方法,以及各自的优缺点;其次,从总体稳健性、特征稳健性和时间稳健性出发,阐述检验信用评价模型稳健性的方法;最后,基于内外部环境的变化,分析在不同情境下如何对信用评价模型进行优化。

11.2　模型预测性能评估方法

　　信用评价模型通过输出信用分数或更为直观的违约概率来量化评价对象未来一段时间内的信用水平，是辅助金融机构做出发放、管理和回收贷款决策的重要依据，因此评估模型的预测性能至关重要。现有的评估方法主要分为两类：校准性能和判别能力，分别从样本总体和个体层面对模型预测性能进行评估。

　　一个带有违约标签的数据集被分为训练集与测试集两个部分。训练集用于构建违约预测模型，使模型尽可能地学习到适用于所有潜在样本的"普遍规律"；测试集则由训练模型时未使用的样本组成，用于测试模型在新样本上的泛化能力。值得注意的是，训练集与测试集的划分需要尽可能地保持数据分布的一致性，避免因数据划分或者引入额外的偏差而对最终预测结果产生影响。因此，信用评价模型的预测性能评估是针对测试集样本的预测结果展开的。

11.2.1　校准性能

　　对于测试集中每一个样本来说，事先训练好的预测模型会输出一个概率值作为预测的违约概率，与此同时，每一个测试集样本还会有一个真实标签（违约和非违约）。评估模型的校准性能需要先确定一个临界值，将信用评价模型的输出结果划分为两类——违约和非违约，再通过比较样本的分类结果和其对应的真实标签计算出评估指标。因此，模型的校准性能是就样本总体而言的，其评估结果依赖于总体样本中的违约情况，以及临界值的选择。

　　混淆矩阵是分析模型识别不同类样本的一种有效工具，如表 11-1 所示。

表 11-1　混淆矩阵

实际的类	预测的类		合计
	正例	负例	
正例	TP	FN	P
负例	FP	TN	N

　　准确率是给定测试集上的准确率，是被模型正确分类的样本所占的百分比，即式（11-1）。召回率和精确率指标也在分类任务中被广泛使用，召回率是完全性的度量，即正样本被正确分类的百分比，如式（11-2）所示；而精确率可以被看作精准性的度量，即被分类为正例的样本实际为正例所占的百分比[1]，如式（11-3）所示。

$$准确率 = \frac{TN + TP}{P + N} \qquad (11\text{-}1)$$

$$召回率 = \frac{TP}{P} \qquad (11\text{-}2)$$

$$精度 = \frac{TP}{TP + FP} \qquad (11\text{-}3)$$

$$F_1 = \frac{2 \times 精度 \times 召回率}{精度 + 召回率} \qquad (11\text{-}4)$$

$$F_\beta = \frac{1 + \beta^2 \times 精度 \times 召回率}{\beta^2 \times 精度 + 召回率} \qquad (11\text{-}5)$$

此外，还可以将召回率和精确率组合到一个指标中，如 F_1 分数和 F_β 分数，如式（11-4）和式（11-5）所示[2]，其中 β 为非负实数。F_1 分数是精确率和召回率的调和均值，它赋予精确率和召回率相等的权重。F_β 分数是精确率和召回率加权度量，它赋予召回率的权重是精确率的 β 倍。通常使用的 F_β 是 F_2（赋予召回率的权重是精确率的 2 倍）和 $F_{0.5}$（赋予精确率的权重是召回率的 2 倍）。

11.2.2　判别能力

信用评价模型的判别能力是指模型区分违约与非违约样本的能力，只需要每个个体的违约预测结果及其对应的真实违约结果，这意味着信用评价模型的判别能力不依赖于总体的违约比率。所以，即使我们从违约和不违约的评价对象中抽取不同比例的样本，仍然可以得到关于总体的正确评价。

TP、TN、FP 和 FN 也可以用于评估与信用评价模型相关联的成本效益（或风险增益）。与 FP（错误地将违约借款申请预测为未违约）相关联的代价比与 FN（错误地将非违约借款申请预测为违约）相关联的代价大得多。这种代价可以被看作借款违约的损失。在这些情况下，通过赋予每种错误不同的代价，可以使一种类型的错误比另一种更重要。

1. ROC 曲线

ROC 曲线是一种比较两个分类模型的有用的可视化工具。ROC 曲线源于信号检测理论，是第二次世界大战期间为分析雷达图像开发的。对于二分类问题，ROC 曲线使我们可以针对测试集的不同部分，观察模型正确识别正例的比例与错误地把负例识别为正例的比例之间的权衡。给定一个测试集和信用评价模型，TPR 是该模型正确标记为正例的正样本比例；而 FPR 是该模型错误标记为正例的负样本比例。TPR 的增加以 FPR 增加为代价。

为了绘制给定信用评价模型的 ROC 曲线，模型必须能够返回每个样本的类别预测概率。根据类别预测概率，对测试样本进行排序，使得最可能属于正类的样本出现在表的顶部，而最不可能属于正类的样本出现在表的底部。对于给定的样本 X，设概率分类模型返回值为 $f(X) \to [0,1]$。在二分类问题中，通常选择阈值 t，将使得 $f(X) \geq t$ 的样本 x 视为正例，而将其他的样本视为负例。注意，TP 和 FP 都是 t 的函数，因此可以把它们表示成 TP(t) 和 FP(t)。二者都是单调减函数。

分类模型的 ROC 曲线离对角线越近，模型的预测性能越低。如果模型训练得很好，则随着有序列表向下移动，开始可能会遇到 TP 样本。这样，曲线将陡峭地从 0 开始上升。随后，当遇到的 TP 样本越来越少，FP 样本越来越多，曲线变得平缓。图 11-1 展示了两个分类模型（C1 和 C2）在同一测试数据集上的 ROC 曲线。每条曲线都是从（0，0）开始到（1，1）结束。（0，0）代表着每个测试数据都被分为负例，而（1，1）代表着每个测试数据都被分为正例。

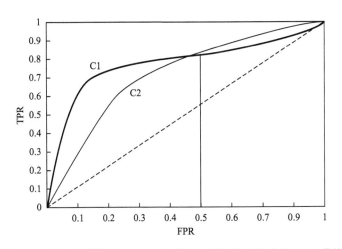

图 11-1　两个分类模型（C1，C2）在同一测试数据集上的 ROC 曲线

在图 11-1 中有一个主对角线，代表着随机猜测，也就是每个样本被分为正例的比例是固定的。在这种情况下，TPR = FPR。通过对比 C1 和 C2 两个模型的 ROC 曲线，不难看出当 FPR 小于 0.5 时，C1 模型更好；当 FPR 大于 0.5，C2 模型更好。但是，有时这并不是一个令人满意的答案，因为在 C1 和 C2 间不能严格地区分出绝对好的模型。基于 ROC 曲线离对角线越远越好的原则，ROC 曲线下的面积 AUC 被广泛使用，其取值范围为 0.5～1。如果一个分类模型 C_i 的 AUC 值比另一个分类模型 C_j 的要大，那么我们说 C_i 比 C_j 更好。如果一个分类模型是完美的，其 AUC 值为 1。如果一个分类模型总是做随机猜测，则其 AUC 值为 0.5。

2. KS

KS 是衡量正例和负例样本累积分布之间最大距离的指标，用来评估分类模型的风险区分能力。KS 同 AUC 相似，都是综合了 TPR 和 FPR 两个指标来衡量模型性能好坏的，不同之处在于，KS 取的是 TPR 和 FPR 差值的最大值。

KS 的计算：将测试集的分类结果按照它们被分为正例的概率进行排序，即给定阈值 t，前半部分的每个测试数据分为正例，后半部分的每个测试数据分为负例；对于每个给定的阈值 t，计算一对 TPR 和 FPR 的值，绘制成曲线如图 11-2 所示；KS 值则为这两条曲线间最大的垂直距离。在图 11-2 中，KS 代表的距离用竖直的虚线表示，取值为 0～1，0 表示两个累积概率完全一样，1 表示信用评价分类模型完美，所有正例的预测结果都排在负例的预测结果前面。

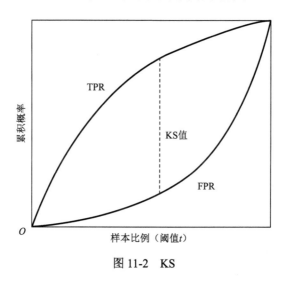

图 11-2　KS

3. HM

尽管 AUC 和 KS 在评估信用评价模型判别能力方面已得到广泛的应用，但它们依然存在缺陷，即在不同模型中，对正例（G）样本错误分类成本（L）与负例（B）样本错误分类成本（D）的比例采用不同分布[3]。但是，这个比例是问题本身的一个属性，不因分类模型的改变而改变，因此对于分类模型，错误分类成本的比例的分布必须是相同的。为了解决这个问题，Hand 和 Anagnostopoulos[4] 提出了 HM，假定已知 L 和 D 的分布，关注模型在错误分类成本达到最优的临界值下的表现。本节重新定义标签 $c = D/(D + L)$，当 D 很小时，c 的值从 0 开始，当 D 很大时，c 接近 1。假定 c 服从 $\text{beta}(\alpha, \beta)$ 分布，它的密度函数 $\mu(\alpha, \beta, c)$ 是 $c^{\alpha-1}(1-c)^{\beta-1}$ 的一部分，期望损失函数为

$$\mathrm{loss}(c) = (1-c)P(t\,|\,G)p_G + c(1-P(t\,|\,B))p_B \qquad (11\text{-}6)$$

当临界值取 $t^*(c)$ 时，式（11-8）最大。令其导数为 0，则 $cp(t^*(c)\,|\,G)p_G = (1-c)p(t^*(c)\,|\,B)p_B$。对某个分类模型 M 而言，用 c 的 beta 分布和每个 c 值下的最优临界值找到平均损失，用 L 表示为

$$L(M) = \int_c [(1-c)P(t^*(c)\,|\,G)p_G + c(1-P(t^*(c)\,|\,B))p_B]\mu(\alpha,\beta,c)\mathrm{d}c \qquad (11\text{-}7)$$

最差的分类模型在所有的 t 上有 $P(t\,|\,G) = P(t\,|\,B)$，此时 ROC 曲线是对角线。贷款机构要么接受所有人，损失为 cp_B；要么拒绝所有人，损失为 $(1-c)p_G$。所以，在所有可能的 c 上的平均效果是最差的分类模型带来的最大损失为

$$L(\max) = \int_0^{PG} cp_B\mu(\alpha,\beta,c)\mathrm{d}c + \int_{pG}^1 (1-c)p_G\mu(\alpha,\beta,c)\mathrm{d}c \qquad (11\text{-}8)$$

对最差的分类模型，HM 值是 0；对完美的分类模型，HM 值是 1。

$$\mathrm{HM} = 1 - \frac{L(M)}{L(\max)} \qquad (11\text{-}9)$$

11.3　模型稳健性检验方法

信用大数据不同于传统的静态财务数据，具有量大、时效性强等特点。随着时间的推移，样本中违约率的分布、特征值的分布，以及特征与违约率之间的关系都有可能发生改变，这使得之前数据集上建立的违约预测模型不再适用于当前的样本，模型预测能力大幅下降，这种现象被称为"概念漂移"[5]。因此，需要及时监测数据的变化，并考虑以下问题：①新近样本总体违约分布是否发生变化？②在新近样本上构建信用特征时，是否会出现大量的信息遗漏或信息难以采集的情况，新近样本的信用特征值是否与建模时所用样本的信用特征值同分布？③在长期稳健性检验过程中，影响信贷市场的宏观因素是否发生变化？本节将从总体稳健性检验、特征稳健性检验及时间稳健性检验三个方面展开阐述，并介绍适用于不同情景下的稳健性检验方法。

11.3.1　总体稳健性检验

在信用评价系统中，若信用评价模型由特定时期的样本（以下简称原始样本）训练而来，则需要判断模型是否适用于开发样本以外的新近样本。由于所使用的分类模型通常依赖于数据同分布假设[6]，当原始样本与新近样本在数据分布上出现偏差时，模型的预测结果也会出现相应误差。本节采用样本稳定指数[7]（population stability index，PSI）来衡量新近样本与原始样本在数据分布上的偏移量，检验样本总体的稳健性。

$$\text{PSI} = \sum_{i=1}^{K} \left((\pi_{bi} - \pi_{ai}) \times \ln\left(\frac{\pi_{bi}}{\pi_{ai}}\right) \right) \tag{11-10}$$

其中，π_{bi} 和 π_{ai} 分别为新近样本与原始样本在第 i 个违约概率区间上的样本违约率；K 为违约概率区间数量。

一般情况下，当 PSI<0.1，我们认为样本总体违约率分布发生微小变化，预测模型基本可以不做调整；当 PSI 属于 0.1～0.2 时，我们认为样本总体违约率分布发生变化，需要根据实际情况调整预测模型；当 PSI>0.2，我们认为样本总体违约率分布发生显著变化，必须调整预测模型。

表 11-2 给出了原始样本 A 和新近样本 B 在不同预测区间内的样本违约率，通过式（11-10）计算得出 PSI 为 0.06。因此，我们认为原始样本与新近样本之间的违约率分布没有发生显著变化。除此之外，还可以用 KS 计算两批样本累积分布间的最大距离。在 11.2.2 节中介绍过，KS 值越大，违约与非违约样本的分布离得越远。在总体稳健性分析中，计算方法是一致的，但此时我们希望 KS 值越小越好。KS 值越小代表新近样本与原始样本相差越不显著。从业务层面上来理解，不但要关注某些指标是否超过一定程度，还要关注是否有新的趋势产生，然后设法提前阻止它带来的显著影响。

表 11-2　总体稳健性检验

分段编号	违约概率区间	原始样本 A（违约率）	新近样本 B（违约率）	$B-A$	$\text{Ln}(B/A)$
1	0～0.1	0.05	0.08	0.03	0.47
2	0.1～0.2	0.08	0.09	0.01	0.12
3	0.2～0.3	0.11	0.10	−0.01	−0.10
4	0.3～0.4	0.13	0.12	−0.01	−0.08
5	0.4～0.5	0.10	0.11	0.01	0.10
6	0.5～0.6	0.09	0.07	−0.02	−0.25
7	0.6～0.7	0.15	0.10	−0.05	−0.41
8	0.7～0.8	0.08	0.10	0.02	0.22
9	0.8～0.9	0.09	0.12	0.03	0.29
10	0.9～1	0.12	0.11	−0.01	−0.09
PSI = 0.06					

11.3.2 特征稳健性检验

信用特征作为信用评价模型的输入，直接影响着信用水平度量的准确性。特征稳健性检验是检测特征值的分布和特征对预测模型的贡献度是否会随着时间的推移产生较大的偏移或者波动。与原始样本相比，新近样本特征值的分布可能会发生偏移。例如，在原始样本中评价对象的年龄特征取值大多分布在 40~50 岁这一区间，而在新近样本中，该特征取值在 30~40 岁的占比可能会出现大幅提升。这类改变可能会使模型的预测性能不再满足预期。这类偏移可以采用 PSI 指标进行检测，如式（11-10）所示，并根据 PSI 指标的结果，判断样本特征值的分布的偏移量大小。

随着时间的推移，特征对信用评价模型的贡献度可能会发生改变，影响信用评价结果的准确性。因此，检测特征贡献度也是特征稳健性检验中的重要内容。随着深度学习的兴起，尽管模型的预测性能有大幅提升，但是这些模型大多是黑箱的，可解释性差，为度量模型内部某一特征的贡献度带来挑战。本节重点关注以下三种常见的度量特征贡献度的方法：Shapley 值[8]、LIME[9]，以及 SHAP[10]。

1. Shapley 值

Shapley 值用于度量在多人合作博弈中每一个参与者为利益联盟所带来的效益或价值的大小[9]。在信用评价场景中，样本的全体特征构成一个利益联盟，每一个特征为联盟的参与者，违约预测任务为该利益联盟的共同目标。其中任意若干特征的合作形式也均是一个联盟，这样的联盟子集称为组合，对利益联盟会产生一定的效益。Shapley 值的本质在于，通过度量一个特征在包含其的所有可能组合中的效益，综合衡量其对违约预测模型的贡献大小。

$$\text{Shapley}_j == \sum_{\text{all } M} w_n(M)[v(M) - v(M - \{j\})] \quad (11\text{-}11)$$

其中，$w_n(M)$ 为加权因子，表明特征 j 在组合 M 中的比重，定义为

$$w_n(M) = \frac{(n-m)!(m-1)!}{n!} \quad (11\text{-}12)$$

在式（11-11）和式（11-12）中，n 为样本的特征；M 为所有可能的特征组合；m 为组合 M 中的特征个数；v 为用于度量每一个特征组合的效益函数；符号 $M-\{j\}$ 为组合 M 中除去特征 j。式（11-11）中 $v(M) - v(M-\{j\})$ 代表特征 j 为组合 M 带来的"边际效益"，因此，Shapley 值可以被看作在所有包含特征 j 的组合中，特征 j 对各个组合的边际贡献的加权和。

2. LIME

由于模型内部的特征经过了复杂的变化,同时不同特征之间也可能相互影响,所以难以直接建立起某一特征和模型输出之间的关系。为了衡量此类特征对模型的贡献,可以改变其特征值,通过输出结果的变化判断特征对模型的贡献程度[11]。LIME 方法通过向输入中添加扰动,根据模型输出的变化来判断特征对预测结果的影响程度,从而实现特征对模型贡献的度量。

3. SHAP

SHAP 方法是受 Shapley 值启发的可加性解释方法,将博弈论思想和局部解释相结合,通过计算每个样本中每个特征变量的重要性值,实现特征对模型贡献的度量。对于每个预测样本,该方法都产生一个预测值,Shapley 值就是该样本中每个特征所分配到的数值。该方法的优势在于能反映出每一个样本中特征的贡献程度,还能表现出特征影响的正负性。

假设第 i 个样本为 x_i,第 i 个样本的第 j 个特征为 $x_{i,j}$,预测模型对第 i 个样本的预测值为 y_i,整个预测模型的基线为 y_{base},通常取多个样本目标变量的均值,那么 Shapley 值服从式(11-13)。

$$y_i = y_{\text{base}} + f(x_{i,1}) + f(x_{i,2}) + f(x_{i,3}) + \cdots + f(x_{i,k}) \qquad (11\text{-}13)$$

其中,$f(x_{i,j})$ 为 $x_{i,j}$ 的 Shapley 值,即第 i 个样本中第 j 个特征对最终预测值 y_i 的贡献值。$f(x_{i,j})$ 值的大小反映的是贡献度的大小。$f(x_{i,j}) > 0$,说明该特征提升了预测值,呈正向作用;反之说明该特征使得预测值降低,有反向作用。

11.3.3　时间稳健性检验

对于一个信用评价模型来说,金融机构等主体除了需要对样本总体和特征的稳健性进行监测以外,还需要对宏观环境进行长期监测。要将信用评价模型放入一个经济周期里,在利率、失业率、税率及政策等宏观因素变化的背景下,分析信用评价模型是否依旧稳健,以及其评价结果是否仍然满足预期。

本节以货币政策为例,详细阐述宏观政策的变化对信用评价模型的影响。货币政策的本质是国家在不同时期根据整体需要对货币采取不同程度的投放力度措施,其分为"紧缩型"和"扩张型"。当政府采用"扩张型"货币政策时,整个市场的货币量增加,金融机构的压力减少。由于不良贷款会得到一定程度的减少,这对于金融机构来说是利好的。此时,金融机构可以适当放宽借款申请的条件。反之,如果政府采用"紧缩型"手段调整货币政策时,整个市场货币量会减少,这给市场经济带来的压力最终会转移到金融机构,信贷风险增加。

此时，金融机构应当相应调整其信贷政策，降低借款申请通过率。因此，在不同的政策影响下，金融机构对信用评价模型的要求和预期会发生改变。同样，外部环境中的利率、失业率、税率等宏观因素的改变，也会给信用评价模型的运行带来影响。

对模型的时间稳健性进行检验，可以采用观察每个月（或更短时间）样本中借款人违约概率分布变化的方法。图 11-3 展示了样本违约概率在 5%、10%、25%、50%、75%、90%、95% 七个分位点上的时间趋势。在这个例子中，可以看到：违约概率在前几个月有上升趋势，中间部分由于 2020 年新冠疫情原因出现大幅上升，在最后几个月呈现出缓和趋势。金融机构可以根据趋势图及时发现样本总体的违约趋势，尽早做出信贷政策调整。

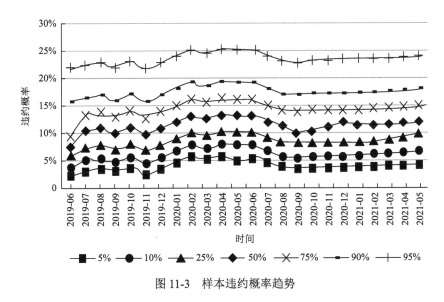

图 11-3　样本违约概率趋势

11.4　模型优化方法

由于信用大数据多源异构和动态多变的特性，样本中的数据分布会随着时间发生不可预测的变化，造成信用评价模型无法正确辅助金融机构进行决策[12]。然而，这种概念漂移现象无法通过模型本身的泛化能力来解决。当评估结果与期望之间的误差较大时，表明模型难以适应当前环境，应及时对模型采取优化措施，避免因模型预测性能降低给金融机构带来较大的经济损失。除此之外，随着大数据技术的发展与应用，大量多源异构数据不断产生，其中不乏一些可以反映评价对象信用风险的信息。因此亟须发现和挖掘新的信用特征，优化信用评价模型，从而实现更全面、更准确的信用风险评估。

11.4.1　模型优化流程

图 11-4 展示了信用评价模型的基本优化流程。在对模型进行稳健性检验之后，若检验结果符合预期，则结束本次优化流程；若检验结果不符合预期，首先需要分析造成模型出现偏差的原因，其次按照原因选择相应的方法对模型进行优化，最后再对模型的预测性能进行评估。若预测性能的评估结果符合预期，则该阶段的模型优化任务结束；若预测性能的评估结果不符合预期，则需要继续对模型进行优化，直至模型的预测性能符合预期。

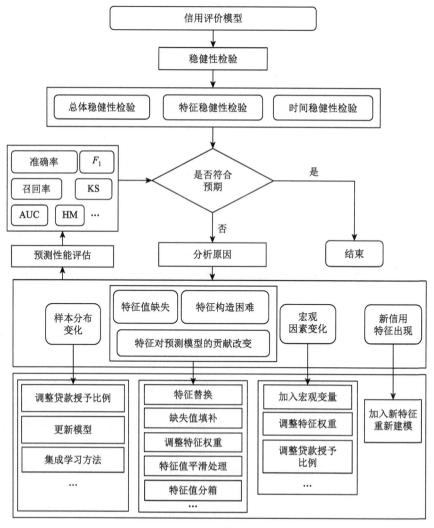

图 11-4　信用评价模型的基本优化流程

11.4.2　面向样本总体的优化方法

在信用风险评估任务中，违约率这一目标变量的统计特性可能会随时间的变化而发生改变。但是，大多数基于机器学习的违约预测模型要求原始样本和新近样本是独立同分布的，因此其无法解决数据流的概念漂移问题，从而导致预测结果出现偏差。对此，应及时对信用评价模型采取优化措施，修正模型预测偏差。

针对信用评价模型中由于样本总体违约率分布改变而造成的预测偏差，首先可以通过调整贷款授予比例对预测结果进行修正。当样本总体的违约率升高时，降低贷款的授予比例，减少因违约而带来的损失；当样本总体的违约率下降时，提高贷款的授予比例，向更多优质的借款申请者发放贷款，增加贷款收益。这一方法具有成本低、简单、高效等优点，但是对相关操作人员的要求较高，需要具备丰富的业务经验和对信贷市场违约趋势的准确判断力。

其次，还可以采用定期向模型中加入新近样本的方法，不断更新和迭代现有模型。在更新迭代模型时，不需要每次都对模型进行重新训练，可以采用热启动的方式，在已有的基础上继续训练模型，使模型学习新近样本中的潜在规律。同时，还可以根据时序给样本赋予不同的权重，使时间越近的样本权重越大，降低陈旧样本的相应权重。

最后，还可以利用集成学习的相关方法修正样本总体违约率分布的偏移问题。与单分类器相比，集成方法具有更好、更稳定的性能。在保证先前训练的违约预测模型不变的情况下，再训练一个或多个新的违约预测模型，采用联合决策的方式，修正模型偏差。经典的用于处理此类概念漂移问题的集成方法包括流集成算法（streaming ensemble algorithm，SEA）[13]、精度加权集成（accuracy weighting ensemble，AWE）算法[14]，以及确定性概念漂移检测[15]算法等。

11.4.3　面向特征的优化方法

伴随着信用评价模型的运行，部分信用特征可能会出现数据采集困难或特征值缺失率过高等情况。例如，由于中小企业信息披露制度不完善，信息质量良莠不齐，构造某些信用特征所需的数据在新近样本中无法收集，或者收集成本过高，或者收集的数据缺失率过高。在实际应用中，对于金融机构而言，无论是特征构造成本增加，还是特征值缺失率过高造成的模型违约预测性能下降、坏账率上升，都是难以接受的。除此之外，由于特征值的分布及特征和目标变量之间的关系都会随着时间的推移而改变[16]，特征对预测模型的贡献大小也会发生变化。因此，针对信用评价模型中出现的信用特征采集困难、缺失率过高、贡献度改变等，制定不同的优化方法是至关重要的。

由于数据隐私保护措施的逐渐完善，敏感型数据将不再可公开获取且无法直接用于信用风险评估业务中。此外，部分数据由于技术等原因造成收集难度增加，给金融机构带来额外的数据采集成本。对于上述情况，可以采用特征替换的方法，选择与原特征相关性较高的一个或多个特征，在维持模型预测性能稳定的前提下，对原有特征进行替换，实现信用评价模型的优化和数据采集成本的降低。对于敏感型数据，还可以通过对数据本身进行脱敏和变换处理，重新构造有效的信用特征加入信用评价模型中，达到模型优化的目的。

对于非强制公开的数据，样本中有可能出现数据缺失率过高的情况。数据缺失率过高会造成特征构造困难，或者模型预测性能大幅降低。对此，除了直接替换特征以外，还可以采用数据填补法来提高数据质量。均值填补、固定值填补、插值填补及基于机器学习的填补是常用的数据填补方法。均值填补方法通常用于数值型变量中，将变量的样本均值填补在数据缺失的位置。固定值填补方法是指在缺失数据的位置填补上某一固定值，如众数、中位数等。相比于均值填补方法，众数填补方法通常用于分类变量中，中位数填补方法常用于偏态分布的样本中，因为中位数可以更好地代表数据中心趋势。插值填补方法是利用常见函数（如拉格朗日函数、极大似然函数）和在某区间中已知若干点的函数值，求解出未知点的函数值进行填补。基于机器学习的填补方法则是利用机器学习方法拟合出缺失位置的数据，常见的机器学习方法包括 KNN、RF、SVM 等。

特征对模型的贡献度是否发生改变，可以采用 11.3.2 节中相关方法进行检验。如果特征贡献度发生较大偏移，则会影响模型的预测性能。针对特征贡献度改变的情况，可以先对特征进行处理（如分箱、平滑处理等），再重新构建信用评价模型。除此之外，还可以根据特征贡献度检验的结果，修正信用评价模型中相应特征的权重，实现信用评价模型的优化。

除了基于已有的特征对信用评价模型进行优化以外，及时发现和挖掘新的信用特征，对提高模型的信用风险判别能力、优化信用评价模型具有重要意义。随着大数据技术的迅速发展和广泛应用，金融机构可以利用大数据技术搜集和掌握更多的用户信息，实现更全面、更细粒度的用户信息挖掘，刻画多维、动态的用户画像，提高信用水平度量的精准性。除了以财务信息为主的传统信用信息以外，文本信息、图像信息、音频信息、交易信息及社交网络行为信息等都在直接或者间接地反映借款申请者的信用水平。Zhu 等[17]指出企业在供应链网络中的交易信息可以反映其经营状况，是一类可以用于中小企业信用风险评估的有效的非财务信息。Ge 等[18]认为个人社交网络数据可以帮助预测模型提高信用风险识别能力，降低银行坏账比率。因此，从大数据中不断发现和挖掘有效的新信用特征，是信用评价模型优化过程中的关键一环。

11.4.4　面向宏观环境的优化方法

信用主体的违约风险不仅受到自身因素的影响，还会受到包括经济、政策和技术等因素在内的宏观环境的影响。其中，宏观经济呈周期性波动，在经济上升期，市场总体违约率相对较低；而在经济衰退期，市场总体违约概率会出现急剧上升的态势[19]。除此之外，宏观经济对信贷市场中不同个体的影响程度也不尽相同，宏观政策对信用主体违约风险的影响也不容忽视。例如，若某一行业受政策调整的冲击较大，可能会造成行业内信用主体出现大规模违约，甚至破产。在技术方面，技术难题的攻克会带动整个行业蓬勃发展，为所在行业内的信用主体带来新机遇。因此，在信用评价模型优化过程中，关注宏观环境的变化必不可少。

失业率、GDP 增长率、长期汇率水平和银行利率等宏观经济指标已被广泛应用在信用风险评价过程中[20]，这些指标从不同方面反映了宏观经济的波动情况。在对信用评价模型进行优化时，如果与宏观经济相关的特征在统计上出现明显偏移，可以通过调整模型中相应特征的权重，实现对信用评价模型的修正；还可以通过调整贷款授予比例，实现对信用评价模型的优化。例如，在货币政策收紧时，金融机构应该及时调整贷款授予比例，避免出现大规模坏账。当宏观经济波动幅度较大时，只靠调整特征权重或者贷款授予比例等手段可能不足以解决问题，应考虑重新构建模型。

宏观政策的实施与调整在构建模型时可能无法事先预知，但是对相关信用主体违约风险产生的影响却是不可忽视的。例如，随着 2021 年"双减"政策的落地，教育行业众多教育培训机构面临着调整产业结构和优化人员构成等挑战。对此，金融机构应在详尽分析宏观政策的基础上，将政策可能产生的影响转化为模型可处理的特征，并将其纳入信用风险度量过程中，优化信用评价模型，避免出现因宏观政策实施或者调整而带来的贷款违约损失。

新一代信息技术的发展和应用，往往会为一个或多个行业带来广阔的前景。5G 网络作为新一代移动通信技术，为世界万物互联打下基础，也为超高清视频、虚拟现实、无人机、智慧医疗及车联网等众多领域或行业带来新机遇。因此，金融机构需要快速分析新一代信息技术带来的机遇与挑战，并在优化信用评价模型时，将新一代信息技术所涉及行业的发展前景等因素纳入信用风险评估模型中，为信用水平良好的优质企业提供资金支持，从而在获得经济利益的同时，促进相关行业的蓬勃发展。

本 章 小 结

本章介绍了如何对信用评价模型的预测性能进行评估、在信用评价模型部署完成之后如何对模型稳健性进行定期检验，以及在模型预测性能和稳健性不符合预期时如何对模型进行优化、延长模型使用寿命。

信用评价模型的预测性能评估方法主要包括校准性能度量和判别能力度量，二者分别从样本总体和个体层面考察模型的预测结果。带有标签的数据集被分为训练集和测试集，训练集被用来训练模型，再用这个模型对测试集进行预测，通过对比预测结果与真实结果，度量模型的校准性能和判别能力。模型的校准性能指标包括准确率、召回率、F_1 分数等，它们会随着总体违约率的变化而变化，也会因所选的违约概率临界值的不同而发生改变。度量模型判别能力的指标包括 AUC、KS 和 HM 等，它们只依赖于每个个体的违约预测概率及其对应的违约标签，不依赖总体的违约率。

信用评价模型的稳健性检验包括总体稳健性检验、特征稳健性检验、时间稳健性检验。总体稳健性检验是测算不同的样本总体违约率是否出现较大的统计性偏差，可以使用 PSI 进行检验。特征稳健性检验是测算特征属性值在新近样本中的分布是否与建模时的数据分布发生偏移，以及特征对信用评价模型的贡献度是否符合预期，主要检验方法包括 Shapley 值、LIME 及 SHAP 等。时间稳健性检验是对模型运行的外部环境进行长期监测，包括利率变化、失业率变化、税率变化、政策变化等，可以通过绘制趋势图及时发现其中的变化规律。

当信用评价模型的预测性能或稳健性不再符合预期时，应当及时对模型进行优化。从信用评价模型优化流程图可以看出模型在运行一段时间后可能会遇到一些问题，包括样本偏差、特征表现不佳及宏观环境变化等。在样本层面，本章提出了调整贷款授予比例、利用热启动更新模型和采用集成学习等优化方法；在特征层面，提出了数据填补、数据平滑处理、特征替换和挖掘新信用特征等优化建议；在宏观环境层面，提出了针对宏观经济改变、宏观政策落实及新一代信息技术发展的相应优化策略。

参 考 文 献

[1]　Nissim N，Moskovitch R，Rokach L，et al. Novel active learning methods for enhanced PC malware detection in windows OS[J]. Expert Systems with Applications，2014，41（13）：5843-5857.

[2]　Hand D，Christen P. A note on using the F-measure for evaluating record linkage algorithms[J]. Statistics and Computing，2018，28（3）：539-547.

[3]　Narkhede S. Understanding AUC-ROC curve[J]. Towards Data Science，2018，26：220-227.

[4]　Hand D J，Anagnostopoulos C. A better Beta for the H measure of classification performance[J]. Pattern Recognition

Letters，2014，40：41-46.

[5] 秦一休，文益民，何倩. 概念漂移数据流分类中的多源在线迁移学习算法[J]. 计算机科学，2019，46（1）：64-72.

[6] 赵鹏，周志华. 基于决策树模型重用的分布变化流数据学习[J]. 中国科学：信息科学，2021，51：1-12.

[7] Yurdakul B. Statistical Properties of Population Stability Index[M]. Kalamazoo：University of Michigan Press，2018.

[8] Owen A B，Prieur C. On Shapley value for measuring importance of dependent inputs[J]. SIAM/ASA Journal on Uncertainty Quantification，2017，5（1）：986-1002.

[9] de Sousa I P，Vellasco M M B R，da Silva E C. Local interpretable model-agnostic explanations for classification of lymph node metastases[J]. Sensors，2019，19（13）：2969.

[10] Lundberg S，Lee S I. A unified approach to interpreting model predictions[C]. The 31st International Conference on Neural Information Processing Systems. Long Beach，2017.

[11] 化盈盈，张岱墀，葛仕明. 深度学习模型可解释性的研究进展[J]. 信息安全学报，2020，5（3）：1-12.

[12] Gama J，Žliobaitė I，Bifet A，et al. A survey on concept drift adaptation[J]. ACM Computing Surveys（CSUR），2014，46（4）：1-37.

[13] Bertini J B Jr，do Carmo Nicoletti M. An iterative boosting-based ensemble for streaming data classification[J]. Information Fusion，2019，45：66-78.

[14] Mehdi O A，Pardede E，Cao J L. Combination of information entropy and ensemble classification for detecting concept drift in data stream[C]. Australasian Computer Science Week Multiconference. New York，2018.

[15] Abdualrhman M A A，Padma M C. Deterministic concept drift detection in ensemble classifier based data stream classification process[J]. International Journal of Grid and High Performance Computing（IJGHPC），2019，11（1）：29-48.

[16] Webb G I，Hyde R，Cao H，et al. Characterizing concept drift[J]. Data Mining and Knowledge Discovery，2016，30（4）：964-994.

[17] Zhu Y，Xie C，Wang G J，et al. Comparison of individual，ensemble and integrated ensemble machine learning methods to predict China's SME credit risk in supply chain finance[J]. Neural Computing and Applications，2017，28（S1）：41-50.

[18] Ge R Y，Feng J，Gu B，et al. Predicting and deterring default with social media information in peer-to-peer lending[J]. Journal of Management Information Systems，2017，34（2）：401-424.

[19] 谭燕芝，张运东. 信用风险水平与宏观经济变量的实证研究——基于中国、美国、日本部分银行的比较分析[J]. 国际金融研究，2009（4）：48-56.

[20] 熊一鹏，熊正德，姚柱. 宏观压力测试下商业银行零售信贷产品 PD 模型预测研究[J]. 中国管理科学，2020（7）：13-22.

总结与展望

社会进步和技术创新应用对信用评价理论与方法提出了更高的要求，推动着信用评价理论、方法和应用的变革，数据和模型联合驱动的信用评价方法正成为新的发展趋势。在全面、系统分析大数据环境下信用评价面临的机遇和挑战的基础上，本书从全息、动态、智能、协同四个维度提炼科学问题，开展智能信用评价理论方法研究，力图揭示大数据环境下信用评价新规律，丰富信用评价理论方法，推动研究成果的应用，减少信用违约损失，降低信用风险管理成本，并通过理论与实践的循环迭代，丰富研究成果，促进成果的推广应用。

在智能信用评价体系构建理论方面，本书提出了数据驱动的信用评价分析框架、基于智能学习的信用评价体系、全息信用特征体系和动态协同智能信用评价模型体系。在全息信用特征构造方面，针对文本信用信息，提出了基于主题模型的信用特征构造方法、基于词嵌入的信用特征构造方法和基于规则匹配的信用特征构造方法；针对关系网络信用信息，提出了基于企业网络的关联风险特征构造方法和融合高阶关系的关联风险特征构造方法；针对 C2C 平台上的卖家信用评价问题，构建了基于用户生成内容的卖家结构社会资本和认知社会资本特征；针对中小企业信用评价问题，构建了中小企业社会资本特征。这些特征都能有效地提升信用评价模型性能。在动态信用评价方面，提出了一种预测驱动的动态信用评价模型和一种融入面板数据的动态信用评价模型。在智能信用评价方面，提出了基于多任务集成学习的智能信用评价模型、融合软硬信息的智能信用评价模型和基于同态加密与正则化的智能信用评价模型。在非均衡数据和缺失数据处理方面，针对非均衡数据处理，系统分析并用实验验证了不同深度学习方法在处理非均衡信用数据上的性能差异；针对属性值缺失问题，基于 LightGBM 和稀疏感知算法，构建了自适应处理缺失属性值的违约风险预测模型，并采用 GOSS、EFB 等优化机制提高了模型对海量高维数据的训练效率；针对类别标签缺失问题，提出了 TRIMVNL 模型进行拒绝推断。在大数据环境下的信用评价系统优化方面，在样本层面，提出了调整贷款授予比例、利用热启动更新模型和采用集成学习等优化方法；在特征层面，提出了数据填补、数据平滑处理、特征替换和挖掘新信用特征等优化建议；在宏观环境层面，提出了针对宏观经济改变、宏观政策落实及新一代信息技术发展的相应优化策略。

信用评价涉及经济学、数据科学、人工智能、信息学、计算机科学等学科，这些学科发展日新月异。而物理空间、社会空间和信息空间的深度融合为信用评价提供了更加开放、多维度、可靠的信用信息，这些都将给智能信用评价理论、方法和应用提供新的机遇，同时也将带来新的挑战，具体如下。

（1）多模态信用数据的挖掘与应用。多模态数据是大数据环境下信用数据资源的主要形式，本书从文本和关系网络等类型的信用数据中提取并构建了信用特征，针对图像、音频和视频等多模态信用数据的数据建模、信息融合与特征提取有待进一步研究。

（2）高维稀疏特征的选择与融合。基于司法、运营、舆情等泛在数据构建的信用特征集高维、稀疏问题突出，给特征选择带来巨大挑战，同时信用特征集包含大量具有潜在关联的弱特征，长尾效应显著，如何对弱特征进行融合并提炼高价值特征亟待研究。

（3）信用概念漂移的识别与处理。数据流式更替与环境动态变化容易衍生信用概念漂移问题，且常常是突变、渐变、循环等多种漂移混合出现，导致信用评价模型的泛化性能随时间波动降低，如何准确识别概念漂移并动态适应数据分布与影响效果的变化亟待研究。

（4）深度智能模型的构建与解析。跨领域、跨平台的信用数据中存在海量高阶非线性关系、隐性关系等复杂关系，需要使用多层级的深度嵌套结构进行捕捉，同时模型复杂性增强会导致解释性减弱甚至消失，如何构建深度智能模型并解释模型评价机理有待进一步研究。